LA MÉDIATION, L'ART DE L'ALTERNATIVE

Des origines à sa pratique contemporaine

MEDIATION

Collection fondée et dirigée par Florence Gabay

La médiation est une pratique très ancienne dans l'histoire de l'humanité. Pour les sciences humaines, elle constitue un concept majeur qui rattache à elles différents domaines : sociaux, économiques, politiques juridiques, éthiques et environnementaux mais aussi culturels et interculturels. La médiation est partout dans nos vies et dans celle de la cité : médiation familiale, médiation juridique, médiation diplomatique, médiation urbaine, médiation institutionnelle... A chaque fois, médiation veut dire la même chose : échanges entre êtres humains. La médiation est l'art de ces échanges ; elle s'appuie sur la volonté de résoudre les conflits, à partir de principes forts comme la dignité de la personne humaine, le lien social, l'amélioration des relations entre les institutions et les publics, l'instauration du lien social entre les habitants et les partenaires. En somme, les progrès de l'humanité, qu'elle promeut et protège par les actes.

Nous avons besoin des experts pour envisager ses pratiques : les sociologues, les philosophes, les anthropologues...

Cette collection souhaite leur donner la parole pour éclairer les lecteurs sur les pratiques médiatrices existantes et souhaitables, ainsi que sur leurs fondements théoriques précis.

Florence Gabay

LA MÉDIATION, L'ART DE L'ALTERNATIVE

Des origines à sa pratique contemporaine

L'Harmattan

En collaboration avec Jean-Luc Planche

5-7, rue de l'École-Polytechnique - 75005 Paris

www.editions-harmattan.fr

ISBN : 978-2-336-59223-7
EAN : 9782336592237

Dépôt légal : mars 2026

À Roberto Lauro éternellement
À mon fils Raphaël Veille

Introduction générale

Il est toujours tentant, lorsque l'on raconte l'histoire de l'humanité, de se laisser guider par les bruits des armes et le fracas des batailles. L'histoire, telle qu'elle nous est transmise dans les manuels ou les récits populaires, reste souvent dominée par les grandes guerres, les conquêtes, les effondrements d'empires et les figures de chefs militaires. Pourtant, si l'on change légèrement de focale, si l'on s'intéresse non pas seulement aux moments de rupture violente mais aux gestes de réconciliation, une autre trame apparaît. Une histoire parallèle, souterraine mais essentielle : celle de la médiation.

La médiation est en effet un fil conducteur discret mais constant de l'aventure humaine. Elle ne se confond pas avec l'absence de conflit, au contraire, elle suppose l'existence du conflit, mais cherche à le dépasser sans en passer par la violence destructrice. Ce n'est pas l'utopie d'un monde sans rivalités, mais l'invention pragmatique de moyens pour maintenir la cohésion sociale malgré les tensions.

Dès les premières formes de vie en groupe, la nécessité d'une médiation s'est imposée. L'anthropologie nous apprend que les sociétés dites « primitives » ne sont pas anarchiques : elles possèdent des règles, des rites, des institutions, même informelles, qui permettent de réguler les désaccords. Chez les Inuits, par exemple, il existait une pratique appelée le duel de chants : deux individus en conflit composaient et interprétaient des chants satiriques ou accusateurs devant la communauté, qui jugeait implicitement lequel avait la position la plus légitime. Plutôt que de recourir à la violence physique, le groupe transformait le conflit en un affrontement symbolique, où la parole et l'humour remplaçaient les coups.

Chez les Iroquois, en Amérique du Nord, la Confédération avait institué un système de conseils où les différends entre clans étaient discutés jusqu'à l'obtention d'un consensus. Le rôle du chef n'était pas de trancher autoritairement, mais de guider le dialogue pour éviter que les tensions ne dégénèrent en guerres tribales. Là encore, on retrouve la médiation comme outil vital de survie collective.

Dans l'Afrique traditionnelle, de nombreux peuples ont mis en place des assemblées villageoises, sous l'autorité d'anciens ou de sages, pour résoudre les conflits. Ces figures d'autorité, respectées pour leur expérience, servaient de médiateurs naturels. Le conflit n'était pas seulement une affaire entre deux individus : il menaçait l'équilibre du groupe tout entier, et devait donc être résolu de manière à rétablir l'harmonie collective. La médiation prenait souvent la forme d'une discussion publique, associée à des rites de pardon ou de réconciliation, ce qui montrait que la justice n'était pas séparable du tissu social et spirituel.

Ces exemples, qui pourraient être multipliés à l'infini, montrent que la médiation n'est pas un luxe inventé par des sociétés raffinées : elle est une nécessité primitive, inscrite dans la condition humaine. Là où des êtres humains vivent ensemble, tôt ou tard des conflits surgissent. Et là où des conflits surgissent, il faut trouver un moyen de les résoudre sans que la communauté se détruise elle-même. La médiation apparaît ainsi comme une fonction vitale, aussi fondamentale que la chasse, l'agriculture ou la transmission des savoirs.

L'histoire écrite, celle des grandes civilisations, confirme ce rôle central de la médiation. Dans les récits bibliques, par exemple, le rôle des juges en Israël était précisément de servir d'arbitres et de médiateurs dans les querelles du peuple. Le jugement de Salomon en est l'illustration la plus célèbre : confronté à une situation insoluble par la simple application d'une règle, le roi invente une parole paradoxale qui révèle la vérité et rétablit la justice. Ce n'est pas la force du glaive qui tranche, mais la finesse d'un raisonnement qui met en lumière l'amour maternel authentique.

Dans la Grèce antique, les pratiques de médiation étaient également présentes. Les cités, souvent déchirées par des conflits internes, faisaient parfois appel à des arbitres extérieurs pour résoudre leurs différends. Plutarque rapporte ainsi que les Spartiates et les Athéniens avaient recours à des cités neutres pour arbitrer leurs querelles. L'idée d'un tiers impartial, placé au-dessus des passions des parties, est déjà au cœur de la logique médiatrice.

À Rome, la médiation a pris une forme juridique avec la figure de l'*arbiter* ou du *conciliator*. Le droit romain, tout en développant un appareil judiciaire complexe, laissait une place importante aux accords amiables. La maxime « mieux vaut un mauvais accord qu'un bon procès » montre que la culture romaine reconnaissait déjà la valeur pratique de la médiation.

Le Moyen Âge européen, loin d'être une époque de pure violence, a vu se développer des institutions de médiation. Les moines, les abbés, parfois les évêques, jouaient un rôle de pacificateurs dans des sociétés où l'honneur et la vengeance pouvaient facilement mener aux guerres privées. L'Église a institué des pratiques comme la « trêve de Dieu » ou la « paix de Dieu », qui visaient à suspendre les hostilités en certains temps ou lieux, obligeant les belligérants à trouver d'autres modes de résolution des conflits.

Saint Louis, si souvent évoqué, incarne cette dimension. Sa pratique de rendre justice sous son chêne, en accueillant directement les plaintes du peuple, illustre une forme de médiation royale. Il n'abolit pas les tribunaux ni la loi écrite, mais il les complète par un geste d'écoute et de proximité. Son autorité ne se réduit pas à l'imposition de la contrainte ; elle se nourrit de la confiance et de la parole partagée.

Même dans les temps modernes, alors que l'État centralisé se développe et que la justice devient de plus en plus institutionnelle, la médiation ne disparaît pas. Au contraire, elle se transforme. Henri IV de France, par exemple, connu pour son désir de réconcilier catholiques et protestants après les guerres de Religion, a incarné une forme de médiation politique. Son édit de Nantes n'est pas seulement une loi : c'est un compromis, un geste de médiation entre deux communautés irréconciliables en apparence.

Ces exemples historiques montrent une continuité. À chaque époque, les hommes ont eu le choix entre deux logiques : la logique de la contrainte, où l'un impose sa volonté par la force ou par la loi, et la logique de la médiation, où les parties cherchent ensemble une issue pacifiée. La médiation n'a jamais supprimé la contrainte, mais elle l'a toujours accompagnée, comme une respiration nécessaire pour éviter que la violence ne devienne l'unique mode de régulation.

Aujourd'hui encore, dans nos sociétés modernes, la médiation continue de jouer ce rôle discret mais essentiel. Dans les familles, dans les entreprises, dans la vie internationale, elle permet de sortir des impasses où ni la force ni la loi ne suffisent. Les accords de paix contemporains, souvent laborieusement négociés, sont des formes de médiation à grande échelle. Les pratiques de médiation scolaire ou de médiation sociale, qui se développent dans les quartiers ou les institutions, prolongent cette logique à une échelle plus modeste mais tout aussi vitale.

Dire que la médiation est un fil conducteur de l'histoire humaine, c'est donc reconnaître deux choses. Premièrement, que le conflit est inévitable : il fait partie de la vie collective. Mais deuxièmement, que le conflit n'est pas une fatalité destructrice : il peut être traversé, transformé, pacifié par des pratiques de médiation. Cette vérité, les sociétés l'ont expérimentée depuis des millénaires. Elle mérite aujourd'hui d'être redécouverte, approfondie, pensée philosophiquement, juridiquement et spirituellement, car elle constitue une clé essentielle pour comprendre notre passé et imaginer notre avenir.

Depuis que l'homme vit en société, une interrogation traverse toutes les formes d'organisation politique et morale : faut-il contraindre l'individu pour qu'il adopte une conduite juste et harmonieuse, ou peut-on compter sur sa capacité à s'autodiscipliner, à se gouverner lui-même par la raison et la médiation ? Cette question, simple en apparence, s'avère en réalité vertigineuse, car elle touche à l'essence même de la condition humaine. Elle est au cœur de toutes les conceptions de la justice, du pouvoir et de la responsabilité.

D'un côté, la contrainte extérieure s'impose comme un constat de fait. Les lois, les sanctions, les institutions coercitives n'ont pas surgi par hasard : elles répondent à l'expérience répétée que les hommes, livrés à eux-mêmes, peuvent céder à la violence, à l'égoïsme, à la domination des plus forts sur les plus faibles. La crainte du châtiment ou le respect de la règle imposée de l'extérieur apparaissent comme des garde-fous nécessaires pour contenir la brutalité naturelle. Déjà dans le Code d'Hammurabi (XVIIIe siècle av. J.-C.), l'un des plus anciens textes juridiques conservés, la loi est érigée pour « empêcher le puissant d'opprimer le faible » : autrement dit, la contrainte légale vient protéger la communauté contre les excès individuels.

Mais d'un autre côté, l'humanité n'a cessé d'espérer qu'une autre voie soit possible : celle où l'individu, au lieu d'être contraint de l'extérieur, serait capable de se contrôler lui-même. La philosophie grecque, notamment avec Socrate, Platon et Aristote, a insisté sur l'idée d'une maîtrise de soi comme condition de la vertu. Chez les Stoïciens, cette idée atteint une radicalité saisissante : l'homme libre est celui qui, par la raison, est en accord avec l'ordre du cosmos et n'a donc plus besoin de craindre ni lois ni châtiments. La médiation, dans ce contexte, apparaît comme une technique permettant à l'homme de transformer ses passions, de dépasser la violence, et d'accéder à une autonomie véritable.

La tentation de la contrainte : un ordre imposé

La tentation de contraindre l'homme pour le rendre vertueux s'appuie sur une évidence : l'histoire de l'humanité est jalonnée d'excès, de crimes, de guerres. Dès l'Antiquité, les penseurs ont formulé des diagnostics pessimistes sur la nature humaine. Pour Platon, dans *La République*, il ne suffit pas de laisser les hommes libres pour que la justice advienne. Il faut au contraire organiser la cité de telle sorte que les passions soient contrôlées, que les désirs soient régulés, et que les gardiens eux-mêmes soient formés à résister à leurs propres tentations. La justice résulte d'une structure contraignante, presque architecturale, qui oriente l'individu vers le bien malgré lui.

Aristote, bien que plus confiant en la capacité des hommes à tendre vers le bien, souligne également que l'habitude et l'éducation imposées de l'extérieur sont nécessaires. La vertu n'est pas innée ; elle se forme par des actes répétés, souvent encouragés par des règles strictes. L'homme isolé, livré à ses caprices, ne devient pas naturellement vertueux. C'est la cité, par ses lois et ses institutions, qui façonne un cadre permettant l'épanouissement de la vertu.

À l'époque moderne, Hobbes radicalise cette perspective. Dans son *Léviathan*, il décrit l'état de nature comme une guerre de tous contre tous, où règne la peur, la méfiance et la violence. Sans contrainte extérieure, l'homme est voué à détruire son semblable. La seule solution est la création d'un pouvoir souverain, absolu, auquel chacun aliène une partie de sa liberté en échange de la sécurité. La contrainte est ici non seulement nécessaire, mais constitutive de la civilisation elle-même. Sans elle, aucun ordre social ne peut se maintenir.

On retrouve cette idée dans de nombreuses traditions religieuses. Dans le christianisme médiéval, par exemple, le rôle de l'autorité ecclésiale ou royale est souvent justifié par la nécessité de contenir la nature pécheresse de l'homme. L'individu ne peut pas, par lui-même, s'élever à la vertu : il a besoin de l'appui de règles, de sanctions, mais aussi de médiations spirituelles – le prêtre, le confesseur, le pape – pour se rapprocher de Dieu. La contrainte, dans ce contexte, se présente comme un remède à la faiblesse humaine.

L'espérance de l'autonomie : la maîtrise de soi par la médiation

Pourtant, en parallèle de cette logique de contrainte, une autre tradition n'a cessé de rappeler que l'homme est capable de s'élever à une forme de liberté intérieure. Déjà chez Platon, l'accent est mis sur la connaissance de soi comme clé de la vertu : « Personne ne va volontairement vers ce qui est mauvais ni vers ce qu'il imagine être mauvais : ce n'est pas, semble-t-il, dans la nature de l'homme de vouloir aller vers ce qui est mauvais au lieu de ce qui est bon. » (Platon, *Protagoras*, 358 d, Le Livre de poche, Librairie Générale de France, 1993, page 143). Si l'homme agit mal, c'est par ignorance ; il suffit donc d'éveiller sa raison pour qu'il choisisse le bien. La médiation, dans cette perspective, n'est pas une contrainte imposée, mais un accompagnement vers la lucidité.

Les Stoïciens vont encore plus loin : pour eux, l'homme véritablement sage n'a pas besoin de craindre la loi. Il se gouverne lui-même en accord avec le logos, la raison universelle qui structure le cosmos. Sénèque, dans ses *Lettres à Lucilius*, insiste sur la nécessité d'apprivoiser ses passions par l'exercice philosophique. La contrainte extérieure devient inutile si l'homme parvient à être son propre juge, son propre médiateur intérieur.

À l'époque moderne, Kant reprend cette aspiration dans une forme renouvelée. Dans sa *Critique de la raison pratique*, il distingue la contrainte extérieure (légaliste) de l'autonomie morale. La véritable dignité humaine ne réside pas dans l'obéissance par crainte, mais dans la capacité de l'individu à se donner à lui-même la loi morale. L'homme devient alors responsable non pas parce qu'il est surveillé, mais parce qu'il se reconnaît comme être rationnel, libre et capable de se soumettre volontairement à l'impératif catégorique.

Dans ce cadre, la médiation apparaît comme un chemin éducatif et social qui aide l'homme à franchir le passage de la contrainte extérieure à l'autonomie intérieure. Elle est ce moment intermédiaire où l'individu apprend, à travers l'expérience du dialogue et du compromis, à dépasser ses passions immédiates, à reconnaître l'autre comme un partenaire, et à trouver en lui-même la force de s'autodiscipliner.

Contrainte et médiation : une dialectique permanente

La question centrale – faut-il contraindre ou peut-on espérer l'autocontrôle par la médiation – ne trouve pas de réponse simple. Les sociétés, depuis toujours, oscillent entre ces deux pôles. Trop de contrainte étouffe la liberté, provoque des résistances, engendre parfois des révoltes violentes. Trop de confiance dans l'autonomie risque de laisser place à l'anomie, au désordre, à l'éclatement du lien social.

C'est pourquoi la médiation doit être comprise non pas comme un substitut pur et simple de la contrainte, mais comme son complément, voire son alternative partielle. Elle représente cette zone intermédiaire où l'on tente de dépasser la simple obéissance par peur pour accéder à une véritable responsabilité partagée. Elle permet d'explorer la possibilité que l'homme, au moins dans certaines conditions, peut se conduire correctement non pas parce qu'il y est obligé, mais parce qu'il en reconnaît la valeur.

Les expériences historiques abondent pour montrer cette dialectique. Le Moyen Âge chrétien, par exemple, oscillait entre l'usage de la contrainte (les tribunaux ecclésiastiques, les excommunications) et la promotion de médiations spirituelles (la confession, la direction de conscience) visant à amener l'individu à une intériorisation de la loi divine. L'époque moderne, avec le développement des Lumières, a mis davantage l'accent sur l'autonomie, mais sans abolir les institutions coercitives : les constitutions et les codes pénaux modernes continuent de reposer sur la contrainte, même si la pédagogie civique cherche à développer une conscience citoyenne.

Aujourd'hui encore, cette question demeure brûlante. Faut-il compter sur la surveillance généralisée, les sanctions lourdes, les lois toujours plus précises pour réguler les comportements sociaux ? Ou faut-il investir dans l'éducation, dans la médiation sociale, dans le développement des compétences relationnelles, pour que les individus deviennent capables de se réguler eux-mêmes ? La médiation contemporaine, qu'elle soit scolaire, familiale, sociale ou internationale, illustre ce pari sur l'autonomie. Mais les institutions judiciaires et policières rappellent en permanence que la contrainte n'a pas disparu.

Une question anthropologique et politique

La question de savoir si l'homme doit être contraint ou peut se contrôler par médiation n'est pas seulement un débat moral ou philosophique : elle engage toute la conception de l'anthropologie et du politique. Si l'on pense que l'homme est foncièrement violent et égoïste, la contrainte s'impose comme unique solution. Si l'on croit au contraire en sa capacité à progresser, à se discipliner, alors la médiation devient un horizon crédible.

Cette interrogation a façonné nos institutions, nos religions, nos systèmes éducatifs. Elle continue d'animer les débats contemporains, qu'il s'agisse de justice pénale (répression ou réhabilitation ?), de politique internationale (sanctions ou dialogue ?), ou de vie quotidienne (imposer des règles ou favoriser la médiation sociale ?).

En fin de compte, la médiation s'inscrit dans cette tension : elle est le lieu où l'on tente de dépasser la dichotomie entre contrainte et autonomie. Elle reconnaît la nécessité de certaines règles extérieures, mais elle travaille à transformer ces contraintes en occasions d'apprentissage, de dialogue, de responsabilisation. Elle incarne l'espérance qu'au-delà de la peur de la sanction, l'homme peut apprendre à se conduire par conviction, par souci de l'autre, et par fidélité à sa propre dignité.

La médiation entre justice contrainte et liberté personnelle

La médiation, dans l'histoire humaine, n'apparaît jamais comme une abstraction pure ni comme un idéal détaché des réalités sociales. Elle se situe à la croisée de deux logiques qui paraissent contradictoires : d'un côté, la justice contrainte, c'est-à-dire l'ensemble des lois, des sanctions et des institutions qui imposent un ordre souvent vécu comme extérieur à l'individu ; de l'autre, la liberté personnelle, entendue comme la capacité de chacun à se gouverner lui-même et à orienter ses actions en accord avec ses propres choix. La médiation s'inscrit dans cette tension, elle en est même une tentative de résolution pratique. Elle ne supprime pas la contrainte et ne se réduit pas à la liberté ; elle invente un espace où la contrainte peut être transformée en responsabilité, et où la liberté devient compatible avec l'existence d'autrui.

La justice contrainte : nécessité ou aliénation ?

La justice contrainte est, depuis les origines des sociétés organisées, le mode privilégié de régulation des rapports humains. Qu'il s'agisse des codes mésopotamiens, des lois romaines ou des constitutions modernes, toutes reposent sur une structure coercitive : la loi fixe des obligations, interdit des comportements, et prévoit des sanctions en cas de transgression. Cette justice repose sur l'idée qu'il est nécessaire d'imposer une norme commune, même contre la volonté des individus, afin d'assurer la paix sociale.

Dans le monde antique, le droit romain illustre cette conception avec éclat. Le *Corpus Juris Civilis* compilé sous Justinien au VIe siècle de notre ère, ne laisse aucune ambiguïté : la justice n'est pas d'abord un dialogue, mais une décision imposée par une autorité reconnue, fondée sur des règles stables et sanctionnées par la force publique. L'empire romain, par son étendue et sa diversité, ne pouvait reposer que sur une telle justice contraignante. Elle a permis de garantir l'ordre, de pacifier des territoires immenses et de rendre possible le commerce et la vie commune.

Mais cette justice contrainte a toujours été ambivalente. Si elle protège, elle opprime aussi. Elle impose un cadre parfois rigide, qui ne tient pas compte des singularités. Elle peut être vécue comme une aliénation, une confiscation de la liberté. De là naissent les résistances, les révoltes, les appels à un autre mode de régulation plus respectueux de la personne.

La liberté personnelle : idéal ou illusion ?

À l'opposé, la liberté personnelle est apparue comme l'horizon d'une société plus juste. Depuis les philosophes grecs jusqu'aux penseurs modernes, on retrouve cette idée que l'homme ne trouve sa dignité qu'en se gouvernant lui-même. Rousseau affirme : « L'obéissance à la loi qu'on s'est prescrite, est liberté » (Jean-Jacques Rousseau, *Du Contrat social*, Garnier Flammarion, 1966, page 56). La liberté véritable ne consiste donc pas à faire ce que l'on veut, mais à se donner à soi-même la règle que l'on choisit de suivre.

La liberté personnelle est alors conçue comme l'autonomie. Elle ne s'oppose pas nécessairement à la justice, mais elle suppose que la justice ne soit pas imposée de l'extérieur : elle doit être intériorisée, reconnue, assumée. C'est ce que Kant a magistralement formulé dans sa philosophie morale : « L'autonomie de la volonté est cette propriété qu'a la volonté d'être à elle-même sa loi (indépendamment de toute propriété des objets du vouloir). » (Emmanuel Kant, *Fondements de la métaphysique des mœurs,* Éditions Les Échos du Maquis, 2013, page 52). Dans cette perspective, la contrainte extérieure n'est qu'un pis-aller ; la véritable dignité humaine réside dans la capacité à agir par devoir, c'est-à-dire par fidélité à une loi que la raison se donne elle-même.

Mais cette liberté personnelle, dans son idéal, se heurte à la réalité des passions, des conflits d'intérêts, des inégalités. Elle risque de demeurer une illusion si l'on pense qu'elle peut, à elle seule, garantir l'harmonie sociale. Les révolutions modernes, en libérant les individus de certaines contraintes, ont aussi montré combien la liberté mal régulée pouvait engendrer de nouvelles formes de chaos.

La médiation comme articulation des deux pôles

C'est précisément dans ce champ de tension entre justice contrainte et liberté personnelle que la médiation prend tout son sens. Elle n'est ni l'abolition de la contrainte ni la simple exaltation de la liberté. Elle se propose comme une méthode permettant de transformer la contrainte en dialogue et la liberté en responsabilité.

La médiation part d'un constat : les conflits sont inévitables, et aucune société ne peut s'en passer. Plutôt que de laisser ces conflits dégénérer en violence (où seule la force déciderait) ou d'imposer une solution autoritaire (qui ne respecte pas les personnes impliquées), la médiation ouvre un espace où les parties peuvent exprimer leurs positions, être entendues, et trouver ensemble un accord. Ce processus suppose un tiers – le médiateur – qui n'impose pas une sanction, mais accompagne la recherche d'une solution mutuellement acceptable.

Ainsi, la médiation respecte la contrainte d'un ordre social (il faut bien résoudre le conflit, il ne peut pas rester à l'état de guerre), tout en respectant la liberté personnelle (chacun reste acteur de la solution). Elle transforme la justice en une expérience partagée, et non subie.

Exemples historiques : entre autorité et dialogue

L'histoire fournit de nombreux exemples où la médiation a été mise en œuvre comme une tentative de dépasser la simple opposition entre contrainte et liberté.

Chez les Grecs, la figure de Solon, au VIe siècle av. J.-C., est éclairante. Chargé de réformer les lois d'Athènes, il refusa à la fois l'autoritarisme et le laxisme. Ses réformes, bien que contraignantes, visaient à instaurer un équilibre entre les classes sociales, et il s'efforça de convaincre les citoyens de leur bien-fondé. La légende rapporte qu'il utilisa des récits, des poèmes, des exhortations, autrement dit des médiations symboliques, pour faire accepter la contrainte de la loi comme une garantie de liberté.

Dans la tradition biblique, le prophète Natan face au roi David illustre aussi ce rôle de médiation. Confronté à l'injustice commise par David contre Urie le Hittite, il ne l'accuse pas frontalement, mais raconte une parabole qui amène le roi à se juger lui-même (*Ancien Testament, deuxième Livre de Samuel, Châtiment de l'adultère et naissance de Salomon, 12, 1-15*, Les Éditions du Cerf – Les Bergers et les Mages, 1975, pages 584-585, traduction par la Société biblique française). La contrainte du jugement divin n'est pas abolie, mais elle passe par une médiation narrative qui permet à David de reconnaître sa faute librement.

Plus près de nous, la figure de Nelson Mandela témoigne de la puissance de la médiation dans un contexte marqué par la violence et la contrainte. Après des décennies d'apartheid, il aurait pu céder à la logique de revanche et de justice punitive. Il choisit au contraire la médiation politique, en créant la Commission Vérité et Réconciliation. Ce dispositif n'a pas supprimé la contrainte des lois, mais il a introduit un espace de parole, où la vérité pouvait être dite et où les coupables pouvaient reconnaître leurs fautes. La justice contrainte et la liberté personnelle s'y sont rencontrées dans une démarche inédite.

Médiation et justice douce : vers une nouvelle conception du droit

La médiation ouvre aussi des perspectives philosophiques sur la nature même du droit. Si l'on définit le droit uniquement comme un ensemble de contraintes, on risque de le réduire à une mécanique punitive. Si on le réduit à la liberté personnelle, on risque l'anomie. La médiation suggère une autre vision : le droit comme processus de responsabilisation, comme construction collective où les règles ne sont pas seulement imposées mais discutées, appropriées, intériorisées.

Cette conception rejoint certains courants contemporains de la philosophie politique. Jürgen Habermas, par exemple, avec sa théorie de l'agir communicationnel, insiste sur le fait que la légitimité d'une norme ne repose pas seulement sur son imposition, mais sur sa capacité à être acceptée rationnellement dans un dialogue. La médiation devient alors une modalité concrète de cette démocratie délibérative.

La tension irréductible

Il faut cependant éviter de céder à l'illusion d'une médiation toute-puissante. Elle ne supprime pas la nécessité de la contrainte : certains comportements doivent être interdits et sanctionnés. Elle ne garantit pas non plus la liberté personnelle absolue : dans un conflit, chacun doit accepter de faire des concessions. Mais elle offre une manière d'habiter cette tension irréductible, en la rendant vivable, productive, créatrice de lien.

La médiation nous rappelle que la justice ne se réduit pas à punir, ni la liberté à revendiquer. Elle est ce lieu fragile où les hommes tentent de se rencontrer malgré leurs désaccords, de transformer leurs oppositions en occasions de croissance, et de faire de la contrainte et de la liberté non pas des ennemies, mais des partenaires.

Présenter le plan et les enjeux – philosophie, religion, droit et société contemporaine

Toute introduction générale doit, à un moment donné, offrir au lecteur une vision claire de l'architecture du livre qui s'ouvre devant lui. Non pas une simple table des matières, mais une explication vivante de la logique qui sous-tend la progression, des questions que chaque partie aborde, des enjeux qu'elles mettent en lumière. La médiation, telle que nous l'avons introduite comme fil conducteur de l'histoire humaine, doit maintenant être située dans son développement concret, à travers la philosophie, la religion, le droit et la société contemporaine.

Car la médiation n'est pas seulement une technique ou une méthode apparue dans les temps modernes pour régler des différends familiaux ou sociaux. Elle est une matrice, un prisme à travers lequel relire toute l'histoire de l'humanité. Elle est un révélateur de la manière dont les hommes ont cherché, de siècle en siècle, à dépasser la violence brute, à construire une justice qui ne soit pas uniquement punitive, à apprendre la responsabilité personnelle.

Ce livre se déploie en cinq grandes parties. Chacune explore un aspect de cette histoire longue, chacune éclaire un visage particulier de la médiation, chacune révèle aussi ses limites et ses promesses.

La première partie s'attache à ce qu'on pourrait appeler la « protohistoire » de la médiation. Elle ne cherche pas à décrire des institutions juridiques formalisées, mais à remonter à ce moment où les sociétés humaines ont compris qu'elles devaient inventer des moyens autres que la violence pour régler leurs différends.

Nous avons vu que cette prise de conscience naît très tôt : dès les premiers groupes humains, la nécessité de préserver la cohésion impose d'inventer des formes de régulation. La médiation y apparaît comme une nécessité anthropologique. L'arbitrage d'un ancien, le recours à la parole collective, les rituels symboliques de réconciliation en sont les premiers visages.

Cette partie mettra aussi en lumière la tension entre la contrainte extérieure et la maîtrise de soi, entre la peur de la sanction et l'apprentissage de l'autonomie. Elle distinguera la médiation de ses proches cousines, la conciliation et la négociation, et ouvrira sur une réflexion philosophique avec les Stoïciens, qui virent dans l'accord avec le logos universel une forme suprême de médiation entre destin et liberté.

La deuxième partie s'intéresse à l'Antiquité, non seulement comme période historique, mais comme matrice intellectuelle. Les Grecs et les Romains n'ont pas seulement inventé des institutions juridiques ou politiques ; ils ont élaboré une réflexion profonde sur la justice, le droit, la liberté et le rôle de la parole.

Chez Platon, la justice est une harmonie intérieure et collective, que l'on atteint par la médiation de la raison. Chez Aristote, la *phronèsis* – la prudence – consiste à discerner, dans chaque situation, le juste milieu, par un dialogue entre règles générales et cas particuliers. Chez les Romains, le droit civil et le droit des gens introduisent l'idée que les conflits doivent être réglés non par la vengeance, mais par des procédures où un tiers intervient.

Cette partie montrera comment la médiation, en tant qu'idéal et pratique, se constitue au croisement de la philosophie grecque et du droit romain, deux héritages qui irrigueront toute la suite de l'histoire occidentale.

La troisième partie s'attarde sur le Moyen Âge et les sociétés religieuses. Elle met en lumière le rôle de la médiation spirituelle, incarnée par les prêtres, les moines, les papes, mais aussi par les prophètes, les sages, les saints. La religion n'est pas ici abordée seulement comme système de croyances, mais comme espace où s'invente une régulation sociale et une pacification des relations.

La confession chrétienne, par exemple, est une médiation entre l'homme et Dieu, mais aussi entre l'individu et la communauté. Le rôle des papes comme arbitres entre rois, celui des moines dans les litiges locaux, celui des oulémas en islam ou des rabbins dans la tradition juive, montrent combien la médiation religieuse fut essentielle à la cohésion des sociétés.

Cette partie analysera également des figures emblématiques : Saint Louis rendant justice sous son chêne, le jugement de Salomon, ou encore Saint Benoît et Léon Ier comme médiateurs spirituels. La médiation y apparaît comme une justice douce, alternative à la violence brute, mais aussi comme un moyen d'éduquer les consciences à la responsabilité.

La quatrième partie s'intéresse à la modernité, c'est-à-dire à l'époque où la médiation se détache progressivement de la sphère religieuse pour entrer dans celle du droit et de la politique.

Avec les théories du contrat social (Hobbes, Locke, Rousseau), la question est posée : comment organiser la société sans sombrer dans la guerre de tous contre tous ? La réponse passe par des institutions contraignantes, mais aussi par l'idée d'un consentement collectif. La médiation prend alors une forme institutionnelle : parlements, tribunaux, constitutions deviennent des espaces où la parole, la délibération et le compromis tiennent lieu de violence.

La Révolution française, l'émergence des codes civils, la montée en puissance des États modernes sont autant d'occasions de réfléchir à la manière dont la contrainte peut se transformer en responsabilité. Le droit, tout en restant coercitif, se pense comme expression de la volonté générale. La médiation se réinvente comme technique juridique, mais conserve son inspiration : éviter la brutalité, transformer la règle en dialogue.

Enfin, la cinquième partie ouvre sur le temps présent. Notre époque, marquée par la mondialisation, la complexité croissante des sociétés, la multiplication des conflits identitaires, culturels, économiques et écologiques, redécouvre l'urgence de la médiation.

Les tribunaux sont engorgés, les guerres persistent malgré les traités, les fractures sociales s'approfondissent. La médiation apparaît comme une voie privilégiée pour réinventer le vivre-ensemble. Médiation familiale, scolaire, sociale, internationale : ses formes se multiplient. Mais derrière la diversité des pratiques, une même question se profile : l'homme peut-il apprendre à se gouverner sans contrainte, ou faudra-t-il toujours recourir à des sanctions extérieures ?

La société contemporaine, avec ses défis – changement climatique, migrations, inégalités – oblige à repenser la place de la médiation. Elle n'est plus un luxe, mais une nécessité pour éviter que la violence brute ne reprenne le dessus. Elle appelle à une pédagogie de la responsabilité, à une culture du dialogue, à une philosophie de la reconnaissance mutuelle.

Ces cinq parties, en déroulant le fil de l'histoire, visent à répondre à une interrogation fondamentale : comment l'humanité a-t-elle appris à dépasser la violence pour inventer des modes de régulation pacifiques ?

Le lecteur verra que la médiation n'est pas seulement un outil pratique, mais un concept profond, enraciné dans la philosophie (de Socrate à Habermas), dans la religion (du prophète Nathan à la confession chrétienne), dans le droit (du Code d'Hammurabi aux codes civils modernes), et dans la société contemporaine.

L'enjeu de ce livre n'est pas seulement historique ou théorique. Il est existentiel. Car chaque époque, chaque société, chaque individu est confronté à cette alternative : céder à la violence, se soumettre à la contrainte, ou s'élever à la responsabilité par la médiation.

La médiation, au fond, n'est pas un supplément facultatif de la justice. Elle en est le cœur battant, l'espérance qu'au-delà de la peur et de la loi, l'homme peut apprendre à dialoguer, à se comprendre, et à construire un monde commun.

Partie 1 : Aux origines de la médiation : naissance d'une idée de justice et de responsabilité

Chapitre 1 – Origines philosophiques et anthropologiques

- La médiation comme nécessité primitive : gérer les conflits, préserver le groupe.

L'histoire de la justice et de la médiation ne commence pas avec les rois, les empereurs ou les juges solennels assis sur leurs trônes. Elle plonge ses racines bien plus loin, dans la préhistoire des sociétés humaines, au cœur des groupes primitifs qui ont dû inventer des formes de régulation avant même l'existence d'un État ou d'une loi écrite. La médiation, entendue comme une manière de résoudre les conflits sans basculer dans la violence destructrice, est d'abord une nécessité vitale. Elle répond à une exigence anthropologique : assurer la survie du groupe, maintenir la cohésion sociale et éviter que les querelles individuelles ne dégénèrent en affrontements capables de mettre en péril l'ensemble de la communauté. Ainsi, bien avant d'être une pratique codifiée ou théorisée, la médiation apparaît comme une stratégie spontanée de l'humanité pour dépasser la violence brute et instituer des formes de coexistence pacifiée. Elle constitue, en ce sens, l'une des premières pierres de la civilisation.

Toute réflexion sur la médiation suppose de reconnaître la place centrale de la violence dans l'histoire humaine et la menace originelle et constante qu'elle représente. Les travaux de l'anthropologue René Girard ont montré combien la rivalité mimétique et la tentation de l'affrontement sont au cœur des interactions sociales. L'homme primitif, dépourvu de structures juridiques ou étatiques, est exposé à la montée des conflits pour des ressources limitées, pour la reconnaissance, pour la survie. Dans de petites communautés où tout est partagé, la moindre querelle peut dégénérer en spirale de représailles, risquant de détruire la fragile unité du groupe.

Face à cette menace, la médiation surgit comme un mécanisme de défense sociale. Elle ne se présente pas d'abord comme une vertu morale, mais comme une nécessité pragmatique : si les conflits ne sont pas régulés, le groupe éclate et disparaît. La médiation primitive vise donc avant tout à protéger le collectif contre l'autodestruction.

Dans de nombreuses sociétés traditionnelles observées par les anthropologues, on trouve la présence de figures intermédiaires chargées de réguler les conflits. Ces figures ne sont pas nécessairement des « juges » au sens moderne, mais des sages, des anciens, des chamans, ou parfois simplement les membres les plus respectés de la communauté. Leur rôle n'est pas d'imposer une sanction extérieure mais d'écouter les parties, de rappeler les coutumes communes, et de proposer une solution qui préserve la paix du groupe.

Chez les peuples amérindiens, par exemple, les conflits étaient souvent arbitrés par le conseil des anciens. Les sanctions lourdes étaient rares : on privilégiait la réparation, la compensation, la réconciliation. Le but n'était pas d'éliminer le coupable mais de restaurer l'harmonie. On retrouve la même logique dans certaines tribus africaines où la palabre communautaire fonctionne comme un espace de médiation : on parle, on négocie, on trouve une issue acceptable pour tous.

Cette médiation tribale repose sur une double autorité : d'une part, l'autorité de l'ancien ou du sage, reconnu pour sa sagesse et son expérience, d'autre part, l'autorité du groupe lui-même, qui soutient la solution adoptée et l'impose par consensus. Elle illustre parfaitement la fonction première de la médiation : préserver le groupe, empêcher que le conflit ne mette en péril la survie collective.

La médiation primitive ne se limite pas à des négociations verbales. Elle est souvent associée à des coutumes et des rites symboliques qui permettent de transformer un conflit violent en un acte socialement intégré. Ainsi, dans de nombreuses cultures, le meurtre ne se résout pas par la vengeance infinie, mais par le paiement d'un prix du sang, le *wergeld* chez les peuples germaniques. Le versement d'une compensation matérielle — bétail, terres, biens — permet de reconnaître le tort causé et de restaurer l'équilibre social sans recourir à la vengeance armée.

Les rites sacrificiels décrits par René Girard dans *La violence et le sacré* (Editions Grasset et Fasquelle, 1972) peuvent aussi être compris comme des formes primitives de médiation. En reportant la violence collective sur une victime émissaire, le groupe canalise les tensions internes et restaure sa cohésion. Même si cette pratique repose sur la violence, elle traduit déjà une tentative de médiatiser les conflits, de les détourner pour préserver la communauté. La médiation primitive prend donc la forme d'un processus rituel autant que rationnel : elle met en jeu des symboles partagés, des gestes codifiés, qui transforment l'acte violent en une solution pacificatrice reconnue par tous.

Lorsque les sociétés deviennent plus complexes, la médiation prend la forme de lois écrites qui cherchent à limiter la violence et la vengeance. Le Code d'Hammurabi (XVIIIe siècle av. J.-C.) illustre cette transition. Bien qu'il soit célèbre pour sa formule du « talion » (« œil pour œil, dent pour dent »), ce code ne vise pas tant à promouvoir la vengeance qu'à la contenir. En fixant des équivalences précises entre le tort subi et la réparation imposée, il transforme la violence illimitée en un mécanisme mesuré, codifié, où le conflit peut être réglé sans escalade infinie.

Dans la Grèce antique, la fonction de l'arbitrage apparaît également comme une manière d'éviter la vendetta. Les cités grecques instituaient des arbitres publics, chargés de trancher les litiges sans que les parties ne recourent à la guerre privée. Chez les Romains, la médiation était au cœur de nombreuses procédures civiles : le préteur proposait des compromis et veillait à la conciliation avant d'imposer une sentence.

À chaque étape, on observe la même dynamique : la justice écrite et institutionnelle ne se substitue pas complètement à la médiation, mais l'intègre, en cherchant à limiter la violence et à préserver la communauté.

Au-delà des petites communautés, la médiation a aussi joué un rôle crucial dans la survie politique des royaumes et des empires. Dans des contextes où la violence pouvait menacer la stabilité politique, les souverains ont souvent eu recours à des médiations pour éviter la guerre civile. On retrouve aussi cette logique dans les médiations diplomatiques entre cités grecques, où l'arbitrage permettait d'éviter que des querelles frontalières ne dégénèrent en affrontements militaires.

De la tribu primitive à l'empire, la médiation reste donc une stratégie de survie : elle protège le groupe contre la violence qui le menace de l'intérieur ou de l'extérieur.
Si la médiation apparaît universellement, c'est qu'elle répond à une exigence anthropologique fondamentale. L'homme est un être social, dépendant du groupe pour sa survie. Or, le groupe est sans cesse menacé par les conflits internes. La médiation émerge donc comme une institution nécessaire pour maintenir la cohésion.

Elle repose sur plusieurs piliers : l'écoute et la parole pour transformer la violence en dialogue, le consensus social qui démontre qu'une solution n'est efficace que si elle est acceptée par la communauté, la symbolisation car par le rituel, le geste ou la compensation, on donne une forme visible à la réconciliation et enfin, l'autorité morale par laquelle le médiateur doit incarner une figure reconnue, qui inspire confiance et respect. Ces éléments se retrouvent, sous des formes diverses, dans toutes les cultures. Ils montrent que la médiation n'est pas une invention tardive mais une nécessité primitive, liée à la condition humaine.

La médiation est donc née d'une urgence : gérer les conflits pour éviter l'autodestruction. Dans les tribus primitives, les rites, les conseils des anciens, les compensations matérielles ont joué ce rôle de pacification. Dans les premières civilisations, les lois écrites ont prolongé cette logique, en cherchant à canaliser la violence et à la rendre supportable. Peu à peu, cette pratique a pris une dimension philosophique et spirituelle, comme on le verra avec Salomon, Saint Louis ou d'autres figures de la justice douce.

Mais il est essentiel de garder à l'esprit cette origine anthropologique : la médiation n'est pas un luxe, ni une invention intellectuelle tardive. Elle est une nécessité vitale, inscrite dans l'histoire la plus ancienne de l'humanité, un moyen pour les hommes de dépasser la violence brute et de préserver leur groupe. C'est à partir de cette base primitive que se sont développées, plus tard, les conceptions philosophiques et religieuses de la justice douce. La médiation, en ce sens, constitue bien l'une des premières tentatives de civilisation, le moment où l'humanité a appris à substituer la parole au sang, l'accord au conflit, et la paix fragile à la violence destructrice.

- Figures emblématiques de la justice douce et arbitrale : le Roi Salomon (jugement de Salomon), Saint-Louis sous son chêne.

Le Jugement de Salomon est l'un des récits bibliques les plus connus, les plus frappants qui a traversé les siècles comme symbole de sagesse et de justice et les plus parlants sur la nature du jugement, de la vérité et de la sagesse. Il est raconté de façon brève et dense (*Ancien Testament, premier livre des rois, Jugement de Salomon, 3, 16-28*, Les Éditions du Cerf – Les Bergers et les Mages, 1975, page 631, traduction par la Société biblique française) : deux femmes prostituées se présentent devant le roi Salomon. Elles vivent dans la même maison et ont chacune donné naissance à un enfant à peu d'intervalle. L'une des femmes s'est endormie sur son bébé, qui est mort durant la nuit. Elle a alors échangé son enfant mort contre celui de l'autre femme. Le lendemain, la deuxième femme découvre que l'enfant à ses côtés est mort, mais remarque que ce n'est pas le sien. Les deux femmes en viennent alors à se disputer devant Salomon, chacune affirmant être la mère de l'enfant vivant. Salomon, face à cette situation insoluble par des preuves ou des témoignages, prend une décision surprenante : il ordonne qu'on apporte une épée et propose de couper l'enfant vivant en deux, pour donner une moitié à chaque femme. La première femme accepte froidement. Mais la seconde, bouleversée par l'idée que son enfant soit tué, supplie le roi de donner le bébé à l'autre femme, préférant le voir vivre, même si elle devait le perdre. Salomon reconnaît alors la vraie mère : celle qui a manifesté de l'amour et de la compassion. Il lui rend l'enfant, et tous ceux qui assistent à la scène sont frappés par la sagesse du roi.

Pour saisir toute la portée de l'épisode, il faut le replacer dans son décor historique et littéraire. Salomon, fils de David, apparaît dans la Bible comme le souverain qui a consolidé et enrichi le royaume d'Israël, construit le Temple à Jérusalem et fut réputé pour sa sagesse. La tradition biblique situe son règne au Xe siècle avant notre ère, dans une période — souvent dénommée « Monarchie unie » — où la centralisation du pouvoir royal et la mise en place d'institutions de gouvernement sont des enjeux majeurs. Dans ce contexte, la figure du roi dépasse la simple figure militaire : il est appelé aussi à rendre la justice, à garantir la paix intérieure et à assurer l'ordre social. Dès les premiers chapitres du règne de Salomon, la Bible insiste sur le don de sagesse que Dieu lui accorde en réponse à sa prière, et le jugement rapporté est présenté comme une mise en scène inaugurale de cette sagesse promise par Dieu. C'est dans ce cadre que l'affaire des deux mères prend un sens politique et théologique bien au-delà d'une simple curiosité judiciaire.

L'économie littéraire de l'épisode est remarquable : en quelques versets la Bible met en scène un problème apparemment insoluble, propose une solution dramatique, et la vérité se révèle non par des indices matériels mais par la réaction morale des protagonistes. Cette stratégie judiciaire — utiliser une épreuve pour faire surgir l'affect et dévoiler la vérité intérieure — est au cœur de la signification du récit. Salomon ne dispose pas de témoins fiables ni de documents ; il recourt à l'épreuve psychologique. En mettant en avant la valeur affective (l'amour maternel, la compassion) plutôt que la preuve formelle, le jugement illustre que la justice biblique ne se limite pas à l'application mécanique d'une règle : elle exige un discernement du cœur humain. Le récit dit ainsi que la vérité peut se révéler dans le registre des motivations et des sentiments plutôt que dans l'objectivité froide d'un procès. Cette idée rejoint un grand thème biblique : la connaissance véritable de l'homme appartient à Dieu, mais le sage, inspiré par Dieu, peut percevoir ce qui échappe au simple regard.

Si l'on réfléchit en termes de philosophie politique et juridique, l'épisode amorce — ou du moins illustre — une conception de la justice qui est d'abord médiatrice. Le roi n'est pas seulement un potentat qui tranche au gré de sa volonté ; il est un arbitre qui cherche la réconciliation et la préservation du bien-commun. En choisissant la vie de l'enfant comme critère ultime, Salomon fait primer la restauration du lien social et familial sur l'application abstraite d'un droit de propriété ou d'une logique compensatoire. La posture du juge-roi ici est donc double : il est médiateur entre des prétentions rivales et gardien de la vie sociale. Ce modèle oppose la justice punitive purement rétributive à une justice dont l'objectif est la réparation et le maintien de la paix civique. Dans ce sens, l'épisode ouvre la voie à une réflexion sur la justice comme art du compromis et de la protection des vulnérables, un thème récurrent dans la Bible — qui souvent fait de la défense des faibles et des veuves un critère moral essentiel.

La portée religieuse du récit ne saurait être sous-estimée. Dans la théologie biblique, la sagesse n'est pas d'abord un savoir technique ; elle est un don divin qui manifeste la présence et la volonté de Dieu dans l'action humaine. Le récit place explicitement le jugement de Salomon dans la perspective du don reçu de Dieu : la sagesse accordée au roi permet d'administrer la justice d'une manière qui révèle la volonté divine pour la régulation du peuple. Ainsi la justice royale est présentée comme une instance de médiation entre Dieu et le peuple : par son jugement, le roi manifeste non seulement son discernement personnel mais aussi la bonté et la justice de Dieu. Cette dimension sacramentelle ou symbolique de l'acte de juger explique en partie pourquoi le récit a été si puissamment retenu par les traditions juive et chrétienne et pourquoi Salomon est devenu l'archétype du juge sage.
L'épisode a aussi une dimension pédagogique et exemplaire. Rendre la justice sous forme d'une épreuve qui révèle la vérité enseigne au peuple que la loi ne suffit pas toujours ; il faut parfois le sens moral et la capacité de lire les cœurs. De plus, la mise en scène impressionne le peuple et institue la légitimité de Salomon comme souverain — non par la force mais par une sagesse reconnue. L'effet performatif du jugement est essentiel : en rendant cette sentence, Salomon ne se contente pas de trancher un différend, il instaure une confiance collective dans la fonction royale comme gardienne de la justice. Cela vaut pour l'État naissant autant que pour la construction d'une morale civique : le roi sage est celui qui connait la place du cœur humain et qui le protège.

Le récit a, par ailleurs, une postérité culturelle et artistique considérable. Peintres et sculpteurs de toutes les époques ont repris la scène, fascinés par son intensité dramatique et par l'occasion qu'elle offre de représenter une vérité morale en train d'éclore. Du XVIe au XVIIe siècle et au-delà, la « Justice de Salomon » est devenue un motif privilégié des cours européennes, un symbole que souverains et magistrats pouvaient invoquer pour légitimer leur rôle de juges supérieurs et de médiateurs. Les images du jugement jouent sur la mise en scène : le trône élevé, le peuple qui regarde, l'épée comme instrument de test et la mère dans l'attitude de la grâce maternelle. Ce choix de représentation illustre comment une parole biblique a nourri et orienté une iconographie du pouvoir et de la sagesse.

Dans la perspective plus large de la Bible, on peut lire cet épisode comme un moment paradigmatique de la réflexion sur la justice. Dans la littérature sapientiale — Proverbes, Qohelet, Sagesse (dans la tradition deutérocanonique) — la sagesse est associée à la droiture, au discernement et à la protection des justes. Le jugement de Salomon se présente ainsi comme la mise en acte d'une théologie de la sagesse : la sagesse ne se contente pas d'être théorie ; elle se traduit dans des décisions qui préservent la vie, réparent les liens brisés et expriment la justice divine. À la différence d'un droit strictement légaliste, la sagesse biblique telle qu'incarnée par Salomon est contextuelle, sensible aux situations et attentive aux conséquences humaines des décisions. L'épisode suggère donc une philosophie de la médiation où le juge est d'abord un interprète du bien plus vaste que les textes.

Enfin, la force du récit tient aussi à son ouverture éthique. L'attitude de la véritable mère — celle qui préfère renoncer à son droit pour que vive l'enfant — devient une figure paradigmatique de l'amour sacrificiel qui, dans la lecture chrétienne, trouve des échos dans la morale évangélique. Le geste de Salomon, qui reconnaît ce sacrifice et protège la vie, illustre une justice qui reconnaît la priorité de la personne sur la propriété et de la compassion sur la logique du partage. Ce message dépasse les siècles : il pose la question de ce que signifie administrer la justice dans une société humaine, et invite à penser le juge non seulement comme un technicien du droit mais comme un gardien de la vie et de la dignité.

Le jugement de Salomon est donc à la fois une parabole de sagesse, une leçon de politique judiciaire et une matrice symbolique pour penser la médiation. En peu de lignes, le texte biblique met en lumière ce que doit être un pouvoir juste : non pas la démonstration de la puissance mais l'exercice d'une sagesse qui saisit la réalité humaine dans ses plis et protège les plus vulnérables. Par son exemplarité, le récit a frappé les imaginaires, nourri des pratiques de gouvernance et inspiré des réflexions théologiques sur la nature même de la justice. Il nous rappelle que juger, ce n'est pas seulement appliquer une règle ; c'est lire le cœur des hommes et, lorsque c'est possible, préserver la vie.

Ailleurs et dans un autre temps, l'image de Saint Louis rendant la justice sous un chêne à Vincennes est l'une des plus célèbres de l'histoire de la monarchie française. Elle dépasse largement l'anecdote historique pour s'inscrire dans une véritable mémoire collective et symbolique qui a traversé les siècles. Derrière cette scène apparemment simple, où l'on imagine un roi assis à l'ombre d'un arbre majestueux, recevant les doléances des plus humbles de ses sujets, se dessine une conception du pouvoir royal qui s'enracine dans une double tradition : d'une part l'héritage capétien, qui tendait à renforcer la justice du roi comme un instrument de pacification et d'autorité, et d'autre part l'idéal chrétien auquel Louis IX était viscéralement attaché. Roi pieux, canonisé à peine vingt-sept ans après sa mort, Saint Louis a incarné une royauté qui se voulait à la fois humaine, accessible et profondément inspirée par la foi chrétienne. L'épisode du chêne de Vincennes prend alors une dimension paradigmatique : il résume en un seul geste ce que fut le projet de Louis IX, à savoir un roi médiateur, justicier et pasteur de son peuple.

Pour comprendre la portée de cette image, il faut d'abord replacer Saint Louis dans son époque. Né en 1214, Louis IX devient roi en 1226 à la mort de son père, Louis VIII. Il n'a alors que douze ans et sa mère, Blanche de Castille, exerce la régence jusqu'à sa majorité. Très tôt, le jeune roi est marqué par une éducation profondément chrétienne, où la piété n'est pas dissociée du devoir de justice. Les Capétiens, depuis Hugues Capet, avaient progressivement construit l'idée que le roi de France n'était pas seulement un seigneur parmi d'autres, mais qu'il détenait une autorité supérieure, transcendante, car il tenait sa couronne de Dieu. Louis IX pousse cette logique à son apogée : pour lui, le pouvoir royal ne peut s'exercer que dans la fidélité à l'Évangile. Ainsi, rendre la justice n'est pas simplement une fonction politique, mais un véritable devoir spirituel.

La scène rapportée par Joinville, seigneur champenois compagnon du roi lors de la septième croisade et auteur d'une des principales sources sur sa vie, illustre cette attitude. Il raconte : *« Maintes fois il advint qu'en été il allait s'asseoir au bois de Vincennes après sa messe, et s'accotait à un chêne ; et nous faisait asseoir autour de lui. Et tous ceux qui avaient affaire venaient lui parler sans empêchement d'huissier ni d'autres gens. Et alors il leur demandait de sa propre bouche : « Y a-t-il ici quelqu'un qui ait sa partie ? » Et ceux qui avaient leur partie se levaient, et alors il disait : « Taisez-vous tous, et on vous expédiera l'un après l'autre. » Et alors il appelait monseigneur Pierre de Fontaines et monseigneur Geoffroi de Villette, et disait à l'un d'eux : « Expédiez-moi cette partie. Et quand il voyait quelque chose à amender dans les paroles de ceux qui parlaient pour autrui, lui-même l'amendait de sa bouche. »* (*Histoire de Saint Louis*, Jean de Joinville, Librairie Hachette, 1880, page 26). Ce tableau, d'une simplicité frappante, condense en réalité plusieurs dimensions fondamentales de la royauté de Louis IX. D'abord, il traduit l'idée d'une proximité avec son peuple : le roi n'est pas enfermé dans le faste des palais, il n'est pas coupé des réalités quotidiennes. Au contraire, il se montre accessible, ouvert aux plaintes des plus humbles. Cette accessibilité est en elle-même un acte de justice, car elle brise la distance hiérarchique qui aurait pu faire obstacle à l'expression des doléances. Ensuite, le fait que cette justice se rende en plein air, sous un arbre, évoque une justice naturelle, presque biblique, qui se déploie dans un cadre dépouillé, loin des formalismes des cours seigneuriales. Enfin, le chêne lui-même, arbre robuste et enraciné, symbolise la solidité, la droiture et la continuité du pouvoir royal.

Mais derrière cette image poétique se cache une philosophie politique et spirituelle plus profonde. Saint Louis ne concevait pas la justice comme un instrument de domination, mais comme un service. Il n'était pas seulement l'arbitre des conflits entre seigneurs ou le garant de la paix publique : il voyait dans l'exercice de la justice un moyen de réaliser l'Évangile sur terre. Dans la tradition chrétienne, la justice n'est pas seulement un équilibre juridique ou une réparation des torts, elle est aussi une vertu théologale qui suppose charité, équité et vérité. Saint Louis, profondément influencé par son éducation religieuse et par sa piété personnelle, mettait en pratique cette conception. Ainsi, lorsqu'il recueillait les doléances de ses sujets, il ne se contentait pas d'écouter passivement : il cherchait à concilier, à rétablir la paix, à guider les hommes vers une solution juste, inspirée de la charité chrétienne.

Cette pratique s'inscrit dans une évolution plus large de la monarchie capétienne. Depuis le XIIe siècle, les rois de France avaient progressivement affirmé leur compétence judiciaire au détriment des seigneurs locaux. Le roi devenait le juge suprême, celui vers qui on pouvait se tourner en dernier ressort. Mais avec Louis IX, cette fonction judiciaire prend une coloration nouvelle : elle devient l'expression même de la royauté chrétienne. La justice n'est pas seulement un outil de centralisation, elle devient un acte sacré. On pourrait dire que Saint Louis invente une forme de médiation royale : il ne tranche pas uniquement en fonction de la force ou des intérêts, mais cherche à incarner une justice transcendante, où l'équité prime sur la stricte lettre des lois. En ce sens, son attitude préfigure ce que l'on pourrait appeler une philosophie de la médiation : écouter, comprendre, concilier, apaiser, voilà ce qui animait ces séances sous le chêne.

Il est frappant de constater combien cette conception est directement inspirée du christianisme. Dans l'Évangile, le Christ est souvent représenté comme le bon pasteur, celui qui connaît ses brebis et prend soin d'elles. Louis IX transpose ce modèle pastoral dans la sphère politique : il est le roi-pasteur, chargé de guider son peuple non seulement dans l'ordre temporel, mais aussi dans la justice spirituelle. Rendre justice devient une forme de charité active, une manière de servir Dieu à travers le service du prochain. Joinville rapporte que le roi priait longuement, jeûnait, s'imposait des disciplines spirituelles ; il ne concevait pas son rôle de juge comme séparé de sa foi, mais comme une conséquence directe de celle-ci. De même que le Christ s'était fait proche des pauvres et des opprimés, le roi se faisait proche de ses sujets, écoutant leurs plaintes avec patience et bonté.

Il faut aussi souligner la dimension pédagogique de cette justice royale. En se plaçant sous un arbre, en rendant la justice de façon visible et publique, Louis IX donnait un exemple à ses sujets. Il montrait que la justice n'était pas un privilège réservé à une élite, mais un bien commun, accessible à tous. Ce geste avait une portée symbolique considérable : il renforçait la légitimité du pouvoir royal en l'ancrant dans une mission de service. Le roi ne gouvernait pas pour lui-même, mais pour le peuple, et au-delà, pour Dieu. Ainsi, l'image de Saint Louis sous son chêne n'est pas seulement une anecdote pittoresque, elle est une leçon politique et spirituelle : elle enseigne que l'autorité véritable s'exerce dans l'écoute, l'équité et la charité. Cette scène a marqué les mémoires au point de devenir une sorte de mythe fondateur de la monarchie française. Pendant des siècles, on rappellera aux enfants dans les écoles que le « bon roi Louis » rendait la justice sous son chêne. Cette mémoire a traversé les générations parce qu'elle condense l'idéal du roi juste et chrétien, modèle auquel beaucoup de souverains ont voulu se mesurer. Dans une époque où les querelles seigneuriales, les guerres privées et les injustices locales étaient fréquentes, l'idée d'un roi impartial, accessible et animé par une foi sincère avait une puissance évocatrice immense. Elle rassurait le peuple et consolidait l'autorité royale.

On pourrait dire que Saint Louis, en pratiquant cette justice simple et incarnée, invente une forme de médiation politique qui préfigure des conceptions modernes de la gouvernance. Son attitude suggère que le pouvoir ne doit pas s'exercer dans la distance ou l'arbitraire, mais dans l'écoute et la recherche de solutions équitables. Sa piété donne à cette démarche une dimension transcendante : il ne s'agit pas seulement de résoudre des conflits humains, mais de se rapprocher d'un idéal divin de justice. Cette articulation entre pouvoir politique et idéal chrétien constitue la véritable originalité de Saint Louis. Elle explique pourquoi il est resté dans l'histoire non seulement comme un roi puissant, mais comme un roi saint, dont l'autorité fut reconnue comme légitime parce qu'elle s'enracinait dans la foi et dans le service du peuple.

En définitive, l'histoire de Saint Louis sous son chêne à Vincennes est bien plus qu'une jolie légende. Elle est la mise en image d'une philosophie de gouvernement où la justice est comprise comme une mission sacrée, inspirée directement de l'Évangile. En recueillant les doléances de son peuple, Louis IX n'inaugure pas seulement une pratique judiciaire, il amorce une véritable philosophie de la médiation, où le roi se fait pasteur, guide et arbitre, à la fois homme de pouvoir et homme de foi. Cette conception, profondément marquée par son immense piété, a traversé les siècles comme un modèle intemporel de ce que peut être une autorité juste : ferme comme le chêne, mais accueillante comme l'ombre qu'il dispense à ceux qui viennent s'y abriter.

- La justice douce vs la justice contraignante : la médiation, première tentative de dépasser la violence brute.

L'histoire des sociétés humaines est traversée par une tension constante entre la violence et l'ordre, entre la contrainte brutale et la recherche d'une justice pacificatrice. Depuis les origines, le droit et la justice sont apparus comme des moyens de mettre un terme aux affrontements sanglants, de substituer la parole au glaive, l'arbitrage au duel.

Pourtant, la justice n'a pas toujours pris la forme d'une répression sévère et punitive. Dans de nombreux récits fondateurs ou épisodes historiques, nous voyons apparaître une autre manière de concevoir le rôle de l'autorité : non pas une justice contraignante, imposée par la force, mais une justice douce, fondée sur l'écoute, la médiation et la recherche d'un compromis qui dépasse la logique de la violence brute. Ce modèle de justice n'est pas un simple détail historique : il traduit une véritable philosophie politique et spirituelle, qui s'est incarnée aussi bien dans les traditions bibliques que dans l'histoire européenne médiévale et moderne.

Le Jugement de Salomon, relaté dans l'Ancien Testament, en est peut-être l'archétype le plus ancien et le plus parlant. Par ce jugement, le roi montre que la justice véritable n'est pas affaire de contrainte ou de violence mais de discernement, de compréhension du cœur humain, et d'un appel à la compassion qui fait émerger la vérité. La sagesse divine de Salomon inaugure ainsi une justice de médiation, où la solution au conflit ne passe pas par la force mais par la révélation d'une vérité intérieure. De la même manière, au XIIIe siècle, Saint Louis sous son chêne à Vincennes illustre une continuité de cette conception. Il écoutait les doléances des humbles comme des puissants, tranchant avec équité, mais aussi avec une profonde humanité inspirée par sa foi chrétienne. Là encore, la symbolique est forte : le roi ne se contente pas d'imposer sa loi, il s'assied au milieu de son peuple et fait de la justice un moment de médiation, une rencontre entre gouvernant et gouvernés. Sous l'ombre du chêne, symbole de force et de droiture, se joue un dépassement de la violence seigneuriale et féodale, au profit d'une justice royale qui pacifie et rassemble. Comme chez Salomon, la vérité ne se cherche pas dans la brutalité ou la contrainte, mais dans l'écoute, la patience et le souci de préserver la paix.

Ce modèle n'est pas isolé. Dès l'époque carolingienne, l'empereur Charlemagne avait institué les *plaids*, ces assemblées de justice où les sujets pouvaient venir exposer leurs plaintes, directement devant le roi ou ses représentants, les *missi dominici*. Là encore, l'objectif n'était pas seulement de punir mais de restaurer la paix dans les communautés locales. L'empereur jouait le rôle d'arbitre, de garant suprême de l'ordre, mais aussi de médiateur entre des forces sociales parfois antagonistes. La justice de Charlemagne visait moins à écraser par la contrainte qu'à équilibrer les intérêts, à réconcilier et à apaiser. Dans une société encore traversée par la violence féodale, ce fut une première tentative institutionnelle d'imposer une justice douce, accessible à tous et orientée vers la concorde.

À d'autres époques, et dans des contextes de guerre civile, la justice de médiation a pris la forme de compromis politiques. C'est le cas avec Henri IV de France. Après des décennies de guerres de religion qui avaient ensanglanté le royaume, le roi choisit de pacifier plutôt que de prolonger la violence. L'Édit de Nantes, promulgué le 13 avril 1598, n'était pas un triomphe d'un camp sur l'autre, mais une tentative de concilier les droits des protestants avec la prééminence du catholicisme : *« Premièrement, Que la mémoire de toutes choses passées d'une part et d'autre, depuis le commencement du mois de Mars 1585 jusqu'à notre avènement à la Couronne et durant les autres troubles précédents, et à leur occasion, demeurera éteinte et assoupie, comme de chose non advenue. Et ne sera loisible ni permis à nos Procureurs Généraux, ni autres personnes quelconques, publiques ni privées, en quelque temps, ni pour quelque occasion que ce soit, en faire mention, procès ou poursuite en aucunes Cours ou Juridictions que ce soit. »* (*Edit de Nantes*, article premier, avril 1598, Archives nationales). Ainsi, Henri IV n'impose pas une paix par la terreur ou l'exclusion, il opte pour une paix de compromis, où la médiation devient l'outil politique majeur pour dépasser la spirale des massacres. En cela, il illustre à nouveau une justice douce, qui préfère le dialogue et la coexistence à la contrainte brutale.

Mais cette philosophie de médiation et de douceur ne s'exprime pas seulement dans la sphère royale. Elle se retrouve également dans la tradition monastique et ecclésiale. Saint Benoît, au VIe siècle, dans sa Règle monastique, insiste sur le fait que l'abbé doit corriger les moines avec discernement et miséricorde, comme un père aimant. La sanction existe, mais elle doit toujours être proportionnée et accompagnée d'un souci de conversion intérieure. La justice bénédictine n'est pas une justice de punition, mais une justice éducative et miséricordieuse, qui cherche à restaurer le lien communautaire et à ramener le fautif dans la fraternité. C'est une forme de médiation spirituelle qui rejoint, sur un autre plan, les intuitions de Salomon et de Saint Louis.

De la même façon, le pape Léon Ier, au Ve siècle, incarne une autorité de médiation qui dépasse la violence brute. L'épisode célèbre de sa rencontre avec Attila en 452 illustre cette posture : alors que Rome est menacée par l'invasion hunnique, Léon ne mobilise pas une armée, mais se rend personnellement au-devant d'Attila et le convainc, par sa parole et son autorité morale, de renoncer à piller la ville éternelle. Là encore, la force n'est pas le dernier mot de l'histoire, c'est la médiation pacificatrice, fondée sur la persuasion et l'autorité spirituelle qui l'emporte. Dans ce geste, Léon manifeste que la véritable puissance de l'autorité ne réside pas dans l'épée mais dans la capacité à éviter le sang versé.

De Salomon à Léon Ier, de Charlemagne à Saint Louis, d'Henri IV à Saint Benoît, un fil rouge se dessine : la conviction que l'exercice de l'autorité ne doit pas se limiter à l'imposition d'une justice contraignante, mais qu'il peut et doit intégrer une dimension de médiation où la parole, l'écoute et la sagesse remplacent la violence. La justice douce n'abolit pas la contrainte — car la loi et la sanction demeurent nécessaires pour protéger la société — mais elle les dépasse, en cherchant d'abord à préserver la vie, à réconcilier les adversaires, à restaurer la paix. Elle est, en ce sens, une première tentative dans l'histoire humaine pour sortir de la logique de la force brute et de la vengeance. Elle suppose que l'autorité s'inspire d'une sagesse supérieure — qu'elle soit divine, comme chez Salomon et Saint Louis, ou philosophique et politique, comme chez Charlemagne ou Henri IV. En définitive, l'opposition entre justice douce et justice contraignante n'est pas une opposition absolue mais une dialectique. Les sociétés ont toujours eu besoin d'un minimum de coercition pour assurer l'ordre mais les épisodes les plus marquants de l'histoire montrent que la grandeur des souverains et des guides spirituels se révèle surtout lorsqu'ils savent dépasser la simple contrainte pour instaurer une justice de médiation, où la paix est recherchée non par la force mais par la sagesse. Cette voie, encore fragile et rare dans l'histoire, ouvre néanmoins la perspective d'une humanité qui s'élève au-dessus de la violence brute et qui découvre que la véritable justice consiste moins à punir qu'à réconcilier.

Chapitre 2 – Médiation et responsabilité personnelle

- L'homme entre contrainte extérieure (loi, sanction) et maîtrise de soi.

Depuis que les hommes vivent en société, ils se trouvent confrontés à une question fondamentale : comment contenir la violence qui naît inévitablement de la coexistence des désirs, des intérêts et des passions ? La réponse la plus ancienne, et sans doute la plus évidente, fut celle de la contrainte extérieure. Les premières communautés humaines ont compris que l'instinct seul ne suffisait pas à réguler la vie collective : il fallait des règles, des lois, et surtout des sanctions qui rappellent à chacun les limites à ne pas franchir. La loi, conçue comme un commandement imposé de l'extérieur, apparaît ainsi dès les plus anciens textes juridiques connus. Le Code d'Hammurabi, rédigé au XVIIIe siècle avant notre ère en Mésopotamie, en offre un témoignage décisif. La fameuse formule du « talion » — « œil pour œil, dent pour dent » — n'exprime pas tant une volonté de vengeance qu'une première tentative de contenir la spirale des représailles. Loin de légitimer l'escalade de la violence, la loi impose une limite stricte : à une offense doit correspondre une réparation équivalente, ni plus ni moins. L'ordre social s'institue ainsi sur la peur de la sanction et la garantie d'une réciprocité encadrée. La loi est alors un instrument de dissuasion et de discipline, sans lequel la communauté sombrerait dans le chaos.

Cette logique se retrouve dans les premières codifications du droit grec. Les lois de Dracon, au VIIe siècle avant J.-C., sont restées célèbres pour leur sévérité. On raconte qu'elles étaient écrites « en lettres de sang », tant elles sanctionnaient durement les moindres infractions. Elles reflètent une société encore marquée par les conflits entre clans et par l'injustice des rapports de force. En imposant une règle dure et impersonnelle, la cité cherche à pacifier ses membres par la crainte. Les réformes de Solon, quelques décennies plus tard, adoucissent cet excès en introduisant une législation plus équilibrée, mais le principe demeure : l'ordre collectif exige une loi extérieure, contraignante, qui fixe une limite aux passions individuelles.

Le monde romain, quant à lui, systématise cette idée. Pour les Romains, la *lex* n'est pas une simple recommandation, mais un commandement impératif, assorti de sanctions précises. Le droit romain repose sur la conviction que la crainte de la peine est le moteur principal de l'obéissance. Les peines pécuniaires, les bannissements, voire les condamnations capitales, ne sont pas accessoires : elles sont le cœur même du système. Le citoyen romain n'agit pas par amour de la vertu, mais parce qu'il sait que la loi veille et qu'elle punira la transgression. Cette vision réaliste et pragmatique fonde la stabilité de la *res publica* et explique en partie la longévité de l'Empire.

Pourtant, parallèlement à cette logique de contrainte, s'est développée une autre réflexion, issue de la philosophie, qui met en avant non plus la peur de la sanction, mais la maîtrise de soi comme fondement véritable de la justice. Déjà Socrate, au Ve siècle avant J.-C., défendait l'idée selon laquelle « nul n'est méchant volontairement » : si les hommes commettent le mal, c'est par ignorance du bien. Plutôt que de les punir, il faut donc les éduquer, leur apprendre à orienter leur âme vers ce qui est juste. Platon, son disciple, approfondit cette intuition dans *La République*. Selon lui, la justice n'est pas seulement une affaire de lois imposées de l'extérieur, mais d'harmonie intérieure. L'âme humaine est composée de trois parties : la raison, le courage et le désir. L'homme juste est celui qui parvient à ordonner son âme de telle sorte que la raison gouverne, que le courage la soutienne et que les désirs soient maîtrisés. Ainsi, le véritable ordre social ne peut reposer uniquement sur des sanctions : il doit s'appuyer sur des citoyens capables de se gouverner eux-mêmes. Aristote, à son tour, reprend cette perspective dans *L'Éthique à Nicomaque*. Il insiste sur la notion de vertu comme disposition acquise par l'habitude. L'homme vertueux n'agit pas bien par crainte d'une sanction, mais parce qu'il a appris, par l'éducation et l'exercice, à aimer le juste milieu entre les excès et les manques. La loi, pour Aristote, reste nécessaire, mais elle n'est qu'un tuteur : son rôle est d'orienter les citoyens jusqu'à ce qu'ils deviennent capables de choisir librement le bien. La justice véritable ne naît pas de l'extérieur, mais de l'intérieur de l'âme.

Les Romains, qui avaient élevé la contrainte légale à son plus haut degré d'efficacité, ont également accueilli cette philosophie de la maîtrise de soi, notamment à travers le stoïcisme. Sénèque, dans ses *Lettres à Lucilius*, insiste sur le fait que la vraie liberté ne consiste pas à faire ce que l'on veut, mais à se libérer de ses passions. L'homme esclave de la colère ou de la peur est dominé par ses affects, alors que celui qui apprend à les maîtriser est véritablement libre. L'empereur et philosophe Marc Aurèle développe dans ses *Pensées pour moi-même* l'idée que l'homme doit vivre en accord avec le *logos*, l'ordre rationnel de l'univers. Tout ce qui arrive est inscrit dans le destin, mais chacun peut choisir la manière dont il y consent. La sagesse consiste à accueillir ce qui est, à ne pas se laisser emporter par la fureur, à rester maître de soi dans l'adversité. Ainsi, même au cœur d'un système juridique fondé sur la sanction, la philosophie romaine rappelle que la justice authentique ne dépend pas d'une loi extérieure, mais d'une disposition intérieure.

Cette tension se retrouve dans la tradition biblique. Dans l'Ancien Testament, la Loi donnée à Moïse est conçue comme un cadre strict, extérieur, qui impose aux Hébreux un code de conduite. Les sanctions sont prévues pour ceux qui transgressent et la crainte de Dieu joue un rôle majeur dans l'obéissance. Mais déjà, les prophètes annoncent une transformation plus intérieure : Jérémie, par exemple, parle d'une Loi qui sera inscrite « dans les cœurs », et non plus seulement gravée sur des tables de pierre. Le christianisme reprend et radicalise cette idée. Jésus, dans le Sermon sur la montagne, insiste sur l'intention intérieure : il ne suffit pas de s'abstenir du meurtre pour être juste, il faut aussi se garder de la colère contre son frère. Saint Paul opposera la « lettre » de la Loi, qui tue, à « l'esprit » de la Loi, qui vivifie. L'obéissance n'est plus affaire de contrainte, mais de transformation intérieure par la foi et par l'amour. Ici, la justice se fonde sur la maîtrise du cœur plus que sur la peur de la sanction. Cette conception marquera profondément la pensée médiévale. Saint Augustin distingue entre la cité terrestre, où la loi contraint les pécheurs pour éviter le chaos, et la cité de Dieu, où les justes vivent selon l'amour et n'ont plus besoin de contrainte. La loi humaine est donc utile, mais elle reste un remède à la faiblesse. Seul l'amour intérieur réalise pleinement la justice. Thomas d'Aquin, au XIIIe siècle, systématise cette idée dans sa *Somme théologique*. Pour lui, la loi humaine est nécessaire, mais son rôle est avant tout pédagogique : elle guide les hommes vers la vertu. La contrainte est une étape qui doit progressivement mener chacun à l'intériorisation de la règle morale. La loi idéale est celle qui, en disciplinant de l'extérieur, prépare l'autonomie intérieure.

À l'époque moderne, la question prend une tournure nouvelle. Hobbes, dans *Le Léviathan* (1651), insiste sur la nécessité absolue d'une autorité extérieure forte. Selon lui, l'homme livré à lui-même est dominé par ses passions et se retrouve dans un « état de nature » où règne la guerre de tous contre tous. Pour éviter ce chaos, les individus doivent transférer leur pouvoir à un souverain absolu, garant de la paix par la crainte qu'il inspire. Ici, la maîtrise de soi est considérée comme insuffisante : seule la loi imposée de l'extérieur, armée de sanctions, peut sauver l'humanité de sa propre violence.

Kant, un siècle plus tard, propose une réponse radicalement différente. Dans ses *Fondements de la métaphysique des mœurs* et dans la *Critique de la raison pratique*, il insiste sur l'autonomie morale. La véritable moralité ne consiste pas à obéir à une loi extérieure par peur de la sanction, mais à agir conformément à la loi que la raison reconnaît comme universelle. L'homme vraiment libre est celui qui se donne à lui-même sa propre loi, en accord avec l'impératif catégorique. Ainsi, la justice ne réside pas dans l'hétéronomie, mais dans l'autonomie : chacun doit agir non par crainte, mais par devoir reconnu intérieurement.

À travers ce parcours, développé dans les chapitres suivants, on voit se dessiner une dialectique constante. D'un côté, la contrainte extérieure de la loi et de la sanction est indispensable pour maintenir l'ordre social : sans elle, comme le rappellent Hammurabi, Dracon, le droit romain ou Hobbes, la violence des passions risquerait de tout détruire. Mais de l'autre, cette contrainte demeure insuffisante si elle n'est pas accompagnée d'une maîtrise intérieure de soi. La véritable paix ne naît pas seulement de la peur, mais de la responsabilité personnelle. Platon, Aristote, les Stoïciens, la tradition biblique et chrétienne, Thomas d'Aquin, Kant, tous rappellent que l'homme ne devient vraiment juste que lorsqu'il apprend à gouverner ses propres passions et à choisir librement le bien.

La médiation, en ce sens, s'inscrit au croisement de ces deux logiques. Elle ne renonce pas au cadre légal — sans la possibilité de sanction, le dialogue resterait illusoire —, mais elle ne s'y limite pas. Elle engage chacun à faire un pas vers l'autre, à écouter, à céder parfois, à reconnaître sa part de responsabilité. Elle repose sur la conviction que la justice ne peut être seulement imposée de l'extérieur, mais doit être construite ensemble, par une maîtrise de soi partagée. Elle prolonge ainsi cette longue histoire qui va d'Hammurabi à Kant, en cherchant une voie où la loi et la liberté ne s'opposent plus, mais se complètent : la contrainte comme cadre, la maîtrise de soi comme horizon.

- La médiation comme apprentissage d'autonomie.

Si l'on considère l'histoire des sociétés humaines, il apparaît que la médiation n'a jamais eu pour seul objectif de régler des conflits ponctuels. Elle a toujours porté une ambition plus profonde : permettre aux individus et aux groupes d'acquérir, par l'expérience du dialogue, une forme d'autonomie. Autonomie au sens le plus riche du terme, c'est-à-dire la capacité de se donner à soi-même une règle, d'agir non seulement par crainte de la contrainte extérieure, mais en conscience, en responsabilité. La médiation, ainsi comprise, n'est pas seulement un outil social, elle devient une pédagogie de la liberté.

Dans les sociétés les plus anciennes, la régulation des différends s'inscrivait dans un cadre où la cohésion du groupe primait sur l'individu. Les sanctions ou réparations imposées visaient moins la justice personnelle que la survie collective. Mais peu à peu, avec l'évolution des formes de justice, on voit apparaître une idée nouvelle : le conflit peut être l'occasion d'un apprentissage pour les parties en présence. Plutôt que d'être réduits au silence par une sentence, les adversaires sont invités à reconnaître leurs responsabilités, à comprendre le point de vue de l'autre, et à trouver ensemble une solution. Cette transformation progressive fait de la médiation un espace éducatif où chacun apprend à exercer sa liberté non contre autrui, mais avec autrui.

Dans la pensée grecque, déjà, cette tension entre hétéronomie et autonomie se trouve formulée. Platon et Aristote, lorsqu'ils parlent de la justice, insistent sur le rôle de l'éducation de l'âme. La loi n'est pas rejetée, mais elle n'est qu'un moyen transitoire pour former des citoyens capables de se gouverner eux-mêmes. La cité idéale, selon Platon, est celle où chaque individu accomplit ce qui lui est propre, sans empiéter sur le rôle d'autrui. La justice n'est donc pas une contrainte imposée de l'extérieur, mais une harmonie intérieure qui permet à la communauté de fonctionner sans heurts. Dans cette perspective, le conflit, lorsqu'il est pris en charge par un tiers, devient une école d'équilibre, il apprend à chacun à mieux reconnaître ses propres limites et à respecter celles des autres.

Les stoïciens, quant à eux, approfondirent cette idée en reliant la liberté véritable à la maîtrise de soi, nous le verrons plus loin. Pour Sénèque ou Épictète, l'homme libre est celui qui ne se laisse pas asservir par ses passions ni par les jugements extérieurs. La médiation, si elle avait existé sous une forme institutionnalisée à leur époque, aurait trouvé dans cette philosophie un solide appui : l'arbitrage d'un tiers n'est pas d'abord une contrainte, mais une aide pour découvrir en soi la capacité d'accueillir l'autre sans se laisser dominer par la colère ou le désir de vengeance. En ce sens, l'intervention du médiateur peut être l'occasion d'un apprentissage moral : chacun découvre que sa liberté véritable ne consiste pas à imposer sa volonté, mais à choisir, de façon rationnelle, la voie de la paix.

Au Moyen Âge chrétien, nous y reviendrons également, la médiation prit une dimension spirituelle. Les conflits n'étaient pas seulement des affaires privées : ils touchaient au salut des âmes. L'idéal n'était pas seulement de rétablir la paix civile, mais aussi d'inviter les individus à se convertir intérieurement. De nombreux évêques et abbés jouèrent ce rôle de médiateurs, non en imposant leur autorité par la force, mais en amenant les adversaires à reconnaître mutuellement leurs torts. La règle de saint Benoît, par exemple, insiste sur le fait que le supérieur d'une communauté monastique doit corriger avec douceur, afin de ne pas briser les frères mais de les éduquer, nous l'avons évoqué rapidement dans les pages précédentes. La médiation devient alors une pédagogie de la charité, qui conduit chacun à assumer ses responsabilités au lieu de les fuir.

À la Renaissance et à l'époque moderne, l'idée de médiation se développe dans un contexte de plus en plus marqué par l'émergence de l'individu. Les guerres de religion en France, par exemple, obligèrent les souverains à inventer des compromis qui ne soient pas seulement des solutions politiques imposées par la force. L'édit de Nantes, sous Henri IV, a valeur de médiation à grande échelle : il ne résout pas toutes les tensions, mais il oblige catholiques et protestants à apprendre à coexister. Ici encore, la médiation est formatrice : elle enseigne que la liberté de chacun ne peut se maintenir que dans le respect de la liberté d'autrui. On retrouve déjà une intuition qui sera pleinement développée par les philosophes des Lumières : l'autonomie n'est pas la négation de la loi, mais la capacité de consentir à une règle commune parce qu'on la reconnaît comme juste.

Cette dimension pédagogique de la médiation prend toute son importance lorsque l'on s'intéresse à son rôle dans les sociétés contemporaines, c'est l'objet de la 5e partie du livre. Dans un monde où l'individu est valorisé comme sujet autonome, le conflit devient une épreuve qui teste la maturité de chacun. S'il est tranché par une autorité extérieure, il se résout peut-être rapidement, mais il laisse souvent les protagonistes insatisfaits et enclins à reproduire leurs comportements. En revanche, lorsque le conflit est accompagné par une médiation, il se transforme en expérience d'apprentissage. Chacun est amené à exprimer ses besoins, à entendre ceux de l'autre, à négocier un accord qui ne soit pas seulement imposé, mais choisi. Autrement dit, la médiation aide à passer d'une hétéronomie subie à une autonomie construite.

L'un des aspects les plus riches de la médiation est qu'elle engage les individus à penser par eux-mêmes, mais avec les autres. Loin de se limiter à une solution technique, elle met en jeu une transformation personnelle. Pour celui qui accepte de s'y engager, elle demande de reconnaître sa propre responsabilité dans le conflit, de sortir de la logique du blâme pour entrer dans celle du dialogue. Cet exercice est exigeant : il suppose de renoncer à la tentation de la toute-puissance pour assumer pleinement sa liberté en relation avec autrui. La médiation devient alors une école de citoyenneté : elle forme des individus capables de vivre ensemble sans que tout repose sur l'intervention d'une autorité extérieure.

Cette fonction éducative rejoint, d'une certaine manière, la philosophie morale d'un penseur comme Kant. Pour lui, l'autonomie est la capacité de se donner à soi-même la loi, et non de suivre passivement des ordres venus de l'extérieur.

Dans une perspective kantienne, la médiation apparaît comme un espace où les individus exercent concrètement cette autonomie : ils ne se contentent pas d'obéir à une règle imposée, ils participent activement à l'élaboration de la solution, en tenant compte de la dignité de chacun. On comprend alors que la médiation n'est pas seulement un mécanisme de résolution de conflits : elle est une pratique qui contribue à l'édification de sujets moraux libres et responsables.

Cette dimension formatrice de la médiation se retrouve aussi dans les pratiques éducatives modernes. À l'école, par exemple, la médiation par les pairs est utilisée non seulement pour réduire les violences, mais aussi pour apprendre aux élèves à gérer leurs différends de manière autonome. Loin de déléguer le problème à une autorité hiérarchique, on donne aux jeunes les moyens d'expérimenter la responsabilité. De la même manière, dans les entreprises ou les associations, la médiation n'est pas seulement un outil de gestion des litiges : elle favorise l'émergence de personnes capables de dialoguer, de prendre en charge leurs conflits et de trouver par elles-mêmes des solutions acceptables.

Au fond, la médiation comme apprentissage d'autonomie nous rappelle une vérité anthropologique : l'homme ne devient sujet libre que dans et par la relation. La liberté ne s'acquiert pas en s'isolant, mais en apprenant à composer avec les autres. Chaque conflit est alors une occasion d'éducation, une chance de grandir en humanité. Ce que les traditions anciennes avaient déjà pressenti — de la sagesse grecque à la charité chrétienne —, les pratiques contemporaines de médiation le confirment : la justice la plus féconde n'est pas celle qui impose du dehors, mais celle qui éveille du dedans.

Ainsi, la médiation peut être comprise comme un véritable chemin de formation personnelle et collective. Elle ne supprime pas le conflit, mais elle le transforme en ressource éducative. Elle ne se contente pas d'imposer un compromis, mais elle fait de la recherche d'accord une expérience formatrice de liberté. En cela, elle rejoint les grandes intuitions philosophiques et spirituelles qui, depuis des millénaires, cherchent à concilier loi et liberté, contrainte et autonomie.

- Distinction entre conciliation, négociation et médiation.

L'histoire des pratiques humaines de résolution des conflits nous confronte à une question fondamentale : comment différencier les diverses formes de dialogue instituées pour apaiser les tensions et retrouver la paix ? Dans les usages contemporains, les termes de conciliation, de négociation et de médiation sont parfois employés comme des synonymes, tant ils renvoient tous à une démarche d'apaisement. Pourtant, si l'on s'attarde sur leur contenu conceptuel et historique, ces trois termes recouvrent des réalités distinctes, qui traduisent trois manières différentes de concevoir la responsabilité et la place de l'homme face au conflit.

La conciliation apparaît comme la plus ancienne et la plus proche d'un modèle paternaliste de justice : elle suppose l'intervention d'un tiers qui, fort de son autorité, rapproche les parties et propose un accord. L'accent est mis sur la restauration de l'ordre plutôt que sur l'autonomie des acteurs. La négociation, quant à elle, repose sur un rapport de forces assumé entre deux parties qui cherchent, chacune pour son intérêt, à parvenir à un compromis acceptable. Elle traduit une forme d'autonomie, mais une autonomie qui reste marquée par le calcul et la confrontation. Enfin, la médiation se distingue des deux autres en ce qu'elle cherche moins à imposer une solution qu'à accompagner les parties dans un processus de transformation de leur relation, afin qu'elles trouvent elles-mêmes une issue acceptable. La médiation n'est pas simple arbitrage ni marchandage : elle est un apprentissage d'écoute et de responsabilité mutuelle.

Ces distinctions ne sont pas purement théoriques. Elles renvoient à des expériences humaines profondément ancrées dans l'histoire. On peut en voir des traces dans les premiers codes juridiques, dans les pratiques de la cité grecque, dans la tradition chrétienne de pacification, mais aussi dans les constructions modernes de la philosophie politique. Chacune de ces expériences montre que les sociétés ont, au fil du temps, expérimenté plusieurs manières de « faire justice » : soit par la conciliation, qui rétablit l'ordre en réintroduisant l'autorité du tiers ; soit par la négociation, qui assume la pluralité des intérêts en cherchant un compromis ; soit par la médiation, qui transforme le conflit en une expérience d'humanisation réciproque.

La conciliation plonge ses racines dans les formes les plus anciennes d'organisation sociale. Dans les communautés primitives, lorsqu'un conflit éclatait, le chef ou l'ancien intervenait pour apaiser les tensions et proposer une réparation. Le but n'était pas d'amener les individus à une réflexion morale profonde, mais de maintenir l'équilibre du groupe. Le Code d'Hammurabi illustre bien cette logique : la sanction codifiée, en substituant à la vengeance privée une règle commune, a fonction de conciliation plus que d'émancipation. Elle calme les esprits en fixant une réparation standardisée. La conciliation repose donc sur l'idée que l'autorité extérieure peut trancher et imposer une solution juste, que les parties doivent accepter.

Dans l'Antiquité grecque et romaine, on retrouve cette figure du conciliateur dans les magistrats et les arbitres officiels. Le rôle de l'arbitre n'est pas d'éduquer ni de transformer, mais de ramener rapidement l'ordre et la paix. Le philosophe Aristote évoque d'ailleurs la différence entre l'arbitre et le juge

: le juge applique la loi, tandis que l'arbitre cherche l'équité. Or cette équité, telle qu'elle est pratiquée, relève souvent de la conciliation : il s'agit de couper la poire en deux, de calmer les esprits, d'obtenir un accord minimal, sans nécessairement transformer le rapport entre les parties.
La conciliation garde encore aujourd'hui ce caractère : dans de nombreux systèmes judiciaires, le conciliateur est celui qui, mandaté par l'institution, cherche à rapprocher les positions et propose un accord. Mais son rôle reste prescriptif : il suggère, il propose, il recommande, et son autorité est reconnue. Les parties conservent une relative passivité, dans la mesure où elles acceptent une solution conçue de l'extérieur. La conciliation restaure l'ordre, mais elle ne développe pas forcément l'autonomie des individus.

La négociation, en revanche, renvoie à une tout autre logique. Ici, il n'est plus question d'une autorité tierce qui impose ou suggère une solution, mais de deux parties qui discutent directement pour défendre leurs intérêts. La négociation suppose une reconnaissance réciproque : chacun accepte que l'autre ait des intérêts légitimes, et qu'il faille trouver une solution commune. Mais cette reconnaissance reste instrumentale : l'autre est perçu moins comme un partenaire égal que comme un adversaire nécessaire avec lequel il faut composer.

Historiquement, on trouve des formes de négociation dans les traités entre cités antiques ou royaumes. Les traités de paix conclus après les guerres puniques, par exemple, sont le résultat de négociations : chacune des parties cherche à obtenir le maximum de garanties, à réduire ses pertes, à maximiser ses gains. Dans le Moyen Âge européen, les accords féodaux, les trêves entre seigneurs ou encore les pactes commerciaux entre villes sont le produit de négociations. Elles permettent de stabiliser les relations, mais elles restent marquées par l'équilibre des forces. La négociation, en ce sens, est profondément liée à l'idée d'intérêt.

Philosophiquement, la négociation correspond à une vision moderne de la société, celle qui s'exprime dans les théories du contrat social. Chez Hobbes, Locke ou Rousseau, l'ordre politique naît d'une sorte de négociation initiale : chacun accepte de renoncer à une part de liberté pour obtenir en retour la sécurité et les avantages de la vie commune. Le contrat social est un compromis qui met en jeu le calcul rationnel des individus. Il repose sur l'idée que personne n'est totalement perdant, mais que chacun doit céder quelque chose pour obtenir autre chose. Dans la négociation, l'autonomie des acteurs est donc reconnue, mais elle est mise au service d'un calcul stratégique.

De nos jours, la négociation est partout présente : dans la diplomatie, dans les relations sociales, dans les affaires commerciales. Elle est utile, pragmatique, efficace. Mais elle conserve une limite : elle ne change pas en profondeur le rapport des parties. Elle obtient une solution par le marchandage, mais sans nécessairement amener chacun à se transformer dans son rapport à l'autre.

La médiation, enfin, s'écarte à la fois de la conciliation et de la négociation. Comme la conciliation, elle fait intervenir un tiers ; comme la négociation, elle suppose que les parties aient leur mot à dire. Mais elle se distingue des deux en ce qu'elle n'impose pas une solution et ne se réduit pas à un calcul d'intérêts. Elle cherche à créer un espace où chacun peut exprimer ses besoins, entendre ceux de l'autre, et découvrir par lui-même une issue acceptable. Le rôle du médiateur n'est pas de proposer un compromis, mais d'accompagner un processus : il aide à la communication, à l'écoute, à la reconnaissance mutuelle.

Historiquement, on retrouve aussi des pratiques proches de la médiation dans des contextes religieux et politiques. Dans la tradition chrétienne, par exemple, de nombreux évêques ou abbés jouaient ce rôle : non pas seulement imposer une paix, mais inviter les adversaires à reconnaître mutuellement leur dignité et leurs torts. L'action de saint François d'Assise auprès des communautés divisées illustre cette fonction : il ne se contente pas de prêcher la paix, il crée des conditions où la réconciliation peut être vécue de manière intérieure. Plus tard, des figures comme Suleiman le Magnifique ou Akbar le Grand au XVIe siècle ont incarné, dans l'Empire ottoman pour le premier et en Inde moghole pour le second, cette volonté de médiation : obtenir la paix non par la force ou le marchandage, mais par la persuasion et la recherche d'une compréhension commune.

Sur le plan philosophique, la médiation trouve un appui dans des traditions qui valorisent l'autonomie responsable. Chez Kant, par exemple, l'idée que l'homme doit se donner à lui-même la loi résonne avec l'esprit de la médiation : la solution au conflit ne peut être vraiment juste que si elle est consentie librement par les parties, et non imposée du dehors. La médiation n'est pas seulement recherche d'efficacité, elle est école d'autonomie. Elle transforme le conflit en occasion de croissance morale.

Dans les pratiques contemporaines, la médiation s'est développée dans de nombreux domaines : justice civile, monde du travail, éducation, relations internationales. Partout, elle met en avant une logique nouvelle : ce n'est pas le tiers qui décide, ni les parties qui marchandent, mais les protagonistes qui construisent ensemble, avec l'aide d'un tiers impartial, une solution choisie et assumée. La médiation repose ainsi sur un pari : celui de la capacité des individus à dépasser la logique de la contrainte et du calcul, pour entrer dans une logique de reconnaissance et de responsabilité.

La distinction entre conciliation, négociation et médiation permet donc de mieux comprendre le chemin parcouru par l'humanité dans sa manière d'appréhender le conflit. La conciliation pacifie, mais au prix d'une dépendance à l'autorité extérieure. La négociation reconnaît l'autonomie des acteurs, mais reste enfermée dans le calcul des intérêts. La médiation, quant à elle, cherche à dépasser ces deux limites : elle s'appuie sur la liberté des individus, mais pour les amener à une liberté plus haute, celle qui se découvre dans la relation pacifiée à autrui.

C'est pourquoi on peut dire que la médiation est non seulement une méthode, mais une philosophie. Elle suppose une confiance dans l'homme, dans sa capacité à se transformer, à apprendre, à devenir responsable. Elle n'élimine pas le conflit, mais elle le transforme en opportunité. Elle n'impose pas une solution, mais elle crée les conditions pour qu'une solution juste émerge. Elle ne cherche pas seulement à résoudre, mais à éduquer.

Ainsi, de la conciliation paternaliste à la négociation stratégique, et de la négociation à la médiation, on voit se dessiner une véritable progression dans l'histoire humaine : progression vers l'autonomie, vers la responsabilité, vers une justice qui n'est plus seulement affaire d'ordre, mais aussi d'humanité.

- Les Stoïciens : accord avec le logos universel, médiation entre destin et liberté.

Les stoïciens ont forgé, dès l'aube de l'époque hellénistique, une réponse singulière au paradoxe qui taraude toute réflexion morale : si le monde est réglé par des enchaînements nécessaires — par un destin, une providence, un ordre cosmique — comment concevoir la liberté humaine et la responsabilité morale ? Leur solution n'est ni une fuite devant la nécessité ni une révolte illusionniste contre elle : elle consiste à en faire le point de départ d'une éthique de l'assentiment rationnel. Le stoïcisme, né avec Zénon de Citium au début du IIIe siècle av. J.-C. et développé par Cleanthes, Chrysippe puis repris et popularisé dans la Rome impériale par Sénèque, Épictète et Marc Aurèle, propose que l'homme libre ne nie pas la détermination des événements extérieurs, mais qu'il affirme une liberté intérieure en s'accordant au *logos*, cette raison immanente qui ordonne l'univers. Ainsi pensé, le stoïcisme est profondément médiateur : il invente des techniques et des attitudes qui font le lien entre ce qui nous arrive et la manière dont nous répondons, entre nécessité cosmique et responsabilité individuelle.

Le *logos* stoïcien se pense comme principe rationnel et ordonné du cosmos. Rien n'y échappe : la séquence des causes produit des effets selon une logique immanente, et l'on peut parler d'un « destin » sans que ce destin soit mécanique au sens trivial. Pour les stoïciens, tout événement s'inscrit dans une trame signifiante ; la pluie, la guerre, la maladie participent d'un ordre qui a son intelligibilité. La difficulté pour l'humain est double : reconnaître la nécessité des événements et en même temps conserver son statut d'agent moral. Les Stoïciens répondent par une distinction subtile entre ce qui dépend de nous et ce qui n'en dépend pas. Cette dichotomie, formulée avec force par Épictète et consignée dans les manuels stoïciens, replace la liberté là où elle peut effectivement exister : dans le champ de l'assentiment, des jugements et des choix intérieurs.

Dire que l'homme est libre au sens stoïcien, ce n'est pas soutenir qu'il maîtrise les événements extérieurs. C'est affirmer qu'il peut gouverner sa relation à ces événements, qu'il peut exercer une maîtrise sur ses jugements et donc sur ses passions. Les passions, chez les Stoïciens, ne sont pas des forces mystérieuses ; ce sont des évaluations erronées, des jugements qui attribuent à un objet extérieur une valeur de bien ou de mal absolu. La colère, la peur, la démesure affective naissent lorsque l'on juge que le monde doit se conformer à nos désirs et que l'on subit sa contrariété comme une calamité personnelle. La thérapie stoïcienne vise à corriger ces jugements : le sage apprend à voir les choses telles qu'elles sont, à réduire l'attribution de valeur aux seuls éléments qui dépendent de lui — vertu, raison, intention — et à accepter avec sérénité le reste.

Cette posture a une conséquence pratique majeure : elle fait de la raison un médiateur entre la nécessité cosmique et la liberté humaine. Le *logos* n'est pas ici un dictateur extérieur ; il est la structure rationnelle à laquelle le sujet peut librement accorder son assentiment. La liberté stoïcienne est donc active, non passive. Elle se manifeste par l'aptitude à consentir, de façon réfléchie, aux événements inévitables sans perdre sa capacité d'action morale. Ce consentement n'est pas une résignation abjecte mais une forme d'engagement : l'individu, en acceptant l'ordre des choses, libère ses forces intérieures pour agir avec sagesse et justice dans le domaine de ce qui demeure possible. On pourrait dire que la liberté stoïcienne est une « autonomie du jugement » — la faculté de dire oui ou non, sur un plan intérieur, à ce que l'existence impose.

Sur le plan méthodologique, le stoïcisme propose une série d'exercices destinés à transformer progressivement le sujet. Ces pratiques constituent une véritable pédagogie de la médiation intérieure. Parmi les plus connues figure la *premeditatio malorum*, la prévisualisation des maux : imaginer, de manière contrôlée, la perte, la maladie, l'injustice, permet de désamorcer la surprise et d'éprouver la capacité de supporter l'épreuve. En réfléchissant à l'avance sur l'éventualité de l'adversité, on s'habitue à ne pas opposer au monde des attentes irréalistes ; on apprend à accueillir ce qui arrive pour mieux agir. Autre exercice : la revue du soir, que Marc Aurèle pratiquait en consignant ses réflexions personnelles, examen de conscience destiné à repérer les jugements fautifs et à corriger, avec douceur et persévérance, les automatismes de la colère ou de l'orgueil. Ces disciplines visent toutes à rendre l'âme plus agile, plus capable de médiation entre l'impératif du monde et la réponse humaine.

Mais la médiation stoïcienne n'est pas seulement intime : elle a une dimension sociale et civique. Les Stoïciens se veulent citoyens du cosmos ; l'idée de *cosmopolitisme* est centrale : tous les êtres raisonnables participent du *logos* et, en vertu de cela, sont liés par une fraternité morale. Cette conception fonde l'exigence d'une responsabilité envers autrui. Le sage stoïcien, tout en étant intérieurement détaché des passions, demeure engagé dans le monde en accomplissant ses devoirs civiques et familiaux. La sérénité intérieure n'est pas prétexte à l'indifférence, mais condition d'une action juste. En ce sens, la raison joue un double rôle médiateur : elle harmonise l'âme et elle rend possible une éthique de la responsabilité sociale. La capacité à rester maître de soi facilite l'écoute, la parole mesurée, la décision équitable — des qualités essentielles à toute pratique de la médiation interpersonnelle.

Il est éclairant de noter que, pour les romains stoïciens, la philosophie se conçoit comme un art de vivre, une *technè* de l'âme. Sénèque, dans ses lettres, prône une discipline qui rend supportable l'arbitraire du destin et qui permet d'être présent au monde sans en être accablé. Épictète, ancien esclave devenu maître de l'âme, insiste sur le pouvoir de la distinction interne : transformer ses impressions, donner un sens adéquat aux événements, voilà le travail moral. Marc Aurèle, empereur-philosophe, met en pratique ces principes au cœur des responsabilités publiques : ses *Pensées* témoignent d'une volonté de servir en restant centré, de porter le poids du commandement sans succomber aux passions, d'être un médiateur entre les contraintes du pouvoir et l'exigence de justice. Ces exemples montrent que la médiation stoïcienne est compatible avec le souci du bien commun : loin d'abrutir l'action, elle la clarifie et la rend durable.

Le stoïcisme a aussi exercé une influence importante sur la pensée religieuse et philosophique ultérieure, notamment sur certains thèmes de la théologie chrétienne. L'idée d'un *logos* ordonnateur trouve un écho dans le Prologue johannique et dans la théologie patristique ; la notion d'intériorisation de la loi rejoint la préoccupation chrétienne d'un cœur transformé, non seulement soumis à des préceptes externes. De plus, la redécouverte moderne du stoïcisme a alimenté des pratiques contemporaines : la thérapie cognitivo-comportementale partage avec la thérapie stoïcienne l'idée que les émotions dysfonctionnelles naissent en grande partie de jugements erronés et qu'il est possible de les corriger par des exercices cognitifs et des mises en situation. Cette parenté montre la pertinence actuelle des techniques stoïciennes pour la gestion des conflits et la formation des médiateurs : apprendre à désamorcer une réaction, recadrer une représentation, pratiquer l'empathie raisonnée sont des compétences intimement stoïciennes.

Il faut pourtant corriger un malentendu fréquent : penser stoïciens, ce n'est ni encourager un fatalisme paresseux ni prôner une impassibilité inhumaine. L'« apathie » stoïcienne (absence de passions irrationnelles) est souvent mal comprise ; elle n'est pas insensibilité mais liberté affective ; elle permet d'éprouver la peine sans s'y dévouer, de compatir sans être submergé. La pédagogie stoïcienne vise à augmenter la capacité d'action morale, non à l'annuler. En outre, le consentement stoïcien au destin n'abolit pas l'effort : il invite à agir sur ce qui dépend de nous avec persévérance et prudence. Ainsi la médiation stoïcienne est active : elle transforme la réactivité en réflexion, la colère en parole mesurée, la vengeance en recherche de réparation équitable.

Enfin, penser la médiation à la lumière du stoïcisme offre une ressource éthique pour le monde contemporain. Dans des sociétés marquées par la vitesse, la polarisation et l'émotivité, le principe stoïcien de la distance critique et de l'examen des impressions peut contribuer à construire des espaces où le dialogue redevient possible. Former des médiateurs à la « technique stoïcienne » — capacité à isoler ce qui dépend de nous, exercices de prévisualisation des conflits, pratique de la revue réflexive —, c'est leur donner des outils pour résister à l'escalade émotionnelle et pour aider les parties à retrouver une parole commune. La médiation, comprise comme un art de la réponse juste, devient ainsi le prolongement social d'une éthique intérieure.

En définitive, le stoïcisme offre une synthèse remarquable : il reconnaît la réalité du destin et, sans se soumettre passivement à lui, il propose une liberté authentique, celle du juge intérieur qui accorde son assentiment au *logos* tout en agissant avec vertu dans le champ de ce qui dépend de lui. Cette médiation entre nécessité et autonomie est au cœur de l'éthique stoïcienne et elle fournit, encore aujourd'hui, des instruments précieux pour penser la responsabilité, la négociation et la réconciliation. Cultiver, à la manière stoïcienne, la maîtrise de ses jugements et la sollicitude pour autrui, c'est se donner les moyens de transformer des tensions en occasions d'humanisation ; c'est faire de la philosophie non un refuge, mais une technique exigeante de la paix intérieure et de la paix commune.

Partie 2 : L'Antiquité, berceau philosophique de la médiation

Chapitre 3 – La Grèce antique, terreau de la médiation

- Les tragédies comme espace de catharsis et d'enseignement moral

Lorsqu'on cherche à comprendre les origines philosophiques de la médiation, il est impossible de ne pas se tourner vers la Grèce antique et, plus particulièrement, vers l'univers de la tragédie. Bien avant que le mot « médiation » n'existe dans le vocabulaire juridique ou philosophique, le théâtre grec a offert un espace symbolique où les conflits fondamentaux de l'existence humaine pouvaient être mis en scène, pensés, et partiellement résolus. Dans la cité d'Athènes du Ve siècle avant notre ère, le théâtre tragique était bien plus qu'un divertissement : il constituait une institution civique, un lieu où la communauté se confrontait à ses propres contradictions et cherchait à en tirer des enseignements moraux. La tragédie opérait alors comme une médiation collective, permettant aux citoyens d'expérimenter par le biais de la représentation dramatique ce que signifiait le conflit entre passions et raison, entre loi et conscience, entre destin et liberté.

Sophocle, Eschyle, Euripide – les trois grands noms de la tragédie grecque – ont chacun exploré ces tensions fondamentales. Mais c'est sans doute dans *Antigone* de Sophocle que l'on trouve la formulation la plus nette de ce que l'on pourrait appeler une première philosophie de la médiation. La pièce met en scène le conflit irréductible entre Créon, roi de Thèbes, qui incarne l'autorité politique et la loi de la cité, et Antigone, jeune femme révoltée, qui revendique l'obéissance à une loi plus haute, celle des dieux et de la conscience. Dans ce drame, la question de la médiation est centrale : comment concilier deux logiques légitimes mais incompatibles ? Comment gérer, sans violence destructrice, l'affrontement entre la loi humaine et l'exigence intérieure ? Le tragique naît précisément de l'impossibilité d'une médiation explicite, mais l'œuvre, en tant que telle, en devient un espace de médiation symbolique pour les spectateurs.

Sophocle donne à Antigone ces mots célèbres en réponse à Créon : *« Oui, car ce n'est pas Zeus qui l'a promulguée, et la Justice qui siège auprès des dieux de sous terre n'en a point tracé de telles parmi les hommes. Je ne croyais pas, certes, que tes édits eussent tant de pouvoir qu'ils permissent à un mortel de violer les lois divines : lois non écrites, celles-là, mais intangibles. Ce n'est pas d'aujourd'hui ni d'hier, c'est depuis l'origine qu'elles sont en vigueur, et personne ne les a vues naître. Leur désobéir, n'était-ce point, par un lâche respect pour l'autorité d'un homme, encourir la rigueur des dieux ? »*

(Sophocle, *Antigone*, Garnier Flammarion, 1964, page 79, traduction par Robert Pignarre). Dans cette déclaration se joue l'essentiel : le conflit entre la contrainte extérieure (la loi de la cité) et l'impératif intérieur (la voix de la conscience, la piété envers les dieux). Ce passage a nourri, des siècles durant, la réflexion sur la justice et sur la légitimité de la désobéissance civile. Antigone incarne l'individu qui refuse de se soumettre à une règle injuste ; Créon représente l'État qui ne peut tolérer la transgression. Le drame tragique est alors un laboratoire éthique où la communauté peut éprouver ce dilemme sans avoir à le vivre dans la réalité politique immédiate.

Aristote a théorisé ce rôle de la tragédie en parlant de « catharsis », c'est-à-dire de purgation des passions : *« Mais, comme la tragédie est une imitation de choses meilleures (que nature), nous devons, nous autres, imiter les bons portraitistes. Ceux-ci, tout en reproduisant une forme particulière, tout en observant la ressemblance avec l'original, l'embellissent par le dessin. Le poète, de même qu'il représente des gens colères ou calmes et de ou tel autre caractère, doit former un modèle ou d'honnêteté ou de rudesse, comme le personnage d'Achille, chez Agathon et chez Homère. »* (Aristote, *Poétique et Rhétorique*, Garnier Frères, Libraires-Éditeurs, 1883, *Poétique*, chapitre XV, page 35, traduction par Charles-Émile Ruelle). La médiation qu'offre la tragédie n'est pas seulement intellectuelle ou rationnelle : elle passe par l'expérience émotionnelle du spectateur, qui vit à travers les personnages des conflits intenses, et qui en ressort transformé. Le spectateur apprend à connaître les passions, à reconnaître leurs excès, et à réfléchir à la manière de les maîtriser. La scène tragique devient ainsi un miroir de la cité, une école morale où chacun est appelé à se penser comme acteur de la justice.

Prenons un autre exemple, chez Eschyle, dans la trilogie de l'*Orestie*. À la fin des *Euménides*, où pour mettre fin au cycle sanglant des vengeances familiales qui déchirent la maison des Atrides, une institution nouvelle est proposée : le tribunal de l'Aréopage, où les hommes jugeront selon la raison et non plus selon la loi de la vengeance. Minerve proclame : *« Trop grave est ce procès pour qu'un homme en décide / Moi-même, puis-je donc absoudre l'homicide / Sourde au cri de vengeance, au droit sacrifié ? / Toi, tu viens cependant, tu viens purifié, / Suppliant, dans ton temps implorer un asile ; / Je ne puis t'en chasse, te fermer cette ville. / (Montrant les Euménides) / Celles-ci, déplorant leur pouvoir dédaigné, / Garderont leur défaite en leur cœur indigné, / Leur souffle empoisonné d'une peste éternelle / Va souiller cette terre et si chère et si belle. / Loin de ces deux écueils il faut se diriger, / Et je ne puis, moi seule, écarter le danger. / Mais je veux, puisqu'ici ce grand débat l'exige, / Par des juges choisis, qu'un saint devoir oblige, / Fonder un tribunal à jamais florissant. / (A Oreste et aux Euménides) / Vous, préparez la preuve à l'appui du serment ; / Il n'est rien sans l'accord des faits, des témoignages. / Je vais de la cité rassembler les plus sages ; / Et tous ils jureront, cherchant la vérité, De prononcer sans haine et selon l'équité.* » (La Grèce tragique, Tome troisième, première partie, Eschyle, *Les Euménides*, Hachette et Cie, 1861, pages 53-54, traduction en vers par Léon Halévy). Ici, la tragédie introduit une véritable médiation entre l'ancien droit de la vendetta et le nouvel ordre de la justice collective. L'intervention divine ne supprime pas le conflit, mais elle le transforme en instituant un tiers impartial. Ce passage est fondamental pour comprendre la transition de la Grèce archaïque vers une conception plus politique de la justice. L'invention du tribunal devient le symbole de la médiation sociale qui met fin au cycle infini de la violence privée.

Dans *Antigone*, au contraire, aucune institution ne parvient à jouer ce rôle de médiateur. Créon reste inflexible, Antigone refuse de céder, et la pièce s'achève dans la mort et la désolation. Sophocle ne propose pas une solution politique, mais il met en lumière l'abîme qui sépare deux ordres de loi. La catharsis opère ici comme une médiation indirecte : en voyant l'impasse dramatique, les spectateurs sont invités à réfléchir sur la nécessité de trouver, dans leur propre vie civique, des voies de conciliation qui évitent de telles catastrophes. La tragédie devient ainsi une pédagogie du conflit : elle enseigne non pas en donnant des solutions toutes faites, mais en exposant les conséquences désastreuses de l'absence de médiation.

Euripide, de son côté, a souvent introduit dans ses pièces des personnages qui cherchent à raisonner, à négocier, à trouver une voie moyenne. Dans Les Suppliantes, par exemple, le roi d'Athènes, Thésée, intervient pour convaincre Créon d'Argos d'accepter que l'on enterre les guerriers tombés devant Thèbes. Il dit : *« Je n'étais pas des leurs lorsqu'ils partirent contre Thèbes. / Mais il y a les morts. Sans faire injure à votre ville, / sans provoquer de lutte meurtrière, / j'estime que leur accorder la sépulture / c'est maintenir la loi commune à tous les Grecs. / Qu'y a-t-il là qui ne soit régulier ? / Si vous avez souffert du fait des Argiens, ils sont morts. / Vous avez repoussé l'assaut, pour votre gloire et pour leur honte. / La justice étant satisfaite, permettez que le sol recouvre les cadavres, / et que chaque élément retourne à l'origine / d'où il sortit pour apparaître à la lumière, / l'esprit revenant à l'éther et le corps à la terre. »* (Euripide, Tragédies complètes, *Les Suppliantes*, Gallimard, Collection Folio, 1962, page 567, traduction par Marie Delcourt-Curvers). Ici, l'argumentation rationnelle et morale prend la place de la violence. Euripide montre que la parole peut devenir un outil de médiation, une alternative à la guerre. Le théâtre tragique apparaît dès lors comme un espace où s'expérimente la puissance du dialogue, même si celui-ci n'aboutit pas toujours.
On mesure ainsi combien la tragédie grecque a servi de médiation symbolique pour la cité. Dans une société où les débats politiques étaient vifs, où les guerres et les rivalités de clans étaient constantes, le théâtre offrait un lieu collectif de réflexion sur les passions et les lois. Les spectateurs – des citoyens

réunis dans le cadre des fêtes dionysiaques – étaient confrontés à des conflits qui touchaient à l'essentiel : la justice, la piété, la responsabilité individuelle. Le théâtre fonctionnait comme une école de citoyenneté. En ce sens, il constituait une première forme d'institution médiatrice, non pas en résolvant directement les différends, mais en préparant les esprits à réfléchir sur les moyens de les surmonter.

Hegel, dans sa *Phénoménologie de l'Esprit*, a vu dans *Antigone* l'expression exemplaire du conflit tragique : « *Mais comique est la collision des devoirs, parce qu'elle exprime la contradiction, à savoir d'un* absolu op-posé*, donc [l']absolu et immédiatement la néantité de ce prétendu absolu ou devoir. — Mais la conscience éthique sait ce qu'elle a à faire ; et est décidée à appartenir soit à la loi divine soit à la [loi] humaine.* » (Hegel, *Phénoménologie de l'Esprit*, Collection Bibliothèque de philosophie, Éditions Gallimard, 1993, page 422, traduction par Gwendoline Jarczyk et Pierre-Jean Labarrière). Cette lecture montre bien que le drame tragique est un espace où deux logiques légitimes s'affrontent sans médiation possible. Mais cette impossibilité même devient un enseignement : elle pousse la communauté à chercher d'autres voies, hors de la scène, pour éviter la répétition des catastrophes.

Plus près de nous, Hannah Arendt a également médité sur Antigone. Dans *La Crise de la culture*, elle rappelle que la pièce de Sophocle nous confronte à l'épreuve de la conscience, c'est-à-dire à la question de savoir jusqu'où un individu doit obéir aux lois de l'État lorsqu'elles contredisent des lois plus hautes. La réflexion d'Arendt rejoint le cœur de la problématique de la médiation : comment arbitrer entre les exigences contradictoires du pouvoir et celles de la morale ? La tragédie ne donne pas la réponse, mais elle met le spectateur sur le chemin d'une interrogation essentielle.

Enfin, il ne faut pas oublier que le théâtre grec, en tant qu'institution civique, était profondément lié à la démocratie naissante. Les concours tragiques organisés lors des fêtes de Dionysos mettaient en compétition des poètes, mais ils étaient aussi un moment où la communauté tout entière se rassemblait pour réfléchir à son destin. La tragédie était un lieu de médiation entre l'individuel et le collectif, entre la subjectivité des passions et l'objectivité de la loi. Elle préparait les citoyens à assumer leur rôle politique en les confrontant à des dilemmes qu'ils auraient à résoudre, d'une manière ou d'une autre, dans l'agora.

Les tragédies grecques, et *Antigone* en particulier, ont joué un rôle central dans la formation d'une conscience collective de la justice et de la responsabilité. En mettant en scène les conflits les plus insolubles, elles ont permis aux spectateurs de les éprouver, de les penser, de les dépasser symboliquement. Elles ont été une médiation entre passions et raison, entre mythes et vie civique, entre loi et conscience.

Ainsi, loin d'être de simples œuvres littéraires, elles apparaissent comme un élément constitutif de la médiation dans l'histoire humaine. Elles ont préparé le terrain à la philosophie, au droit, à la politique, en rappelant que toute société doit trouver des moyens de gérer ses contradictions sans sombrer dans la violence. En cela, elles demeurent un héritage vivant, une leçon toujours actuelle pour quiconque cherche à comprendre comment la médiation peut aider l'humanité à dépasser ses conflits.

- Les proxènes, médiateurs entre cités grecques.

Dans l'imaginaire collectif, la Grèce antique est souvent associée à la guerre, aux rivalités incessantes entre cités, aux batailles légendaires comme Marathon, Salamine ou Platées, ou encore aux guerres interminables entre Athènes et Sparte. Pourtant, derrière ces affrontements spectaculaires, existait aussi tout un tissu de relations diplomatiques, d'alliances, de traités et de mécanismes d'apaisement qui permettaient aux cités de coexister, de commercer, de coopérer. Parmi ces mécanismes, une institution originale mérite une attention particulière : celle de la proxénie et de ses acteurs, les proxènes.
Le proxène, dans le monde grec, n'est pas à proprement parler un ambassadeur au sens moderne. Il ne représente pas officiellement une cité auprès d'une autre par mandat politique. Il est plutôt un citoyen d'une cité qui accepte, à titre personnel et héréditaire, d'exercer une mission de médiation en faveur des citoyens d'une autre cité. On pourrait dire qu'il est à la fois hôte, protecteur et intermédiaire.

Aristote évoque, dans plusieurs de ses traités, la manière dont les cités grecques entretenaient entre elles des liens d'amitié et de secours, prémices d'une forme ancienne de médiation politique. Ce que l'on appelait *proxénie* - le fait de se faire le bienfaiteur d'une cité étrangère et de ses citoyens, tout en lui procurant protection - constituait une institution d'hospitalité durable, sorte de médiation civique entre communautés. La proxénie est donc l'inscription, dans la sphère politique, de l'antique devoir sacré de l'hospitalité (*xenia*), que l'on retrouve déjà chanté par Homère dans l'*Odyssée*, lorsque l'accueil de l'étranger est placé sous la protection de Zeus Xenios.

Concrètement, un proxène athénien pouvait être chargé de défendre les intérêts de Corinthe ou de Sparte lorsqu'un citoyen de ces cités se trouvait à Athènes. Il pouvait faciliter des négociations commerciales, protéger des voyageurs, intercéder en cas de conflit juridique. De la sorte, il devenait une sorte de tiers de confiance, un point de passage obligé pour maintenir les liens pacifiques entre communautés souvent rivales. Hérodote nous rapporte par exemple que les Spartiates avaient pour proxène à Athènes un certain Cimon, père de Miltiade : *« Les Athéniens ne furent pas prêts aussitôt qu'il était nécessaire ; car il se trouva qu'ils n'avaient pas assez de vaisseaux de combat pour en venir aux mains avec les Éginètes Pendant qu'ils négociaient avec les Corinthiens pour leur en emprunter, l'entreprise échoua. Ils en obtinrent (car ils étaient liés alors d'une étroite amitié) vingt navires, au prix de cinq drachmes par bâtiment, parce que la loi de Corinthe ne permettait pas de faire des dons gratuits. »* (*Histoires*, Hérodote, Hachette et Cie, 1860, Livre VI, LXXXIX, page 360, traduction par P. Giguet). On voit bien ici comment la proxénie instaurait un réseau de médiateurs permettant de dépasser la simple logique de confrontation.

Cette fonction, bien que née d'une tradition d'hospitalité, prit très vite une dimension politique. Les proxènes pouvaient jouer un rôle déterminant dans la conclusion d'alliances ou dans la résolution de crises. Thucydide mentionne à plusieurs reprises ces figures discrètes qui facilitent le dialogue entre belligérants. Lorsqu'il raconte les difficiles négociations entre Corinthe et Corcyre (future Corfou) à la veille de la guerre du Péloponnèse, il souligne que ce sont souvent les proxènes qui transmettaient les messages, organisaient les rencontres et calmaient les tensions. Leurs interventions, bien que peu spectaculaires, contribuaient à maintenir ouverts les canaux de communication, même lorsque la guerre semblait inévitable.

On pourrait dire que les proxènes incarnaient une forme précoce de diplomatie décentralisée, une diplomatie fondée non sur la force mais sur la confiance personnelle et la réputation. Leur rôle n'était pas rémunéré – c'était un honneur, parfois assorti de privilèges symboliques. Dans de nombreuses cités, des stèles commémoratives ont été retrouvées où l'on voit les décrets honorant un proxène étranger : on lui accordait parfois la citoyenneté, l'exemption d'impôts, le droit de posséder une maison, le privilège de s'asseoir aux premiers rangs lors des fêtes publiques. Ces distinctions soulignent combien les cités considéraient précieuse cette fonction de médiation. La reconnaissance publique accordée au proxène rappelle combien cette fonction, apparemment discrète, avait une valeur politique profonde.

Mais au-delà du rôle pratique, ce qui nous intéresse ici, c'est la dimension anthropologique et philosophique de la proxénie. Elle manifeste l'idée que les relations humaines et politiques ne peuvent être régies seulement par la force ou la contrainte. La survie même des cités exigeait des espaces d'intercession, des personnes capables de faire passer la parole là où la violence menaçait de tout bloquer. Le proxène apparaît ainsi comme une figure de médiateur avant la lettre : il n'impose pas une décision, il n'exerce pas de contrainte, mais il rend possible la communication, il favorise la compréhension, il incarne la confiance entre deux mondes différents.

Plutarque, dans sa *Vie de Périclès*, évoque la manière dont certains proxènes étaient capables d'apaiser les tensions entre Athènes et ses alliés et la parole, lorsqu'elle est portée par un tiers digne de foi, peut remplacer l'épée. La proxénie illustre ainsi l'intuition grecque selon laquelle la médiation n'est pas une faiblesse mais une condition de la coexistence.

Cette institution éclaire également la manière dont les Grecs concevaient la responsabilité personnelle dans les affaires publiques. Le proxène n'était pas un fonctionnaire : il acceptait volontairement de représenter une cité étrangère et d'en protéger les membres. Sa responsabilité était personnelle et héréditaire. Cela impliquait un engagement moral fort, presque sacré, qui liait son nom à la relation entre deux cités. Isocrate, dans son *Panégyrique*, insiste sur cette dimension : *« Le même esprit animait leur conduite à l'égard des autres Grecs ; ils ne les outrageaient pas : ils voulaient commander et non tyranniser, se concilier l'amour et la confiance des peuples, être appelés chefs plutôt que maîtres, libérateurs plutôt qu'oppresseurs ; gagner les villes par des bienfaits, plutôt que les réduire par la violence. Leur simple parole étaient plus sûres que nos serments ; les conventions écrites étaient pour eux des arrêts du destin. Moins jaloux de faire sentir leur pouvoir, que de montrer de la modération, ils étaient disposés pour les plus faibles, comme ils désiraient que les plus puissants le fussent à leur égard. »* (Isocrate, *Le panégyrique ou Éloge d'Athènes*, Jules Delalain et Cie, 1840, page 22, traduction par l'abbé Auger). Par ces mots, Isocrate souligne que la proxénie n'est pas une simple fonction d'accueil : c'est une mission de médiation entre des communautés souvent divisées par leurs intérêts.

D'un point de vue philosophique, on peut dire que le proxène illustre la possibilité d'une justice douce, fondée non sur la sanction mais sur l'intercession. Aristote, dans l'*Éthique à Nicomaque*, écrit *« Ainsi donc on qualifie les actions de justes et de tempérées, pour ainsi dire, quand elles sont telles que les accomplirait un homme juste et tempérant. Et homme juste et tempérant n'est pas celui qui se contente d'exécuter ces actes, mais celui qui les exécute dans les dispositions d'esprit propres aux hommes justes et tempérants. On a donc raison de dire que c'est par la pratique de la justice et de la tempérance qu'on devient juste et tempérant. Faute de cette pratique, nul ne deviendra honnête homme. »* (Aristote, *Éthique de Nicomaque*, Garnier, 1961, page 65, traduction de Jean Voilquin). Le proxène, par sa pratique, incarne cette idée : il ne se limite pas à appliquer des règles abstraites, il ajuste son action aux situations concrètes, il agit pour maintenir le lien, pour préserver la possibilité d'un vivre-ensemble. Sa justice est une justice relationnelle, une justice qui fait place à la parole et à la réconciliation.
Si l'on élargit la perspective, on peut dire que la proxénie prépare les grandes intuitions de la diplomatie occidentale. Là où la guerre est toujours une tentation, la proxénie ouvre un autre horizon : celui du dialogue, de la

négociation, de l'intercession. Elle montre que, dès l'Antiquité grecque, les hommes avaient compris que la survie de la communauté dépendait non seulement de la force militaire mais aussi de la capacité à instaurer des médiations. Dans une certaine mesure, le proxène est l'ancêtre de nos médiateurs modernes, qu'il s'agisse des diplomates, des juges conciliateurs ou des médiateurs sociaux.

L'importance de la proxénie se mesure aussi à sa permanence. On en trouve des traces tout au long de la période classique et hellénistique. Même lorsque les grandes puissances, comme Athènes au temps de l'empire maritime, tentaient d'imposer leur hégémonie par la contrainte, elles avaient besoin des proxènes pour maintenir un minimum de légitimité et de communication avec leurs alliés. Polybe, historien du IIe siècle av. J.-C., note : *« Nous avons fait paraître autant de valeur dans le combat que de prudence dans un traité par lequel, d'un ennemi redoutable, nous nous sommes fait un ami sincère, délivrant en même temps l'empire de l'alarme que lui donnait une armée formidable répandue dans nos campagnes. »* (J. – A. – C. BUCHON A. *Ouvrages historiques de Polybe, Hérodien et Zozime,* Desrez Libraire-éditeur, Livre cinquième, page 619). Ce témoignage tardif montre que la proxénie était reconnue comme un instrument efficace de pacification.

Ainsi, les proxènes apparaissent comme des figures essentielles pour comprendre comment la Grèce a su inventer des formes de médiation adaptées à son monde fragmenté et conflictuel. Leur action ne supprime pas la guerre – l'histoire grecque en est la preuve – mais elle permet de créer des espaces de confiance, des moments de répit, des possibilités de dialogue. En ce sens, ils participent pleinement de cette longue histoire de la médiation que nous cherchons à retracer : celle d'un effort humain constant pour dépasser la violence brute et inventer des formes de coexistence plus pacifiques. On comprend mieux, à travers cette institution, que la médiation ne se réduit pas à un art juridique ou à une technique moderne : elle plonge ses racines dans les pratiques sociales les plus anciennes, là où la survie collective exigeait la présence de tiers capables de transformer la confrontation en dialogue. Les proxènes ont incarné cette nécessité. Leur héritage continue de nous interroger : comment, aujourd'hui encore, inventer des institutions et des figures qui, comme eux, puissent relier les communautés, prévenir les conflits et offrir aux hommes la possibilité de se comprendre au-delà de leurs différences ?

- La maïeutique socratique : accouchement des vérités intérieures, acte de médiation avec soi-même.

Il est difficile d'imaginer la philosophie occidentale sans la figure de Socrate. À travers le portrait qu'en dressent Platon, Xénophon ou Aristophane, Socrate apparaît comme le philosophe par excellence : celui qui ne transmet pas un savoir déjà constitué mais qui interroge, qui dérange, qui ouvre un espace de réflexion chez l'autre. On l'accuse parfois de sophisme, on l'accuse d'impiété, mais ce qu'il accomplit réellement est d'un autre ordre : il invente une forme de médiation inédite, qui ne se joue pas entre cités comme dans la proxénie, mais à l'intérieur même de l'âme humaine. Cette médiation, Socrate la nomme lui-même « maïeutique », c'est-à-dire l'art d'accoucher. Car, dit-il dans le *Théétète*, *« Eh bien, le métier que je pratique est en tous points le même, à cela presque j'aide à la délivrance des hommes, et non pas des femmes, et que je soigne, non les corps, mais les âmes en mal d'enfant »* (*Œuvres de Platon*, Tome premier, *Théétète*, page 58, Rey Libraire, 1846, traduction par Victor Cousin).

L'image est puissante. De même que la sage-femme ne crée pas l'enfant mais aide la mère à mettre au monde ce qu'elle porte déjà, le philosophe ne transmet pas un savoir extérieur, mais aide son interlocuteur à mettre au jour une vérité qu'il porte en lui, parfois sans le savoir. Socrate ne prétend pas être un maître qui enseigne des doctrines ; il se dit « ignorant » mais doté de l'art d'interroger. Mais ce « ne rien savoir » n'est pas une impuissance : c'est un point de départ, une invitation à entreprendre un chemin de recherche.

La maïeutique est donc une médiation intérieure, un passage de l'ombre à la lumière, de l'opinion confuse (*doxa*) au savoir vrai (*epistémè*). Socrate agit comme un tiers dans le dialogue que chacun doit mener avec lui-même. Ce tiers est la voix interrogative, qui ne laisse pas l'âme se contenter de certitudes apparentes, qui pousse à examiner, à critiquer, à éprouver. C'est ce que Socrate appelle l'*examen de soi*. Dans l'*Apologie*, il affirme : *« une vie sans examen n'est pas une vie... » (Œuvres de Platon*, Tome premier, *Apologie de Socrate*, page 112, Rey Libraire, 1846, traduction par Victor Cousin). Cette maxime est le cœur de sa méthode : la médiation socratique oblige chacun à se confronter à lui-même, à ne pas rester prisonnier de ses illusions, mais à chercher, par le dialogue, à accoucher de la vérité qui sommeille en lui.

La maïeutique se déploie dans une tension particulière. Elle commence par ce que les commentateurs appellent l'elenchos, c'est-à-dire la réfutation. Socrate interroge son interlocuteur, l'amène à énoncer des définitions, puis, par une série de questions, met en évidence les contradictions internes de ses propos. Ce moment est souvent vécu comme douloureux : il met à nu l'ignorance, il détruit les fausses certitudes. Dans le *Ménon*, par exemple, lorsqu'il interroge l'esclave sur la géométrie, Socrate montre que l'enfant, d'abord sûr de lui, se rend compte peu à peu qu'il ne sait pas vraiment. Mais ce moment de désarroi est nécessaire, car il ouvre la voie à une recherche plus authentique. Socrate commente : *« Il ne savait point au commencement quelle est la ligne d'où se forme l'espace de huit pieds, comme il ne le sait pas encore. Mais alors il croyait le savoir, et il a répondu avec confiance, comme s'il le savait ; et il ne croyait pas être dans l'embarras à cet égard. A présent il reconnaît son embarras, et comme il ne sait point, aussi ne croit-il point savoir. »* (*Ménon*, 84a). *(Œuvres de Platon*, Tome cinquième, *Ménon*, Bossange Frères, 1823, page 182, traduction par Victor Cousin).

Cette expérience de l'ignorance n'est pas une humiliation gratuite : elle est la première étape d'une transformation intérieure. Socrate agit ici comme un médiateur entre deux états de l'âme : l'illusion de savoir et la quête de vérité. Son rôle est d'accompagner ce passage, de maintenir son interlocuteur dans une tension féconde. C'est pourquoi il insiste, dans le *Théétète*, sur le fait qu'il n'engendre pas lui-même la vérité : *« De là vient que je ne puis compter pour un sage, et que je n'ai rien à montrer qui soit une production de mon âme ; au lieu que ceux qui m'approchent, fort ignorans d'abord pour la plupart, font, si le dieu les assiste, à mesure qu'ils me fréquentent, des progrès merveilleux qui les étonnent ainsi que les autres. Ce qu'il y a de sûr, c'est qu'ils n'ont jamais rien appris de moi ; mais ils trouvent d'eux-mêmes et en eux-mêmes toutes sortes de belles choses dont ils se mettent en possession ; et le dieu et moi, nous n'avons fait auprès d'eux qu'un service de sage-femme. La preuve de tout ceci est que plusieurs qui ignoraient ce mystère et s'attribuaient à eux-mêmes leur avancement, m'ayant quitté plus tôt qu'il ne fallait, soit par mépris pour ma personne, soit à l'instigation d'autrui, ont depuis avorté dans toutes leurs productions, à cause des mauvaises liaisons qu'ils ont contractées, et gâté par une éducation vicieuse ce que mon art leur avait fait produire de bon. »* (*Œuvres de Platon*, Tome premier, *Théétète*, pages 59-60, Rey Libraire, 1846, traduction par Victor Cousin).

La maïeutique est ainsi une pédagogie du doute et de l'éveil. Elle ne donne pas des réponses toutes faites, elle apprend à interroger, à chercher, à reconnaître en soi une capacité d'accéder à la vérité. Dans le *Phédon*, Socrate associe cette quête à une purification de l'âme : *« ... ce soin est celui de bien philosopher, c'est-à-dire, au fond, de s'exercer à mourir aisément : dis, n'est-ce pas là s'exercer à la mort ? »* (*Œuvres de Platon*, Tome premier, *Phédon*, Rey Libraire, 1846, pages 239-240, traduction par Victor Cousin). Cette formule célèbre signifie que la philosophie, en séparant l'âme de ses illusions sensibles, la prépare à l'accueil du vrai. L'art maïeutique est donc aussi une médiation entre le corps et l'âme, entre l'attachement aux apparences et la recherche du bien.

D'un point de vue plus large, la maïeutique illustre un trait fondamental de la pensée grecque : la conviction que la vérité n'est pas imposée de l'extérieur mais qu'elle doit émerger de l'intérieur de l'homme, grâce à un processus d'examen et de dialogue. La contrainte extérieure – la loi, la punition, l'autorité dogmatique – n'est pas ce qui rend l'homme meilleur. Ce qui l'élève, c'est la capacité à se gouverner lui-même, à entrer en dialogue avec sa propre raison. Socrate est ici l'inventeur d'une conception de la liberté qui passe par la médiation de la pensée : être libre, ce n'est pas faire ce que l'on veut, mais être capable de rendre compte de ses choix, de les soumettre à l'examen.

Il est frappant de constater que Socrate, en exerçant la maïeutique, ne cherche pas à former des disciples mais à susciter des interlocuteurs. Il ne propose pas une doctrine close mais une méthode ouverte. Dans le *Ménon*, il affirme que l'apprentissage n'est pas une acquisition extérieure mais une réminiscence (*anamnesis*), une réminiscence de vérités déjà inscrites dans l'âme. « En effet ce qu'on nomme chercher et apprendre n'est absolument que se ressouvenir. » (*Œuvres de Platon*, Tome cinquième, *Ménon*, Bossange Frères, 1823, page 172, traduction de Victor Cousin). Cette thèse, reprise dans d'autres dialogues, illustre bien la fonction de médiation de la maïeutique : elle relie l'âme à ce qu'elle porte déjà en elle, elle rend manifeste ce qui était latent. L'acte de connaître devient ainsi un acte de reconnaissance de soi, une médiation entre l'oubli et le souvenir.

La métaphore de l'accouchement est particulièrement riche. Elle suggère une dimension douloureuse et laborieuse, mais aussi féconde. Comme l'enfantement, la maïeutique suppose des contractions, des résistances, mais elle débouche sur la vie. Elle met en jeu le corps tout entier de l'âme, elle oblige à traverser un moment de crise pour atteindre un état nouveau. Aristophane, dans *Les Nuées*, se moque de Socrate en le présentant comme un charlatan perché dans ses réflexions absurdes ; mais cette caricature confirme indirectement combien l'art socratique bouleversait les certitudes établies. La maïeutique était perçue comme dangereuse parce qu'elle déstabilisait les opinions, qu'elle introduisait le doute là où régnaient les habitudes.

Cette dangerosité explique sans doute en partie la condamnation de Socrate. Dans l'*Apologie*, il se défend contre l'accusation de corrompre la jeunesse. Il explique qu'il ne fait qu'interroger, qu'il ne transmet pas un savoir corrupteur mais qu'il pousse chacun à réfléchir par lui-même. Pourtant, cette incitation à la réflexion est perçue comme subversive : elle affaiblit l'autorité, elle relativise les croyances communes. Socrate affirme pourtant : *« Je ne cesse de vous dire que ce n'est pas la richesse qui fait la vertu ; mais, au contraire, que c'est la vertu qui fait la richesse, et que c'est de là que naissent tous les autres biens publics et particuliers. Si, en parlant ainsi, je corromps la jeunesse, il faut que ces maximes soient un poison, car si on prétend que je dis autre chose, on se trompe, ou l'on vous en impose. Ainsi donc, je n'ai qu'à vous dire : Faites ce que demande Anytus, ou ne le faites pas ; renvoyez-moi, ou ne me renvoyez pas ; je ne ferai jamais autre chose, quand je devrais mourir mille fois... Ne murmurez pas, Athéniens, et accordez-moi la grâce que je vous ai demandée, de m'écouter patiemment : cette patience, à mon avis, ne vous sera pas* *infructueuse.* »* (*Œuvres de Platon*, Tome premier, *Apologie de Socrate*, Rey Libraire, 1846, page 94, traduction par Victor Cousin). La maïeutique est donc aussi une médiation entre l'individu et la cité : elle réveille, elle interpelle, elle oblige à ne pas s'endormir dans la routine.

Ce rôle de médiation intérieure prend une signification politique. La cité, pour être juste, doit être composée de citoyens capables d'examen, capables de ne pas obéir aveuglément mais de se gouverner eux-mêmes par la raison. C'est pourquoi Platon, dans la *République*, fait de la philosophie l'élément central de l'éducation des gardiens : sans examen, la cité tombe dans l'injustice ; avec l'examen, elle peut tendre vers l'équilibre. La maïeutique n'est donc pas seulement une méthode pédagogique, c'est une condition de la démocratie authentique : elle suppose des citoyens éveillés, capables de médiation avec eux-mêmes avant de dialoguer avec les autres.

D'un point de vue existentiel, la maïeutique illustre aussi la difficulté et la grandeur du rapport à soi. Elle oblige chacun à affronter ses contradictions, à supporter l'épreuve de l'incohérence, à consentir à une forme de vulnérabilité. Elle n'offre pas le confort d'une vérité donnée, elle ouvre une recherche infinie. Mais c'est précisément dans cette recherche que l'homme trouve sa dignité. Comme le dit Socrate dans le *Phédon*, *« Je crois, comme toi, qu'en pareille matière, il est impossible, ou du moins très difficile d'arriver à la vérité dans cette vie ; mais je crois aussi que de ne pas examiner de toutes les manières ce qu'on en dit, sans quitter prise avant d'avoir fait tous ses efforts, c'est l'action d'un lâche... »* (*Œuvres de Platon*, Tome premier, *Phédon*, Rey Libraire, 1846, page 249, traduction par Victor Cousin).

La médiation socratique, en fin de compte, consiste à créer un espace intérieur où l'homme se tient entre ignorance et savoir, entre illusion et vérité, entre passivité et activité. C'est un espace de tension, mais aussi de fécondité. Le philosophe ne délivre pas des solutions toutes faites, il rend possible un chemin. La vérité n'est pas imposée par contrainte, elle est accueillie par reconnaissance. Ce déplacement est capital pour notre réflexion générale : il montre que l'homme peut se gouverner lui-même non par la contrainte extérieure mais par un travail intérieur de médiation, un dialogue permanent avec sa propre raison. Ainsi, la maïeutique socratique est bien plus qu'une méthode pédagogique. Elle est une anthropologie implicite : l'homme est un être capable de vérité, mais cette vérité doit être accouchée par un processus de médiation. Elle est une éthique : l'homme doit examiner sa vie, ne pas fuir l'épreuve du doute, mais accueillir la difficulté comme une chance de croissance. Elle est enfin une politique : une cité ne peut être juste que si ses citoyens pratiquent ce dialogue intérieur, condition d'un dialogue collectif véritable. En ce sens, Socrate demeure l'une des figures fondatrices de la médiation dans l'histoire humaine.

- Médiation et maitrise des passions

Au cœur de la philosophie grecque, la question des passions et de leur maîtrise occupe une place centrale. Comment l'homme, être traversé par des désirs multiples, parfois violents et contradictoires, peut-il trouver l'équilibre nécessaire à une vie bonne, à une vie juste ? Platon et Aristote, malgré des différences notables dans leur approche, partagent la conviction que la réponse se trouve dans une forme de médiation : médiation de l'âme avec elle-même, médiation entre raison et désirs, médiation entre l'homme et le monde. Tous deux refusent l'idée que la violence brute, qu'elle soit extérieure ou intérieure, soit la voie d'une humanité accomplie. Mais alors que Platon met en scène la lutte dramatique de l'âme divisée, Aristote cherche à construire une éthique de l'équilibre et du juste milieu. Ensemble, ils tracent une voie où la médiation apparaît comme l'outil même de la liberté.

Platon, dans ses dialogues, ne cesse de revenir sur la tension qui habite l'homme. Dans le *Phèdre*, il propose une image saisissante : celle de l'âme comme un attelage ailé, conduit par un cocher et tiré par deux chevaux, l'un docile et noble, l'autre indiscipliné et brutal. *« J'adopterai donc ce dernier procédé, et je dirai qu'elle [l'âme] ressemble à une force composée d'un attelage et d'un cocher ailés. Chez les dieux, chevaux et cochers sont également bons et de bonne race ; chez les autres êtres, ils sont de valeur inégale ; chez nous, le cocher gouverne l'attelage, mais l'un de ses chevaux est excellent et d'excellente race, l'autre est tout le contraire et par lui-même et par son origine. Il s'ensuit fatalement que c'est une tache pénible et malaisée de tenir les rênes de notre âme. »* (Platon, *Phèdre*, Garnier Flammarion, 1964, page 125, traduction d'Emile Chambry). Cette métaphore exprime la division intérieure de l'homme : la raison (le cocher) doit gouverner deux forces contraires, l'élan vers le bien et la beauté, et l'attirance vers les plaisirs immédiats, désordonnés. L'image est riche de sens. Elle montre que l'homme ne peut être réduit ni à la pure raison, ni au pur désir. Il est un être de tension, appelé à un travail constant de médiation. Le rôle du cocher n'est pas d'éliminer le cheval rétif mais de le maîtriser, de l'intégrer dans un mouvement global. La médiation platonicienne ne supprime pas la passion, elle la canalise, elle la réoriente vers un but supérieur. C'est pourquoi, dans le *Banquet*, Socrate rapporte l'enseignement de Diotime : l'eros, ce désir qui peut paraître aveugle et violent, est en réalité une force ascendante, capable de conduire l'âme : *« Et n'est-ce pas seulement en contemplant la beauté éternelle avec le seul organe par lequel elle soit visible, qu'il pourra y enfanter et y produire, non des images de vertus, parce que ce n'est pas à des images qu'il s'attache, mais des vertus réelles et vraies, parce que c'est la vérité seule qu'il aime ? »* (*Œuvres de Platon*, Tome cinquième, *Le Banquet*, Bossange Frères, 1823, page 318, traduction de Victor Cousin). L'eros est donc une médiation entre le sensible et l'intelligible, entre le désir charnel et la quête de l'absolu.

Ici, la passion n'est pas simplement niée ou condamnée : elle est reconnue comme une énergie nécessaire, mais qui demande à être élevée, sublimée. Platon montre que le rôle de la raison est d'être médiatrice, non tyrannique. La raison n'est pas une contrainte extérieure, mais une force intérieure qui oriente les désirs vers leur accomplissement véritable. C'est ce que Socrate exprime dans la *République*, lorsqu'il décrit l'homme juste : *« Ensuite, dans son régime corporel, il ne recherchera nullement la jouissance de plaisirs brutaux et déraisonnables ; il ne recherchera même la santé, la force et la beauté, qu'autant que tous ces avantages seront pour lui des moyens d'être plus tempérant ; en un mot, il entretiendra la plus grande harmonie entre les parties de son corps dans l'unique intérêt de celle qui doit régner dans son âme. » (Œuvres de Platon*, Tome neuvième, *La République*, Livre IV, Rey et Gravier Libraires, 1833, page 232, traduction par Victor Cousin). La justice en l'homme, comme dans la cité, est un ordre, un équilibre, une médiation entre les différentes parties.

Aristote reprend à sa manière cette problématique, mais il la formule dans un langage plus concret et pratique. Il définit la vertu morale comme un juste milieu entre deux excès : *« La vertu est donc une disposition acquise volontaire, consistant par rapport à nous, dans la mesure, définie par la raison conformément à la conduite d'un homme réfléchi. Elle tient la juste moyenne entre deux extrémités fâcheuses, l'une par excès, l'autre par défaut. »* (Aristote, *Éthique de Nicomaque*, Garnier, 1961, page 71, traduction de Jean Voilquin). Ainsi, le courage est le juste milieu entre la lâcheté et la témérité, la générosité entre l'avarice et la prodigalité, la tempérance entre l'insensibilité et l'intempérance.

Cette conception montre bien que pour Aristote, la maîtrise des passions n'est pas leur suppression mais leur régulation. Les passions sont constitutives de l'homme ; vouloir les éradiquer serait mutiler son humanité. Mais les passions laissées à elles-mêmes conduisent au désordre. La raison doit donc intervenir, non pour détruire mais pour orienter. Elle agit comme un médiateur qui ajuste, qui équilibre, qui trouve le point juste. *« Disons encore ceci : tandis que dans les passions et les actions, la faute consiste tantôt à se tenir en deçà, tantôt à aller au-delà de ce qui convient, la vertu trouve et adopte une juste mesure. »* (Aristote, *Éthique de Nicomaque*, Garnier, 1961, page 71, traduction de Jean Voilquin). La médiation éthique consiste donc à habiter la tension entre deux pôles, et à y trouver l'équilibre.

Aristote insiste sur le fait que ce juste milieu n'est pas une moyenne arithmétique mais une détermination pratique, qui dépend de la situation et de la prudence (*phronèsis*). La médiation n'est pas une règle abstraite imposée de l'extérieur ; elle est un travail de discernement intérieur, une capacité à ajuster son comportement en fonction des circonstances. C'est pourquoi Aristote parle de la vertu comme d'une « disposition acquise volontaire ». La médiation entre passions et raison se construit par la pratique, par l'éducation, par une discipline progressive qui rend l'homme capable de choisir le bien.

Mettons maintenant en dialogue ces deux visions. Platon voit dans la passion une énergie qui doit être orientée vers l'intelligible ; Aristote voit dans la passion une donnée qu'il faut équilibrer par le juste milieu. Chez l'un comme chez l'autre, la passion brute est un danger, mais aussi une ressource. Elle doit être médiatisée par la raison pour devenir féconde.

Prenons l'exemple de l'amour. Pour Platon, l'eros est une médiation ascendante, une force qui, si elle est bien guidée, conduit l'âme vers la contemplation du Beau en soi. Pour Aristote, l'amour peut aussi être une passion vertueuse, à condition d'être mesuré, équilibré, orienté par la prudence. L'un insiste sur la dimension métaphysique, l'autre sur la dimension éthique et pratique. Mais tous deux refusent l'idée d'une soumission aveugle aux désirs. Tous deux montrent que la liberté véritable ne réside pas dans l'absence de contraintes, mais dans la capacité de médiation intérieure.

Ce qui apparaît clairement chez Platon comme chez Aristote, c'est que l'homme ne peut être réduit à une confrontation brutale entre raison et passions. La violence brute – qu'elle soit celle des désirs déchaînés ou celle d'une raison tyrannique – ne conduit pas à la justice ni au bonheur. La médiation est la voie qui permet d'échapper à ces extrêmes. Chez Platon, c'est la dialectique qui permet d'élever le désir ; chez Aristote, c'est la vertu qui permet d'équilibrer les passions. Dans les deux cas, la médiation est ce qui rend l'homme capable de responsabilité.

Socrate affirmait qu' : *« ... une vie sans examen ne vaut pas la peine d'être vécue... »* (Platon, *Apologie de Socrate*, 1965, Éditions Garnier Frères, page 51, traduction par Emile Chambry). Platon et Aristote prolongent cette exigence en montrant que l'examen de soi passe par une médiation des passions. L'homme n'est pas condamné à subir ses désirs ni à les réprimer aveuglément ; il peut apprendre à les orienter, à les équilibrer, à les intégrer dans une vie harmonieuse.

Il est frappant de constater que pour les deux philosophes, cette médiation n'est pas innée mais se construit par l'éducation. Platon, dans la *République*, insiste sur la nécessité d'une formation de l'âme, qui passe par la musique, la gymnastique, la philosophie. Il écrit : *« Ce n'est pas, à mon avis, le corps, si bien constitué qu'il soit, qui par sa vertu rend l'âme bonne ; c'est au contraire l'âme qui, lorsqu'elle est bonne, donne au corps, par la vertu qui lui est propre, toute la perfection dont il est capable... » (Œuvres de Platon*, Tome neuvième, *La République*, Livre III, Rey et Gravier Libraires, 1833, pages 162-163, traduction par Victor Cousin). Aristote, de son côté, affirme que la vertu morale s'acquiert par l'habitude : « De même, c'est à force de pratiquer la justice, la tempérance et le courage que nous devenons justes, tempérants et courageux. » (Aristote, *Éthique de Nicomaque*, Garnier, 1961, page 55, traduction de Jean Voilquin). Dans les deux cas, la médiation suppose un apprentissage, un chemin, une discipline. Elle n'est pas une illumination soudaine mais une conquête progressive. Elle engage la liberté de l'homme, mais une liberté accompagnée, éduquée, mise à l'épreuve.

En définitive, Platon et Aristote, chacun à sa manière, montrent que la liberté humaine n'est pas donnée mais construite. Elle n'est pas la liberté brute de céder à tous ses désirs, mais la liberté médiatisée de choisir, d'orienter, d'équilibrer. Chez Platon, la liberté s'accomplit dans l'élévation vers le Bien ; chez Aristote, elle s'accomplit dans l'exercice de la vertu. Mais dans les deux cas, la médiation est le chemin par lequel l'homme devient vraiment humain. Cette leçon, vieille de vingt-cinq siècles, garde toute son actualité. Elle rappelle que la violence brute, qu'elle soit celle des passions incontrôlées ou celle d'une raison imposée de l'extérieur, ne fonde pas une société juste. Ce qui fonde une société juste, c'est la capacité de chaque individu à pratiquer cette médiation intérieure, à gouverner ses désirs par la raison, à chercher l'équilibre et l'harmonie.

La réflexion sur la médiation et la maîtrise des passions chez Platon et Aristote ne peut se clore sans insister sur la portée universelle et intemporelle de leur enseignement. Ces deux figures fondatrices de la philosophie occidentale ont montré, chacune à leur manière, que l'homme n'est pas simplement le jouet de ses pulsions ou le produit de contraintes extérieures, mais un être capable de se gouverner lui-même par un travail intérieur. Cette vision, qui traverse les dialogues platoniciens comme les traités aristotéliciens, fait apparaître la médiation comme le cœur même de l'humanité : médiation entre raison et désir, entre excès et défaut, entre liberté et responsabilité.

Chez Platon, la médiation prend la forme d'une tension dramatique. L'image du cocher et de ses chevaux illustre parfaitement cette condition humaine : nous sommes divisés, partagés entre des élans nobles et des appétits brutaux. La raison, loin d'être une force de domination pure, est présentée comme un principe de direction, d'orientation. Elle n'élimine pas la passion, elle la transforme. Ainsi, l'eros, qui pourrait se réduire à une simple quête de satisfaction charnelle, devient, lorsqu'il est guidé, une force d'élévation vers le Beau et le Bien. Dans cette perspective, la médiation est un chemin d'ascension : elle permet à l'âme de dépasser le chaos du sensible pour atteindre la clarté de l'intelligible. La liberté, chez Platon, n'est pas l'absence de contraintes mais la capacité de s'accorder avec l'ordre supérieur de l'univers, avec le Bien en soi. La maîtrise des passions est ainsi une médiation cosmique, qui relie l'homme à l'harmonie universelle.

Aristote, plus concret et pragmatique, propose une autre voie. Pour lui, la médiation s'incarne dans la recherche du juste milieu. La vertu n'est pas une règle imposée mais un équilibre à trouver, toujours singulier, toujours contextuel. Le courage n'est pas l'absence de peur mais la capacité de dominer cette peur au bon degré, au bon moment. La tempérance n'est pas le refus des plaisirs mais leur usage mesuré. Ainsi, l'homme vertueux est celui qui, par l'exercice de sa raison et de sa prudence, sait ajuster ses passions. La médiation n'est plus ici un mouvement ascendant vers un idéal transcendant, mais un exercice quotidien, une habitude de discernement qui construit peu à peu une vie bonne. La liberté n'est pas alors un don venu d'en haut, mais une conquête patiente, qui s'acquiert par l'éducation, l'habitude, l'expérience.

Mettre Platon et Aristote en dialogue, c'est comprendre que la médiation entre passions et raison peut être pensée à la fois comme une élévation et comme un équilibre, comme une quête métaphysique et comme une discipline éthique. Leurs divergences ne s'excluent pas, elles se complètent. Platon rappelle que l'homme ne peut se contenter d'un simple calcul d'équilibre : il est appelé à une transcendance, à un dépassement de soi. Aristote, de son côté, rappelle que cette transcendance ne peut être vécue qu'à travers la pratique concrète des vertus, dans les choix quotidiens, dans le discernement patient. Ensemble, ils composent une vision de l'homme comme être de médiation, toujours tendu entre le sensible et l'intelligible, entre le désir et la raison, entre le monde des passions et celui de la sagesse.

Cette vision éclaire d'un jour nouveau la question de la liberté. Trop souvent, on confond la liberté avec l'absence de contraintes, avec le fait de céder à tous ses désirs. Mais pour Platon comme pour Aristote, cette conception est illusoire. L'homme livré à ses passions n'est pas libre, il est esclave de ce qui l'entraîne. La véritable liberté est intérieure : elle consiste à savoir gouverner ses désirs, à leur donner une forme, à les orienter vers ce qui construit l'harmonie et la justice. La médiation est le chemin par lequel l'homme cesse d'être dominé de l'extérieur et commence à se gouverner lui-même. En ce sens, la maîtrise des passions n'est pas une négation de l'humanité mais son accomplissement le plus profond.

On comprend alors pourquoi la philosophie grecque, et particulièrement Platon et Aristote, demeure un socle pour penser la médiation. Dans leurs œuvres, la médiation n'est pas seulement un instrument social ou politique, elle est d'abord une exigence intérieure. Avant de réconcilier les hommes entre eux, il faut que chacun apprenne à se réconcilier avec lui-même, à harmoniser les forces qui l'habitent. La cité juste n'est possible que si elle est habitée par des hommes justes, c'est-à-dire par des hommes capables de médiation intérieure. Ce lien entre l'éthique personnelle et l'ordre politique, que Platon développe dans la *République* et qu'Aristote approfondit dans la *Politique*, montre que la médiation n'est pas une simple technique, mais une manière d'être, une orientation fondamentale de l'existence.

Cette leçon, transmise depuis l'Antiquité, garde toute son actualité. Nos sociétés contemporaines, souvent traversées par la violence des passions collectives, par l'excès ou le manque, par la tentation de la démesure, ont besoin de retrouver cet art de la médiation. La question n'est pas seulement de régler les conflits extérieurs mais d'apprendre à gouverner nos désirs, à équilibrer nos excès, à donner forme à notre liberté. Platon et Aristote nous rappellent que la médiation n'est pas une faiblesse, une concession, mais une force, une construction, une conquête. Elle est ce par quoi l'homme échappe à la violence brute et entre dans la dignité de la liberté.

En définitive, la médiation des passions apparaît comme un fil conducteur de la condition humaine. Elle traverse les siècles et les cultures, mais c'est dans la Grèce antique qu'elle a reçu ses formulations les plus durables. Platon et Aristote ont donné à l'humanité une leçon de sagesse : l'homme est un être de tensions, mais il peut transformer ces tensions en harmonie. Il n'est pas condamné à subir ses passions, ni à les étouffer, mais à les médiatiser, à les intégrer dans une vie bonne. C'est en ce sens que leur enseignement ne cesse de résonner : il nous rappelle que la véritable liberté n'est pas donnée mais construite, et que cette construction passe par l'art difficile et exigeant de la médiation.

- Héritages de la médiation grecque

Si l'on veut comprendre pourquoi la Grèce antique reste encore aujourd'hui le socle de notre manière d'envisager la justice, la liberté et la responsabilité, il faut se tourner vers ce qu'elle a transmis au monde. Les Grecs ont posé des jalons conceptuels, des pratiques sociales, des images poétiques et des réflexions philosophiques qui, à travers les siècles, n'ont cessé d'être reprises, adaptées et enrichies. L'héritage grec ne se limite pas à un moment clos dans le passé : il est devenu une matrice pour Rome, pour le christianisme, pour la philosophie médiévale et moderne, jusqu'aux démocraties contemporaines. Comprendre ces héritages, c'est voir comment une idée née dans le théâtre d'Athènes ou dans la bouche de Socrate a pu voyager jusqu'à nos institutions actuelles de médiation sociale, de justice réparatrice ou de démocratie participative.

Rome : la médiation comme équilibre civique et juridique

Le premier grand héritage de la pensée grecque est sans doute celui qu'a constitué Rome. Les Romains ont toujours reconnu leur dette envers la Grèce, même lorsqu'ils s'en distinguaient. Cicéron affirme avec admiration : *« Combien d'images de grands hommes nous ont été laissées par les écrivains grecs et latins, moins comme objets d'admiration que comme modèles ! Je les ai toujours eues devant les yeux quand j'administrais la république, et je n'avais qu'à penser à ces illustres personnages pour régler sur cette idée mon âme et mon esprit. »* (Cicéron, *Œuvres complètes*, tome deuxième, J. – J. Dubochet et Compagnie Éditeurs, 1840, *Plaidoyer pour Archias*, page 656, traduction par M. Nisard). Or, ce qu'ils retiennent de manière particulièrement marquée, c'est la capacité grecque à transformer les conflits en équilibre, à inscrire la médiation dans le cadre civique.

Chez les jurisconsultes romains, la médiation prend la forme d'une recherche d'équilibre dans les contrats, dans les pactes, dans les arbitrages. La *lex* romaine n'est pas seulement contraignante : elle reconnaît la possibilité de l'arbitrage et du compromis. Le célèbre principe *summum ius, summa iniuria* (« le droit poussé à l'extrême devient la pire des injustices »), que Cicéron rappelle dans son *De Officiis*, exprime déjà cette conscience que la rigidité des lois doit parfois être assouplie par une médiation. La justice ne consiste pas seulement à appliquer une règle abstraite, mais à trouver, dans chaque cas, la solution qui rétablit la paix entre les parties.

Sénèque, héritier du stoïcisme, approfondit encore cet aspect en liant médiation et sagesse intérieure. Il écrit : *« Je ne sais même si l'homme qui pardonne le plus difficilement n'est pas celui qui a le plus souvent eu besoin d'indulgence. »* (Œuvres complètes de Sénèque, tome premier, *De la clémence, Livre I*, Librairie Hachette et Cie, 1914, page 287, traduction de J. Baillard). Le pardon, le compromis, la tempérance deviennent des vertus civiles autant que personnelles. Rome hérite de la Grèce l'idée que l'homme doit d'abord apprendre à se gouverner pour pouvoir gouverner la cité, et qu'aucune paix sociale durable ne peut exister sans une médiation des passions individuelles.

Le christianisme : la médiation au cœur de la foi

Lorsque le christianisme émerge au Ier siècle, il hérite directement de cette double tradition grecque et romaine. Mais il lui donne une profondeur nouvelle : la médiation n'est plus seulement un équilibre humain, elle devient le lieu même de la relation entre Dieu et l'homme. Saint Paul, écrivant aux Éphésiens, affirme : *« Car il n'y a qu'un seul Dieu ; il n'y a aussi qu'un seul médiateur entre Dieu et les hommes, un homme, Jésus-Christ, qui s'est donné lui-même en rançon pour tous, fait attesté en son temps. »* (Le nouveau testament, Premier épître à Timothée, chapitre 2, Editions Gallimard, collection Folio classique, 1998 et 2001, page 593, traduction d'Hugues Oltramare). La figure du Christ est ici pensée comme médiation absolue, réconciliant l'humanité déchirée avec le divin.

Augustin d'Hippone, au IVe siècle, développera ce thème de manière magistrale. Dans *La Cité de Dieu*, il écrit : *« C'est par la vertu de la vraie piété que les hommes de Dieu combattent cette puissance de l'air, ennemie de la piété ; ils l'éloignent, non pas en l'apaisant, mais en l'exorcisant ; ils repoussent ses assauts acharnés, non pas en l'implorant elle-même, mais en implorant leur Dieu contre elle. Car elle ne peut vaincre, elle ne peut dominer qu'à la faveur de la complicité. Elle est donc vaincue au nom de Celui qui s'est revêtu de la nature humaine et qui a vécu sans péché, afin qu'en lui, prêtre et sacrifice, tout péché fût remis ; c'est le médiateur de Dieu et des hommes, Jésus Christ homme, et notre Rédempteur, qui nous réconcilie avec Dieu. »* (Augustin, *La cité de Dieu*, tome II, Livre X, Librairie Garnier Frères, 1922, pages 85-86, traduction de L. Moreau). Ici, la médiation grecque, comprise comme équilibre intérieur ou comme arbitrage entre citoyens, s'élargit à une médiation cosmique et théologique. Elle devient le cœur de la foi chrétienne. Mais cette dimension spirituelle ne supprime pas l'héritage grec : elle le prolonge. En effet, la théologie chrétienne a repris à Platon et à Aristote des concepts pour penser cette médiation divine. Thomas d'Aquin, au XIIIe siècle, intégrera ainsi dans sa *Somme théologique* l'idée aristotélicienne de vertu comme juste milieu pour expliquer la tempérance chrétienne.

Le christianisme ajoute cependant un aspect nouveau : la médiation n'est plus seulement un effort humain vers l'équilibre ou vers le bien, elle est aussi un don. Elle suppose une grâce qui dépasse la seule rationalité. Mais c'est toujours en dialogue avec les Grecs que cette nouveauté est formulée. L'héritage de Platon et d'Aristote, loin de disparaître, devient le langage par lequel le christianisme exprime sa foi dans le Christ médiateur.

Moyen Âge : la systématisation de la médiation

Au Moyen Âge, l'Europe chrétienne vit de cette double source grecque et chrétienne. Les moines copistes ont conservé les textes antiques, et les universités naissantes, comme celle de Paris, ont enseigné Platon et Aristote en dialogue avec la théologie. La médiation devient alors un principe d'organisation intellectuelle et sociale.

Thomas d'Aquin, déjà mentionné, illustre parfaitement cette synthèse. Pour lui, comme pour Aristote, la raison humaine peut découvrir des vérités morales par elle-même, mais elle a besoin de la révélation pour atteindre sa plénitude. La médiation entre foi et raison devient le moteur de sa pensée. Et dans la vie sociale, Thomas insiste sur l'importance de la prudence (*prudentia*), vertu qui consiste à discerner la bonne action dans une situation donnée. La prudence est, en un sens, la forme médiatrice de toutes les vertus : elle équilibre, elle ajuste, elle oriente.

Dans le domaine politique, cette conception conduit à voir le roi comme médiateur entre Dieu et son peuple. L'autorité n'est pas une contrainte brute, elle est légitimée par sa capacité à maintenir la justice et la paix, à arbitrer les conflits. Les chartes médiévales, les coutumes locales, les arbitrages seigneuriaux témoignent de cette recherche d'une médiation institutionnelle.

Humanisme et Renaissance : la redécouverte de l'homme médiateur

Avec la Renaissance, l'héritage grec connaît un renouveau. Les humanistes, fascinés par les textes antiques retrouvés, redécouvrent la dignité de l'homme comme médiateur entre le monde terrestre et le monde spirituel. Érasme, dans son *Éloge de la folie*, raille les excès de la rigidité juridique et plaide pour une tolérance qui rappelle la modération aristotélicienne. De son côté, Montaigne écrit : *« Chaque homme porte la forme entière, de l'humaine condition. »* (Michel de Montaigne, *Essais*, Firmin-Didot et Cie Éditeurs, 1907, volume troisième, chapitre II, page 108). Cette formule célèbre exprime l'idée que chacun, en lui-même, est un microcosme, un lieu de médiation entre forces contraires.

La Renaissance reprend donc la leçon grecque : la vérité n'est pas donnée une fois pour toutes, elle se cherche dans le dialogue, dans l'équilibre, dans la capacité à accueillir la pluralité des expériences humaines. La médiation devient un art de vivre, un humanisme concret.

Les Lumières : médiation et contrat social

Au XVIIIe siècle, l'héritage grec trouve une nouvelle actualité dans le mouvement des Lumières. Rousseau, dans *Du Contrat social*, écrit : *« On pourrait sur ce qui précède ajouter à l'acquit de l'état civil la liberté morale, qui seule rend l'homme vraiment maître de lui : car l'impulsion du seul appétit est l'esclavage, et l'obéissance à la loi qu'on s'est prescrite, est liberté. »* (Jean-Jacques Rousseau, *Du Contrat social*, Chez Louis Libraire, an II de la République française (22 septembre 1793 - 21 septembre 1794), page 33). Cette phrase célèbre condense une intuition déjà présente chez les Grecs : la véritable liberté n'est pas l'absence de règles, mais la capacité à se donner soi-même une règle. La médiation entre l'individu et la collectivité devient alors le fondement du contrat social.

Kant, à la fin du siècle, reprend cette perspective : *« Agis de telle sorte que tu traites toujours l'humanité, soit dans ta personne, soit dans la personne d'autrui, comme une fin et jamais comme un moyen. »* (Emmanuel Kant, *Critique de la raison pratique*, cinquième édition, PUF, 1966, traduction de

François Picayet, page 182). Cette exigence morale universelle peut se lire comme une médiation entre la liberté individuelle et l'universalité de la loi morale. L'homme est libre parce qu'il obéit à une loi qu'il reconnaît comme rationnelle et universelle.

Les Lumières montrent ainsi combien l'héritage grec, passé par Rome et par le christianisme, reste vivant : l'homme n'est ni un pur individu isolé ni un simple rouage d'un ordre collectif, il est un être de médiation, capable de se relier à autrui et à l'universel par la raison et la volonté.

Hegel et la médiation dialectique

Au XIXe siècle, Hegel propose une conception encore plus ambitieuse de la médiation. Dans sa *Phénoménologie de l'esprit*, il montre que l'histoire elle-même est un processus de médiation : chaque conflit, chaque contradiction est surmonté par une synthèse qui ouvre à une conscience plus élevée. La médiation n'est plus seulement une méthode individuelle ou sociale, elle devient la dynamique même de l'histoire universelle.

Cette vision, qui doit beaucoup à la dialectique grecque, montre que la médiation est la manière dont l'humanité progresse : elle transforme les oppositions en nouvelles harmonies, sans jamais supprimer la conflictualité. Hegel, héritier des Grecs, élargit ainsi la médiation à l'échelle de l'histoire mondiale.

Héritages contemporains : justice et démocratie

Aujourd'hui encore, notre manière de concevoir la justice, la démocratie, la responsabilité, porte la marque de cet héritage grec. Lorsque les tribunaux modernes privilégient parfois la médiation ou la conciliation plutôt que le procès, ils renouent avec l'idée grecque et romaine que la justice est moins la contrainte brute que la recherche d'un équilibre. Lorsque nos démocraties insistent sur le dialogue, le compromis, la participation citoyenne, elles reprennent, sous une autre forme, l'intuition des Grecs selon laquelle la cité ne vit que par la capacité de ses membres à se gouverner eux-mêmes.

La médiation contemporaine, qu'elle soit sociale, familiale, internationale, n'est donc pas une invention récente : elle est l'actualisation d'un héritage qui remonte à la Grèce antique. Les Grecs ont appris à leurs descendants que l'homme n'est pas condamné à la violence, qu'il peut transformer le conflit en apprentissage, la passion en vertu, l'opposition en harmonie. Cet héritage, transmis par Rome, christianisé par Augustin, systématisé par Thomas d'Aquin, humanisé par Montaigne, universalisé par Kant, dialectisé par Hegel, irrigue encore nos sociétés.

Conclusion

L'héritage grec de la médiation, si on le regarde avec un regard ample, ne se réduit pas à un ensemble de concepts figés ou à des institutions mortes. Il s'agit plutôt d'un mouvement continu, d'une dynamique qui a traversé les siècles et qui continue à se déployer. Ce que les Grecs ont transmis au monde, ce n'est pas seulement l'idée que le conflit peut être dépassé, mais surtout la conviction que ce dépassement est constitutif de l'humanité elle-même. La médiation est devenue, grâce à eux, non pas une technique parmi d'autres mais une manière de penser et d'habiter le monde, une voie par laquelle l'homme se définit comme un être de responsabilité et de liberté.

On comprend dès lors pourquoi Rome, le christianisme, le Moyen Âge, la Renaissance et la modernité n'ont jamais cessé de revenir à cette source. Chaque époque a trouvé dans la Grèce antique ce dont elle avait besoin pour répondre à ses propres tensions. Pour Rome, ce fut le langage de l'équilibre et du compromis juridique, nécessaire pour gouverner un empire hétérogène. Pour le christianisme, ce fut le cadre conceptuel permettant de penser la figure du Christ comme médiateur universel entre Dieu et les hommes. Pour le Moyen Âge, ce fut la possibilité de concilier raison et foi, philosophie et théologie. Pour la Renaissance, ce fut l'art de réaffirmer la dignité de l'homme comme médiateur entre nature et esprit. Pour les Lumières, ce fut la conviction que la liberté se réalise dans la capacité à se donner des lois. Pour Hegel et les modernes, ce fut la dialectique de l'histoire comme médiation perpétuelle des contradictions. Et pour nous aujourd'hui, c'est la possibilité de penser une justice réparatrice, un droit du compromis, une démocratie du dialogue.

Ce fil continu ne doit pas nous faire oublier que la médiation grecque est née dans un contexte de conflictualité extrême. Les tragédies d'Eschyle, de Sophocle ou d'Euripide naissent de la violence de la guerre, des querelles familiales, des luttes de pouvoir. Les dialogues socratiques apparaissent dans une cité déchirée par la guerre du Péloponnèse et par les tensions entre démocratie et oligarchie. La pensée d'Aristote s'élabore dans un monde où les passions humaines, laissées à elles-mêmes, conduisent à l'injustice et à la tyrannie. La médiation n'est donc pas née d'un rêve d'harmonie, mais d'une expérience aiguë de la violence et de la division. C'est précisément parce que les Grecs ont connu le pire qu'ils ont cherché une voie pour le dépasser. Et c'est cette expérience fondatrice que nous retrouvons à travers toutes les réappropriations ultérieures : à chaque époque de crise, la médiation grecque refait surface comme une ressource pour transformer la conflictualité en apprentissage.

L'une des grandes forces de cet héritage est d'avoir articulé le plan intérieur et le plan extérieur, l'éthique personnelle et la vie collective. Platon, Aristote et leurs successeurs n'ont jamais pensé que l'on pouvait construire une cité juste sans hommes justes, ni que l'on pouvait éduquer les individus sans leur donner le sens du bien commun. Cette double articulation explique pourquoi la médiation a pu être si féconde dans les siècles suivants : elle offrait à la fois une pédagogie de soi et un modèle pour l'organisation sociale. Encore aujourd'hui, nos dispositifs de médiation sociale ou politique s'inspirent implicitement de cette intuition : apaiser les conflits de groupe suppose de travailler sur les représentations, sur les passions et sur les désirs des individus.

Il serait faux pourtant de croire que cet héritage a été reçu de manière linéaire ou sans tension. À chaque époque, la médiation grecque a été retraduite, souvent critiquée, parfois mise à distance. Les stoïciens romains, par exemple, ont insisté davantage que Platon sur l'autonomie individuelle, parfois au détriment de la dimension politique. Le christianisme, en centrant la médiation sur le Christ, a déplacé la question du côté de la théologie. Les modernes, en exaltant la liberté individuelle, ont parfois oublié la dimension tragique de l'existence que les Grecs avaient su mettre en scène. Mais ces déformations ou ces accentuations ne font que confirmer la vitalité de l'héritage grec : s'il a pu être transformé, c'est qu'il était vivant, capable de s'adapter aux besoins de chaque époque.

Aujourd'hui encore, il n'est pas exagéré de dire que nous pensons la médiation avec des catégories grecques, même sans toujours en avoir conscience. Lorsque nous disons que la justice ne peut se réduire à l'application mécanique de la loi, nous reprenons l'intuition d'Aristote sur l'équité. Lorsque nous insistons sur la nécessité de trouver un équilibre entre liberté individuelle et bien commun, nous reprenons l'enseignement de la *République*. Lorsque nous faisons du dialogue l'outil central de la résolution des conflits, nous ne faisons que prolonger la maïeutique socratique. Et lorsque nous pensons que la démocratie se nourrit du débat public et de la confrontation pacifiée des points de vue, nous prolongeons l'expérience athénienne des assemblées et des tribunaux populaires.

En ce sens, l'héritage grec n'est pas seulement une archive du passé : il est une promesse pour l'avenir. Dans un monde marqué par la montée des tensions identitaires, par la polarisation des débats publics, par la violence des conflits internationaux, la leçon grecque nous rappelle que l'humanité ne se construit pas contre le conflit mais à travers lui, en l'apprivoisant, en le transformant, en lui donnant une forme qui permette la vie commune. La médiation grecque, transmise et enrichie à travers les siècles, reste une école de liberté et de responsabilité. Elle nous enseigne que la paix n'est pas donnée d'avance, qu'elle ne se décrète pas par la force, mais qu'elle s'élabore par la patience du dialogue, par la recherche du juste milieu, par l'art de concilier les contraires sans jamais nier leur existence.

C'est pourquoi il est essentiel de conclure ce chapitre en insistant sur ce caractère vivant de l'héritage grec. La médiation n'est pas un concept figé, c'est une pratique, une orientation de l'esprit, un chemin qui doit être sans cesse repris. Les Grecs nous ont appris que l'homme est un être de médiation, et c'est à nous de faire fructifier cet héritage en inventant, dans nos contextes actuels, de nouvelles formes de médiation capables de répondre aux défis d'aujourd'hui. Ainsi, l'héritage de la médiation grecque n'appartient pas seulement à l'histoire : il appartient à notre présent et, plus encore, à notre avenir.

Chapitre 4 – Philosophie, passions et responsabilité

- *La République* de Platon (Livre IV) : gouverner l'âme comme la cité (maître/esclave en soi), l'âme tripartite et la médiation de la raison sur les passions.

Lorsque Platon entreprend de rédiger La République, il ne cherche pas seulement à proposer une réflexion sur la cité idéale, sur la structure du pouvoir ou sur la définition de la justice. Derrière la question politique se cache toujours une question anthropologique : comment l'homme peut-il se gouverner lui-même, comment peut-il échapper aux désordres de ses passions et atteindre un ordre intérieur qui soit le reflet d'un ordre collectif ? C'est dans ce contexte qu'intervient le Livre IV, l'un des passages les plus célèbres et les plus décisifs de l'œuvre, où Platon expose la doctrine de l'âme tripartite. À travers cette distinction, il propose un modèle de médiation intérieure, où la raison joue le rôle de médiatrice entre les forces contradictoires qui agitent l'homme.

On pourrait dire que Platon, en développant cette théorie, fonde une philosophie de la médiation qui ne se limite pas à la cité ni aux institutions, mais qui pénètre jusque dans la psychologie humaine. Si l'on comprend bien ce modèle, on voit apparaître une logique profonde : l'homme est en lui-même une petite cité, composée de forces hétérogènes qui doivent être harmonisées, à minima tempérées. La justice dans l'âme est, à l'image de la justice dans la cité, un équilibre qui naît de la médiation et non de la suppression des tensions.

La justice comme équilibre intérieur et extérieur

Platon formule son projet avec une clarté frappante. Au Livre IV, Socrate affirme : *« Mais nous avons entendu dire à une foule de personnes, et nous avons dit souvent nous-mêmes que la justice consiste à s'occuper de ses affaires, sans se mêler en rien de celles des autres. »* (*Œuvres de Platon*, Tome neuvième, *La République*, Livre IV, Rey et Gravier Libraires, 1833, page 220, traduction par Victor Cousin). La justice consiste, tant dans la cité que dans l'âme, à ce que chaque partie fasse ce qui lui revient sans empiéter sur la tâche des autres. Dans la cité, cela signifie que les gouvernants gouvernent, les auxiliaires protègent et les producteurs assurent les besoins matériels. Dans l'âme, cela implique que la raison dirige, que le cœur (ou le *thumos*, le courage) seconde la raison, et que le désir s'exerce dans les limites fixées par l'ordre rationnel.

Ainsi, la cité juste et l'homme juste sont deux miroirs l'un de l'autre. La cité est le grand modèle qui permet de comprendre l'homme, et l'homme devient à son tour le reflet en miniature de la cité. Ce parallèle fonde ce que l'on pourrait appeler une médiation symbolique : l'ordre extérieur éclaire l'ordre intérieur et réciproquement.

Le cœur de la démonstration de Platon repose sur sa division de l'âme en trois parties. *« Si, comme l'État est partagé en trois corps, l'âme de chacun de nous est aussi divisée en trois parties, il y a lieu, ce me semble, à tirer de là une nouvelle démonstration. – Dis-nous là. – La voici. À ces trois parties de l'âme répondent trois espèces de plaisirs, qui sont proposés à chacune d'elles ; de là également trois ordres de désirs et de dominations. – Explique-toi. – La première des parties de l'âme, disions-nous, est celle par qui l'homme connaît ; la seconde, celle qui le rend irascible ; la troisième a trop de formes différentes pour pouvoir être comprise sous un nom particulier ; mais nous l'avons désignée par ce qu'il y a de remarquable et de prédominant en elle ; nous l'avons nommée faculté de désirer, à cause de la violence des désirs qui nous portent vers le manger, le boire, l'amour, et d'autres plaisirs semblables ; nous l'avons aussi nommée amie de l'argent, parce que l'argent est le moyen le plus efficace de satisfaire ces sortes de désirs. »* (*Œuvres de Platon*, Tome neuvième, *La République*, Livre IX, pages 204-205, Rey et Gravier Libraires, 1833, traduction par Victor Cousin). Cette partie est nécessaire, car sans elle il n'y aurait pas de survie, mais elle est potentiellement envahissante et sans limite.

Il y a, avant, la partie irascible ou courageuse, que Platon nomme *thumos*. Elle correspond à la force, à l'énergie, à ce qui pousse à l'action, à l'indignation devant l'injustice. Elle peut se manifester dans la colère, mais aussi dans la bravoure, et c'est elle qui alimente l'honneur et le désir de reconnaissance. Platon prend l'exemple d'un enfant : il peut être dominé par la faim et les désirs, mais il peut aussi s'indigner avec force lorsqu'il se sent lésé. Cet élément n'est pas le même que le désir, et c'est pourquoi il doit être distingué.

Enfin, la première partie, l'âme rationnelle, siège du *logos*, est la partie qui réfléchit, qui calcule, qui anticipe. Elle ne se contente pas de poursuivre un objet immédiat, mais cherche ce qui est réellement bon à long terme. Platon écrit : *« Le bon juge ne sera donc pas un jeune homme, mais un vieillard qui ait acquis une connaissance tardive de l'injustice, et qui la connaisse, non pour la trouver dans son âme, mais pour avoir étudié à force de temps, dans l'âme des autres, tout ce qu'elle a de mal, par la science seule et non par sa propre expérience. »* (*Œuvres de Platon*, Tome neuvième, *La République*, Livre III, page 175, Rey et Gravier Libraires, 1833, traduction par Victor Cousin).

Cette tripartition n'est pas seulement descriptive. Elle a une valeur normative : c'est parce que l'âme est composée de trois parties qu'il faut établir une hiérarchie et un ordre. L'homme juste est celui où la raison gouverne, où le courage lui obéit, et où les désirs sont contenus et satisfaits de manière mesurée. La métaphore est politique : l'âme est un petit État, et si le peuple (les désirs) gouverne, c'est la tyrannie qui advient. Si les gardiens (le courage) dominent sans raison, c'est la dictature de la force. Mais si les philosophes (la raison) dirigent, alors il y a justice et harmonie.

Cette conception permet de comprendre ce que Platon appelle la tension du « maître et de l'esclave » en soi. Chaque homme est partagé entre les forces qui veulent commander et celles qui veulent obéir. La raison est naturellement faite pour gouverner, mais elle peut être asservie par le désir. Le désir, au contraire, est naturellement fait pour obéir, mais il tend à dominer si rien ne l'arrête. Ainsi, l'homme est comme un champ de bataille où se joue un rapport de forces permanent.

« - La tempérance est une manière d'être bien ordonnée, et, comme on dit, un empire qu'on exerce sur ses plaisirs et ses passions. De là vraisemblablement l'expression que je n'entends pas trop, être maître de soi-même, et encore d'autres expressions qui mettent comme sur la trace de cette vertu. N'est-ce pas ? – Soit. – Cette expression, maître de soi-même, n'est-elle pas ridicule ? Celui qui est maître de lui-même serait alors son propre esclave, et celui qui est esclave de lui-même serait son maître, car c'est toujours à la même personne que se rapportent toutes ces dénominations. – Assurément. – Mais voici, je pense, le vrai sens de cette expression : il y a dans l'âme de l'homme deux parties, l'une meilleure, l'autre moins bonne ; quand la partie meilleure domine la partie la moins bonne, on dit de l'homme qu'il est maître de lui-même, et c'est un éloge ; mais quand par défaut d'éducation ou par quelque mauvaise habitude, la partie moins bonne envahit et subjugue la partie meilleure, alors on dit de l'homme, en manière de reproche, qu'il est esclave de lui-même et intempérant. » (*Œuvres de Platon*, Tome neuvième, *La République*, Livre IV, Pages 215-216, Rey et Gravier Libraires, 1833, traduction par Victor Cousin).

Socrate illustre ce point avec un raisonnement fameux : il montre que l'homme peut vouloir boire mais en même temps ne pas vouloir boire, signe qu'il existe deux tendances opposées en lui. L'unité de l'homme n'est donc pas donnée d'avance : elle est le résultat d'un travail de médiation intérieure.

Le rôle de la raison est précisément de jouer ce rôle de médiatrice. Elle ne supprime pas les désirs, car ils sont nécessaires ; elle ne détruit pas le courage, car il est vital. Elle organise, hiérarchise, donne à chacun sa juste place. La médiation est donc une fonction de régulation.

On pourrait rapprocher cette fonction de la définition moderne de la médiation sociale : le médiateur ne prend pas parti, il n'anéantit pas les positions, mais il les articule. La raison, chez Platon, est cette instance qui met en relation les forces hétérogènes et leur donne un horizon commun, celui du bien.

Il est intéressant de noter que Platon ne définit pas la raison comme une force brute qui s'imposerait par la violence. Elle convainc, elle éclaire, elle persuade. Elle est une autorité fondée sur la connaissance, non sur la contrainte. En ce sens, la raison est une médiatrice douce, un guide intérieur qui ressemble plus à un éducateur qu'à un tyran.

Ce modèle débouche naturellement sur une conception éducative. Pour Platon, l'éducation a pour but de renforcer la raison et de l'habituer à gouverner. Sans éducation, les désirs deviennent anarchiques et le courage dégénère en brutalité. Mais par la musique, la gymnastique, la philosophie, on apprend à discipliner les passions et à orienter la force vers le service du bien.

Platon écrit dans un passage célèbre : *« Nous pouvons également assurer, mon cher Adimante, que les âmes les mieux nées deviennent les plus mauvaises par une mauvaise éducation. »* (Platon, *La République*, Livre VI, Charpentier Libraire-éditeur, 1849, page 200, traduction de Grou, revue et corrigée sur le texte grec d'Emm. Bekker). L'éducation est donc une médiation progressive qui transforme l'individu, qui l'aide à passer de la dispersion intérieure à l'unité harmonieuse.

On mesure ici combien la réflexion platonicienne dépasse son époque. Ce qu'il décrit ressemble à ce que la psychologie moderne appelle le conflit intrapsychique. L'idée que l'homme est composé de plusieurs instances (désirs, volonté, raison) anticipe en quelque sorte la psychanalyse freudienne, avec son modèle du ça, du surmoi et du moi. Mais au lieu de mettre l'accent sur l'inévitable conflit, Platon insiste sur la possibilité d'une médiation : la raison peut jouer ce rôle de juge et de guide qui harmonise les forces.

De même, la métaphore politique de l'âme résonne encore aujourd'hui. On comprend que la démocratie intérieure – le gouvernement de soi – est la condition d'une démocratie collective. L'homme qui n'est pas maître de lui-même devient un danger pour la cité. La cité qui n'apprend pas à gérer ses passions collectives court vers la tyrannie. C'est pourquoi la leçon du Livre VI reste d'une actualité brûlante : elle nous rappelle que la médiation est d'abord un exercice intérieur, une pratique de soi avant d'être une institution sociale.

Pour conclure, on peut revenir à la définition platonicienne de la justice. Elle n'est pas l'application mécanique d'une règle, mais l'harmonie vivante des parties d'un tout. Elle est une médiation permanente, un équilibre fragile qui doit être sans cesse reconstruit. Platon ne propose pas une solution définitive, mais un modèle dynamique : la raison doit toujours veiller, les passions doivent toujours être contenues, le courage doit toujours être orienté. La médiation n'est jamais acquise, elle est une tâche de chaque instant.

C'est peut-être là la leçon la plus profonde : la médiation n'est pas seulement une technique sociale, elle est une anthropologie. L'homme est un être divisé, et il ne peut vivre qu'en apprenant à se réconcilier avec lui-même. Comme la cité, il est traversé de conflits, mais il peut trouver la justice en donnant à chaque force sa place. La médiation est alors ce qui rend possible l'unité, non par la suppression de la diversité, mais par son intégration.

- La médiation comme maîtrise des passions.

Depuis les premiers penseurs grecs jusqu'aux philosophes modernes, une question traverse la réflexion morale et politique : que faire des passions humaines ? Elles sont à la fois une puissance et un danger, une énergie vitale et une menace de désordre. Les hommes ne peuvent les ignorer : elles les agitent, les élèvent parfois, mais les entraînent aussi vers la violence et l'excès. De ce constat est née une conviction centrale, qui a façonné aussi bien la philosophie que la religion et le droit : l'homme ne peut vivre librement et en société qu'à la condition d'apprendre à médiatiser ses passions, c'est-à-dire à les comprendre, les réguler et les transformer.

L'histoire de la pensée, de l'Antiquité jusqu'à l'époque moderne, apparaît comme une succession d'efforts pour répondre à ce problème fondamental. Les philosophes, les théologiens, puis les moralistes et les penseurs politiques, tous ont reconnu que la maîtrise des passions constituait une condition essentielle pour dépasser la violence brute et instaurer une forme de justice. À travers leurs écrits, se dessine une véritable philosophie de la médiation intérieure, où l'homme apprend à être médiateur de lui-même.

Pour saisir le rôle de la médiation, il faut d'abord comprendre la nature même des passions. Le terme, dans l'Antiquité comme dans la tradition chrétienne, désigne des mouvements de l'âme provoqués par des objets extérieurs : plaisir, colère, désir, peur, jalousie, amour. Aristote, dans l'*Éthique à Nicomaque*, donne une définition précise : *« Or, j'appelle passion le désir, la colère, la peur, la témérité, l'envie, la joie, l'amitié, la haine, le regret, l'émulation, la pitié, en un mot tout ce qui s'accompagne de plaisir ou de peine. J'appelle capacités nos possibilités d'éprouver ces passions, par exemple ce qui nous rend propres à ressentir de la colère, ou de la haine, ou de la pitié. Enfin les dispositions nous mettent, en égard aux passions, dans un état heureux ou fâcheux ; par exemple, en ce qui concerne la colère, si l'on y est trop porté ou insuffisamment, nous nous trouvons en de mauvaises dispositions ; si nous y sommes portés modérément, nous sommes dans d'heureuses dispositions ; il en va ainsi dans d'autres cas. »* (Aristote, *Éthique de Nicomaque*, Garnier, 1961, page 65, traduction de Jean Voilquin). Cette liste montre d'emblée la diversité des passions, leur caractère ambivalent : certaines semblent orientées vers le bien (amitié, pitié), d'autres vers le mal (colère, haine), mais toutes, si elles échappent au contrôle de la raison, peuvent devenir sources de désordre.

Les Stoïciens iront plus loin encore dans cette analyse. Pour eux, les passions sont des jugements erronés, des mouvements irrationnels qui nous détournent du vrai bien. Sénèque écrit dans *De la colère* : *« Signalons donc, puisqu'il le faut, toute la laideur et toute la férocité d'un tel penchant : faisons voir à tous les yeux quel monstre est l'homme en fureur contre l'homme, comme il se déchaîne, comme il s'élance, se perdant pour le perdre, et poussant dans l'abîme ce qu'il ne peut noyer qu'en se noyant lui-même. »* (*Œuvres complètes de Sénèque,* Tome premier, *De la colère*, Livre III, Librairie Hachette et Cie, 1914, page 49, traduction par Joseph Baillard). Et Épictète, dans son *Manuel*, recommande : *« Ne demande jamais que les choses soient comme tu les veux ; tâche de les vouloir comme elles sont, et sans peine tu couleras ta vie. »* (*Manuel d'Épictète,* Librairie Eug. Delalain, 1915, page 41, traduction par Henri Joly). Les passions sont ainsi vues comme des esclavages : l'homme qui s'y abandonne devient le jouet de circonstances extérieures.

Cette perspective stoïcienne aura une influence durable. Elle rejoint une intuition déjà présente chez Platon : l'homme est divisé en lui-même, et sans maîtrise des passions, il devient l'esclave de ses propres désirs. Mais les Stoïciens, à la différence de Platon, mettent l'accent sur la liberté intérieure : la véritable autonomie consiste à ne pas se laisser gouverner par ce qui échappe à notre contrôle.

Avec le christianisme, la réflexion prend une autre tournure. Augustin, dans les *Confessions*, décrit avec une lucidité sans égale la tyrannie des passions : *« J'étais malheureux ; malheureuse est toute âme enchaînée par l'amour des choses mortelles ; elle est déchirée lorsqu'elle les perd et c'est alors qu'elle sent sa misère, dont elle souffre avant même de les avoir perdues. Tel j'étais en ce temps-là : je pleurais très amèrement et je me reposais dans l'amertume. »* (Augustin, *Confessions*, GF Flammarion, 1964, Livre quatrième, chapitre VI, page 71, traduction de Joseph Trabucco). Les passions apparaissent comme des forces qui écartent l'âme de Dieu, en la fixant aux biens périssables. Mais Augustin n'en fait pas des réalités purement mauvaises : elles sont l'expression d'un désir fondamental, celui d'aimer, qui ne trouve son accomplissement que dans l'amour de Dieu. Là encore, la médiation apparaît : il ne s'agit pas de supprimer le désir, mais de l'orienter, de le purifier, de le faire passer de l'attachement aux biens terrestres à la communion avec le bien suprême.

Ainsi, dès cette première étape, on voit que la pensée antique et chrétienne propose un double diagnostic : les passions sont à la fois inévitables et dangereuses, vitales et déstabilisantes. C'est pourquoi l'homme ne peut pas simplement les subir : il doit apprendre à les médiatiser, à leur donner une forme, un ordre, une orientation.

Une fois comprises, les passions doivent être ordonnées. La médiation intervient alors comme principe de régulation. Il ne s'agit pas d'éradiquer les passions – ce qui serait à la fois impossible et inhumain –, mais de les intégrer dans un équilibre où elles contribuent au bien de l'homme.

Aristote insiste sur ce point fondamental : la vertu n'est pas la suppression des passions, mais leur juste mesure. *« Ainsi donc, puisqu'il y a trois comportements, que deux d'entre eux sont des défauts, l'un par excès, l'autre par manque, tandis que la vertu est unique et consiste dans la juste mesure, tous ces comportements s'opposent, de quelque manière, les uns aux autres ; les extrêmes s'opposent au comportement intermédiaire et l'un à l'autre, aussi bien que l'intermédiaire aux extrêmes. »* (Aristote, *Éthique de Nicomaque*, Garnier, 1961, page 7, traduction de Jean Voilquin). Le courage, par exemple, n'est pas l'absence de peur, mais la capacité à se tenir entre la lâcheté et la témérité. La tempérance n'est pas l'absence de désir, mais l'art de ne pas se laisser emporter par la gourmandise ou la débauche. On voit ici comment la raison, médiatrice, donne forme aux passions en leur assignant une mesure qui permet à l'homme d'agir selon le bien.

Les Stoïciens poursuivent cette logique, mais avec plus de radicalité. Pour eux, la raison doit transformer les passions en affections conformes à la nature, qu'ils appellent les « eupatheiai » (bons affects) : la joie en accord avec la vertu, la volonté conforme au destin, la précaution mesurée. Sénèque écrit : *« Le mieux est de dominer la première irritation, de l'étouffer dans son germe, de se garder du moindre écart, puisque sitôt qu'elle égare nos sens on a mille peines à se sauver d'elle ; car toute raison s'en est allée, dès que la passion vient à s'introduire et qu'on lui a volontairement donné le moindre droit. Elle agira pour tout le reste d'après son caprice, non d'après votre permission. »* (*Œuvres complètes de Sénèque,* Tome premier, *De la colère*, Livre I, Librairie Hachette et Cie, 1914, page 7, traduction par Joseph Baillard). Le travail de médiation est donc un travail permanent, qui demande vigilance et exercice spirituel.

Le christianisme médiéval reprendra ces intuitions en les intégrant dans une perspective théologique. Thomas d'Aquin, dans la *Somme théologique*, explique que les passions appartiennent à la nature humaine créée par Dieu, et qu'elles ne sont pas mauvaises en elles-mêmes. Elles doivent être ordonnées par la raison et, ultimement, par la charité. *« Il faut répondre au troisième* [argument], *que l'homme qui est sur la terre n'est pas louable de se réjouir des peines des autres pour elles-mêmes, mais qu'on doit le louer, s'il s'en réjouit selon qu'elles ont quelque chose de bien qui leur est annexé. Cependant il n'en est pas de celui qui est sur la terre comme de celui qui voit Dieu ; parce que dans le premier les passions s'élèvent souvent sans être réglées par la raison. Néanmoins ces passions sont louables quelquefois selon qu'elles indiquent une bonne disposition de l'âme, comme on le voit à l'égard de la pudeur, de la miséricorde, et de la pénitence qui se rapportent au mal. Mais la passion ne peut exister dans ceux qui voient Dieu qu'autant qu'elle suit le jugement de la raison. »* (Saint Thomas d'Aquin, *La Somme théologique*, Tome huitième, Librairie ecclésiastique et classique d'Eugène Belin, 1854, page 640, traduction par l'abbé Drioux). On retrouve ici la même logique que chez Aristote : la médiation de la raison permet aux passions de devenir vertueuses.

À la Renaissance, les moralistes humanistes, tels Montaigne, redonneront à cette idée une dimension plus personnelle et expérimentale. Dans les *Essais*, Montaigne écrit : *« Ce n'est pas à l'aventure sans raison que nous attribuons à simplesse et ignorance la facilité de croire et de se laisser persuader : car il me semble avoir appris autrefois que, la croyance, c'était comme une impression qui se faisait en notre âme, et, à mesure qu'elle se trouvait plus molle et de moindre résistance, il était plus aisé à y empreindre* [imprimer] *quelque chose. D'autant que l'âme est plus vide et sans contrepoids, elle se baisse plus facilement sous la charge de la première persuasion. »* (Michel de Montaigne, *Les Essais,* mis en français moderne par Claude Pinganaud, livre premier, Arléa, 2022, page 139). Pour lui, la sagesse ne consiste pas à refuser les passions, mais à les vivre avec modération, à ne pas se laisser emporter par leurs excès. L'homme doit apprendre à « se tenir en balance », à rester maître de lui-même. Cette attitude n'est pas une rigidité stoïcienne, mais une souplesse, un art de s'accorder à la vie.

On voit ainsi se dessiner une grande tradition : la médiation consiste à introduire une mesure, une raison, une vertu, qui permet aux passions de s'exprimer sans devenir destructrices. Elle est l'art d'ordonner le désordre, de donner une forme à ce qui, livré à lui-même, n'aurait pas de limite.

Mais la médiation ne se limite pas à une régulation : elle peut aussi opérer une transformation des passions. Au lieu d'être seulement contenues, elles peuvent être transfigurées, devenir des forces positives qui élèvent l'homme.

Descartes adopte cette perspective : *« Apres avoir considéré en quoi les passions de l'âme diffèrent de toutes ses autres pensées, il me semble qu'on peut généralement les définir, des perceptions, ou des sentiments, ou des émotions de l'âme, qu'on rapporte particulièrement à elle, et qui sont causées, entretenues et fortifiées par quelque mouvement des esprits. »* (Descartes, *Les passions de l'âme*, article XXVII, Librairie philosophique J. Vrin, 1988, page 86). Pour lui, elles sont inscrites dans notre constitution et doivent être comprises comme des signaux. Leur fonction n'est pas de nous asservir, mais de nous avertir. La médiation, dans ce cas, consiste à les examiner, à les comprendre, pour en faire des alliées de la raison.

Spinoza radicalise encore cette démarche. Dans l'*Éthique*, il affirme : « Toutes les actions auxquelles nous sommes déterminés par une affection passive, la raison nous y peut déterminer indépendamment de cette affection. » (Spinoza, *Éthique*, Quatrième partie, propos. LIX, Charpentier Libraire-éditeur, 1842, page 216, traduction par Émile Saisset Meunier). Autrement dit, la connaissance transforme l'affect passif en affect actif. La peur peut devenir prudence, la tristesse devenir sagesse, le désir devenir joie active. Le rôle de la médiation n'est plus seulement de réprimer ou de contenir, mais de convertir : par l'intelligence, l'homme devient acteur de ses passions au lieu d'en être la victime.

Les Stoïciens, déjà, avaient esquissé cette idée. Marc Aurèle insiste : *« Septièmement, ce ne sont pas leurs actions qui nous troublent, car elles ont leurs principes dans l'esprit qui dirige ces hommes, mais les opinions que nous nous en formons. Supprime donc et décide-toi à rejeter le jugement qui te les fait estimer comme funestes, et ta colère sera dissipée. » (*Marc-Aurèle, *Pensées pour moi-même*, Garnier Flammarion, 1964, page 183, traduction par Mario Meunier). La médiation consiste donc à changer notre regard, à transformer l'interprétation que nous faisons des événements, pour convertir la passion destructrice en sagesse.

Cette perspective ouvre une voie décisive. La médiation des passions n'est pas seulement une contrainte, une discipline imposée. Elle devient un chemin de liberté : l'homme apprend à se réapproprier ses propres mouvements, à les comprendre, à les transformer en forces créatrices. Ce passage de la passivité à l'activité est le cœur de la philosophie moderne de la liberté.

À travers ces différentes traditions – Aristote et la vertu du juste milieu, les Stoïciens et la liberté intérieure, Augustin et l'orientation vers Dieu, Thomas d'Aquin et l'harmonie de la raison et de la charité, Montaigne et l'art de la modération, Descartes et Spinoza et la transfiguration rationnelle des affects –, on voit apparaître une idée constante : l'homme ne peut vivre humainement qu'en médiatisant ses passions.

Sans médiation, les passions se déchaînent et détruisent l'individu comme la cité. Avec médiation, elles deviennent des forces vitales, orientées, ordonnées, transfigurées. La médiation intérieure est ainsi la première forme de médiation, celle qui conditionne toutes les autres. C'est parce que l'homme apprend à se gouverner lui-même qu'il peut entrer en relation pacifiée avec autrui, qu'il peut participer à une justice commune, qu'il peut contribuer à une société harmonieuse.

La maîtrise des passions n'est donc pas une entreprise accessoire : elle est le cœur même de l'expérience humaine. Elle révèle que la liberté n'est pas donnée d'avance, mais qu'elle s'apprend, qu'elle se conquiert, qu'elle se construit jour après jour. C'est cette leçon, transmise depuis l'Antiquité jusqu'à la modernité, qui fonde notre compréhension contemporaine de la médiation : un art de transformer les forces brutes en équilibres vivants, un chemin pour dépasser la violence et accéder à la responsabilité.

- Le philosophe comme pédagogue, intermédiaire entre savoir et ignorance.

Au cœur de la tradition philosophique, une figure revient sans cesse : celle du philosophe non pas comme maître qui transmet un savoir figé, mais comme passeur, guide, médiateur. Entre celui qui ignore et celui qui croit savoir, entre l'opacité des opinions et la clarté des vérités, il se tient à mi-chemin. Ni détenteur absolu de la science, ni prisonnier de l'ignorance, le philosophe est, selon le mot de Socrate, « un amoureux de la sagesse » (*philosophos*), non pas celui qui la possède mais celui qui la cherche.

Cette posture originale n'est pas un détail secondaire : elle révèle une conception de la connaissance comme relation, comme processus dynamique, où le savoir ne se livre pas d'un seul bloc mais s'élabore à travers un dialogue. Et ce dialogue, en lui-même, est un acte de médiation. Le philosophe médiatise la vérité, en aidant l'ignorant à accoucher de ce qu'il porte déjà en lui, en clarifiant les confusions, en orientant le désir de savoir vers une quête plus rigoureuse.

Dans ce rôle, le philosophe est à la fois pédagogue et médiateur. Pédagogue, car il guide l'élève vers un horizon qu'il ne pourrait atteindre seul ; médiateur, car il se situe entre deux pôles, sans s'identifier complètement à l'un ou à l'autre. Cette fonction s'est affirmée dès l'Antiquité, et elle n'a cessé d'inspirer la réflexion jusqu'à l'époque moderne et contemporaine.

C'est chez Socrate que s'esquisse avec le plus de force cette conception du philosophe comme médiateur. Dans les dialogues de Platon, Socrate se présente souvent comme ignorant : *« Car je sais bien qu'il n'y a en moi aucune sagesse, ni petite, ni grande [...]. Il peut bien se faire que ni lui ni moi ne sachions rien de fort merveilleux ; mais il y a cette différence que lui, il croit savoir, quoiqu'il ne sache rien, et que moi, si je ne sais rien, je ne crois pas non plus savoir. Il me semble donc qu'en cela du moins je suis un peu plus sage, que je ne crois pas savoir ce que je ne sais point »,* déclare-t-il dans l'*Apologie de Socrate*. (*Œuvres de Platon*, Tome premier, *Apologie de Socrate*, pages 72-73, Rey Libraire, 1846, traduction par Victor Cousin). Cette formule, bien loin d'être une confession d'impuissance, est une méthode : en reconnaissant son ignorance, Socrate ouvre un espace de dialogue où l'autre est invité à examiner ses propres croyances.

La maïeutique, que Socrate compare à l'art de sa mère sage-femme, consiste précisément à faire accoucher les esprits de ce qu'ils contiennent en eux-mêmes. *« Eh bien, le métier que je pratique est en tous points le même, à cela près que j'aide à la délivrance des hommes, et non pas des femmes, et que je soigne, non les corps, mais les âmes en mal d'enfant. Mais ce qu'il y a de plus admirable dans mon art, c'est qu'il peut discerner si l'âme d'un jeune homme va produire un être chimérique, ou porter un fruit véritable.* » (*Œuvres de Platon*, Tome premier, *Théétète*, pages 58-59, Rey Libraire, 1846, traduction par Victor Cousin). Ici, la métaphore est transparente : Socrate ne se présente pas comme celui qui apporte la vérité de l'extérieur, mais comme celui qui aide à la mettre au monde.

Cet art de la médiation se joue dans le dialogue. Socrate questionne, provoque, déstabilise. Face à ceux qui croient savoir, il met en évidence leurs contradictions, leurs incohérences. Par exemple, il demande : *« Présentement donc, au nom des dieux, enseigne-moi ce que tu prétendais tantôt savoir si bien : qu'est-ce que le saint et l'impie sur le meurtre ; et sur tout autre sujet ? La sainteté n'est-elle pas toujours semblable à elle-même dans toutes sortes d'actions ? Et l'impiété, qui est son contraire, n'est-elle pas aussi toujours la même, de sorte que le même caractère d'impiété se trouve toujours dans tout ce qui est impie ? »* (*Œuvres de Platon*, Tome premier, *Euthyphron*, pages 18-19, Rey Libraire, 1846, traduction par Victor Cousin). La réponse du jeune homme Euthyphron, d'abord assurée, s'effrite au fil des questions socratiques. Loin de ridiculiser son interlocuteur, Socrate l'invite à reconnaître son ignorance pour progresser vers une compréhension plus authentique.

C'est ici que se révèle la dimension profondément pédagogique de la médiation philosophique. L'élève n'apprend pas un contenu tout fait, mais une manière de chercher, une méthode. La médiation n'est pas transmission verticale, mais accompagnement horizontal. Elle transforme la relation maître-élève en une quête commune, où le maître lui-même reste chercheur.

Platon, héritier de Socrate, systématise cette intuition dans une vision métaphysique. Dans *Le Banquet*, il définit le philosophe comme un être « entre le savoir et l'ignorance » : *« Aucun des dieux ne philosophe et ne désire devenir savant, car il l'est ; et, en général, si l'on est savant, on ne philosophe pas ; les ignorants non plus ne philosophent pas et ne désirent pas devenir savants ; car l'ignorance a précisément ceci de fâcheux que, n'ayant ni beauté, ni bonté, ni science, on s'en croit suffisamment pourvu. Or, quand on ne croit pas manquer d'une chose, on ne la désire pas »* (Platon, *Le Banquet*, Garnier Flammarion, 1964, pages 64-65, traduction d'Emile Chambry). Le philosophe est donc celui qui, conscient de son ignorance, désire la vérité. Ce désir – *eros* – est lui-même une médiation : il tend vers ce qui manque, sans jamais le posséder totalement.

Dans *La République*, cette médiation prend la forme de l'allégorie de la caverne. L'homme ordinaire, enchaîné, ne voit que des ombres. Le philosophe, guidé par un mouvement intérieur et par l'aide d'autrui, s'élève progressivement vers la lumière du soleil, symbole de l'Idée du Bien. Mais ce qui est décisif, c'est que le philosophe ne s'arrête pas à cette contemplation solitaire : il redescend dans la caverne pour guider les autres. « *Eh bien, mon cher Glaucon, c'est là précisément l'image de la condition humaine. L'antre souterrain, c'est ce monde visible ; le feu qui l'éclaire, c'est la lumière du soleil ; ce captif qui monte à la région supérieure et qui la contemple, c'est l'âme qui s'élève jusqu'à la sphère intelligible.* » (Platon, *La République*, Livre VIII, Charpentier Libraire-éditeur, 1849, page 278, traduction de Grou, revue et corrigée sur le texte grec d'Emm. Bekker).

Ici, le philosophe n'est pas seulement un connaissant, mais un pédagogue, un médiateur entre la vérité et l'opinion. Il fait le lien entre deux mondes, entre deux états de conscience. Sa tâche n'est pas seulement de contempler, mais de transmettre, de traduire, de rendre accessible. Il incarne la médiation dans sa dimension la plus exigeante : celle qui suppose de descendre au niveau des autres sans renoncer à l'exigence du vrai.

Aristote, élève de Platon, met l'accent sur la pédagogie concrète et affirme que *« La vie des gens vertueux ne réclame donc nullement le plaisir comme je ne sais quel accessoire ; le plaisir, elle le trouve en elle-même. Car, en plus des remarques que nous avons faites, il faut dire que nul n'est bon s'il n'éprouve de la joie des belles actions ; on ne pourrait pas dire davantage qu'un homme est juste, s'il n'éprouve pas de la joie à accomplir des actions justes, ni qu'un homme est généreux, s'il ne se plait pas aux actions généreuses ; et il en va ainsi des autres vertus. »* (Aristote, *Éthique de Nicomaque*, Garnier, 1961, page 29, traduction de Jean Voilquin). Le rôle du maître n'est donc pas de donner des définitions abstraites, mais d'orienter l'élève vers des pratiques, des habitudes. La médiation philosophique prend ici une forme éthique et éducative : elle accompagne l'élève dans un processus de formation où la théorie et la pratique s'articulent.

La médiation n'est pas immédiate, mais progressive. L'élève doit d'abord imiter, puis comprendre, puis intérioriser. Le maître est celui qui donne des repères, qui corrige, qui encourage. Aristote insiste sur le rôle de l'habitude (*ethos*) : c'est en répétant des gestes régulés que l'âme se forme. Ici encore, la médiation est centrale : elle fait passer de la potentialité à l'acte, de l'ignorance à la vertu, du désordre des passions à leur harmonie.

Avec les Stoïciens, la figure du philosophe se fait plus explicitement pédagogique au sens d'un accompagnement spirituel. Sénèque adopte le ton d'un conseiller, presque d'un thérapeute, sino d'un ami : *« Le sage, bien qu'il se suffise, n'en désire pas moins un ami, ne serait-ce que pour exercer l'amitié, pour qu'une si belle vertu ne reste pas sans culture. Il ne cherche pas, comme Epicure le dit dans sa lettre,* « quelqu'un qui veille à son lit de douleur, qui le secoure dans les fers ou dans le besoin », *mais un homme à qui porter assistance et soutien dans la maladie, et qui entouré d'ennemis soit sauvé par nous de leurs fers. »* (Sénèque, *Lettres à Lucilius*, Lettre 9, Éditions Mille et une nuits, 2002, page 24). Cette confession montre bien que le philosophe n'est pas un maître qui domine, mais un compagnon de route.

Épictète, dans ses *Entretiens*, insiste sur l'importance de l'exercice quotidien. *« Le talent de la parole est-il sans utilité et sans profit ? A Dieu ne plaise ! Le croire serait une folie, une impiété, une ingratitude envers Dieu ! Seulement, on n'accorde à chaque chose que sa valeur vraie. L'âne, en effet, a son utilité, mais moins grande que celle du bœuf ; le chien aussi a son utilité, mais moins grande que celle du serviteur ; le serviteur a aussi la sienne, mais moins grande que celle des citoyens... Et cependant, parce que les uns sont supérieurs aux autres, ce n'est pas une raison pour faire fi des services que rendent les autres. Le talent de la parole a, lui aussi, son importance ; mais-elle est inférieure à celle de notre faculté de juger et de vouloir.* » (*Manuel d'Épictète,* traduction nouvelle par Jean-Marie Guyau, Librairie Ch. Delagrave, 1875, page 128). Le philosophe est ici un coach moral, un entraîneur de l'âme. Il ne transmet pas seulement des doctrines, mais des pratiques, des attitudes. Cette pédagogie de la médiation consiste à rappeler sans cesse que la liberté ne réside pas dans les événements extérieurs, mais dans la manière dont nous les accueillons.

Marc Aurèle, empereur-philosophe, poursuit cette démarche dans ses *Pensées pour moi-même*. Il y dialogue avec lui-même, mais dans une perspective qui garde une dimension pédagogique : se rappeler les principes, se recentrer, se corriger. Le philosophe est à la fois élève et maître de lui-même, médiateur intérieur entre ses passions et sa raison.

À la Renaissance, Montaigne reprend cette posture. Dans les *Essais*, il se décrit non comme un maître, mais comme un homme en apprentissage : *« Je ne peins pas l'être. Je peins le passage : non un passage d'âge en autre, ou, comme dit le peuple, de sept en sept ans, mais de jour en jour, de minute en minute. »* (Michel de Montaigne, *Les Essais,* mis en français moderne par Claude Pinganaud, livre troisième, Arléa, 2022, page 587). Sa démarche est pédagogique en ce qu'elle invite le lecteur à s'interroger lui-même, à partager une expérience. Montaigne incarne le philosophe-médiateur par excellence : il ne donne pas de leçons, il ouvre des pistes, il accompagne son lecteur dans un cheminement intérieur.

À l'époque moderne, Descartes, Spinoza, Kant poursuivent cette logique sous d'autres formes. Kant affirme que *« L'homme ne peut devenir homme que par l'éducation. Il n'est que ce que l'éducation fait de lui. »* (Emmanuel Kant, *Réflexions sur l'éducation,* Librairie philosophique J. Vrin, 2004, page 98). Le philosophe devient ainsi pédagogue universel : il montre que la liberté n'est pas innée, mais qu'elle s'apprend à travers des médiations éducatives. Le rôle du maître est d'orienter l'élève vers l'autonomie, en lui donnant des règles qu'il intériorisera progressivement.

À travers ces différentes traditions, une constante apparaît : le philosophe est un médiateur, non un possesseur absolu de la vérité. Il se situe dans un entre-deux : entre savoir et ignorance, entre opinion et vérité, entre désordre et raison. Cette position n'est pas une faiblesse, mais une force : elle fonde sa capacité à éduquer, à accompagner, à transformer.

Le philosophe comme pédagogue incarne la médiation dans sa forme la plus pure. Il ne se substitue pas à l'élève, il ne lui impose pas un savoir tout fait : il l'aide à devenir lui-même, à accéder à une vérité qu'il portait déjà en germe. Qu'il s'agisse de la maïeutique socratique, de la descente platonicienne dans la caverne, de l'éducation aristotélicienne par l'habitude, des exercices stoïciens, des réflexions montaniennes ou des analyses kantiques, toutes ces démarches convergent : la médiation philosophique est une pédagogie universelle.

Ainsi, la philosophie n'est pas seulement un discours sur le monde : elle est une pratique de médiation, un art de conduire les âmes vers la liberté. Le philosophe, loin d'être un maître autoritaire, est ce passeur discret, ce guide exigeant, qui aide chacun à franchir le seuil de son ignorance pour entrer dans la lumière fragile mais décisive du savoir.

Chapitre 5 – Figures et héritages philosophiques

- Proxènes, orateurs, rôle du dialogue dans la cité.

Lorsqu'on évoque les figures fondatrices de la médiation dans l'Antiquité grecque, l'image des proxènes occupe une place singulière, presque discrète. Nous les avons déjà rencontrés dans l'histoire institutionnelle des cités grecques : ces citoyens désignés pour accueillir, représenter et défendre les intérêts d'étrangers dans leur *polis* constituaient une forme précoce d'ambassadeur ou de médiateur diplomatique. Mais il serait réducteur de n'y voir qu'un rouage pratique de l'organisation politique. Leur rôle dépasse le registre de l'utilité. Les proxènes incarnent une dimension plus profonde de la médiation : celle qui consiste à reconnaître, dans l'étranger, non pas seulement un partenaire économique ou militaire, mais un interlocuteur digne d'être entendu.

En effet, la proxénie s'inscrit dans le mouvement général par lequel les Grecs ont cherché à civiliser la relation avec l'Autre. Dans un monde de rivalités, de guerres et d'alliances fragiles, l'existence de médiateurs institutionnalisés constituait une innovation remarquable. Leur autorité ne reposait pas sur la contrainte militaire, ni sur la supériorité d'une cité sur une autre, mais sur la confiance que leur inspiraient plusieurs communautés à la fois. De ce point de vue, les proxènes sont une figure de transition entre la médiation informelle, telle qu'on la trouvait dans les familles ou les tribus, et une médiation publique, assumée, institutionnalisée.

Ils ne se limitaient pas à une fonction diplomatique au sens moderne. Leur rôle touchait au domaine judiciaire, car ils pouvaient défendre les intérêts des étrangers dans un procès, ce qui les rapprochait de la figure d'un avocat ou d'un protecteur légal. Ils avaient aussi une mission rituelle : accueillir dignement les hôtes, organiser les banquets et garantir que les étrangers soient traités conformément aux coutumes de la cité. Ce mélange de fonctions souligne combien, dans l'Antiquité, le juridique, le religieux et le social étaient encore indissociables. La proxénie n'était pas qu'une affaire de droit, elle était une affaire de confiance et de reconnaissance symbolique. Un exemple éclaire cette importance : l'Athènes classique conférait parfois la proxénie à des étrangers eux-mêmes, qui devenaient alors médiateurs privilégiés entre leur cité d'origine et Athènes. On voit là que la proxénie n'était pas qu'une fonction assignée à un citoyen local, mais aussi un honneur attribué à un étranger reconnu comme digne de confiance. Par ce geste, Athènes reconnaissait que la médiation ne se réduit pas à l'autorité interne, mais suppose une circulation des personnes et des valeurs. C'était une manière de dire que même dans la division des cités, il existe un espace commun où la parole et la fidélité peuvent prévaloir.

Les proxènes étaient aussi des orateurs, capables de parler en assemblée, de plaider pour des alliances, de calmer des tensions. Dans un monde où la parole avait valeur d'acte, leur éloquence était elle-même médiation : transformer le conflit en discours, substituer la délibération à l'affrontement. Comme l'écrit Démosthène dans un de ses plaidoyers : *« On peut se garantir des brigands qui pillent sur les chemins, des filous de nos rues : avec des armes, une escorte, ou la précaution de ne pas sortir la nuit, on échappe à leurs embûches, et souvent la vigilance a suffi pour nous préserver de l'artifice et de la fraude. [...] A tout autre persécuteur nous opposons, pour l'arrêter, les lois, les tribunaux, les témoins, le Peuple assemblé »* (*Œuvres complètes de*

Démosthène Démosthène et d'Eschine, Firmin Didot Frères, 1870, *Démosthène, plaidoyers politiques*, page 248, traduction par J. – F. Stiévenart). La parole notamment du proxène, soutenue par sa réputation, agissait comme un substitut à la violence.

Il est frappant de voir combien cette fonction a irrigué l'imaginaire grec. Les proxènes représentent en effet une médiation « horizontale » entre cités, complémentaire de la médiation « verticale » que l'on retrouve chez les philosophes, entre raison et passions, ou entre savoir et ignorance. D'un côté, une médiation tournée vers soi, l'examen intérieur ; de l'autre, une médiation tournée vers l'extérieur, la gestion des différences culturelles et politiques. Les proxènes rappellent que la médiation n'est pas seulement une affaire de conscience individuelle, mais aussi de structure sociale : elle suppose des institutions, des figures reconnues, capables de rendre possible la coexistence.

Dans ce sens, on peut dire qu'ils annoncent les diplomates modernes, mais avec une coloration différente : leur légitimité n'était pas celle d'un État souverain, mais celle d'une réputation personnelle. Ce détail est capital. Là où nos sociétés modernes ont tendance à confier la médiation exclusivement à des appareils impersonnels, les Grecs reconnaissaient la nécessité d'une personne concrète, avec son honneur, sa loyauté, sa capacité à créer du lien. La proxénie montre que la médiation est d'abord affaire de confiance incarnée. Ce rôle illustre aussi la profondeur anthropologique de la médiation : elle repose sur la reconnaissance d'un « entre-deux », ni domination ni fusion. Le proxène n'appartient pas entièrement à l'une ou l'autre cité, il est toujours à cheval entre deux mondes. Ce statut liminaire est exigeant, car il suppose de ne jamais céder totalement à un camp, de rester fidèle à deux loyautés. Mais c'est justement là que réside sa grandeur : être médiateur, c'est accepter de ne pas appartenir pleinement à soi-même, mais d'être au service d'une relation. Les proxènes, en ce sens, ont légué plus qu'un dispositif historique. Ils ont laissé une figure intemporelle de ce que peut être la médiation : une fonction où l'on engage sa parole, son honneur, son intégrité, au service de la paix. Et si nous les retrouvons dans ce chapitre consacré aux figures philosophiques, c'est parce qu'ils rappellent que la médiation n'est pas seulement une spéculation abstraite, mais aussi une pratique incarnée, portée par des hommes capables d'incarner le lien.

Ainsi, du point de vue de notre réflexion générale, les proxènes constituent une introduction exemplaire. Ils montrent que la médiation, loin d'être secondaire ou accessoire, est une fonction vitale de toute cité. Elle garantit que la diversité des intérêts et des cultures ne dégénère pas en affrontement. Et en même temps, ils annoncent les médiations philosophiques, car ils illustrent l'idée que l'harmonie ne se décrète pas par la force : elle se construit par des intermédiaires, par des figures capables de faire circuler la parole.

C'est dans ce prolongement qu'il faut désormais se tourner vers Pythagore. Avec lui, la médiation change de registre : du champ politique et social, elle se déplace vers le cosmos. Pythagore propose une vision où l'ordre du monde lui-même devient modèle de médiation. Harmonie des nombres, correspondances musicales, équilibre des sphères : autant d'images qui inscrivent la médiation dans la structure même de la réalité.

- Pythagore : harmonie et ordre comme médiation cosmique.

Aborder la figure de Pythagore, c'est entrer dans une tradition où philosophie, religion, science et politique ne se distinguent pas encore clairement. Le maître de Samos, que la postérité a élevé au rang presque mythique, demeure difficile à cerner : ses écrits directs se sont perdus, et ce sont ses disciples ou ses adversaires qui nous en transmettent la mémoire. Pourtant, derrière les voiles de la légende, une idée centrale traverse la pensée pythagoricienne : l'univers est ordre et harmonie, et la tâche de l'homme consiste à se conformer à cet ordre en transformant ses passions et sa conduite selon les lois du cosmos.

Pythagore, selon ce que rapporte Aristote, enseignait que toutes choses sont nombre : *« Ceux-ci* [les Pythagoriciens] *s'étant appliqués aux mathématiques, les firent d'abord avancer, et nourris dans cette science, ils pensèrent que les principes des mathématiques étaient les principes de tous les êtres. »* (Aristote, *La Métaphysique*, Livre premier, publié par l'Institut supérieur de Philosophie de l'Université de Louvain, F. Alcan éditeur, 1912, page 16, traduction par Gaston Colle). Cette théorie condense une intuition : la réalité ne se réduit pas au chaos des apparences, elle obéit à une structure intelligible qui peut être décrite mathématiquement. Les proportions, les rapports, les symétries gouvernent aussi bien la musique que le mouvement des astres. Dans ce cadre, la médiation n'est plus seulement sociale ou politique, comme chez les proxènes, mais cosmique : l'homme, en se réglant sur l'harmonie universelle, devient médiateur entre le microcosme de son âme et le macrocosme de l'univers.

La théorie musicale pythagoricienne illustre parfaitement cette conception. Pythagore aurait découvert que les intervalles musicaux correspondent à des rapports numériques simples : l'octave (2:1), la quinte (3:2), la quarte (4:3). Loin d'être de simples observations acoustiques, ces rapports devinrent pour ses disciples le symbole de l'ordre universel. La musique n'était pas seulement un art, mais une voie d'accès à la structure du réel. Elle enseignait que la beauté sensible repose sur une mesure, que l'accord naît de la proportion, que la dissonance peut être résolue dans l'unité. Autrement dit, elle révélait que la médiation – entre sons, entre contraires, entre forces – est constitutive de l'harmonie.

Platon, dans le *Timée*, reprendra cette inspiration pythagoricienne lorsqu'il fera du monde un « vivant doué d'âme », ordonné selon des proportions musicales. Le démiurge platonicien compose l'âme du monde comme un intervalle harmonique, reliant l'identique et le différent. On voit ici combien Pythagore a marqué durablement la pensée grecque : il a légué l'idée que la médiation n'est pas seulement une invention humaine, mais la traduction, à l'échelle de la vie sociale et morale, d'une structure inscrite dans la trame même de l'univers.

Cette vision cosmique a des conséquences éthiques. Si l'homme est un microcosme, il lui appartient de s'accorder à l'ordre du monde. La philosophie devient alors une ascèse, une purification des passions pour faire résonner l'âme avec l'harmonie cosmique. Jamblique rapporte que les Pythagoriciens pratiquaient le silence, la discipline du corps, la méditation sur les nombres, afin d'atteindre une forme de sérénité intérieure. Comme une lyre qui se désaccorde, disait-on, l'âme livrée aux passions produit du tumulte ; mais accordée par la raison, elle retrouve l'unité qui reflète l'ordre du cosmos. Cette métaphore musicale exprime avec force la médiation intérieure : il ne s'agit pas de supprimer les émotions, mais de les régler, de les proportionner, comme les cordes d'un instrument.

On peut mesurer ici le lien profond entre la pensée pythagoricienne et l'idée même de médiation. D'un côté, l'homme est travaillé par des tensions contraires, des désirs multiples, des impulsions discordantes. De l'autre, l'univers manifeste une harmonie objective. Le rôle de la philosophie est de relier ces deux plans, de faire en sorte que l'ordre du monde se reflète dans l'ordre de l'âme. La médiation devient donc un processus double : reconnaître l'harmonie extérieure, puis la traduire en équilibre intérieur.

Ce schème a exercé une influence décisive sur toute la philosophie occidentale. Lorsque Platon, dans le *Phédon*, parle de la philosophie comme « préparation à la mort », il reprend en partie l'idéal pythagoricien de purification de l'âme. Lorsque les stoïciens affirment que la liberté consiste à « vivre en accord avec la nature », ils héritent d'une vision où l'ordre cosmique sert de modèle éthique. Même chez Descartes, qui pourtant sécularise cette tradition, on retrouve l'idée que les passions doivent être comprises et réglées selon une raison qui reflète la structure universelle.

Mais revenons à Pythagore lui-même. Sa communauté n'était pas seulement une école de pensée, mais une véritable cité miniature, régie par des règles strictes de vie commune. Les disciples partageaient les biens, suivaient des rites, respectaient des interdits alimentaires, et s'adonnaient à l'étude des nombres et de la musique. Là encore, la médiation est au cœur de l'expérience : vivre ensemble suppose de réguler les conflits, d'harmoniser les désirs individuels avec le bien commun. La cité pythagoricienne était une tentative de traduire l'ordre cosmique dans l'ordre social.

L'originalité de Pythagore tient donc à cette articulation constante : entre le ciel et la terre, entre le cosmos et l'âme, entre le savoir mathématique et la vie éthique, entre l'individu et la communauté. Cette articulation est une médiation au sens fort : elle ne nie pas les différences, elle les relie par des rapports d'harmonie. On comprend alors pourquoi tant de traditions, de Platon à Kepler, ont vu dans le pythagorisme une source inépuisable. L'« harmonie des sphères », cette musique silencieuse que produiraient les astres dans leur mouvement, symbolise à merveille ce rêve d'un univers où tout conflit est résolu dans une proportion supérieure. Certes, il serait naïf de prendre à la lettre ces représentations. Mais leur valeur symbolique demeure puissante. Dans un monde en proie aux discordes, Pythagore propose une vision où la paix intérieure et extérieure se fonde sur la reconnaissance d'un ordre plus vaste. La médiation n'est pas alors un artifice pour contenir les conflits, mais la révélation d'une structure déjà présente dans le réel. L'homme n'invente pas l'harmonie, il la découvre et s'y accorde.

Cette vision a une portée politique qu'on aurait tort de négliger. Dans la cité grecque, traversée de rivalités et de luttes, l'idéal pythagoricien d'harmonie pouvait servir de modèle : gouverner, c'est accorder, proportionner, équilibrer. Aristote, bien qu'il critique certaines exagérations du pythagorisme, reconnaît dans la *Politique* que l'ordre de la cité doit être conçu comme une symphonie de parties diverses. L'idée que la politique est un art de l'harmonie sociale est un héritage direct de ce courant.

En définitive, Pythagore apparaît comme une figure essentielle pour penser la médiation. Non pas parce qu'il aurait proposé une théorie explicite de la médiation au sens moderne, mais parce que toute sa vision du monde repose sur l'idée d'un lien, d'un accord, d'une proportion. La médiation est inscrite au cœur de son ontologie : elle est ce qui relie les contraires, ce qui transforme la multiplicité en unité, ce qui permet à l'homme de trouver sa place dans l'univers.

Si les proxènes incarnaient une médiation sociale et politique, Pythagore élève la médiation au rang de principe cosmique. Et c'est dans cette continuité que nous pourrons comprendre les figures suivantes, de Socrate à Platon, d'Abélard à Descartes, où la médiation prend des formes toujours nouvelles : dialogue intérieur, justice collective, dialectique rationnelle, autonomie critique.

- Socrate : dialogue et examen de soi.

Socrate occupe dans l'histoire de la philosophie une place singulière, comparable à celle d'un fondateur religieux ou d'un héros mythique. Il n'a rien écrit, et pourtant il demeure la figure centrale de la pensée grecque. Tout ce que nous savons de lui nous vient de ses disciples, au premier rang desquels Platon et Xénophon, mais aussi de ses adversaires comme Aristophane. À travers ces témoignages parfois contradictoires, un portrait se dessine : celui d'un homme qui fit de la parole, du dialogue et de l'examen intérieur la voie royale de la sagesse. Or cette démarche, loin d'être une spéculation abstraite, peut être lue comme une véritable philosophie de la médiation.

Car Socrate est d'abord un médiateur. Il ne transmet pas un savoir qu'il posséderait, il n'impose pas une doctrine toute faite : il aide autrui à découvrir par lui-même ce qu'il sait déjà confusément. Sa méthode, la maïeutique, est une médiation entre l'ignorance et le savoir, entre l'opinion et la vérité. Elle est l'art d'accoucher les esprits, à l'image de sa mère qui était sage-femme. Cette métaphore n'est pas seulement pittoresque. Elle exprime un geste fondamental : la vérité ne peut être imposée de l'extérieur, elle doit naître dans le dialogue, par une médiation patiente qui transforme l'âme. Le philosophe n'est pas maître mais passeur, non pas détenteur de la vérité mais médiateur entre le savoir et l'ignorance.

Le dialogue socratique, tel que nous le lisons dans les dialogues platoniciens, est une scène de médiation. Il commence souvent par une affirmation assurée d'un interlocuteur : « Le courage, c'est... », « La justice, c'est... ». Socrate interroge, demande des précisions, pousse à la contradiction. Peu à peu, l'interlocuteur reconnaît que sa définition ne tient pas, que son savoir est fragile. Ce moment d'aporie, de doute, n'est pas une fin, mais un passage obligé. La médiation socratique consiste précisément à conduire l'esprit à reconnaître son ignorance pour s'ouvrir à la recherche.

Socrate raconte son expérience : *« C'est qu'un jour, ayant été proclamé le plus sage des hommes* [Socrate] *par l'oracle de Delphes, il a voulu s'assurer si l'oracle disait vrai. Il a interrogé les hommes les plus sages, les hommes d'État, puis les poètes, puis les artisans. Il a trouvé, et leur a démontré que, se croyant sages, ils ne l'étaient pas. Il a ainsi reconnu qu'il avait au moins sur eux cette supériorité, c'est que, n'étant pas sage, il ne croyait pas non plus qu'il l'était. »* (Platon, *Apologie de Socrate*, 1965, Éditions Garnier Frères, page 18, traduction par Emile Chambry). Sa supériorité tient donc à cette conscience de son ignorance. Cette posture est déjà une forme de médiation : entre la présomption de savoir et le désespoir de ne rien savoir, il y a une voie médiane, celle de la recherche inlassable, nourrie par le dialogue. L'examen de soi est non seulement un exercice intellectuel, mais une exigence vitale.

L'homme qui ne se remet jamais en question vit dans l'illusion et la passivité. La médiation socratique, en ce sens, est une discipline de liberté : elle libère l'âme des faux savoirs et des passions aveugles.

La célèbre injonction delphique « Connais-toi toi-même », que Socrate reprend, prend ici tout son sens. Se connaître soi-même, ce n'est pas accumuler des certitudes sur son identité, mais reconnaître les limites de son savoir, explorer ses contradictions, interroger ses désirs. L'examen de soi est une médiation intérieure, où l'âme apprend à se gouverner en se confrontant à ses propres zones d'ombre.

Cette démarche est exigeante. Socrate ne ménage pas ses interlocuteurs, il les déstabilise, les met face à leurs incohérences. Aristophane, dans sa comédie *Les Nuées*, caricature Socrate en sophiste pédant, suspendu dans les airs, détaché de la réalité, enseignant à ses élèves l'art de faire triompher le « discours le plus faible ». Cette critique témoigne d'une incompréhension : Socrate ne cherche pas à vaincre mais à transformer. Le dialogue n'est pas une joute oratoire pour dominer, mais un chemin vers la vérité partagée. C'est une médiation au service de l'âme, non un instrument de pouvoir.

Le caractère profondément éthique de cette démarche apparaît dans la vie même de Socrate. Refusant d'abandonner sa mission philosophique malgré les menaces, il accepta la condamnation à mort prononcée par la cité d'Athènes.

On retrouve cette idée dans le *Criton*, où Socrate, en prison, refuse de fuir malgré la possibilité que lui offre son ami. Pourquoi ? Parce que ce serait trahir les lois de la cité, à laquelle il a toujours obéi. Le dialogue avec Criton est une méditation sur la justice : faut-il obéir aux lois, même injustes ? Socrate répond par une médiation entre la liberté individuelle et l'ordre collectif. La liberté ne consiste pas à faire ce que l'on veut, mais à agir conformément à la raison et à la justice, même au prix de sa vie. Là encore, le philosophe n'oppose pas brutalement l'individu et la cité, mais cherche à harmoniser leurs exigences.

La figure de Socrate a marqué la postérité comme modèle de cette médiation intérieure et extérieure. Platon, son disciple, développera cette inspiration en élaborant une théorie de l'âme et de la cité comme structures ordonnées par la raison. Les stoïciens reprendront son exigence d'examen de soi et en feront une discipline quotidienne. Marc Aurèle, dans ses *Pensées pour moi-même*, s'inscrit explicitement dans cette tradition socratique : se parler à soi-même pour clarifier ses désirs et régler sa conduite.

Plus largement, Socrate incarne une manière de penser la médiation comme pédagogie. Il ne suffit pas de proclamer des principes de justice ou de sagesse : il faut accompagner autrui dans le cheminement qui les rend accessibles. La maïeutique est un modèle pour toute éducation : ne pas imposer, mais guider ; ne pas remplir, mais éveiller. C'est pourquoi tant d'éducateurs, de Montaigne à Rousseau, se sont réclamés de Socrate comme de l'archétype du pédagogue. Mais cette figure ne se limite pas à l'éducation. Elle inspire aussi notre conception moderne de la médiation sociale. Le médiateur, aujourd'hui, n'est pas celui qui tranche autoritairement, mais celui qui facilite le dialogue, qui aide les parties à clarifier leurs positions, à reconnaître leurs contradictions, à trouver par elles-mêmes une solution. Dans ce sens, la médiation contemporaine hérite directement de la méthode socratique.

Il faut souligner ici l'originalité radicale de Socrate par rapport à ses contemporains. Les sophistes enseignaient l'art de convaincre, quel que soit le contenu du discours. Eux aussi utilisaient le dialogue, mais comme instrument de persuasion. Socrate, au contraire, utilise le dialogue comme instrument de vérité. Là où les sophistes cherchent la victoire, lui cherche l'accord avec soi-même et avec la raison. Cette différence est décisive : elle fait de Socrate non pas un rhéteur, mais un médiateur, non pas un stratège de la parole, mais un serviteur de la vérité. Dans cette perspective, on comprend pourquoi Socrate fut jugé dangereux. Sa manière de questionner ébranlait les certitudes, mettait en doute les fondements de la cité. En ce sens, il est bien un médiateur, mais un médiateur subversif : il ne cherche pas à maintenir l'ordre établi, mais à conduire chacun à se transformer. La médiation n'est pas ici une pacification molle, mais une tension exigeante vers la vérité.

L'héritage socratique demeure vivant parce qu'il touche à une expérience universelle : celle de l'examen de soi par le dialogue. Tout homme, confronté à ses contradictions, peut se laisser guider par la voix de la raison. L'important n'est pas tant de trouver une réponse définitive que de se mettre en chemin, de vivre dans l'ouverture au questionnement.

La médiation socratique, ainsi comprise, a une portée anthropologique. Elle révèle que l'homme n'est pas un être d'évidence, mais de dialogue. Pour se comprendre lui-même, il a besoin d'un autre, d'un interlocuteur qui le renvoie à ses contradictions. Le dialogue n'est pas un luxe, il est constitutif de notre condition. Et l'examen de soi n'est pas une introspection solitaire, mais une relation médiatisée par la parole de l'autre.

En définitive, Socrate nous laisse une leçon double. D'une part, la médiation est un chemin de liberté : elle libère des faux savoirs et ouvre à la recherche. D'autre part, elle est une exigence de responsabilité : se connaître soi-même, c'est aussi répondre de ses actes devant la cité et devant la vérité. Ainsi se

noue, chez Socrate, l'articulation entre le dialogue et l'examen de soi, entre la parole échangée et la conscience personnelle.
C'est cette articulation qui fera de lui une figure éternelle de la médiation. Non parce qu'il aurait élaboré une théorie systématique, mais parce qu'il a incarné dans sa vie et sa mort la puissance transformatrice du dialogue. Sa méthode et son exemple continueront d'inspirer, de Platon à Nietzsche, de Montaigne à Hannah Arendt, tous ceux qui voient dans la parole un chemin vers la liberté.

- Platon : justice intérieure et collective

Lorsque l'on pense à Platon et à la justice, l'ouvrage qui vient immédiatement à l'esprit est *La République*. Ce grand dialogue, où Socrate mène la réflexion sur la cité idéale et sur la tripartition de l'âme, a servi de matrice à bien des philosophies politiques ultérieures. Pourtant, pour comprendre la profondeur de la pensée platonicienne, il est nécessaire de dépasser ce seul texte et d'examiner d'autres dialogues où se déploie une vision plus nuancée, parfois même plus réaliste, de la justice. Car chez Platon, la justice n'est pas uniquement une question de structures institutionnelles : elle engage l'âme, l'éducation, le rapport au savoir, et même la place de l'homme dans le cosmos. En ce sens, elle est toujours médiation — médiation entre l'individuel et le collectif, entre l'éthique et le politique, entre l'ordre terrestre et l'ordre cosmique.

Dans le *Gorgias*, Platon met en scène un affrontement décisif entre Socrate et les sophistes, en particulier Calliclès. Le dialogue porte sur la rhétorique et le pouvoir, mais en réalité, c'est la justice qui est au centre. Calliclès défend une conception brutale : selon lui, « la justice de la nature » consiste à ce que le plus fort domine le plus faible. Le droit n'est qu'une convention inventée par les faibles pour se protéger. Socrate oppose à cette vision cynique une autre conception de la justice : non pas l'affirmation de la force, mais l'harmonie de l'âme. La vraie puissance, dit-il, consiste à se gouverner soi-même : *« Mais pourtant, ce sont bien les hommes raisonnables, les hommes courageux qui sont bons, tandis que les êtres lâches et déraisonnables sont mauvais ! »* (Platon, *Gorgias*, GF Flammarion, 1987, page 250, traduction par Monique Canto-Sperber.) Ici, Platon met en évidence une tension essentielle : la justice n'est pas d'abord l'imposition d'un ordre extérieur, mais un équilibre intérieur. Celui qui cède à toutes ses passions, même s'il domine les autres, est en réalité esclave de lui-même.

Cette idée d'une justice comme maîtrise de soi ouvre à une conception profondément médiatrice. L'individu ne peut pas se contenter d'obéir à une loi extérieure, il doit apprendre à intégrer en lui-même une mesure, une discipline intérieure qui le rend capable de vivre en société. Ainsi, la justice collective ne peut être assurée que si chacun cultive en soi une justice personnelle. Dans le *Gorgias*, Socrate formule cette exigence en des termes presque médicaux : l'âme injuste est malade, et la punition est un remède. *« Moi, tu sais, je ne voudrais ni l'un ni l'autre. Mais, s'il était nécessaire soit de commettre l'injustice soit de la subir, je choisirais de la subir plutôt que de la commettre. »* (Platon, *Gorgias*, GF Flammarion, 1987, page 176, traduction par Monique Canto-Sperber). Cette phrase, qui renverse l'opinion commune, révèle la profondeur du lien entre justice intérieure et justice sociale : le véritable mal n'est pas de souffrir de l'injustice, mais de laisser se corrompre son âme en la commettant.

Un autre dialogue essentiel est le *Criton*, qui expose l'autre versant de cette articulation. Socrate, condamné à mort, reçoit la visite de son ami Criton, qui lui propose de s'évader. Refuser serait, pour Criton, une trahison envers lui-même, ses proches et ses disciples. Mais Socrate refuse. Pourquoi ? Parce que fuir, ce serait rompre le pacte qui le lie aux lois de la cité. Dans un passage célèbre, Socrate fait parler les Lois comme si elles étaient des personnes vivantes : *« Mais tu te vantais alors de voir la mort avec indifférence ; tu déclarais la préférer à l'exil ; et aujourd'hui, sans rougir de ces belles paroles, sans te soucier de nous, les lois, tu entreprends de nous détruire, tu vas faire ce que ferait le plus vil esclave, en essayant de t'enfuir au mépris des accords et des engagements que tu as pris avec nous de te conduire en citoyen. »* (Platon, *Criton*, 1965, Éditions Garnier Frères, page 77, traduction par Emile Chambry). Ici, la justice n'est plus seulement un équilibre intérieur, mais une fidélité à l'ordre collectif. Or ce qui est frappant, c'est la manière dont Platon présente cette fidélité : non pas comme une obéissance servile, mais comme une médiation entre la conscience individuelle et la communauté. Socrate reconnaît que la cité a fait de lui ce qu'il est, qu'elle l'a éduqué, nourri, protégé. En refusant de fuir, il ne sacrifie pas sa liberté : il affirme au contraire que sa liberté ne peut se déployer qu'à l'intérieur d'un cadre légal accepté.

Cette articulation entre l'éthique personnelle et l'ordre collectif se retrouve, mais à une autre échelle, dans le dernier grand ouvrage de Platon, les *Lois*. Contrairement à la cité idéale de *La République*, ici Platon propose une législation concrète, destinée à une colonie grecque. Il y développe une vision beaucoup plus réaliste, presque juridique, de la justice. Ce qui frappe dans ce texte, c'est la manière dont Platon pense les lois comme des médiatrices entre les passions humaines et l'ordre rationnel. La loi n'est pas seulement une contrainte : elle est une pédagogie. Elle éduque, elle forme les citoyens, elle les conduit vers une vie mesurée. On retrouve ici une idée centrale : la liberté n'est pas l'absence de contrainte, mais la capacité d'agir en accord avec la raison et la mesure.

Ce point est essentiel pour comprendre la dimension médiatrice de la justice chez Platon. Les lois ne valent pas seulement parce qu'elles empêchent le désordre, mais parce qu'elles éduquent les citoyens à la vertu. Elles ne sont pas extérieures à l'âme, elles cherchent à modeler l'âme elle-même. La justice collective se nourrit de la justice intérieure, et réciproquement. Le législateur est donc un médiateur : il traduit en règles communes les exigences de la raison, mais il doit aussi tenir compte des passions, des habitudes, des traditions. D'où l'insistance de Platon, dans les *Lois*, sur l'importance de la musique, de la poésie, des jeux : autant de moyens de former les âmes dès l'enfance pour les préparer à la justice.

Un autre éclairage vient du *Phédon*, dialogue qui raconte les dernières heures de Socrate. On y retrouve une réflexion sur la justice comme rapport de l'âme au corps. Socrate y décrit la philosophie comme un apprentissage de la mort : *« Si, en quittant le corps, elle* [l'âme] *est pure et n'entraine rien du corps avec elle, parce que pendant la vie elle n'avait avec lui aucune communication volontaire et qu'au contraire elle le fuyait et se recueillait en elle-même, par un continuel exercice ; et l'âme qui s'exerce ainsi ne fait pas autre chose que philosopher au vrai sens du mot et s'entrainer réellement à mourir aisément, ou bien crois-tu que ce ne soit pas s'entrainer à la mort ? »* (Platon, *Phédon*, 1965, Éditions Garnier Frères, page 135, traduction par Emile Chambry), c'est-à-dire une purification où l'âme apprend à se détacher des passions corporelles pour contempler la vérité. Cette purification n'est pas une fuite hors du monde, mais une manière de rendre l'âme juste, d'établir en elle une hiérarchie où la raison domine. Ici encore, la justice intérieure apparaît comme médiation : entre le corps et l'âme, entre le sensible et l'intelligible. Mais elle a aussi une dimension collective : le philosophe, en vivant ainsi, donne à la cité l'exemple d'une vie ordonnée, tournée vers le vrai et le bien.

Enfin, le *Timée* élargit cette perspective en inscrivant la justice dans un ordre cosmique. Platon y décrit l'univers comme une œuvre de raison, ordonnée par le démiurge. Chaque partie du cosmos a sa place, chaque élément participe à une harmonie globale. De même, l'homme est un microcosme, dont l'âme doit refléter cet ordre. L'injustice, qu'elle soit individuelle ou collective, n'est pas seulement un désordre moral ou politique : elle est une rupture d'harmonie avec le cosmos. Ainsi, la justice collective, en organisant la cité selon la raison, et la justice intérieure, en ordonnant l'âme, participent toutes deux à la médiation de l'homme avec l'univers.

Il faut insister sur ce point : la justice, pour Platon, n'est pas seulement une règle sociale, ni seulement une vertu individuelle, mais un principe d'ordre universel. Elle médiatise les différents niveaux de la réalité : l'individuel, le collectif, le cosmique. C'est ce qui fait la force et la complexité de sa pensée : loin d'opposer l'âme et la cité, l'individu et la communauté, il les pense comme deux miroirs, deux figures de la même exigence d'harmonie.

On mesure ici combien Platon a influencé toute la tradition occidentale. Augustin, dans *La Cité de Dieu*, reprendra cette articulation entre la cité terrestre et la cité céleste, et fera de la justice un principe reliant l'homme à Dieu. Les humanistes de la Renaissance verront dans l'éducation, héritière des *Lois*, un moyen de former des citoyens justes. Et les philosophes modernes, de Kant à Hegel, retrouveront cette idée que la liberté n'est réelle qu'à l'intérieur d'un ordre rationnel partagé.

Mais il convient de souligner aussi les tensions de cette pensée. La fidélité de Socrate aux lois dans le *Criton* peut sembler paradoxale, quand on se souvient que ce sont ces mêmes lois qui l'ont condamné injustement. Platon en est conscient : la justice collective n'est pas toujours parfaite. C'est pourquoi, dans *Les Lois*, il insiste sur la nécessité d'un législateur éclairé, capable de guider la cité vers la raison. Cette tension demeure actuelle : comment concilier la fidélité aux institutions et la nécessité de les critiquer ? Comment articuler la justice intérieure, qui commande parfois la désobéissance, avec la justice collective, qui exige l'obéissance ?

Peut-être est-ce là la leçon la plus profonde de Platon : la justice n'est jamais donnée une fois pour toutes. Elle est toujours médiation, toujours recherche d'équilibre entre forces contraires : liberté et loi, individu et cité, âme et cosmos. Elle n'est pas un état statique, mais un mouvement, une tension vers l'harmonie.

- Pierre Abélard : la dialectique comme art du débat.

Pierre Abélard occupe une place singulière dans l'histoire de la pensée occidentale. Philosophe, théologien, pédagogue, poète, amant malheureux d'Héloïse, il incarne mieux que quiconque la vitalité intellectuelle et spirituelle du Moyen Âge naissant. Son destin tragique — le scandale de sa passion, sa castration, sa condamnation par Bernard de Clairvaux — a parfois éclipsé l'importance de son œuvre. Pourtant, derrière la figure romanesque, Abélard fut avant tout un médiateur : médiateur entre Antiquité et Moyen Âge, entre foi et raison, entre autorité et liberté de penser, entre passions personnelles et exigence intellectuelle. Sa méthode dialectique, déployée notamment dans le *Sic et Non*, représente un jalon décisif dans l'histoire de la médiation : elle montre que la vérité n'est pas imposée d'en haut, mais construite dans l'affrontement des arguments, par l'art patient du débat.

Pour comprendre la nouveauté d'Abélard, il faut rappeler le contexte. Au XIIe siècle, l'Europe connaît un renouveau intellectuel sans précédent. Les écoles cathédrales, en particulier celle de Paris, attirent étudiants et maîtres venus de toute l'Europe. Aristote commence à être redécouvert grâce aux traductions arabes et latines. La théologie, jusqu'alors centrée sur l'autorité des Pères de l'Église, s'ouvre à des méthodes plus rationnelles. Dans ce bouillonnement, Abélard incarne une rupture. Là où beaucoup se contentaient de répéter les autorités, il propose de confronter les textes, d'examiner les contradictions, d'apprendre à raisonner par soi-même.

Son œuvre la plus célèbre, le *Sic et Non* (« Oui et Non »), illustre parfaitement cette démarche. Abélard y rassemble 158 questions théologiques et pour chacune, il aligne des citations d'autorités — Bible, Pères de l'Église — qui se contredisent. Loin d'y voir un scandale, il y voit une méthode. Comme il l'explique dans la préface en s'inspirant du philosophe grec Démocrite, la première clé de la sagesse est la recherche assidue, la deuxième l'interrogation, la troisième la réflexion, la quatrième la discussion, la cinquième la décision. Par cette idée, Abélard résume sa conviction : la vérité n'est pas donnée immédiatement, elle se conquiert par un processus dialectique.

La dialectique, héritée d'Aristote mais réinterprétée, devient ici un véritable art de médiation. Face à deux affirmations contradictoires, il ne s'agit pas de choisir arbitrairement, ni de s'en remettre à une autorité supérieure. Il s'agit de mettre en dialogue les textes, de clarifier les termes, de distinguer les contextes, afin de dégager une compréhension plus profonde. La contradiction, loin d'être un obstacle, devient un passage obligé pour approcher la vérité.

Ce geste est révolutionnaire, car il transforme le rapport au savoir. Là où la tradition médiévale tendait à sacraliser l'autorité, Abélard introduit une dynamique critique. Il ne rejette pas l'autorité, mais il l'interprète, il la met en mouvement. En cela, il annonce la méthode scolastique qui marquera tout le Moyen Âge universitaire : poser une question, exposer les arguments *pro et contra*, puis proposer une solution. Mais chez Abélard, cette méthode n'est pas encore figée : elle garde la vivacité d'un débat ouvert, la tension d'un dialogue vivant.

La médiation qu'opère Abélard ne concerne pas seulement la méthode intellectuelle : elle touche aussi au rapport entre foi et raison. Dans un passage fameux, il demande de ne pas le croire à moins qu'il en donne la raison. Cette exigence heurte ses contemporains. Pour beaucoup, la foi doit précéder la raison, et la parole des Pères suffit. Abélard ne nie pas la primauté de la foi, mais il affirme que la raison a pour rôle de l'éclairer, de la purifier, de la défendre. La raison est une médiatrice entre l'homme et la révélation : elle permet de comprendre, d'assimiler, d'approfondir le mystère. Ici encore, la médiation ne supprime pas la tension — entre foi et raison, entre autorité et liberté — mais elle la rend féconde.

Cette démarche s'inscrit dans une continuité avec l'Antiquité, mais aussi dans une nouveauté proprement médiévale. De Platon, Abélard retient l'idée que la vérité se conquiert par le dialogue et l'examen de soi. D'Aristote, il emprunte les outils logiques de la dialectique. Mais il les insère dans un cadre chrétien, où la vérité ultime n'est pas l'harmonie des idées mais le mystère de Dieu. L'héritage antique est ainsi médiatisé, transformé, christianisé. C'est pourquoi Abélard incarne une véritable transition entre deux mondes : il transmet l'exigence rationnelle des Grecs tout en ouvrant la voie à la scolastique médiévale.

Il est frappant de constater que sa vie personnelle illustre, de manière dramatique, la tension entre passions et raison, entre individu et communauté. Sa passion pour Héloïse, relatée dans leurs célèbres lettres, montre un Abélard déchiré entre l'amour humain et les exigences sociales et religieuses. Dans une lettre bouleversante, Héloïse écrit : *« Dieu le sait, jamais je n'ai cherché en toi que toi-même. C'est toi seul que je désirais, non ce qui t'appartenait ou ce que tu représentes. »* (Abélard et Héloïse, *Correspondance*, Christian Bourgeois Éditeur, collection 10/18, série Bibliothèque médiévale, Union générale d'Éditions, 1979, page 127, traduit par Paul Zumthor). Ce cri d'amour met en lumière le conflit entre désir personnel et devoir. Abélard, devenu moine après sa castration, cherche à transformer cette passion en un lien spirituel, en une médiation vers Dieu. Leur correspondance devient alors un lieu de réflexion sur la manière dont l'affect peut être sublimé par la raison et la foi. Là encore, la médiation n'est pas suppression du conflit, mais tentative de le transfigurer.

Mais cette audace valut à Abélard de nombreux ennemis. Bernard de Clairvaux, figure de la spiritualité mystique, l'accuse de rationalisme excessif. Pour Bernard, la foi est avant tout un acte d'amour et d'obéissance, et soumettre le mystère à la raison, c'est le trahir. Le concile de Sens (1140) condamne plusieurs thèses d'Abélard. Ce conflit révèle une ligne de fracture au sein du christianisme médiéval : d'un côté, une approche mystique et contemplative ; de l'autre, une approche dialectique et rationnelle. Mais même condamné, Abélard a ouvert une brèche : il a montré que la théologie pouvait devenir un espace de débat, de médiation entre des positions divergentes.

Son influence fut immense et ses élèves comptent parmi les plus grands esprits du Moyen Âge. La méthode qu'il inaugure sera perfectionnée par Thomas d'Aquin, Bonaventure, Duns Scot, et donnera naissance à la grande scolastique universitaire. Par lui, la dialectique devient l'outil par excellence de la théologie médiévale : un art de médiation entre autorités, entre arguments, entre raison et foi.

La postérité d'Abélard dépasse même la théologie. Sa manière de concevoir le débat comme chemin vers la vérité annonce la modernité scientifique. L'idée que les contradictions ne sont pas des scandales mais des occasions de progrès inspire toute recherche rationnelle. À bien des égards, la méthode hypothético-déductive moderne prolonge cette exigence d'examiner les arguments contraires avant de conclure.

On mesure alors combien la dialectique abélardienne s'inscrit dans l'histoire plus large de la médiation. Elle montre que la vérité, comme la justice, ne peut être imposée par la force : elle se construit dans le dialogue. Elle révèle que l'autorité ne doit pas être subie passivement, mais interrogée, interprétée, mise en relation avec d'autres autorités. Elle illustre enfin que la médiation est un apprentissage de la responsabilité : chacun doit apprendre à penser par soi-même, à distinguer, à juger.

En ce sens, Abélard prolonge et transforme l'idéal grec. Comme Socrate, il invite à l'examen critique ; comme Aristote, il valorise la logique ; comme Platon, il voit dans la philosophie une quête de justice. Mais il inscrit tout cela dans un horizon chrétien, où la médiation entre raison et foi devient centrale. Et il prépare la modernité, où la dialectique sera reprise comme méthode universelle de la pensée.

Ainsi, Abélard apparaît comme une figure charnière : héritier des Grecs, novateur médiéval, précurseur moderne. Sa vie et son œuvre illustrent la puissance de la médiation dialectique : affronter les contradictions, accueillir les tensions, et les transformer en chemin vers une vérité plus haute. En cela, il incarne à la fois la richesse et le drame de la pensée médiévale : une pensée qui cherche, qui débat, qui souffre parfois de ses audaces, mais qui ouvre la voie à de nouveaux horizons.

- Giordano Bruno et Descartes : raison et autonomie de l'homme face au monde.

Lorsque nous évoquons l'émergence de la modernité philosophique, deux noms surgissent comme deux pôles d'un même mouvement : Giordano Bruno et René Descartes. Tous deux se situent à la charnière du monde médiéval et du monde moderne ; tous deux se sont confrontés à la question de l'autonomie de l'homme face aux autorités traditionnelles et face à l'ordre du monde ; tous deux ont cherché à redonner à l'humanité les moyens d'un dialogue nouveau avec la réalité. Pourtant, leur style, leur méthode, leur destin divergent radicalement. Bruno est le visionnaire flamboyant, l'exilé errant, le martyr de l'infinitisme cosmique, brûlé vif en 1600 à Rome pour ses audaces. Descartes est le méthodicien prudent, l'architecte du rationalisme, qui propose à l'Europe une méthode claire et sûre pour accéder à la vérité et fonder la science moderne.

Ces deux figures forment une sorte de diptyque. Bruno incarne l'ouverture de l'esprit humain à l'infini du cosmos, à une liberté démesurée qui ne reconnaît plus de frontières. Descartes incarne la construction d'un chemin rationnel, une médiation intérieure par la raison, qui sécurise l'autonomie de l'homme et lui donne des règles de conduite. Ensemble, ils marquent le passage à une modernité où la médiation cesse d'être seulement un instrument social ou politique pour devenir une tâche fondamentale : relier l'homme à l'infini, à sa propre pensée, à un monde qu'il ne peut plus appréhender par les cadres anciens.

Né en 1548 à Nola, près de Naples, Giordano Bruno fut d'abord dominicain. Très vite, il s'oppose aux rigidités de son ordre, accusé de lectures interdites, notamment d'Érasme et de textes hermétiques. À partir de 1576, il fuit et mène une vie errante à travers l'Europe : Genève, Paris, Londres, Wittenberg, Prague, Francfort. Il fréquente des cercles de lettrés, de nobles, parfois des cours princières, toujours en quête d'un espace où développer librement sa pensée. Mais ses idées audacieuses, sa personnalité intransigeante et sa critique des autorités religieuses lui valent de multiples inimitiés. Arrêté en 1592 à Venise, remis à l'Inquisition romaine, il est condamné pour hérésie et brûlé en 1600 au Campo de' Fiori.

Le destin de Bruno est significatif : il illustre la difficulté d'un penseur qui, voulant ouvrir l'esprit humain à un horizon nouveau, se heurte à un monde encore attaché à des dogmes médiévaux. Comme Socrate dans l'Athènes classique, Bruno incarne la figure du philosophe-médiateur qui dérange l'ordre établi et en paie le prix.

Bruno reprend les thèses coperniciennes (héliocentrisme) mais les radicalise. Là où Copernic se contentait de déplacer le centre du cosmos, Bruno détruit l'idée même de centre. L'univers est infini, peuplé d'innombrables mondes, chacun avec son propre centre. Dans *De l'infini, de l'univers et des mondes* (1584), il écrit : *« Car il n'existe dans l'univers ni centre, ni circonférence, mais, si vous voulez, tout est central et chaque point peut être considéré comme une partie d'une circonférence par rapport à quelque autre point central. »* (Giordano Bruno, *L'infini, l'univers et les mondes,* Berg International Editeurs, 1987, page 161, traduction par Bertrand Levergeois).

Cette vision rompt avec l'univers clos d'Aristote et de la scolastique. Elle bouleverse la hiérarchie médiévale qui faisait de la Terre le lieu bas et corrompu, et du ciel l'espace parfait. Désormais, chaque monde est semblable, et l'homme n'est plus le centre de la création.

Cet infinitisme n'est pas seulement scientifique : il est spirituel. Pour Bruno, la grandeur de l'homme est de participer à cet infini. Loin de diminuer la dignité humaine, l'ouverture de l'univers l'élargit. La médiation devient ici une tâche de l'esprit : apprendre à dialoguer avec un univers infini, à se libérer des dogmes et des peurs, à s'ouvrir à l'altérité cosmique. Ce n'est plus une médiation entre cités ou entre passions, mais une médiation entre l'homme et l'infini.

Bruno puise à plusieurs sources : le néoplatonisme, l'hermétisme, Nicolas de Cues. Mais il les radicalise. Comme Pythagore, il voit dans le nombre et l'harmonie une clé cosmique ; comme Platon, il considère l'âme comme participant d'un ordre plus vaste ; comme Abélard, il ose confronter les autorités et penser par lui-même. Mais il va plus loin : l'infini n'est plus seulement une hypothèse théologique, il devient une réalité physique.

Bruno paie le prix de son audace. Condamné, il refuse d'abjurer. Sa mort le fait entrer dans l'histoire comme un martyr de la liberté de penser. En ce sens, Bruno incarne la médiation la plus radicale : celle d'un homme qui met en dialogue l'esprit humain et l'infini, au risque de sa vie.

Né en 1596, René Descartes appartient à la génération qui suit Bruno. Il vit dans une Europe encore marquée par les guerres de religion et les divisions confessionnelles. Contrairement à Bruno, il choisit la prudence et la méthode. Mais son ambition n'est pas moindre : refonder le savoir sur des bases indubitables.

Dans le *Discours de la méthode* (1637), Descartes expose les règles pour conduire sa raison : ne rien admettre comme vrai qui ne soit évident ; diviser les difficultés ; conduire ses pensées par ordre ; faire des dénombrements complets. Il écrit : *« Ainsi mon dessein n'est pas d'enseigner ici la méthode que chacun doit suivre pour bien conduire sa raison, mais seulement de faire voir en quelle sorte j'ai tâché de conduire la mienne. »* (Descartes, *Discours de la méthode,* GF Flammarion, 1966, page 35).

Ici, la médiation prend la forme d'une discipline rationnelle. L'homme n'a plus besoin d'autorités extérieures : il peut, par sa propre raison, atteindre la vérité.

Descartes approfondit ce chemin. Il pratique le doute méthodique : douter des sens, des sciences, de tout. Mais il découvre une certitude indubitable : *« Mais aussitôt après, je pris garde que, pendant que je voulais ainsi penser que tout était faux, il fallait nécessairement que moi, qui le pensais fusse quelque chose. Et, remarquant que cette vérité :* je pense, donc je suis, *était si ferme et si assurée que toutes les plus extravagantes suppositions des sceptiques n'étaient pas capables de l'ébranler, je jugeai que je pouvais la recevoir sans scrupule, pour le premier principe de la philosophie que je cherchais. »* (Descartes, *Discours de la méthode,* GF Flammarion, 1966, page 60).

Le cogito est une médiation fondamentale : il relie l'homme à lui-même, il fonde toute certitude sur l'acte même de penser. À partir de là, Descartes reconstruit le savoir : la preuve de l'existence de Dieu, garant de la vérité ; la distinction de l'âme et du corps ; la nature conçue comme une étendue mesurable.

Dans les *Principes de la philosophie* (1644), Descartes développe une vision mécaniste du monde : la matière est étendue et régie par des lois mathématiques. La nature devient objet de science, calculable, prévisible. La médiation de la raison permet ici de passer du chaos sensible à l'ordre mathématique.

Descartes ne réduit pas l'homme à un simple spectateur. Dans ses lettres et dans les *Passions de l'âme* (1649), il insiste sur la liberté : *« Mais la volonté est tellement libre de sa nature, qu'elle ne peut jamais être contrainte : et des deux sortes de pensées que j 'ai distinguées en l'âme, dont les unes sont les actions, à savoir ses volontés, les autres ses passions, en prenant ce mot en sa plus générale signification, qui comprend toutes sortes de perceptions ; les premières sont absolument en son pouvoir, et ne peuvent qu'indirectement être changées par le corps ; comme au contraire les dernières dépendent absolument des actions qui les produisent, et elles ne peuvent qu'indirectement être changées par l'âme, excepté lors qu'elle est elle-même leur cause. »* (Descartes, *Les passions de l'âme,* Librairie philosophique J. Vrin, 1964, pages 96-97).

La médiation de la raison n'est donc pas contrainte : elle est un exercice de liberté. L'homme est appelé à se gouverner lui-même, à maîtriser ses passions, à orienter sa volonté selon la raison.

À première vue, tout oppose Bruno et Descartes : l'un exalté, l'autre méthodique ; l'un condamné, l'autre respecté ; l'un ouvert à l'infini, l'autre attentif à la clarté. Mais une convergence profonde les unit : tous deux affirment l'autonomie de l'homme. Chez Bruno, l'homme est capable d'accueillir l'infini ; chez Descartes, il est capable de fonder en lui-même la certitude.

Bruno élargit l'horizon, Descartes trace la méthode. Bruno donne à l'homme une dignité cosmique, Descartes une sécurité rationnelle. Ensemble, ils posent les bases d'une modernité où l'homme devient sujet : sujet de pensée, sujet de liberté, sujet de responsabilité.

En parcourant ce chapitre, nous avons suivi un fil historique et philosophique. Les proxènes grecs montraient que la médiation pouvait être une fonction politique, un art de relier des cités étrangères. Pythagore voyait dans l'harmonie cosmique une médiation universelle. Socrate transformait cette médiation en dialogue intérieur, en examen de soi. Platon montrait que la justice est médiation de la raison dans l'âme et dans la cité. Abélard, au Moyen Âge, transformait cette tradition en dialectique : confronter les autorités, penser par débat.

Bruno et Descartes marquent l'entrée dans la modernité. Avec Bruno, la médiation devient cosmique : l'homme dialogue avec l'infini. Avec Descartes, elle devient rationnelle et méthodique : l'homme dialogue avec lui-même et construit la science.

De la cité grecque au monde moderne, de l'harmonie pythagoricienne au cogito cartésien, une même tâche se déploie : apprendre à transformer les oppositions, les passions, les contradictions, en occasions de vérité. La médiation apparaît alors comme le fil conducteur de l'histoire humaine : elle relie l'homme à l'autre, à lui-même, à l'univers.

Ainsi se conclut le chapitre 3, qui nous a montré comment les figures philosophiques, de l'Antiquité à la modernité, ont porté et transformé cette idée. La suite du livre explorera d'autres dimensions : la médiation spirituelle et sociale, entre foi et communauté. Mais déjà, avec Bruno et Descartes, nous voyons poindre une figure de l'homme moderne : autonome, responsable, capable de médiation entre destin et liberté.

Partie 3 : La médiation spirituelle et sociale : entre foi et communauté

Chapitre 6 – Christianisme et médiation spirituelle

- Le Christ, médiateur universel entre Dieu et les hommes

Dès les origines du christianisme, la figure du Christ a été pensée et vécue comme celle du médiateur par excellence. Cette médiation n'est pas accessoire : elle constitue le cœur même du message chrétien. Si Dieu est transcendant, inaccessible et infini, et si l'homme est marqué par la finitude, la faiblesse et le péché, comment peut-il y avoir rencontre, communion, réconciliation ? La réponse de la tradition chrétienne est claire : par le Christ, vrai Dieu et vrai homme, qui unit en sa personne les deux réalités et fait le lien entre elles.

Saint Paul avait déjà formulé cette conviction dans sa Première Lettre à Timothée : *« Dieu Un / le Père origine de tout / vers lui nous allons / Seigneur Un / Jésus Christ médiateur de tout / médiateur de notre existence »* (La Bible, *Lettres de Paul*, Gallimard, collection Folio, Éditions Bayard et Mediaspaul, 2001, *Lettres de Paul, 1 Corinthiens, 7,37 – 9,1*, page 91).

La médiation christique n'est donc pas seulement un rôle ou une fonction parmi d'autres, mais une vocation unique, enracinée dans l'être même du Christ, à la fois divin et humain. La réflexion patristique et médiévale, notamment celle de saint Augustin, n'a cessé d'approfondir cette intuition.

Chez Augustin, la médiation du Christ occupe une place centrale, notamment dans les *Confessions* et dans *La Cité de Dieu*. L'évêque d'Hippone, confronté à ses propres errances et à sa quête intérieure, découvre dans le Christ la figure qui permet à l'homme de s'élever vers Dieu. Dans les *Confessions*, il écrit : *« Le véritable médiateur que, dans votre secrète miséricorde, vous avez envoyé et révélé aux hommes, afin que, par son exemple, ils apprissent l'humilité, ce « médiateur entre Dieu et les hommes, l'Homme Jésus-Christ », s'est manifesté entre les pécheurs mortels et le Juste immortel : mortel comme les hommes et juste comme Dieu. Et, puisque la vie et la paix sont la récompense de la justice, par la justice qui l'unit à Dieu, il a supprimé la mort chez les impies justifiés et il a voulu mourir comme eux. Il a été révélé aux saints des anciens jours, pour qu'ils trouvassent le salut dans la foi en sa passion à venir, comme nous le trouvons dans la foi en sa passion passée. C'est pour autant qu'il est homme qu'il est médiateur ; en tant que Verbe, à n'est pas intermédiaire, car il est égal à Dieu : Dieu auprès de Dieu, et en même temps Dieu unique. »* (Saint Augustin, *Les Confessions*, GF Gallimard, 1964, Livre dixième, chapitre XLIII, page 250). La médiation est ici exprimée dans sa simplicité la plus radicale : sans le Christ, le fossé entre Dieu et l'homme demeure infranchissable.

Augustin insiste sur le caractère absolu et universel de cette médiation. Elle n'est pas réservée à un peuple, à une époque ou à une culture, mais elle embrasse l'humanité entière. Le Christ est universel parce qu'il est à la fois totalement homme et totalement Dieu : il assume l'humanité dans sa condition la plus humble, tout en révélant la splendeur divine. En lui, la distance infinie est traversée, le gouffre est comblé. La conscience, pour Augustin, est le lieu où cette médiation s'actualise : elle est l'espace intérieur où l'homme, éclairé par le Verbe, rencontre la vérité : *« Vérité, vérité, comme du fond de l'âme je soupirais vers vous, quand ces hommes faisaient retentir à mes oreilles, si souvent et de tant de manières, votre nom, mais de bouche seulement, et dans de nombreux et énormes ouvrages. »* (Saint Augustin, *Les Confessions*, GF Gallimard, 1964, Livre troisième, chapitre VI, page 55).

Dans *La Cité de Dieu*, Augustin oppose la cité terrestre, marquée par l'orgueil et la discorde, à la cité céleste, fondée sur l'amour de Dieu. Le Christ est le chemin de passage de l'une à l'autre, non pas comme un législateur qui impose de l'extérieur, mais comme le médiateur qui transforme intérieurement l'homme et l'oriente vers la paix véritable. *« Mais l'esprit, en qui résident naturellement la raison et l'intelligence, couvert des ténèbres de certains vices invétérés, et trop faible pour embrasser la jouissance, que dis-je ? pour soutenir même le rayon de cette lumière immuable, en attendant que de jour en jour renouvelé et guéri, il devienne capable d'une telle félicité ; l'esprit, dis-je, devait d'abord être pénétré et purifié par la foi. Et afin que par elle il marchât avec plus de confiance à la vérité, la vérité même, Dieu fils de Dieu, revêtant l'homme sans dépouiller le Dieu, établit et fonde cette foi qui ouvre à l'homme la voie vers le Dieu de l'homme par l'Homme-Dieu. Voilà donc le médiateur des dieux et des hommes, Jésus-Christ homme ; et c'est comme homme qu'il est le médiateur et la voie. Lorsqu'on effet, entre le point de départ et le but il se trouve une voie intermédiaire, on a l'espoir d'arriver ; dans l'absence ou dans l'ignorance de la voie, que sert de connaître le but ? Mais c'est l'unique voie, assurée contre toute erreur, que le même soit Dieu et homme ; but, en tant que Dieu, voie, en tant qu'homme. »* (Saint Augustin, *La cité de Dieu*, Tome deuxième, Librairie liturgique et catholique de M. Lesort Éditeur, 1846, Livre XI, chapitre II, pages 122-123, traduction nouvelle par L. Moreau). Cette médiation n'est donc pas seulement une fonction doctrinale, mais une expérience vivante : elle touche à la conscience, à l'intériorité, à la vie de chaque croyant.

La spécificité de la médiation chrétienne réside dans son enracinement ontologique. Le Christ ne se contente pas d'être un intermédiaire qui met en relation deux parties, comme pourrait le faire un arbitre ou un diplomate. Il est en lui-même la médiation réalisée, parce qu'il est l'Incarnation du Verbe. L'union hypostatique – l'union des deux natures, divine et humaine, en une seule personne – est la condition de possibilité de la médiation universelle. En assumant la chair, le Verbe éternel se fait solidaire de l'homme ; en demeurant Dieu, il garde la puissance de rétablir la communion. Cette médiation n'est pas neutre, elle est salvifique. Le Christ ne fait pas que rapprocher : il sauve, il réconcilie. Par sa mort et sa résurrection, il détruit la barrière du péché qui séparait l'homme de Dieu. C'est en ce sens que saint Augustin voit en lui le médiateur absolu : il ne se contente pas d'indiquer un chemin, il l'ouvre en sa personne. Cette médiation est universelle parce qu'elle répond à une condition universelle : tout homme, sans exception, est marqué par la rupture du péché et appelé à la réconciliation.

Un aspect original de la pensée augustinienne est l'accent mis sur la conscience comme lieu privilégié où s'actualise la médiation. Dans le for intérieur, l'homme fait l'expérience de sa faiblesse, mais aussi de l'appel à la vérité. La conscience n'est pas autonome, elle est traversée par la lumière du Verbe. C'est en ce sens que le Christ est médiateur : il éclaire la conscience, il en fait l'espace de la rencontre avec Dieu : *« Vous étiez avec moi et je n'étais pas avec vous »* (Saint Augustin, *Les Confessions*, GF Gallimard, 1964, Livre dixième, chapitre XXVII, page 230). Cette phrase illustre la condition de l'homme qui ignore la présence de Dieu, mais qui peut en prendre conscience par la médiation du Christ.

Cette dimension intérieure distingue la médiation chrétienne d'une simple conciliation extérieure. La réconciliation avec Dieu n'est pas seulement un acte juridique ou rituel, c'est un processus intérieur de conversion, où la conscience, guidée par le Christ, découvre la vérité et s'y attache. La médiation n'est pas alors un tiers extérieur, mais une transformation intime : le Christ, présent au plus profond de l'homme, fait de lui un sujet capable de vérité et de responsabilité.

Il convient de souligner le paradoxe apparent de la médiation du Christ : elle est à la fois universelle et singulière. Universelle, car elle concerne tout homme, quelle que soit son origine, sa culture ou son époque. Singulière, car elle s'est réalisée une fois pour toutes dans l'histoire, à travers l'événement unique de l'Incarnation et de la Pâque. Cette tension est constitutive du christianisme : le salut est offert à tous, mais il est lié à un événement historique précis, situé en Palestine au Ier siècle.

Pour Augustin, cette singularité historique n'enlève rien à l'universalité du salut. Au contraire, elle la garantit : en entrant dans l'histoire, Dieu a assumé la condition humaine réelle, et non une abstraction. L'universalité ne résulte pas d'une idée générale, mais de l'incarnation concrète du Verbe. Ainsi, le Christ est médiateur universel parce qu'il a assumé l'homme dans sa réalité singulière et historique.

Outre son rôle ontologique et salvifique, le Christ est aussi un modèle de médiation pour les croyants. Sa vie, marquée par le dialogue, l'accueil et le pardon, montre une manière d'être médiateur dans le monde. En lui, la médiation n'est pas seulement verticale (entre Dieu et les hommes), mais aussi horizontale (entre les hommes eux-mêmes). Les Évangiles abondent en épisodes où le Christ restaure des relations brisées : il réconcilie les pécheurs avec la communauté, il apaise les conflits, il redonne dignité aux exclus. Sa parole est toujours médiatrice, car elle rétablit le lien là où il était rompu.
Dans ce sens, la médiation christique devient un paradigme pour toute forme de médiation humaine. Celui qui suit le Christ est appelé à devenir lui-même médiateur, artisan de paix et de réconciliation. L'expérience intérieure de la médiation divine se traduit par une pratique sociale et relationnelle de la médiation. Augustin, dans ses sermons, insiste sur cette dimension : le chrétien, uni au Christ, devient lui-même un instrument de paix.

La théologie médiévale, notamment avec Thomas d'Aquin, reprendra et approfondira cette intuition. Dans la *Somme théologique*, Thomas définit le médiateur comme celui qui unit deux parties éloignées en participant à la nature de chacune. Le Christ est parfait médiateur parce qu'il est à la fois Dieu et homme. Sa médiation n'est pas seulement une fonction, mais l'expression de son être même. *« Il faut répondre que le Christ est appelé* médiateur de Dieu et des hommes *(I.* Tim. *II), selon qu'il satisfait et qu'il interpelle près de son Père pour les hommes, et il communique aux hommes ce qui vient de son Père, selon ces paroles (Joan. XVII, 22) :* Je leur ai donné la clarté que vous m'avez donnée. *Sous ces deux rapports il est convenable qu'il soit en communication avec les deux extrêmes. Car selon qu'il est en communication avec les hommes il remplit le rôle des hommes près de son Père, et selon qu'il est en communication avec son Père, il transmet les dons de son Père aux hommes. »* (Saint Thomas, *La Somme théologique*, tome huitième, Librairie ecclésiastique et classique d'Eugène Belin, 1854, page 599, traduction par l'abbé Drioux). Cette formule prolonge la pensée augustinienne et en systématise la portée.

La médiation du Christ est ainsi au cœur de la sotériologie chrétienne. Elle fonde la possibilité même du salut et donne sens à l'économie sacramentelle de l'Église. Tous les sacrements, en effet, sont des médiations particulières qui prolongent et actualisent la médiation unique du Christ. Le baptême, l'eucharistie, la confession : autant de lieux où l'homme rencontre Dieu à travers le Christ. Sans cette médiation fondamentale, les sacrements ne seraient que des rites vides.

Le Christ apparaît donc comme le médiateur universel entre Dieu et les hommes, non pas au sens d'un simple intermédiaire, mais comme celui qui réalise en lui-même la communion des deux réalités. Chez saint Augustin, cette conviction prend une profondeur existentielle : le Christ est médiateur dans la conscience, là où l'homme rencontre la vérité et découvre sa dépendance à l'égard de Dieu. Cette médiation est universelle parce qu'elle correspond à la condition commune de tous les hommes, et elle est singulière parce qu'elle s'enracine dans un événement historique unique, l'Incarnation et la Pâque.

Ainsi comprise, la médiation du Christ n'est pas seulement une doctrine, mais une expérience vivante. Elle éclaire la vie intérieure, fonde la pratique des sacrements et inspire l'attitude sociale du croyant. Elle reste actuelle, car elle touche à la question fondamentale de toute existence humaine : comment l'homme peut-il, dans sa finitude et sa fragilité, rencontrer l'infini et trouver la paix ? La réponse chrétienne, depuis saint Paul et saint Augustin jusqu'aux théologiens contemporains, est toujours la même : par le Christ, médiateur universel, l'homme devient capable de Dieu et capable de vérité.

- La médiation comme réconciliation

La médiation chrétienne ne se limite pas à la personne du Christ comme figure universelle entre Dieu et les hommes ; elle se déploie dans la vie spirituelle et ecclésiale sous la forme d'une dynamique de réconciliation. Cette réconciliation concerne à la fois la relation verticale entre l'homme et Dieu et la relation horizontale entre les hommes eux-mêmes. Le christianisme, en tant que religion de l'Incarnation et du salut, se conçoit comme un chemin de réconciliation permanente, dont les sacrements, le pardon et la quête de la paix intérieure sont les signes les plus éloquents.

Le sacrement, dans la théologie chrétienne, est défini comme un signe visible d'une grâce invisible. Il opère comme une médiation concrète entre le monde sensible et la réalité spirituelle.

Parmi les sacrements, deux sont particulièrement liés à la réconciliation : le baptême et la pénitence. Le baptême, comme immersion dans la mort et la résurrection du Christ, réconcilie l'homme avec Dieu en lavant le péché originel et en inaugurant une vie nouvelle. La pénitence, quant à elle, répond à la condition post-baptismale : le croyant, marqué par ses faiblesses, peut retomber dans la faute. L'Église, à travers le sacrement de la réconciliation, offre alors une médiation institutionnelle où l'homme, confessant son péché, reçoit par le prêtre le pardon divin.

La confession est un lieu où se manifeste de manière tangible la médiation : le prêtre agit *in persona Christi*, c'est-à-dire qu'il représente le Christ en tant que médiateur, sans se substituer à lui. Le pardon n'est pas donné par l'homme, mais par Dieu à travers l'homme. Cette structure sacramentelle illustre bien la logique chrétienne de la médiation : Dieu rejoint l'homme dans sa réalité sensible et communautaire pour l'élever vers lui.

Le Concile de Trente (1545-1563), en réponse aux critiques de la Réforme, a rappelé la nécessité de cette médiation sacramentelle : *« Afin que l'homme tombé après le baptême soit préparé, par la contrition, à la rémission des péchés, elle doit être jointe à l'espérance du pardon, et au vœu ou au désir de faire tout ce qui est requis pour recevoir dignement le sacrement de pénitence. Si cette contrition est parfaite par la charité, comme il arrive quelquefois, alors elle réconcilie l'homme avec Dieu, avant même qu'il ait reçu le sacrement de pénitence ; mais cette réconciliation ne doit pas être attribuée à la contrition, indépendamment du vœu ou du désir du sacrement qu'elle renferme. »* (Révérend Père Jean-Marie Prat, *Histoire du Concile de Trente*, tome premier, Ch.–J.-A. Creuse, Imprimeur-Libraire-Éditeur, 1854, page 312). Ce texte souligne que la réconciliation sacramentelle est une prolongation de la médiation unique du Christ, actualisée dans l'histoire de chaque croyant.

La médiation chrétienne se traduit également par l'expérience du pardon. Dans l'Évangile, le pardon est au centre de la mission du Christ. Il ne se contente pas d'enseigner une morale, mais il manifeste concrètement la miséricorde de Dieu. Lorsqu'il pardonne à la femme adultère, il montre que la réconciliation n'est pas seulement une réintégration sociale, mais un rétablissement profond de la relation avec Dieu. Le pardon est ainsi une médiation qui restaure l'homme dans sa dignité et sa liberté.

Saint Augustin insiste sur cette dimension intérieure du pardon. Dans ses *Sermons*, il rappelle : *« Jésus-Christ, souverain médecin des corps, aussi bien que des âmes. A quoi tendent principalement les miracles qu'il a faits sur les corps. Votre Sainteté n'ignore pas, non plus que nous, que Jésus-Christ, notre Seigneur et notre Sauveur, est le divin Médecin descendu du Ciel, pour rendre à nos âmes une santé qui subsistera dans toute l'éternité, et qu'il ne s'est revêtu de l'infirmité de notre nature, afin que nos infirmités ne fussent pas éternelles. »* (Saint Augustin, *Les sermons de S. Augustin sur le Nouveau Testament*, Jean-Baptiste Coignard Imprimeur, 1700, *Sermon LXXXVIII, page 153*). Le pardon n'est pas une simple suspension de peine, mais une transformation intérieure qui réconcilie l'homme avec lui-même et avec Dieu.

Cette dimension thérapeutique est constitutive de la médiation chrétienne : elle ne vise pas seulement à régler un conflit, mais à restaurer une communion blessée.

Le pardon a aussi une dimension communautaire. En pardonnant, le chrétien participe lui-même à l'œuvre de médiation du Christ : *« Ne jugez pas, et vous ne serez pas jugés ; ne condamnez pas, et vous ne serez pas condamnés. »* (*La Bible de Jérusalem*, Éditions du Cerf, 1998, collection Pocket, Évangile selon Saint Luc, chapitre 6, verset 37, page 1739, traduction sous la direction de l'École biblique de Jérusalem). Cette parole de l'Évangile instaure une logique de réciprocité. Le pardon reçu devient un pardon donné, et ainsi la communauté se construit comme un espace de réconciliation. Le pardon n'est pas une faiblesse, mais une force qui libère du ressentiment et ouvre à la paix.

La médiation chrétienne ne vise pas seulement à résoudre des conflits extérieurs ; elle agit au cœur de l'intériorité humaine. La réconciliation avec Dieu, vécue dans les sacrements et le pardon, conduit à une paix intérieure. Cette paix n'est pas une simple tranquillité psychologique, mais un état spirituel profond, fruit de l'unité retrouvée entre l'homme et son Créateur.

Saint Augustin exprime magnifiquement cette quête de paix intérieure dans les *Confessions* : *« Cependant l'homme veut vous louer, lui, part médiocre de votre création, lui qui porte avec soi sa mortalité, lui qui porte avec soi le témoignage de son péché et celui de « votre résistance aux superbes ? ». Et cependant l'homme, cette part médiocre de votre création, veut vous louer. C'est vous qui le poussez à mettre sa joie à vous louer, parce que vous nous avez créés pour vous, et que notre cœur est inquiet jusqu'à ce qu'il repose en vous. »* (Augustin, *Confessions*, GF Flammarion, 1964, Livre premier, chapitre I, page 15, traduction de Joseph Trabucco). La paix intérieure est le signe que la médiation a porté ses fruits : l'homme, réconcilié avec Dieu, trouve enfin le repos. Cette paix est aussi décrite dans *La Cité de Dieu* comme la « tranquillitas ordinis », la tranquillité de l'ordre : lorsque l'ordre voulu par Dieu est restauré dans l'âme, la paix se manifeste.

Cette dimension intérieure a une portée universelle. Même celui qui n'a pas une foi explicite peut faire l'expérience d'une médiation vers la paix intérieure, en cherchant la réconciliation avec lui-même et avec les autres. Mais pour le chrétien, cette paix est inséparable du Christ, médiateur et source de toute réconciliation. *« Je vous laisse la paix ; c'est ma paix que je vous donne ; je ne vous la donne pas comme le monde la donne. »* (*La Bible de Jérusalem*, Éditions du Cerf, 1998, collection Pocket, Évangile selon Saint Jean, chapitre 14, verset 27, page 1822, traduction sous la direction de l'École biblique de Jérusalem). Cette promesse de Jésus souligne que la paix véritable n'est pas le fruit de l'effort humain seul, mais un don qui passe par sa médiation.

Un des aspects les plus riches de la médiation comme réconciliation réside dans la tension entre justice et miséricorde. La justice, au sens strict, suppose de rendre à chacun ce qui lui est dû. La miséricorde, en revanche, dépasse la stricte mesure pour restaurer la relation brisée. Dans l'expérience humaine, ces deux dimensions apparaissent souvent contradictoires : comment pardonner sans nier la justice ? Comment faire justice sans fermer la porte au pardon ?

La médiation chrétienne résout cette tension dans la personne du Christ. Par sa mort sur la croix, il assume la justice du péché – la rupture qui exige réparation – tout en offrant la miséricorde gratuite. La croix devient ainsi le lieu de la réconciliation parfaite, où la justice et la miséricorde se rencontrent. Comme l'écrit saint Paul : *« Et le tout vient de Dieu, qui nous a réconciliés avec Lui par le Christ et nous a confié le ministère de la réconciliation. »* (*La Bible de Jérusalem*, Éditions du Cerf, 1998, collection Pocket, Deuxième épître aux Corinthiens, chapitre 5, 18, page 1941, traduction sous la direction de l'École biblique de Jérusalem). La réconciliation n'est pas l'oubli de la faute, mais sa transformation par l'amour.

Saint Thomas d'Aquin développe cette dialectique en affirmant : *« Il nous a sauvés non à cause des œuvres de justice que nous avons faites, mais à cause de sa miséricorde, par le baptême de la régénération. »* (Saint Thomas, *La Somme théologique*, tome sixième, Librairie ecclésiastique et classique d'Eugène Belin, 1854, page 46, traduction par l'abbé Drioux). La médiation chrétienne ne supprime pas les exigences de la justice, mais les dépasse en les intégrant dans un horizon de miséricorde. C'est cette articulation qui rend possible une paix véritable, à la fois juste et miséricordieuse.

Si la médiation comme réconciliation est d'abord une expérience spirituelle et sacramentelle, elle a aussi une dimension sociale. L'histoire chrétienne regorge d'exemples où la logique du pardon et de la paix intérieure s'est traduite dans des pratiques de médiation communautaire. Les monastères, les paroisses, les missions ont souvent été des lieux de réconciliation dans les conflits locaux. L'Église, en se fondant sur la médiation du Christ, s'est vue confier une mission de pacification et d'arbitrage dans la société. Norbert Elias, dans son analyse de la civilisation des mœurs, souligne comment le christianisme a contribué à la pacification progressive des relations humaines. En valorisant le pardon et la réconciliation, il a proposé une alternative à la vengeance et à la violence. Dans ce sens, la médiation chrétienne ne se limite pas au domaine spirituel : elle a façonné des cultures entières, en orientant les pratiques sociales vers la recherche de la paix.

La médiation comme réconciliation constitue un pilier central de l'expérience chrétienne. Elle s'exprime dans les sacrements, en particulier la pénitence, où le croyant rencontre la miséricorde de Dieu à travers une médiation concrète. Elle se vit dans le pardon, qui libère des chaînes du ressentiment et restaure la dignité de chacun. Elle se déploie dans la paix intérieure, fruit de l'union retrouvée avec Dieu. Elle articule justice et miséricorde, montrant que la réconciliation ne nie pas la faute, mais la transforme en occasion de grâce. Enfin, elle rayonne dans la société, en inspirant des pratiques de médiation qui dépassent les logiques de violence.

Ainsi, la médiation chrétienne apparaît non seulement comme une doctrine théologique, mais comme une expérience vivante de réconciliation, toujours actuelle. Dans un monde marqué par les divisions, les ressentiments et les conflits, le message chrétien du pardon et de la paix intérieure garde une pertinence profonde : il rappelle que la véritable médiation ne se contente pas de rapprocher, mais qu'elle réconcilie, guérit et transforme.

- L'Église comme institution médiatrice

Le christianisme a placé, dès ses origines, la médiation au cœur de son message : le Christ est le seul médiateur entre Dieu et les hommes, et sa mort rédemptrice a ouvert le chemin de la réconciliation universelle. Mais très vite, la communauté chrétienne s'est posé une question cruciale : comment rendre effective, dans l'histoire et dans la vie quotidienne des fidèles, cette médiation absolue accomplie par le Christ ? Comment traduire dans l'ordre social et spirituel une œuvre de salut qui, bien que parfaite, exige une appropriation par chaque individu et une régulation au sein de la communauté ?

C'est ici que l'Église, conçue comme *corpus Christi*, corps mystique du Christ, a assumé le rôle de médiatrice institutionnelle. Elle ne se substitue pas au Christ, mais rend visible et opératoire sa médiation à travers des structures, des rites et des règles. Le Nouveau Testament lui-même légitime cette fonction. Jésus déclare à Pierre : *« Tu es Pierre, et sur cette pierre je bâtirai mon Eglise, et les Portes de l'Hadès ne tiendront pas contre elle. Je te donnerai les clefs du Royaume des Cieux : quoi que tu lies sur la terre, ce sera tenu dans les cieux pour lié, et quoi que tu délies sur la terre, ce sera tenu dans les cieux pour délié. »* (*La Bible de Jérusalem*, Éditions du Cerf, 1998, collection Pocket, Évangile selon Saint Matthieu, chapitre 16, verset 18, page 1676, traduction sous la direction de l'École biblique de Jérusalem). Ce passage fonde théologiquement l'autorité ecclésiale comme instance de médiation et de régulation.

Saint Augustin, dans *La Cité de Dieu*, insiste sur cette dimension communautaire : *« Oui, elle s'édifie sur toute la terre, la maison du Seigneur, la cité de Dieu, la sainte Église, après cette captivité où gémissaient, esclaves des démons, ces hommes affranchis par la foi, et devenus aujourd'hui les pierres vivantes du divin édifice. »* (Saint Augustin, *La cité de Dieu*, tome premier, Livre VIII, Librairie liturgique et catholique de L. Lesort, éditeur, 1846, page 458, traduction de L. Moreau). Elle agit donc comme intermédiaire, non seulement entre Dieu et les fidèles, mais aussi entre les hommes eux-mêmes. D'où la constitution progressive de structures juridiques et spirituelles : tribunaux ecclésiastiques d'une part, sacrement de la confession d'autre part. Ces deux institutions illustrent de manière paradigmatique le rôle médiateur de l'Église.

L'Église, dès les premiers siècles, a développé une activité juridictionnelle. À partir du concile de Nicée (325), des canons réglementent la discipline interne et les litiges entre clercs et fidèles. Cette justice ecclésiastique ne se limite pas à une fonction coercitive ; elle vise d'abord la réconciliation et la restauration de l'ordre divin au sein de la communauté.

Au Moyen Âge, les tribunaux ecclésiastiques jouent un rôle central dans la régulation des conflits. Leur compétence s'étend à des domaines variés : le droit matrimonial, les litiges successoraux, les affaires de morale et de discipline, parfois même des affaires criminelles lorsque celles-ci touchent aux clercs. Leur logique diffère de la justice séculière : il s'agit moins de punir que de réparer et de réintégrer.

Thomas d'Aquin, dans la *Somme théologique*, explique que la justice humaine n'a de sens que comme participation à la justice divine. Le juge ecclésiastique est ainsi « ministre de Dieu », chargé d'appliquer une justice qui n'est pas pure vengeance mais recherche du salut. Le procès devient alors une médiation, non seulement entre deux parties en litige, mais entre l'homme et Dieu, entre l'ordre social troublé et l'ordre divin à restaurer.

Un exemple frappant est celui du droit matrimonial. L'Église, considérant le mariage comme sacrement indissoluble, se réserve la compétence de juger de sa validité. Les tribunaux ecclésiastiques ne dissolvent pas le mariage mais examinent s'il a été valablement contracté. L'enjeu n'est pas seulement juridique, mais spirituel : préserver la cohérence du sacrement et protéger la dignité des époux. Ainsi, ces tribunaux se situent à la croisée de la loi divine, des exigences sociales et de la conscience individuelle, incarnant pleinement une fonction de médiation.
Saint Bernard de Clairvaux, dans son *De consideratione*, rappelle au pape Eugène III que sa tâche n'est pas de gouverner comme un prince, mais de « juger comme un pasteur », c'est-à-dire de guider les fidèles vers la paix et le salut. Cette vision pastorale de la justice ecclésiastique montre combien elle

est intrinsèquement une médiation, visant à convertir les cœurs plus qu'à sanctionner les corps.

Si les tribunaux ecclésiastiques représentent la médiation institutionnelle et collective, le sacrement de pénitence et de réconciliation illustre la médiation personnelle et intérieure. Instituée progressivement dans les premiers siècles, codifiée à partir du IVe siècle, la confession est une rencontre entre le fidèle et Dieu, médiatisée par le prêtre.

Le passage clé demeure celui de l'Évangile selon Jean où le Christ ressuscité souffle sur ses disciples et dit : *« Recevez l'Esprit Saint. Ceux à qui vous remettrez les péchés, ils leur seront remis ; ceux à qui vous les retiendrez, ils leur seront retenus. »* (*La Bible de Jérusalem*, Éditions du Cerf, 1998, collection Pocket, Évangile selon Saint Jean, chapitre 20, versets 22-23, page 1833, traduction sous la direction de l'École biblique de Jérusalem). La confession s'appuie sur cette mission confiée aux apôtres et à leurs successeurs. Le prêtre agit *in persona Christi* : il n'est pas une simple oreille humaine, mais le signe sacramentel de la médiation du Christ.

Saint Augustin, dans ses *Confessions*, insiste sur la nécessité de reconnaître ses fautes devant Dieu : *« Voilà : je vous ai raconté mille choses, selon mon pouvoir et ma volonté ; car c'est vous qui, le premier, avez voulu que je vous confesse, à vous, Seigneur mon Dieu, que « vous êtes bon, et que votre miséricorde est éternelle. »* (Augustin, *Confessions*, GF Flammarion, 1964, Livre onzième, chapitre premier, page 252, traduction de Joseph Trabucco). La confession humaine, devant un ministre de l'Église, rend tangible ce rapport spirituel et évite l'illusion d'une auto-justification. Le fidèle ne peut pas être son propre juge ; il doit se soumettre à une médiation extérieure qui manifeste la miséricorde divine.

Au XIIe siècle, les théologiens scolastiques précisent la nature de ce sacrement. Pierre Lombard, dans ses *Sentences*, affirme que la confession sacramentelle est nécessaire non parce que Dieu aurait besoin d'un intermédiaire, mais parce que l'homme, être social et corporel, a besoin d'un signe visible de la grâce invisible. Ainsi, la confession est une médiation paradoxale : elle rend présent un pardon déjà acquis par la croix du Christ, mais qui doit être actualisé pour chaque conscience. Elle n'est pas seulement un jugement, mais un chemin de réconciliation intérieure, de paix retrouvée avec soi-même et avec Dieu.

La médiation de l'Église, par la justice ecclésiastique et la confession, poursuit un double objectif : rétablir la paix intérieure des consciences et assurer la paix sociale de la communauté. Ces deux dimensions s'interpénètrent.

Sur le plan individuel, la confession restaure l'unité intérieure de l'homme déchiré par le péché. Augustin, encore une fois, en témoigne : *« Mais où trouver un repos assuré hors du Seigneur ? »* (Augustin, *Confessions*, GF Flammarion, 1964, Livre deuxième, chapitre VI, page 45, traduction de Joseph Trabucco). Le pardon reçu permet au fidèle de réintégrer une harmonie avec Dieu, mais aussi avec lui-même. Cette pacification est essentielle à la vie spirituelle.

Sur le plan communautaire, l'absolution a aussi une valeur sociale. Le péché ne concerne pas seulement l'individu, mais blesse le corps entier de l'Église. C'est pourquoi, dans les premiers siècles, la confession était publique pour les fautes graves. Progressivement, la pratique est devenue privée, mais l'idée demeure : le pardon reçu par l'intermédiaire de l'Église rétablit aussi l'ordre communautaire. Le tribunal ecclésiastique, de son côté, veille à ce que les conflits ne dégénèrent pas en violence.

Cette double pacification – intérieure et sociale – illustre l'essence de la médiation chrétienne. L'Église agit comme relais entre Dieu et l'homme, mais aussi comme médiateur entre les hommes, garantissant l'unité du corps ecclésial.

Il faut aussi rappeler que cette fonction médiatrice de l'Église a suscité des critiques et des réformes. Au XVIe siècle, la Réforme protestante conteste la médiation institutionnelle au profit d'un rapport direct entre l'âme et Dieu. Martin Luther, dans sa doctrine du *sacerdoce universel des fidèles*, rejette l'idée d'un prêtre médiateur dans la confession. Pour lui, seul le Christ est médiateur, et la foi suffit pour obtenir le pardon.

La réaction catholique, au concile de Trente (1545-1563), réaffirme avec force la nécessité des sacrements et de la médiation ecclésiale : *« Si quelqu'un dit que le péché d'Adam, qui, un dans son origine, et universel dans sa propagation, devient propre à chacun, peut être effacé par d'autres moyens que par les mérites de Jésus-Christ, et que les mérites de Jésus-Christ ne sont pas appliqués par le baptême aux adultes, comme aux enfants ; qu'il soit anathème. »* (Révérend Père Jean-Marie Prat, *Histoire du Concile de Trente*, tome premier, Ch.–J.-A. Creuse, Imprimeur-Libraire-Éditeur, 1854, page 161).

Ces débats montrent que la médiation ecclésiastique est au cœur des tensions entre liberté individuelle et institution, entre conscience et autorité. Aujourd'hui encore, la confession reste un sacrement en crise dans beaucoup de pays occidentaux, mais elle conserve sa valeur comme espace de réconciliation intérieure et de dialogue spirituel. Les tribunaux ecclésiastiques, quant à eux, existent toujours, notamment pour les causes de nullité de mariage, et témoignent de la permanence de cette fonction médiatrice.

En définitive, l'Église, par ses tribunaux et par le sacrement de confession, illustre de manière exemplaire ce qu'est une médiation incarnée. Elle ne prétend pas se substituer au Christ, médiateur absolu, mais rendre tangible et efficace son œuvre dans la vie des fidèles et de la communauté. Par le droit canonique et les instances juridictionnelles, elle traduit l'ordre divin dans la régulation sociale. Par le sacrement de pénitence, elle permet à chaque conscience d'expérimenter la réconciliation et la paix intérieure. Cette double dimension – institutionnelle et personnelle – constitue l'originalité de la médiation chrétienne : elle articule l'universel et le particulier, l'ordre social et l'intimité de la conscience, la loi divine et la liberté humaine.

- Médiation chrétienne et reconnaissance de la personne

L'histoire du christianisme révèle une constante : la médiation n'est pas seulement une dynamique entre Dieu et l'humanité dans son ensemble, elle s'incarne dans la reconnaissance de chaque individu comme personne unique, appelée au salut. L'anthropologie biblique est déjà marquée par ce primat de l'individu relationnel. Le Livre de la Genèse affirme *« Et Dieu fit l'homme, selon l'image de Dieu il le fit, mâle et femelle il les fit. » que l'homme est créé « à l'image et à la ressemblance de Dieu »* (La Bible d'Alexandrie LXX, 1. La Genèse, Éditions du Cerf, 1986, 1,27, page 96, traduction par Marguerite HARL). Cette image n'est pas seulement collective mais concerne chaque être humain dans son unicité. Reconnaître la personne, c'est déjà reconnaître en elle le reflet divin, et par conséquent instaurer une relation de médiation : Dieu parle à chaque conscience et chaque personne est invitée à répondre.

L'originalité du christianisme par rapport aux cultures antiques réside dans cette mise en valeur radicale de la personne. Alors que la cité grecque ou l'Empire romain privilégiaient l'appartenance au collectif, l'Évangile affirme que le salut passe par la relation personnelle avec le Christ médiateur. *« Le premier [commandement] c'est : Ecoute, Israël, le Seigneur notre Dieu est l'unique Seigneur, et tu aimeras le Seigneur ton Dieu de tout ton cœur, de toute ton âme, de tout ton esprit et de toute ta force. »* (*La Bible de Jérusalem*, Éditions du Cerf, 1998, collection Pocket, Évangile selon Saint Marc, chapitre 4, versets 29-30, page 1718, traduction sous la direction de l'École biblique de Jérusalem). Ici, l'âme individuelle vaut plus que l'ensemble du monde matériel. Cette révolution anthropologique ouvre la voie à une compréhension de la médiation chrétienne comme reconnaissance et dignité de chaque être humain.

Saint Paul, dans ses épîtres, souligne cette personnalisation du rapport à Dieu : *« En effet, par la Loi je suis mort à la Loi afin de vivre à Dieu : je suis crucifié avec le Christ ; et ce n'est plus moi qui vis, mais le Christ qui vit en moi. Ma vie présente dans la chair, je la vis dans la foi au Fils de Dieu qui m'a aimé et s'est livré pour moi. »* (*La Bible de Jérusalem*, Éditions du Cerf, 1998, collection Pocket, Lettre de Saint Paul aux Galates, chapitre 1, 2versets 19-20, page 1951, traduction sous la direction de l'École biblique de Jérusalem). La médiation n'est pas une fusion anonyme dans le collectif, mais une transformation intime de la personne. Ce verset illustre que la foi chrétienne reconnaît chaque individu dans son unicité, et que la médiation passe par une intériorisation profonde. L'homme devient pleinement lui-même lorsqu'il est en relation avec Dieu par le Christ.

Saint Augustin a été l'un des premiers à élaborer une théologie de la personne en lien avec la médiation. Dans les *Confessions*, il montre que le chemin de la réconciliation avec Dieu passe par une descente en soi, vers l'espace intérieur où Dieu réside : *« Alors je me suis tourné vers moi-même et je me suis dit : « Mais toi, qui es-tu ? » Et j'ai répondu : « Un homme. » Pour me servir j'ai un corps et une âme ; l'un appartient au monde extérieur, l'autre est au-dedans de moi. À laquelle de ces deux parts de moi-même aurais-je dû demander de me faire connaître mon Dieu, ce Dieu que j'avais déjà cherché avec mon corps depuis la terre jusqu'au ciel, aussi loin que je pouvais envoyer les rayons de mes yeux, ces messagers ? Mais meilleure est la part intérieure de moi-même. »* (Augustin, *Confessions*, GF Flammarion, 1964, Livre dixième, chapitre VI, page 208, traduction de Joseph Trabucco). Ce passage célèbre affirme que la conscience est le lieu même de la rencontre avec Dieu. La médiation chrétienne se réalise dans l'écoute intérieure, dans l'expérience intime d'un dialogue silencieux.

Pour Augustin, la personne n'est pas une entité isolée mais un être en relation. La conscience personnelle est toujours habitée par une voix qui dépasse l'individu : la voix de Dieu, qui appelle à la conversion. Ainsi, la reconnaissance de la personne passe par la reconnaissance de sa capacité à accueillir en elle une altérité. La médiation chrétienne révèle donc la personne comme espace relationnel, à la fois tournée vers Dieu et vers les autres.

Dans *La Cité de Dieu*, Augustin oppose la cité terrestre, marquée par l'amour de soi jusqu'au mépris de Dieu, et la cité céleste, marquée par l'amour de Dieu jusqu'au mépris de soi. Mais au cœur de cette dialectique, c'est toujours la personne qui est interpellée : chaque homme est invité à choisir son appartenance par un acte intérieur de médiation entre son égoïsme et l'appel divin. Reconnaître la personne, c'est lui reconnaître cette liberté intérieure, ce pouvoir de décision devant Dieu.

Au XIIIe siècle, Thomas d'Aquin approfondit la notion de personne à la lumière de la théologie trinitaire. Reprenant la définition de Boèce (« Persona est naturae rationalis individua substantia » – « la personne est une substance individuelle de nature rationnelle »), il intègre cette perspective dans sa compréhension de la médiation chrétienne. La personne humaine est créée à l'image de la Trinité et participe à une dynamique relationnelle : comme les Personnes divines ne subsistent que dans leur relation, l'homme trouve son accomplissement dans l'ouverture à l'autre et à Dieu.

Dans la *Somme théologique*, Thomas affirme que la dignité de la personne réside dans sa capacité à se rapporter librement à Dieu. Cette capacité fonde la nécessité d'une médiation adaptée : l'homme ne peut atteindre seul la vision béatifique, il a besoin du Christ médiateur et de l'Église comme signe visible de cette médiation. Reconnaître la personne, c'est donc reconnaître sa valeur infinie et son orientation vers Dieu. Le rôle de l'institution ecclésiale est d'accompagner ce chemin de personnalisation dans la grâce.

Thomas insiste aussi sur le rôle de la raison comme médiation intérieure. La personne humaine, par son intelligence et sa volonté, est capable de discerner et de choisir le bien. La médiation chrétienne ne nie pas cette autonomie mais l'élève : la grâce n'abolit pas la liberté, elle la perfectionne. Ainsi, la reconnaissance de la personne passe par le respect de sa rationalité et de sa liberté, dans un horizon de coopération avec la grâce divine.

La médiation chrétienne se manifeste de manière privilégiée dans le sacrement de la confession, déjà étudié précédemment. Mais ici, il convient de souligner que cette pratique exprime aussi une reconnaissance de la personne. Lorsque le fidèle confesse ses péchés, il est reconnu dans sa singularité, dans sa capacité à se présenter devant Dieu avec son histoire unique. Le prêtre, représentant du Christ, ne s'adresse pas à une masse anonyme mais à un individu concret, appelé par son nom.

Cette personnalisation radicale a eu des répercussions sociales considérables. Au Moyen Âge, l'institution de la confession annuelle obligatoire (Concile de Latran IV, 1215, décret *Utriusque sexus*) a contribué à une prise de conscience de l'intériorité et de la responsabilité individuelle. Chaque chrétien est invité à faire un examen de conscience, à discerner ses actes, à se reconnaître comme sujet moral autonome. On peut dire que la confession a favorisé l'émergence de l'individu moderne, en donnant à chacun une voix et une responsabilité personnelle devant Dieu.

Michel Foucault, dans ses analyses sur le christianisme et la naissance de la subjectivité, note que la pratique confessionnelle a façonné une culture de l'aveu qui a profondément marqué l'Occident. Mais au-delà d'une technique de pouvoir, la confession a aussi une valeur spirituelle : elle est reconnaissance de la personne par Dieu et par l'Église, elle est médiation qui valorise l'unicité de chaque existence.

La modernité a hérité de cette valorisation de la personne. Le christianisme, en reconnaissant chaque individu comme interlocuteur direct de Dieu, a jeté les bases d'une conception universelle de la dignité humaine. Les droits de l'homme, proclamés au XVIIIe siècle, doivent beaucoup à cette anthropologie chrétienne. La Déclaration universelle des droits de l'homme (1948) reprend implicitement l'idée que chaque être humain possède une valeur inaliénable, indépendamment de ses qualités sociales ou de son appartenance politique : « Tous les êtres humains naissent libres et égaux en dignité et en droits. » (article premier).

Le concile Vatican II, dans la constitution *Gaudium et Spes* (1965), insiste sur cette dimension : *« ... l'homme, seule créature sur terre que Dieu a voulue pour elle-même. »* (Chapitre II, 24, 3). Cette affirmation place la personne au centre de la médiation chrétienne. Reconnaître la personne, c'est reconnaître que la médiation ne vise pas à écraser l'individu mais à l'élever, à le conduire vers une liberté authentique en Dieu.

La médiation chrétienne devient alors aussi une médiation sociale : elle appelle à la reconnaissance des plus faibles, des exclus, de ceux dont la dignité est bafouée. Jésus lui-même s'est fait médiateur en se tournant vers les marginalisés : les pécheurs, les lépreux, les publicains. La reconnaissance de la personne est inséparable d'une éthique de la charité et de la justice sociale.

En définitive, la médiation chrétienne ne se limite pas à une fonction de régulation ou de réconciliation : elle est aussi et surtout une reconnaissance. Reconnaissance de la personne par Dieu, reconnaissance de la personne par l'Église, reconnaissance des personnes entre elles dans la charité. Cette reconnaissance fonde la dignité humaine et ouvre un horizon universel.

Saint Augustin rappelait que Dieu ne sauve pas les hommes en masse, mais un par un. Cette pensée résume l'essence de la médiation chrétienne : elle est universelle, mais elle passe toujours par la singularité de chaque personne. La reconnaissance de la personne devient ainsi la condition même de la médiation : il n'y a pas de médiation sans quelqu'un à reconnaître, sans un visage unique à accueillir.

Paul Ricœur, dans *Soi-même comme un autre*, reprend cette intuition en termes philosophiques : l'identité de la personne se construit par la médiation de l'altérité, par le dialogue avec autrui et avec Dieu. La médiation chrétienne apparaît alors comme un modèle universel de reconnaissance mutuelle, capable d'inspirer notre monde contemporain en quête de dignité et de respect.

- Héritages et actualité de la médiation chrétienne

L'idée chrétienne de médiation, centrée sur la personne du Christ, n'a cessé de se déployer dans l'histoire, non seulement au plan spirituel, mais également dans les domaines intellectuel, social et politique. Le rôle du Christ comme médiateur absolu entre Dieu et les hommes, tel qu'exposé par saint Augustin, a inspiré des générations de penseurs et de croyants. Mais cette figure première a rapidement été relayée et articulée par des institutions, des pratiques et une tradition intellectuelle visant à prolonger la médiation au cœur de la vie humaine. Nous nous intéressons ici à ce double mouvement : d'une part, la conceptualisation de la médiation chrétienne dans la pensée médiévale, avec un rôle central attribué à Thomas d'Aquin, et d'autre part, les héritages modernes et contemporains qui montrent que la médiation chrétienne reste d'une étonnante actualité, même dans un monde largement sécularisé.

La médiation dans la tradition médiévale : Thomas d'Aquin et la raison comme médiatrice

Thomas d'Aquin occupe une place décisive dans l'histoire intellectuelle du christianisme. Dans sa *Somme théologique*, il systématise une vision de la raison humaine qui joue un rôle médiateur entre la foi et l'expérience naturelle. Pour Thomas, la raison n'est pas opposée à la foi : elle en est le chemin préparatoire et l'alliée. Elle peut, en scrutant l'ordre de la nature, atteindre certaines vérités fondamentales — existence de Dieu, ordre moral, finalité de l'homme — qui sont autant de points de rencontre entre l'humanité et la révélation.

Dans la *Somme théologique*, Thomas propose les célèbres « cinq voies » pour démontrer rationnellement l'existence de Dieu. Ces démonstrations constituent un exemple frappant de médiation intellectuelle : la raison humaine, contemplant le monde sensible, est capable d'acheminer l'homme vers la reconnaissance d'un principe premier. Il ne s'agit pas de remplacer la révélation, mais de montrer que l'intelligence humaine, éclairée par la lumière naturelle, peut servir de médiateur entre l'expérience vécue et la vérité révélée.

Ce geste fonde l'idée d'une loi naturelle (*lex naturalis*), inscrite dans la conscience de tout être humain, qui oriente vers le bien indépendamment de la révélation. Thomas affirme que la loi naturelle n'est rien d'autre que la participation de la créature raisonnable à la loi éternelle. Autrement dit, la raison humaine est elle-même le lieu d'une médiation entre l'ordre divin et l'action humaine. Le croyant peut donc, par l'exercice de sa conscience, discerner ce qui est conforme au bien, même sans une connaissance explicite de l'Écriture.

Cette perspective a eu des conséquences considérables : elle a légitimé la valeur universelle de la conscience humaine et ouvert la voie à une médiation entre le particulier de la foi chrétienne et l'universel de la condition humaine. Elle est également à la source de l'idée moderne des droits naturels, qui inspireront les grandes déclarations modernes des droits de l'homme.

L'idée de médiation, telle qu'elle se développe dans le christianisme, ne disparaît pas avec la sécularisation de l'Occident. Elle se transforme et s'infuse dans des courants philosophiques et sociaux. Le contractualisme moderne (Hobbes, Locke, Rousseau) reprend implicitement l'idée chrétienne selon laquelle la liberté humaine doit être articulée avec une loi supérieure qui oriente vers le bien commun. Là où Thomas voyait dans la loi naturelle une médiation entre raison et foi, les modernes voient dans le contrat social une médiation entre individus et collectivité.

L'Église elle-même, dans ses doctrines sociales, n'a cessé de rappeler ce rôle de la raison et de la conscience comme lieux de médiation. L'encyclique *Rerum Novarum* (1891) de Léon XIII, par exemple, articule la dignité du travail humain avec les exigences du bien commun, reprenant ainsi l'héritage thomiste pour répondre aux défis du capitalisme industriel.

Vatican II (1962-1965) constitue une autre étape majeure. Dans la constitution *Gaudium et Spes*, l'Église affirme que la conscience est le sanctuaire le plus secret de l'homme, où il est seul avec Dieu, dont la voix résonne dans son intimité. La conscience devient ici l'espace privilégié de la médiation entre la voix divine et la liberté humaine. Cette reconnaissance témoigne de la permanence d'un héritage thomiste : la loi naturelle, inscrite au cœur de chaque homme, rend possible une médiation universelle qui dépasse les frontières confessionnelles.

Historiquement, la médiation chrétienne s'est institutionnalisée à travers des pratiques judiciaires. Les tribunaux ecclésiastiques, déjà évoqués au chapitre précédent, avaient pour fonction de résoudre les litiges en proposant une justice fondée sur l'équité, la charité et le souci de la réconciliation plutôt que sur la seule contrainte. Ces pratiques ont contribué à façonner une culture de la médiation qui perdure encore aujourd'hui dans les mécanismes de règlement amiable des conflits.

Mais l'héritage chrétien se perçoit également dans le développement moderne des droits de l'homme. L'idée que chaque être humain possède une dignité inaliénable trouve sa source dans la reconnaissance chrétienne de la personne comme créée à l'image de Dieu et capable de dialogue avec lui. La médiation chrétienne se traduit ainsi dans une valorisation du dialogue social et politique, où la loi n'est pas seulement imposée, mais intériorisée comme un chemin vers le bien.

Aujourd'hui, la médiation chrétienne conserve une pertinence singulière. Dans un monde marqué par les conflits religieux, culturels et idéologiques, l'appel chrétien au pardon et à la réconciliation demeure une source de renouvellement. Jean-Paul II, dans son encyclique *Dives in misericordia* (1980), souligne que la miséricorde est le cœur de l'expérience chrétienne : elle permet de dépasser la logique de la justice punitive pour entrer dans une logique de guérison et de paix.

La médiation chrétienne se manifeste aussi dans le domaine du dialogue interreligieux. Le concile Vatican II, dans *Nostra Aetate*, invite à considérer les autres traditions religieuses comme des partenaires de dialogue, reconnaissant ainsi une forme de médiation universelle entre les peuples. Ce geste théologique traduit l'idée que la médiation ne se limite pas au rapport entre l'homme et Dieu, mais s'étend à la construction d'une humanité réconciliée.

Benoît XVI, dans son discours de Ratisbonne (2006), insistait sur le rôle de la raison dans le dialogue entre foi et culture moderne, reprenant ainsi directement l'héritage thomiste. Pour lui, la foi chrétienne ne peut s'imposer par la contrainte ; elle doit se proposer à la raison humaine comme une médiation vers la vérité.

L'actualité de la médiation chrétienne réside également dans sa capacité à inspirer une éthique universelle. Paul Ricœur, dans *Soi-même comme un autre*, voit dans la reconnaissance de l'autre et dans la narration de soi une forme de médiation qui prolonge l'héritage chrétien de la conscience. Emmanuel Levinas, de son côté, souligne que le visage d'autrui appelle une responsabilité infinie, prolongeant ainsi l'idée chrétienne de la personne comme lieu de médiation avec le divin.

Ces prolongements philosophiques montrent que la médiation chrétienne, loin d'être un vestige du passé, constitue un ferment de pensée qui irrigue les débats contemporains sur la dignité, la liberté et la justice.

De Thomas d'Aquin à Vatican II, de la loi naturelle à la conscience, de la justice ecclésiastique au dialogue interreligieux, la médiation chrétienne apparaît comme une constante historique et théologique qui continue de porter des fruits. Son héritage principal réside dans la reconnaissance de la raison humaine comme médiatrice entre foi et loi naturelle, et dans l'affirmation que chaque personne est capable d'accueillir la vérité par la voix de sa conscience.

Aujourd'hui encore, dans un monde fragmenté, cet héritage demeure d'une grande actualité : il offre une voie pour articuler le spirituel et l'humain, le particulier et l'universel, la foi et la raison. La médiation chrétienne, loin d'être une catégorie révolue, est une invitation permanente à construire une civilisation de la réconciliation, de la dignité et du dialogue.

Chapitre 7 – De la médiation spirituelle à la médiation sociale

- La philosophie chrétienne : reconnaissance de la dignité de la personne.

La notion de dignité de la personne humaine constitue l'un des legs majeurs de la pensée chrétienne à la civilisation occidentale, et sans doute au monde entier. Elle n'apparaît pas seulement comme une intuition morale ou une revendication politique ; elle s'enracine profondément dans une vision théologique où l'homme est créé *« selon notre image et selon notre ressemblance »* (La Bible d'Alexandrie LXX, 1. La Genèse, Éditions du Cerf, 1986, 1,26, page 94, traduction par Marguerite HARL). Ce verset biblique fondateur n'a cessé de nourrir la réflexion des Pères de l'Église et des philosophes chrétiens, qui y ont vu la source d'une conception radicalement nouvelle de l'homme, de sa liberté et de sa vocation.

Contrairement à l'Antiquité païenne, où l'homme était souvent pensé en fonction de sa place dans la cité (comme chez Aristote), ou réduit à un statut social déterminé (esclave, citoyen, étranger), le christianisme a introduit l'idée selon laquelle chaque individu possède une valeur absolue, indépendante de ses fonctions ou de son utilité. En d'autres termes, la dignité ne se déduit pas d'un mérite, elle est donnée par Dieu. Elle est inaliénable et égale pour tous.

Saint Augustin, dans ses *Confessions*, insiste sur la profondeur intérieure de l'homme comme lieu de rencontre avec Dieu : *« Sans aucun doute il n'y a pas de science des mots plus intérieure à nous-mêmes que la conscience, qui nous défend de faire à autrui ce que nous ne voudrions pas qu'on nous fit. »* (Augustin, *Confessions*, GF Flammarion, 1964, Livre premier, chapitre XVIII, page 34, traduction de Joseph Trabucco). Cette affirmation dépasse le simple constat psychologique : elle confère à chaque être humain une valeur sacrée, car il est habité par la vérité divine. La dignité est donc à la fois spirituelle et existentielle, et elle fonde la possibilité d'une médiation : si chaque homme porte en lui la vérité, la rencontre avec l'autre devient une reconnaissance mutuelle de cette valeur intérieure.

Cette idée s'est déployée dans le temps en prenant des formes multiples. Au Moyen Âge, Thomas d'Aquin, dans la *Somme théologique*, insiste sur la rationalité de l'homme comme signe de son statut unique dans la création. Pour lui, la capacité de l'homme à connaître et à vouloir librement en fait un être à part, une créature qui se situe entre le monde matériel et le monde spirituel, et qui peut s'élever vers Dieu grâce à sa raison. Dès lors, la dignité s'articule avec la liberté : être image de Dieu signifie être capable de choix, donc de responsabilité.

Or, cette dignité n'est pas abstraite : elle se traduit par des implications sociales, politiques et même juridiques. Les premières formes de charité chrétienne, comme les hôpitaux fondés par les monastères, témoignent de cette conviction que chaque vie, même fragile, même marginalisée, mérite soin et considération. Contrairement à une logique utilitariste, le christianisme affirme que l'enfant abandonné, le pauvre ou le malade ont autant de dignité que le puissant. On retrouve ici la dimension médiatrice : la communauté chrétienne est appelée à être le lieu où chacun est reconnu et accueilli, et où les hiérarchies sociales s'effacent devant la valeur transcendante de la personne.

Dans ce cadre, la dignité ne signifie pas seulement une protection de l'individu, mais aussi une vocation relationnelle. Comme l'écrit le pape Jean-Paul II dans sa lettre encyclique *Redemptor Hominis* (1979), l'homme *« est la première route et la route fondamentale de l'Eglise, route tracée par le Christ lui-même... »* (paragraphe numéroté 14). Cette formule célèbre souligne que la dignité humaine est inséparable du projet chrétien : toute action ecclésiale, tout projet de médiation spirituelle ou sociale, doit partir de la reconnaissance de la valeur infinie de la personne humaine.

Ainsi, dès ses origines, la philosophie chrétienne a posé les bases d'une compréhension de la personne comme sujet irréductible, à la fois autonome et ouvert à la relation. Cela constitue un renversement par rapport à certaines visions antiques de l'homme comme simple rouage dans l'ordre cosmique ou politique. Le christianisme a introduit une médiation fondamentale entre l'individu et le divin, qui confère à l'homme un statut unique et l'oblige à respecter cette dignité en lui comme en autrui.

Si l'on veut comprendre comment la philosophie chrétienne a donné au monde la notion moderne de personne, il faut revenir à une figure charnière : Boèce (480-524), philosophe latin et chrétien. Sa définition de la personne, devenue classique, condense l'apport chrétien à l'anthropologie : il définit la personne comme une substance individuelle de nature rationnelle. Cette idée, reprise et commentée par des générations de penseurs, marque une rupture décisive : elle insiste sur l'individualité (chaque être humain est irréductible à un rôle ou une fonction) et sur la rationalité (l'homme est doté d'intelligence et de liberté).

Boèce cherche d'abord à résoudre une question théologique – comment concilier l'unité de Dieu avec la distinction des personnes dans la Trinité – mais il ouvre en réalité un champ immense : en définissant la personne comme sujet unique et raisonnable, il jette les bases de ce qui deviendra la dignité humaine. Ainsi, une réflexion métaphysique sur Dieu se traduit en une reconnaissance ontologique de l'homme. C'est là un exemple frappant de médiation : la recherche de Dieu éclaire la compréhension de l'homme.

Cette conception sera enrichie par la scolastique médiévale, notamment chez Thomas d'Aquin. Pour lui, la dignité de la personne s'explique par le fait que chaque homme est créé à l'image de Dieu, mais aussi par sa vocation à atteindre sa fin ultime : la béatitude. Dans la *Somme théologique*, Thomas souligne que la loi naturelle inscrite dans le cœur de chaque homme oriente ses actes vers le bien, et que c'est en exerçant librement sa raison qu'il accomplit sa dignité. La médiation chrétienne ne consiste donc pas seulement à rappeler que l'homme est image de Dieu, mais à l'aider à réaliser concrètement cette ressemblance en orientant sa liberté vers le bien.

L'importance de la liberté dans cette reconnaissance est capitale. Un esclave ou un pauvre, du point de vue strictement social, pouvait être considéré comme inférieur dans l'Antiquité. Mais du point de vue chrétien, il conserve toute sa dignité car sa liberté intérieure n'est pas abolie. C'est ce qu'exprime saint Paul dans l'épître aux Galates (3, 28) : *« il n'y a ni Juif ni Grec, il n'y a ni esclave ni homme libre, il n'y a ni homme ni femme ; car tous vous ne faites qu'un dans le Christ Jésus. »* (*La Bible de Jérusalem*, Éditions du Cerf, 1998, collection Pocket, Épître de Saint Paul aux Galates, chapitre 3, verset 28, page 1952, traduction sous la direction de l'École biblique de Jérusalem). Ce verset a nourri toute une anthropologie chrétienne égalitaire qui, même si elle n'a pas toujours été appliquée fidèlement dans l'histoire, a posé un idéal durable.

Au fil des siècles, cette conception s'est traduite dans des institutions. Le développement des hôpitaux, des hospices, des universités chrétiennes témoigne de la conviction que chaque personne mérite soin et formation, indépendamment de son rang social. L'historien Jacques Le Goff voit dans le Moyen Âge chrétien qui a inventé l'hôpital, lieu de soins et d'accueil universel, un signe que la charité devait s'appliquer à tous.

À la Renaissance, la redécouverte de l'homme s'appuie encore sur cette base chrétienne. Pensons à Pic de la Mirandole, auteur du fameux *Discours sur la dignité de l'homme* (1486). S'il s'inspire de sources néoplatoniciennes, sa pensée s'enracine dans l'idée biblique que l'homme est appelé à une élévation infinie où apparaît clairement une vision dynamique de la dignité : non seulement l'homme a une valeur en soi, mais il est aussi appelé à se construire, à s'élever, à se réaliser.

Ce fil conducteur – l'homme comme être rationnel, libre et appelé à la communion – constitue la médiation permanente entre le spirituel et le social. La dignité ne relève pas seulement d'une vérité révélée, mais d'une réalité vécue dans la communauté, où chacun est reconnu.

Ce long héritage chrétien a nourri ensuite la philosophie moderne. On en retrouve des échos chez Descartes, pour qui le *cogito* affirme la valeur irréductible du sujet pensant, ou encore chez Kant, qui dans les *Fondements de la métaphysique des mœurs* affirme que l'homme doit toujours être considéré comme une fin en soi et jamais seulement comme un moyen. Or, cette idée, souvent attribuée à Kant comme une invention moderne, plonge ses racines dans la tradition chrétienne qui, depuis les Pères, affirme la valeur absolue de chaque personne en tant que créature divine.

Ainsi, la reconnaissance de la dignité de la personne, loin d'être une construction abstraite, s'est constituée progressivement comme une médiation essentielle entre théologie et philosophie, entre foi et raison, entre spiritualité et organisation sociale. Elle prépare déjà le terrain des grandes affirmations modernes des droits de l'homme, qui, sans ce socle chrétien, auraient difficilement trouvé leur formulation universelle.

À l'époque contemporaine, la reconnaissance de la dignité humaine s'est trouvée confrontée à de nouveaux défis. L'émergence de la modernité, avec son accent sur l'autonomie du sujet et la laïcisation progressive des institutions, aurait pu conduire à un affaiblissement de la contribution chrétienne. Pourtant, la philosophie chrétienne a su dialoguer avec ces mutations et proposer une synthèse féconde, où la dignité de la personne est défendue non seulement comme une donnée théologique, mais comme une valeur universelle capable de structurer la vie sociale.

Un penseur central de ce renouvellement est Jacques Maritain (1882-1973). Philosophe néothomiste, il joue un rôle déterminant dans l'élaboration de la *Déclaration universelle des droits de l'homme* (1948). En effet, Maritain affirme que la dignité de la personne découle de sa nature spirituelle, et que les droits humains sont l'expression concrète de cette dignité. Ce qui est remarquable, c'est qu'il parvient à formuler cette conviction dans un langage accessible au-delà des cercles chrétiens. Sa réflexion montre la capacité de la philosophie chrétienne à médiatiser une vérité théologique dans un espace laïc et pluraliste. Comme il le dit lui-même : *« La personne humaine a des droits, par là même qu'elle est une personne, un tout maître de lui-même et de ses actes, et qui par conséquent n'est pas seulement un moyen, mais une fin, une fin qui doit être traitée comme telle. La dignité de la personne humaine, ce mot ne veut rien dire s'il ne signifie pas que de par la loi naturelle la personne humaine a le droit d'être respectée et est sujet de droit, possède des droits. »* (Jacques Maritain, *Les droits de l'homme et la loi naturelle*, Paul Hartmann Éditeur, 1947, pages 67-69). Cette formule révèle la médiation chrétienne : rendre possible un consensus social en reconnaissant que, même si les fondements diffèrent, la dignité humaine est une évidence qui s'impose.

Un autre jalon essentiel est le concile Vatican II (1962-1965), dont la constitution *Gaudium et Spes* offre une synthèse magistrale sur la dignité humaine. Plusieurs éléments majeurs y figurent : l'unicité de chaque personne, son orientation vers l'altérité, et la dignité comme vocation au don. La dignité ne se limite pas à une protection des droits individuels ; elle suppose un horizon relationnel et communautaire. L'homme est digne parce qu'il est appelé à aimer, à se donner, à entrer dans une réciprocité qui construit la société.

Cette perspective a été largement développée par Jean-Paul II, dont tout le pontificat peut se lire comme une méditation sur la dignité de la personne. Dans *Redemptor Hominis* (1979), déjà cité, il rappelle que l'homme est « la voie de l'Église ». Dans *Centesimus Annus* (1991), il met en garde contre deux menaces symétriques : le collectivisme, qui nie l'individu, et le libéralisme extrême, qui réduit l'homme à un consommateur. Dans les deux cas, la dignité est trahie, car elle exige de reconnaître l'homme comme plus que la somme de ses besoins matériels ou de ses fonctions sociales. La médiation chrétienne consiste alors à rappeler, face aux idéologies, que la valeur de la personne transcende toute utilité.

L'apport chrétien à la modernité ne se limite pas à la défense des droits ; il propose aussi une vision intégrale. Benoît XVI, dans *Caritas in veritate* (2009), insiste sur le fait que la dignité humaine ne peut être comprise sans référence à la vérité de l'homme. Si l'on réduit la dignité à une construction juridique ou sociale, elle devient fragile et réversible. Seule une anthropologie enracinée dans la transcendance peut en garantir la stabilité. Ce rappel est une forme de médiation : il ne s'agit pas d'imposer une foi, mais de proposer une rationalité élargie qui prend en compte la totalité de l'expérience humaine.

Enfin, le pape François a poursuivi cette ligne en insistant sur les périphéries. Dans *Fratelli Tutti* (2020), il élargit la notion de dignité en la liant directement à la fraternité universelle : *« Au nom de Dieu qui a créé tous les êtres humains égaux en droits, en devoirs et en dignité, et les a appelés à coexister comme des frères entre eux, pour peupler la terre et y répandre les valeurs du bien, de la charité et de la paix ».* Ici, la dignité devient médiatrice entre la spiritualité chrétienne et l'exigence d'une solidarité mondiale. Dans un contexte marqué par les migrations, les inégalités économiques et les crises écologiques, la dignité de la personne devient le pivot d'un appel à la justice et à la paix.

On constate donc que, loin d'être figée, la pensée chrétienne sur la dignité a su se déployer à travers les âges en répondant aux contextes successifs. De la définition métaphysique de Boèce à la défense sociale des droits de l'homme, en passant par la théologie personnaliste de Vatican II, se dessine un fil rouge : la dignité humaine comme donnée transcendante, mais aussi comme réalité sociale à incarner. C'est précisément ce double aspect – transcendance et immanence – qui fait de la dignité un lieu de médiation par excellence. Elle permet à la philosophie chrétienne d'entrer en dialogue avec la modernité, sans perdre son enracinement spirituel.

Ainsi, la dignité de la personne apparaît comme une clef herméneutique : elle éclaire la vocation humaine, oriente la construction sociale, et fonde les droits fondamentaux. Mais elle reste, pour la philosophie chrétienne, inséparable de l'anthropologie théologique qui voit en chaque être humain une image de Dieu. C'est cette tension féconde entre foi et raison, entre transcendance et droits, qui rend l'apport chrétien toujours actuel.

La reconnaissance de la dignité humaine ne demeure pas une idée abstraite : elle se traduit dans des enjeux très concrets de la vie sociale et politique contemporaine. C'est ici que la philosophie chrétienne joue encore un rôle de médiation, en cherchant à relier la profondeur théologique de l'anthropologie chrétienne avec les débats les plus pressants de notre temps.

L'un des terrains les plus significatifs est celui de la bioéthique. La question de la dignité humaine y devient décisive, car elle oriente les réponses données aux défis posés par les biotechnologies, la fin de vie ou encore la procréation médicalement assistée. Le philosophe Paul Ricœur, dans *Soi-même comme un autre* (1990), souligne l'importance de l'éthique du respect et du souci de l'autre : il faut toujours voir en autrui une personne et non un objet. La philosophie chrétienne s'inscrit dans cette perspective, en rappelant que la vie humaine n'est jamais seulement un matériau biologique disponible, mais un mystère qui dépasse les catégories utilitaires. La dignité fonctionne alors comme une médiation : elle permet de relier les impératifs de la recherche scientifique et le respect inconditionnel de la personne.

La même logique s'applique aux débats sur la justice sociale. La doctrine sociale de l'Église, depuis *Rerum Novarum* (1891), n'a cessé de rappeler que l'homme n'est pas réductible à un rouage économique. *Gaudium et Spes* affirme : *« Dans le monde entier progresse de plus en plus le sens de l'autonomie comme de la responsabilité ; ce qui, sans aucun doute, est de la plus haute importance pour la maturité spirituelle et morale du genre humain. On s'en aperçoit mieux encore si on ne perd pas de vue l'unification de l'univers et la mission qui nous est impartie de construire un monde meilleur dans la vérité et la justice »* (chapitre 26). La dignité sert de critère critique face aux excès de la mondialisation économique, aux inégalités et aux exclusions. Pour Jean-Paul II, l'économie doit être subordonnée à la personne et non l'inverse : *« Il faut répéter encore une fois le principe fondamental : la hiérarchie des valeurs, le sens profond du travail exigent que le capital soit au service du travail et non le travail au service du capital. »* (*Laborem Exercens*, paragraphe numéroté 23, 1981). La médiation chrétienne opère ici comme une résistance : elle rappelle que toute organisation sociale doit placer la dignité au centre.

Un autre champ d'actualité est celui de l'écologie intégrale, mise en avant par le pape François. Le lien entre dignité humaine et dignité de la création devient manifeste : l'exploitation de la nature, la destruction des écosystèmes et le mépris des générations futures sont des atteintes indirectes à la dignité humaine. François écrit : *« Il n'y a pas deux crises séparées, l'une environnementale et l'autre sociale, mais une seule et complexe crise socio-environnementale »* (*Laudato Si'*, paragraphe numéroté 139). La dignité devient ainsi un principe de médiation entre l'homme et son environnement : respecter la création, c'est aussi respecter la personne, car l'homme est à la fois bénéficiaire et gardien de la nature.

Dans le domaine politique, la dignité humaine joue un rôle essentiel dans la défense des plus vulnérables : migrants, réfugiés, minorités marginalisées. La médiation chrétienne s'exprime ici par une parole prophétique qui cherche à combler l'écart entre la proclamation des droits et leur mise en pratique. Le pape François rappelle : *« La dignité inaliénable de chaque personne humaine indépendamment de son origine, de sa couleur ou de sa religion, et la loi suprême de l'amour fraternel »* (*Fratelli Tutti,* paragraphe numéroté 39). La dignité n'est pas une récompense ni une conquête, mais un donné premier qui oblige chacun à la reconnaissance.

Ce rôle médiateur de la dignité est aussi manifeste dans le domaine du dialogue interreligieux et interculturel. Dans un monde marqué par les tensions identitaires, l'idée chrétienne selon laquelle tout être humain est porteur d'une valeur transcendante constitue un socle commun qui peut servir à bâtir la paix. En 2019, François et le grand imam d'Al-Azhar, Ahmad Al-Tayyeb, signent à Abou Dhabi le *Document sur la fraternité humaine*, où ils affirment ensemble, dès l'introduction de l'avant-propos : *« La foi amène le croyant à voir dans l'autre un frère à soutenir et à aimer »*. Ici, la dignité sert de médiation universelle : elle fonde un terrain partagé qui dépasse les frontières religieuses.

Enfin, il convient de souligner que la dignité humaine n'est jamais acquise une fois pour toutes : elle reste un combat permanent. Les totalitarismes du XXe siècle ont montré jusqu'où l'oubli de la dignité pouvait mener : camps de concentration, génocides, exploitation systématique des individus. C'est précisément après ces catastrophes que la philosophie chrétienne a renouvelé son insistance sur la valeur inaliénable de la personne. La *Déclaration universelle des droits de l'homme* (1948), à laquelle des penseurs chrétiens comme Maritain ont contribué, est un fruit direct de cette mémoire douloureuse. Elle illustre comment la dignité peut fonctionner comme médiation historique : rappeler les tragédies du passé pour fonder un avenir plus juste.

En conclusion, la reconnaissance de la dignité de la personne, telle que développée par la philosophie chrétienne, ne constitue pas un simple héritage intellectuel. C'est une ressource vivante, constamment réactualisée dans les débats contemporains : bioéthique, justice sociale, écologie, politique migratoire, dialogue interculturel. Elle fonctionne comme une médiation entre des logiques souvent contradictoires : science et humanité, économie et justice, liberté individuelle et solidarité collective, foi et raison. En cela, la dignité est véritablement une clé de voûte : elle articule la transcendance chrétienne et les exigences concrètes de la vie sociale. Ainsi, la dignité humaine apparaît non seulement comme un principe de reconnaissance de la valeur de chaque personne, mais comme une dynamique de médiation universelle. La philosophie chrétienne, en la défendant, continue de jouer un rôle décisif dans la construction d'une société plus fraternelle et plus juste.

- Saint Augustin : lutte intérieure et médiation avec soi.

La figure de saint Augustin (354-430) est incontournable pour comprendre l'évolution de la pensée chrétienne et, plus largement, la manière dont l'Occident a articulé l'expérience intérieure, la responsabilité morale et la médiation spirituelle. Philosophe et théologien majeur, évêque d'Hippone, Augustin ne cesse d'interroger le mystère du rapport de l'homme à lui-même, à Dieu et au monde. Ce rapport est marqué par une lutte intérieure permanente, entre désirs contraires, passions désordonnées et appel à la vérité. L'originalité augustinienne est d'avoir montré que la médiation essentielle n'est pas seulement institutionnelle ou sociale, mais qu'elle se joue avant tout dans l'intériorité du sujet : l'homme est invité à devenir médiateur de lui-même, à travers l'examen de conscience, le dialogue intérieur et la conversion.

Ce sous-chapitre entend mettre en lumière comment Augustin conçoit la lutte intérieure, comment il la relie à la notion de médiation avec soi, et en quoi son héritage reste fondamental pour la pensée moderne de la subjectivité. Pour cela, nous explorerons trois dimensions : d'abord la lutte intérieure comme expérience existentielle universelle, ensuite la médiation comme mouvement de retour à soi et à Dieu, enfin l'influence durable de cette anthropologie spirituelle sur la conception de la personne et de la liberté.

Chez Augustin, la lutte intérieure n'est pas une métaphore mais une réalité vécue, qu'il décrit avec une intensité exceptionnelle dans ses *Confessions*. L'ouvrage, rédigé vers 397-401, n'est pas une simple autobiographie mais une méditation théologique, où le récit de sa conversion sert de paradigme pour toute existence humaine. L'homme, dit Augustin, est divisé en lui-même : il aspire au bien, mais il est entravé par ses passions et ses habitudes mauvaises.

Dans ses *Confessions*, l'homme y est présenté comme étranger à lui-même, incapable de se gouverner pleinement. Cette pensée culmine dans le fameux passage du Livre VIII où Augustin, au jardin de Milan, se débat entre son désir d'adhérer définitivement au Christ et son incapacité à rompre avec ses attachements : *« La volonté nouvelle, qui s'était ébauchée en moi, de vous servir sans intérêt, de jouir de vous, mon Dieu, seule joie assurée, n'était pas encore capable de maîtriser la volonté ancienne et invétérée. Ainsi deux volontés, l'une ancienne, l'autre nouvelle, l'une charnelle, l'autre spirituelle, menaient leur conflit en moi, et leur discord me ruinait l'âme »*. (Augustin, *Confessions*, GF Flammarion, 1964, Livre huitième, chapitre V, pages 161-162, traduction de Joseph Trabucco).

Cette lutte intérieure est universelle car elle traduit la condition humaine après la chute : l'homme est marqué par le péché originel, qui introduit en lui une fracture profonde. Contrairement aux Stoïciens, qui valorisent une maîtrise rationnelle des passions, Augustin affirme que l'homme ne peut pas, par ses seules forces, atteindre l'unité de son être. Il est condamné à l'inquiétude : *« C'est vous qui le poussez à mettre sa joie à vous louer, parce que vous nous avez créés pour vous, et que notre cœur est inquiet jusqu'à ce qu'il repose en vous. »* (Augustin, *Confessions*, GF Flammarion, 1964, Livre premier, chapitre premier, page 15, traduction de Joseph Trabucco). L'inquiétude n'est pas un accident, mais le signe d'une recherche de plénitude que seul Dieu peut combler.

Face à cette division, Augustin propose une voie dans le *De vera religione* (389) : le retour intérieur. Il invite à descendre en soi-même pour y rencontrer la vérité. La médiation avec soi consiste donc à reconnaître que la vérité n'est pas à chercher dans les objets extérieurs, mais dans le dialogue intérieur, qui devient le lieu de la rencontre avec Dieu.

Cette démarche est double : elle suppose d'abord une lucidité sur soi-même – reconnaître ses contradictions, ses désirs désordonnés –, mais elle ouvre ensuite à une illumination divine. Augustin s'inspire ici du néoplatonisme : comme chez Plotin, l'âme est invitée à s'élever vers le Bien. Mais il transforme radicalement ce schéma en affirmant que cette ascension n'est pas possible sans la grâce. L'homme ne se sauve pas par ses propres efforts intellectuels ; il est sauvé par la médiation du Christ, qui éclaire et libère.

Ainsi, la médiation intérieure n'est pas un solipsisme : elle n'enferme pas dans un dialogue narcissique, mais elle est une ouverture à l'Autre. Dans *Confessions*, Livre X, Augustin décrit son exploration de la mémoire comme une aventure vertigineuse : il y découvre non seulement les images de son passé, mais la trace de Dieu lui-même. Cette intériorité devient un espace de médiation où l'homme rencontre la transcendance.

La lutte intérieure s'exprime aussi dans la fonction de la conscience, que l'on peut appeler chez Augustin un tribunal intérieur. Dans ses sermons, il invite chacun à interroger son cœur : *« Rentrez dans votre conscience : vous y trouverez votre âme. »* (*Les Sermons de Saint Augustin sur le nouveau Testament,* Jean-Baptiste Coignard Imprimeur, 1700, Sermon 106, chapitre IV, page 521), traduction par M. Du Bois. La conscience est ce lieu où l'homme se juge lui-même, non pas de manière arbitraire, mais en se confrontant à la vérité divine inscrite dans son être.

On voit ici une articulation féconde entre responsabilité personnelle et médiation divine. L'homme ne peut pas se contenter de normes extérieures ; il doit intérioriser la loi, se l'approprier dans un dialogue intime. Mais cette appropriation n'est pas pure autonomie : elle est déjà une médiation avec Dieu, car c'est Lui qui éclaire la conscience. C'est pourquoi Augustin insiste sur la nécessité de l'humilité : reconnaître que sa volonté est blessée et qu'elle a besoin d'être guérie. Cette conception de la conscience sera déterminante pour la tradition occidentale : elle fonde la possibilité d'une morale intérieure, au-delà de la seule obéissance à des règles extérieures. Elle annonce déjà, à bien des égards, la subjectivité moderne, où la liberté est conçue comme une réponse personnelle à un appel intérieur.

Toute la pensée augustinienne de la lutte intérieure converge vers une conviction : seule la grâce peut libérer l'homme de sa division. Dans son combat contre les Pélagiens, Augustin insiste sur le fait que l'homme ne peut pas, par sa volonté propre, atteindre le bien. La médiation avec soi est donc inséparable de la médiation du Christ, la médiation intérieure n'est pas autosuffisante : elle est un chemin vers l'accueil d'une altérité radicale. L'homme devient pleinement lui-même lorsqu'il consent à être transformé par la grâce.

Cela ne signifie pas que l'homme est passif. Augustin reconnaît le rôle de la volonté, mais il la situe dans une dynamique de coopération avec la grâce. Cette dialectique sera décisive pour la théologie médiévale, notamment chez Thomas d'Aquin, mais aussi pour les débats de la Réforme. Elle illustre comment la médiation intérieure est à la fois un effort personnel et une ouverture à l'action divine.

L'importance de saint Augustin dépasse largement son époque. Sa description de la lutte intérieure résonne avec les questionnements modernes sur la subjectivité, la psychologie et la liberté. Blaise Pascal, par exemple, s'inscrit explicitement dans la lignée augustinienne lorsqu'il parle de la misère et de la grandeur de l'homme. Freud lui-même, en décrivant le conflit entre le moi, le ça et le surmoi, ne fait que séculariser une intuition ancienne : l'homme est traversé par des forces contraires et doit trouver une médiation pour ne pas être déchiré.

Plus près de nous, Paul Ricœur s'est inspiré d'Augustin pour élaborer sa réflexion sur l'identité narrative. Dans *Temps et récit*, il souligne que l'homme construit son unité à travers un travail de mémoire et de récit, ce qui prolonge l'exploration augustinienne de la mémoire comme lieu de médiation avec soi.

L'actualité d'Augustin se manifeste aussi dans les débats éthiques contemporains. Dans une société marquée par la quête de sens et la fragmentation des identités, son appel à rentrer en soi-même et à écouter la voix de la conscience demeure d'une grande pertinence. La médiation intérieure qu'il propose peut être comprise, même en dehors d'un cadre strictement religieux, comme une invitation à cultiver une intériorité authentique, capable de résister aux pressions externes.

Saint Augustin a légué à la tradition occidentale une compréhension profonde de la lutte intérieure et de la médiation avec soi. Loin d'être une faiblesse, cette division intérieure est le lieu où se joue la liberté humaine : entre désir de bien et attachement au mal, entre autonomie et grâce, entre intériorité et ouverture à Dieu.

La médiation avec soi n'est pas une fuite vers l'individualisme, mais une voie de transformation : elle permet à l'homme de se reconnaître blessé, de s'ouvrir à la vérité intérieure et de s'unifier dans la grâce. En cela, Augustin a donné à la conscience humaine une dignité nouvelle, faisant de l'intériorité un espace sacré où s'opère la rencontre avec Dieu.

Aujourd'hui encore, son héritage inspire les réflexions philosophiques, psychologiques et spirituelles. La lutte intérieure n'a rien perdu de son actualité : elle est au cœur de la condition humaine. Mais Augustin rappelle que cette lutte n'est pas vaine : elle est traversée par une espérance, celle d'une médiation qui conduit à la paix intérieure et à l'unité retrouvée.

- Influence sur les pratiques sociales et juridiques (arbitrage inspiré de la morale chrétienne).

L'une des grandes originalités du christianisme dans son rapport à la médiation réside dans sa capacité à transformer une expérience spirituelle – la réconciliation entre Dieu et l'homme – en un modèle social et juridique concret. Dès les premiers siècles, l'Église a développé des institutions, des pratiques et des principes qui allaient influencer durablement les sociétés occidentales. Loin d'être cantonnée à la sphère purement religieuse, la médiation chrétienne s'est imposée comme une méthode de régulation des conflits, de prévention de la violence et de promotion de la paix sociale.

Ce sous-chapitre se propose d'examiner comment la morale chrétienne, nourrie par l'Écriture et par la tradition patristique, a inspiré des formes d'arbitrage et de conciliation qui marqueront profondément le droit médiéval, les pratiques communautaires et même l'émergence de la justice moderne. Nous analyserons d'abord les fondements scripturaires et théologiques de l'arbitrage chrétien, ensuite les dispositifs concrets mis en place dans les communautés ecclésiales et monastiques, enfin les héritages à long terme qui irriguent encore notre conception de la justice.

L'idée que le règlement des conflits doit passer par une médiation inspirée par la charité est profondément enracinée dans le Nouveau Testament. Dans l'Évangile selon Matthieu (18,15-17), Jésus invite à résoudre les différends à l'amiable : *« Si ton frère vient à pécher, va le trouver et reprends-le, seul à seul. S'il t'écoute, tu auras gagné ton frère. S'il n'écoute pas, prends encore avec toi un ou deux autres, pour que* toute affaire soit décidée sur la parole de deux ou trois témoins. *Que s'il refuse de les écouter, dis-le à la communauté. »* (*La Bible de Jérusalem*, Éditions du Cerf, 1998, collection Pocket, L'Évangile selon Saint Matthieu, chapitre 5, pages 1678-1679, traduction sous la direction de l'École biblique de Jérusalem). Cette pédagogie graduelle illustre déjà une conception chrétienne de la médiation : le conflit doit être traité avec discrétion, dialogue et patience, avant d'en arriver à l'exclusion.

Saint Paul, dans sa Première lettre aux Corinthiens, est encore plus explicite : il reproche aux chrétiens de porter leurs différends devant les tribunaux civils. Il leur demande de trouver des juges au sein de la communauté : *« Quand l'un de vous a un différend avec un autre, ose-t-il bien aller en justice devant les injustes, et non devant les saints ?* [...] *Pourquoi ne pas souffrir plutôt l'injustice ? Pourquoi ne pas vous laisser plutôt dépouiller ? »* (*La Bible de*

Jérusalem, Éditions du Cerf, 1998, collection Pocket, Première épitre de Saint Paul aux Corinthiens, chapitre 1-6, pages 1923, traduction sous la direction de l'École biblique de Jérusalem). Paul établit ici un principe central : les conflits entre frères doivent être arbitrés à l'intérieur de la communauté chrétienne, dans un esprit de charité et de réconciliation, plutôt que dans une logique de vengeance ou de victoire judiciaire.

Ces exhortations posent le socle d'une vision du droit profondément différente de celle du monde romain. Si le droit civil romain reposait sur la force des procédures, la médiation chrétienne privilégiait la recherche du bien commun, du pardon et de la paix. Cette dimension éthique est confirmée par les Pères de l'Église, tels qu'Ambroise de Milan ou Cyprien de Carthage, qui insistent sur l'importance de régler les litiges sans recourir à la violence.

Saint Augustin, lui aussi, reprend cette perspective : dans la *Cité de Dieu*, il rappelle que la paix est le bien suprême recherché par toutes les sociétés, et que la justice véritable consiste à ordonner les relations humaines dans l'amour de Dieu. L'arbitrage chrétien devient ainsi une mise en pratique de la charité : il ne s'agit pas seulement d'une technique de résolution des conflits, mais d'un chemin spirituel qui participe à la construction de la cité terrestre selon le modèle de la cité céleste.

Sur la base de ces principes, l'Église a rapidement institutionnalisé des pratiques de médiation et d'arbitrage. Les évêques, en particulier, jouaient un rôle central comme arbitres et médiateurs. Dès le IVe siècle, on voit apparaître ce que l'on appelle l'*audientia episcopalis*, c'est-à-dire la juridiction épiscopale. Les fidèles pouvaient se tourner vers leur évêque pour trancher des litiges civils ou commerciaux, au lieu de s'adresser aux magistrats civils.

L'empereur Constantin lui-même reconnut officiellement cette compétence dans une constitution de 318, qui permettait aux parties de choisir l'évêque comme arbitre, et dont les décisions avaient force exécutoire. Cette reconnaissance impériale marque une étape décisive : la médiation chrétienne devient non seulement une pratique morale, mais aussi une institution juridique intégrée dans le droit romain tardif.

Les évêques incarnaient cette fonction de médiateur par leur autorité spirituelle et leur proximité avec la communauté. Saint Basile de Césarée, par exemple, multipliait les arbitrages dans sa région. Saint Ambroise, archevêque de Milan, intervenait régulièrement dans des conflits entre notables et citoyens. Le prestige moral de ces figures donnait du poids à leurs décisions, souvent acceptées sans contestation.

Les monastères, de leur côté, développaient également des pratiques internes de médiation. La *Règle de saint Benoît* (VIe siècle) recommande de régler les différends entre frères dans un esprit d'humilité et d'obéissance, sous l'autorité de l'abbé. La vie communautaire exigeait une régulation constante des tensions, et la médiation devenait une pratique quotidienne. Ce modèle monastique de réconciliation allait influencer les pratiques sociales plus larges, notamment dans les villages et les seigneuries chrétiennes.

Ce qui distingue fondamentalement l'arbitrage chrétien de l'arbitrage civil, c'est la primauté donnée à la charité. Dans le droit romain, l'arbitrage pouvait être une procédure pratique pour éviter un procès, mais il restait soumis à une logique contractuelle et juridique. Dans le christianisme, l'arbitrage prend une dimension spirituelle : il ne s'agit pas seulement de résoudre un litige, mais de restaurer la communion entre frères.

Saint Jean Chrysostome le rappelle dans une homélie sur l'Évangile de Matthieu : il ne suffit pas d'appliquer la loi ; il faut retrouver l'unité intérieure et communautaire. La justice chrétienne ne se conçoit pas comme une stricte rétribution, mais comme une pédagogie du pardon et de la miséricorde.

Cette logique se retrouve dans l'institution médiévale de la *paix de Dieu* et de la *trêve de Dieu* (Xe-XIe siècles). Ces mouvements ecclésiaux visaient à limiter la violence féodale en imposant des périodes de trêve et en protégeant les populations civiles. Là encore, il s'agit d'un arbitrage chrétien appliqué à l'échelle sociale : l'Église se pose comme médiatrice entre seigneurs violents et populations vulnérables.

Le droit canonique, progressivement codifié à partir du XIIe siècle avec Gratien, intègre cette dimension. L'arbitrage et la médiation deviennent des procédures encouragées par l'Église, en complément des jugements ecclésiastiques. De nombreux conciles rappellent que les litiges entre clercs, mais aussi entre laïcs, doivent être réglés dans l'esprit de charité, en évitant autant que possible le recours à la violence judiciaire.

L'influence de cette tradition chrétienne sur les pratiques sociales et juridiques est considérable. Le modèle de l'arbitrage ecclésial inspire, au Moyen Âge, de nombreuses formes de justice seigneuriale et municipale. Dans les guildes, confréries et corporations, on retrouve des procédures de conciliation internes, souvent inspirées par les principes chrétiens. Les médiateurs étaient choisis pour leur probité et leur autorité morale, à l'image des évêques.

L'idée que la justice doit viser la réconciliation plus que la punition se retrouve dans les ordonnances royales médiévales. En France, par exemple, saint Louis est célèbre pour avoir rendu la justice sous son chêne à Vincennes, en cherchant toujours à concilier les parties. Ce modèle n'est pas directement canonique, mais il est nourri par l'imaginaire chrétien de la médiation.

À long terme, cette tradition a contribué à préparer le terrain des justices alternatives contemporaines. L'arbitrage, la médiation et la conciliation modernes trouvent une partie de leur légitimité dans cet héritage chrétien, qui a montré dès les premiers siècles qu'il était possible de penser la justice autrement que sous le seul registre de la contrainte.

Aujourd'hui, on peut lire cette influence jusque dans le développement des médiations institutionnelles : le Défenseur des droits en France, par exemple, ou les médiateurs européens, prolongent à leur manière l'intuition chrétienne selon laquelle il faut privilégier le dialogue, la protection des plus faibles et la recherche de solutions équilibrées. Certes, ces institutions sont désormais sécularisées et ne se réfèrent plus explicitement à l'Évangile. Mais leur logique profonde – restaurer un lien de confiance plutôt que punir – demeure marquée par la tradition chrétienne.

Le christianisme a profondément marqué la manière dont l'Occident a pensé et pratiqué la justice. En insistant sur la médiation fraternelle, en confiant aux évêques un rôle d'arbitres, en développant des institutions comme l'*audientia episcopalis* ou la trêve de Dieu, il a introduit une logique nouvelle : la justice comme réconciliation, plutôt que comme pure rétribution.

Cette transformation n'a pas seulement modifié les pratiques ecclésiales : elle a inspiré les formes de régulation sociale et politique, et préparé le terrain des pratiques de médiation contemporaines. Aujourd'hui encore, dans un monde en quête de modes pacifiques de résolution des conflits, l'héritage chrétien de l'arbitrage inspiré par la charité conserve une actualité étonnante. À travers cette tradition, on comprend mieux que la médiation n'est pas seulement une technique juridique : elle est un art de vivre ensemble, fondé sur la reconnaissance de la dignité de l'autre et sur la recherche de la paix comme bien suprême.

- Érasme : médiation par la sagesse, tolérance et pédagogie.

La figure d'Érasme de Rotterdam (1466–1536) incarne l'une des expressions les plus remarquables de la médiation chrétienne à la Renaissance. Humaniste, théologien, pédagogue, homme de lettres, il a cherché tout au long de sa vie à promouvoir une culture de paix, de tolérance et de dialogue dans un monde profondément traversé par les conflits religieux et politiques. Alors que l'Europe s'enfonce dans les guerres de religion, Érasme propose un chemin alternatif : celui de la médiation par la sagesse, la réconciliation des esprits par l'éducation, et la promotion d'une foi éclairée par la raison.

Ce sous-chapitre explore la manière dont Érasme a pensé et pratiqué la médiation : d'abord en soulignant son projet humaniste de réforme chrétienne, ensuite en mettant en évidence sa conception de la tolérance et du dialogue, puis en analysant son apport pédagogique comme levier de médiation sociale et culturelle. Enfin, nous interrogerons son héritage et son actualité, à travers la résonance que ses écrits continuent d'avoir dans nos sociétés contemporaines.

Érasme naît dans une Europe en transition, où l'héritage médiéval se confronte aux bouleversements de l'imprimerie, de l'exploration géographique et des premières révolutions scientifiques. Son ambition est claire : revenir aux sources du christianisme pour en extraire un esprit de paix et de sagesse, loin des querelles dogmatiques.

Dans son *Éloge de la folie* (1511), il critique les excès du clergé, la rigidité des théologiens scolastiques et l'hypocrisie de certaines pratiques religieuses. Derrière l'ironie et l'humour, il dénonce une Église qui a perdu de vue l'essentiel : l'Évangile comme message d'amour et de réconciliation. Cette œuvre, tout en étant satirique, relève d'une médiation intellectuelle : elle met en lumière les dysfonctionnements pour orienter vers une réforme intérieure, sans rupture violente.

Érasme s'emploie à rendre la Bible plus accessible. Il publie en 1516 une édition critique du Nouveau Testament en grec, accompagnée d'une traduction latine plus fidèle que la Vulgate et de notes explicatives. Cet effort n'est pas seulement philologique : il s'agit d'une médiation entre les textes originaux et le peuple chrétien, pour redonner au message du Christ sa clarté et sa force. Érasme plaide pour une approche profondément démocratique et pacificatrice : la connaissance de l'Écriture, partagée largement, devient une source de concorde.

La tolérance est au cœur de la pensée érasmienne. Confronté à la montée de la Réforme protestante et aux réponses parfois brutales de l'Église catholique, Érasme refuse de choisir la voie de la radicalité. Il reste catholique, mais critique certains abus. Il dialogue avec Luther, tout en se démarquant de ses positions les plus tranchées. Dans son traité *Du libre arbitre* (1524), il répond à Luther sur la question de la liberté humaine : là où Luther insiste sur la prédestination et la servitude de la volonté, Érasme défend une vision nuancée de la coopération entre grâce divine et liberté humaine.

Ce débat illustre la fonction médiatrice d'Érasme. Il cherche à maintenir un espace de discussion, de nuance, face aux positions polarisées. Pour lui, la vérité chrétienne ne peut être imposée par la violence ou par la contrainte, mais doit être accueillie dans un climat de liberté. Cette attitude lui valut d'être critiqué des deux côtés : les protestants lui reprochaient sa tiédeur, tandis que certains catholiques l'accusaient de compromission. Pourtant, cette « tiédeur » apparente est en réalité le signe d'une profonde conviction médiatrice : la paix entre chrétiens vaut mieux que la victoire d'un camp sur l'autre.

L'un des apports majeurs d'Érasme réside dans son travail pédagogique. Convaincu que les conflits naissent de l'ignorance et de la brutalité, il place l'éducation au centre de son projet de réforme sociale. Ses traités pédagogiques, comme *De ratione studii* (1511) et *De pueris instituendis* (1529), proposent des méthodes nouvelles : apprendre par la douceur, cultiver la mémoire par des exercices ludiques, enseigner les langues anciennes pour accéder aux sources de la sagesse.

La pédagogie érasmienne est profondément médiatrice, car elle cherche à former des individus capables de discernement, de dialogue et de respect mutuel. Là où l'éducation médiévale reposait largement sur la discipline autoritaire et la répétition mécanique, Érasme propose une pédagogie de la liberté et de la persuasion en invitant à conduire les enfants par l'amour et la louange plutôt que par la peur et les coups. Cette approche reflète son irénisme : l'éducation doit préparer des citoyens pacifiques, capables de régler leurs différends sans violence.

De plus, Érasme conçoit l'éducation comme universelle. Hommes et femmes, riches et pauvres, doivent pouvoir accéder à la culture. Dans *De pueris instituendis*, il affirme qu'il n'y a pas d'âge pour apprendre, ni de condition sociale requise. Ce souci d'inclusion fait de l'éducation un instrument de médiation sociale : elle réduit les inégalités et favorise la cohésion de la communauté chrétienne.

L'héritage d'Érasme dépasse largement son temps. Son idéal de médiation par la sagesse, la tolérance et la pédagogie a inspiré de nombreux penseurs humanistes, mais aussi les institutions modernes du dialogue interculturel. On peut voir dans son œuvre une préfiguration de ce que nous appelons aujourd'hui la diplomatie culturelle ou la médiation éducative.

Au XXe siècle, le philosophe Jacques Maritain a souligné combien l'humanisme d'Érasme préparait l'émergence d'une conception universelle des droits de l'homme. En insistant sur la dignité de toute personne, sur la liberté de conscience et sur la nécessité du dialogue, Érasme posait des bases qui allaient nourrir la modernité politique et juridique.

Son esprit reste vivant dans les institutions européennes. Le programme Erasmus, qui permet aux étudiants de toute l'Europe de voyager et d'échanger,

porte son nom à juste titre : il symbolise la médiation culturelle, la tolérance et l'ouverture intellectuelle qui étaient au cœur de son projet.
Enfin, à une époque marquée par les polarisations idéologiques et religieuses, relire Érasme, c'est redécouvrir une voix qui nous invite à dépasser les logiques de camps pour retrouver l'esprit du dialogue. Son irénisme n'était pas naïf : il savait combien les passions humaines pouvaient conduire à la guerre. Mais il croyait fermement que l'éducation, la culture et la sagesse pouvaient orienter les sociétés vers la paix.

Érasme illustre une forme unique de médiation chrétienne : une médiation intellectuelle, culturelle et spirituelle, fondée sur la sagesse des textes, la tolérance dans les débats et la pédagogie comme outil de pacification. Il n'a pas fondé une institution ni créé un système juridique, mais il a façonné des mentalités et ouvert des voies qui continuent d'inspirer. Son héritage nous rappelle que la médiation ne se limite pas à résoudre des conflits ponctuels : elle est un art de la civilisation, un projet éducatif et une vision du monde. Dans ce sens, Érasme est toujours d'actualité, car il nous invite à faire de la sagesse, de la tolérance et de l'éducation les piliers d'une société réconciliée.

- Pico della Mirandola : l'homme, médiateur de la création, responsable de son élévation ou de sa chute.

Le nom de Giovanni Pico della Mirandola (1463–1494) reste indissociable de son œuvre maîtresse, le *Discours sur la dignité de l'homme*, composé en 1486 et souvent présenté comme le manifeste de l'humanisme renaissant. Dans ce texte devenu emblématique, Pico met en avant une vision inédite de la place de l'homme dans l'univers : un être doué de liberté, capable de s'élever vers le divin ou de s'abaisser vers la bestialité. Ce discours n'est pas seulement une apologie de la grandeur humaine, mais aussi une réflexion sur la fonction médiatrice de l'homme, placé entre le ciel et la terre, entre Dieu et la nature.

Dans le contexte de notre étude sur la médiation spirituelle et sociale, la pensée de Pico revêt une importance particulière. Elle illustre le passage entre une théologie chrétienne marquée par l'autorité ecclésiale et une philosophie humaniste qui reconnaît à l'homme une autonomie spirituelle. En plaçant la dignité au centre, Pico propose une anthropologie de la médiation : l'homme n'est pas figé dans un statut prédéterminé, mais appelé à devenir médiateur de sa propre existence et de la création tout entière.
Nous examinerons ici les fondements philosophiques et théologiques de cette vision, son contenu dans le *Discours sur la dignité de l'homme*, son rapport à la tradition chrétienne, et enfin son héritage pour la pensée moderne.

Né dans une famille de la noblesse italienne, Pico reçoit une formation encyclopédique. Il étudie le droit canon, la philosophie, les langues anciennes et s'initie aux traditions philosophiques grecques, latines, juives (par la Kabbale) et arabes. Cette curiosité universelle reflète déjà son projet de médiation intellectuelle : faire dialoguer des sources multiples, afin d'unifier la vérité dans une synthèse plus large.

À l'époque, la Renaissance est marquée par un retour aux textes antiques et par l'essor d'un humanisme centré sur l'homme comme acteur de son destin. Mais chez Pico, l'humanisme n'est pas une rupture avec le christianisme ; il en constitue plutôt une extension. Il croit profondément que la sagesse païenne, la philosophie néoplatonicienne et la révélation chrétienne convergent dans une même vérité. Cette conviction se traduit dans son *Discours*, qui devait introduire ses « 900 thèses » philosophiques et théologiques destinées à être débattues à Rome — projet ambitieux qui lui valut la suspicion de l'Inquisition.

Pico est ainsi un médiateur culturel : il cherche à réconcilier les traditions spirituelles et philosophiques dans une vision universelle. Son projet préfigure déjà ce que nous appelons aujourd'hui le dialogue interreligieux et interculturel.

Le cœur de l'œuvre de Pico réside dans une idée audacieuse : contrairement aux autres créatures, l'homme n'a pas reçu de nature fixe. Dieu, en le créant, ne lui attribue pas un rôle prédéfini mais lui offre la liberté de se façonner lui-même. L'homme est médiateur non seulement parce qu'il est situé entre le monde spirituel et le monde matériel, mais surtout parce qu'il est libre de s'orienter vers l'un ou l'autre. Il peut descendre vers l'animalité s'il s'abandonne aux instincts, ou s'élever vers le divin par la contemplation et la vertu. Sa dignité réside dans cette liberté créatrice, qui fait de lui un co-artisan de sa propre destinée.

Ainsi, la médiation chez Pico n'est pas seulement une fonction sociale ou religieuse, mais une dynamique existentielle : l'homme se tient en tension entre deux pôles et doit choisir la direction de son devenir.

Pico conçoit l'homme comme un microcosme, un résumé de toute la création. Il possède les facultés du monde matériel (corps, sensibilité), celles du monde animal (instincts, désirs) et celles du monde spirituel (raison, intelligence). Par ce mélange unique, il occupe une place centrale et médiatrice dans l'univers.

Cette idée s'inspire du néoplatonisme de Marsile Ficin et des traditions hermétiques, mais Pico lui donne une tonalité chrétienne : si l'homme est au centre, c'est pour répondre à une vocation divine. En lui se rejoignent la terre et le ciel, le fini et l'infini, la nature et la grâce.

La médiation cosmique de l'homme a donc une double dimension. Ontologique d'abord, il est le carrefour de toutes les forces de la création et éthique et spirituelle, il a la responsabilité de choisir l'orientation de sa vie et d'assumer sa fonction d'harmonisation.

Pico rejoint ici la vision biblique de la Genèse, où l'homme est créé « à l'image de Dieu » et appelé à « dominer la terre » — mais il transpose cette domination en responsabilité morale. L'homme n'est pas maître absolu, mais médiateur chargé d'unifier le cosmos dans la louange et la sagesse.

Nous le voyons, le thème central de Pico est la dignité de l'homme, qu'il associe à sa liberté radicale. Alors que la scolastique médiévale mettait l'accent sur la hiérarchie des êtres et sur la dépendance de l'homme à l'égard de Dieu, Pico introduit une perspective dynamique : la dignité n'est pas donnée une fois pour toutes, elle se conquiert par les choix de vie. Dans le *Discours*, il affirme que l'homme peut dégénérer jusqu'aux bêtes, mais aussi renaître vers les réalités supérieures, divines, selon la décision de son âme. Cette pensée exprime la dimension tragique et sublime de la liberté humaine. L'homme est médiateur non seulement entre Dieu et la création, mais entre sa propre grandeur et sa propre chute. Sa dignité réside dans la capacité de franchir ces seuils, de transformer son existence en un projet spirituel.

Cette conception a des résonances profondes dans l'histoire de la pensée. Elle annonce la philosophie de l'existentialisme moderne, où l'homme est défini par sa liberté de se choisir. Mais chez Pico, cette liberté reste enracinée dans une perspective théologique : c'est un don divin, une invitation à rejoindre Dieu par l'exercice de la raison et de la vertu.

La pensée de Pico s'inscrit dans la tradition chrétienne tout en la renouvelant. L'idée que l'homme est créé à l'image de Dieu est biblique, mais Pico la développe dans une perspective humaniste qui valorise davantage l'autonomie humaine.

Saint Augustin avait déjà souligné la grandeur de l'âme humaine, capable de se tourner vers Dieu par un mouvement intérieur. Thomas d'Aquin avait insisté sur la rationalité de l'homme comme reflet de la raison divine. Pico reprend ces thèmes, mais il accentue la dimension de liberté et de créativité.

Ce qui est nouveau chez lui, c'est l'affirmation que l'homme n'a pas de nature fixe, mais une potentialité ouverte. Là où la tradition médiévale insistait sur l'ordre des êtres dans la hiérarchie cosmique, Pico introduit une dynamique ascendante et descendante : l'homme n'est pas assigné à une place, mais invité à se construire. Ainsi, Pico incarne une médiation entre la théologie chrétienne et l'humanisme renaissant. Il conserve l'horizon divin, mais il confère à l'homme une responsabilité et une autonomie inédite.

L'influence de Pico della Mirandola a été considérable. Son *Discours* est devenu un texte fondateur de l'humanisme moderne, souvent cité comme une proclamation des droits et de la dignité de l'homme. Au XVIIe siècle, Descartes reprend à sa manière l'idée que l'homme, par le cogito, est capable de se saisir lui-même et de fonder son savoir. Au XIXe siècle, les philosophes idéalistes allemands voient en Pico un précurseur de la liberté comme essence de l'homme. Au XXe siècle, son texte est souvent relu à la lumière des droits de l'homme, comme une anticipation de l'idée d'égalité et de responsabilité universelle. Aujourd'hui, la pensée de Pico résonne dans les débats sur la bioéthique, l'écologie, et la responsabilité humaine face aux technologies. Son idée que l'homme peut s'élever ou se dégrader en fonction de ses choix reste d'une actualité brûlante. Elle rappelle que la liberté humaine, loin d'être un simple droit, est aussi une tâche et un risque.

Le *Discours sur la dignité de l'homme* de Pico della Mirandola propose une vision de l'homme comme médiateur universel : médiateur entre Dieu et la création, entre le matériel et le spirituel, entre sa propre chute et son élévation. Sa dignité ne réside pas dans une essence figée, mais dans la liberté créatrice de se construire lui-même. Par cette conception, Pico incarne une étape décisive dans l'histoire de la médiation chrétienne et humaniste. Il réconcilie les héritages philosophiques et religieux, et ouvre la voie à une modernité qui valorise la dignité et la responsabilité de chaque personne. Sa pensée demeure une invitation à la vigilance : la liberté humaine est un don immense, mais elle engage l'homme à devenir le médiateur de sa propre destinée, et à assumer sa responsabilité devant Dieu, la nature et l'histoire.

- L'apport spécifique de Norbert Elias à la médiation.

L'histoire de la médiation ne peut se limiter aux figures théologiques ou philosophiques de l'Antiquité et de la Renaissance : elle trouve aussi ses prolongements dans la sociologie moderne. Parmi les penseurs qui ont profondément renouvelé notre compréhension des relations humaines et des dynamiques sociales, Norbert Elias (1897–1990) occupe une place de choix. Connu principalement pour son œuvre majeure *La civilisation des mœurs* (1939) et pour sa théorie du *processus de civilisation*, Elias propose une lecture originale des transformations historiques des comportements humains, des régulations sociales et des mécanismes de pacification.

Si Pico della Mirandola avait exalté la liberté de l'homme comme médiateur entre le ciel et la terre, Elias déplace le regard : la médiation n'est plus seulement une affaire individuelle et spirituelle, mais un processus social et historique. Elle s'inscrit dans de longues chaînes d'interdépendances où les individus apprennent à maîtriser leurs pulsions et à négocier leurs conflits. Ainsi, l'apport d'Elias à la médiation tient à sa capacité de décrire comment les sociétés fabriquent les conditions de la coexistence pacifique, comment elles transforment la violence brute en régulation symbolique, et comment l'individu devient médiateur de lui-même à travers l'intériorisation des normes.

Né en 1897 à Breslau (aujourd'hui Wrocław, en Pologne), issu d'une famille juive allemande, Elias connaît les bouleversements tragiques du XXe siècle : la Première Guerre mondiale, le nazisme, l'exil, la Seconde Guerre mondiale et la perte de sa mère dans les camps. Son œuvre est marquée par cette expérience de la violence et par la nécessité de comprendre comment les sociétés peuvent à la fois produire des formes de barbarie et inventer des processus de pacification.

Dans *La civilisation des mœurs* et *La dynamique de l'Occident*, il développe la thèse centrale du processus de civilisation : au fil des siècles, les comportements humains (habitudes alimentaires, relations sexuelles, gestion de la violence, politesse) se transforment progressivement sous l'effet de contraintes sociales intériorisées. Ce qui était autrefois accepté — la brutalité des seigneurs féodaux, la violence physique immédiate — devient progressivement contrôlé et canalisé par les institutions (État, justice, marché, école).

Elias ne voit pas ce processus comme linéaire ni univoque : il peut connaître des régressions (barbaries du XXe siècle), mais il traduit une tendance générale à la médiation croissante des rapports humains. Là où la force brute dominait, apparaissent des formes de négociation, de règles et de symbolisations. La médiation, chez Elias, n'est donc pas une institution isolée, mais un mouvement global d'auto-discipline sociale.

La première grande contribution d'Elias à la médiation réside dans sa description du passage de la violence à la régulation. Dans *La civilisation des mœurs*, il analyse les manuels de civilité publiés à la Renaissance (comme ceux d'Érasme) et montre comment les codes de politesse s'imposent peu à peu, modifiant les comportements corporels (manger, se moucher, se tenir à table) et les relations sociales. Ce processus de raffinement n'est pas anecdotique : il traduit une intériorisation de la médiation. L'individu apprend à contrôler ses pulsions non parce qu'il y est contraint physiquement, mais parce qu'il a intégré les normes sociales comme règles de comportement. La médiation cesse d'être imposée de l'extérieur pour devenir un réflexe intérieur.

Dans *La civilisation des mœurs,* Elias écrit que le contrôle de soi est devenu une seconde nature. L'homme civilisé n'a pas besoin d'une contrainte extérieure permanente : il porte en lui la régulation de ses pulsions. Ainsi, la médiation sociale prend une forme diffuse et quotidienne : elle se loge dans la manière dont chacun apprend à différer ses désirs, à anticiper les réactions d'autrui, à transformer la violence en langage. La politesse, la diplomatie, le droit apparaissent comme des formes institutionnalisées de cette médiation. En d'autres termes, Elias met en lumière la dimension processuelle et collective de la médiation. Ce n'est pas un acte ponctuel (résoudre un conflit), mais une transformation de longue durée qui modifie les structures mêmes de la coexistence humaine.

Un autre apport fondamental d'Elias réside dans sa notion de figuration. Pour lui, les sociétés ne sont pas des agrégats d'individus isolés, ni des structures figées : elles sont des réseaux d'interdépendances en mouvement. Chaque individu est pris dans des relations réciproques qui le contraignent et lui donnent des marges de manœuvre.

Dans *La société des individus* (1987), Elias développe l'idée selon laquelle l'individu et la société ne sont pas des réalités opposées : ils sont les deux pôles d'une même dynamique. Appliquée à la médiation, cette perspective éclaire un point crucial : tout conflit est pris dans un réseau de dépendances mutuelles. On ne peut pas comprendre ni résoudre un conflit sans analyser les figurations dans lesquelles il s'inscrit (famille, entreprise, État, relations internationales). La médiation devient alors une méthode pour réorganiser ces interdépendances, pour transformer la configuration relationnelle qui alimente le conflit.

Elias offre ainsi un cadre théorique précieux aux pratiques modernes de médiation sociale, familiale ou internationale. Plutôt que de réduire le conflit à une opposition binaire (A contre B), il invite à voir le tissu relationnel qui relie les acteurs et à comprendre comment chacun est à la fois contraint et acteur de ce réseau.

On pourrait croire qu'Elias propose une vision optimiste d'un progrès linéaire vers la pacification. Or, il souligne au contraire la fragilité du processus de civilisation. La barbarie du XXe siècle, incarnée par le nazisme et la Shoah, montre que les acquis de la médiation peuvent être brutalement détruits.

Dans *La société des individus*, il analyse comment des sociétés hautement civilisées ont pu sombrer dans la violence extrême. Ce paradoxe s'explique par la complexité des interdépendances : quand les structures politiques ou économiques se délitent, les mécanismes de contrôle de soi et de régulation peuvent s'effondrer.

La médiation, dans la perspective d'Elias, n'est donc jamais acquise une fois pour toutes. Elle est un processus historique, toujours susceptible de régressions. Cette lucidité donne à sa pensée une résonance particulière aujourd'hui, à l'heure où les conflits internationaux, les violences sociales et les fractures identitaires mettent à l'épreuve les institutions de médiation.

L'apport d'Elias ne se réduit pas à une théorie historique : il éclaire directement les pratiques actuelles de médiation et trouve une résonance particulière dans le monde contemporain. Ses analyses sur l'intériorisation des normes et la pacification progressive des mœurs permettent de comprendre comment les dispositifs actuels de médiation sociale et urbaine s'inscrivent dans une longue tradition civilisatrice. Dans les quartiers en tension, les écoles ou encore les entreprises, la conviction qu'un comportement violent peut être transformé par l'apprentissage, la socialisation et le dialogue prolonge cette intuition d'Elias : la régulation des pulsions ne dépend pas seulement de la contrainte extérieure, mais d'une discipline intériorisée et d'un travail collectif.

Cette approche trouve aussi un écho dans la médiation internationale. En décrivant les sociétés comme des réseaux d'interdépendances qu'il nomme « figurations », Elias a montré que les relations humaines, même au niveau des États, ne se réduisent pas à des affrontements de volontés. Derrière les conflits se dessinent toujours des dynamiques d'équilibres économiques, politiques et culturels qui conditionnent les comportements collectifs. La médiation diplomatique, loin d'être un simple échange entre deux puissances adverses, peut ainsi être lue comme un travail de réorganisation des interdépendances et de redéfinition des équilibres globaux.

De même, son insistance sur la relativité des codes de civilité éclaire directement les enjeux de la médiation interculturelle. Comprendre que chaque société a développé ses propres formes de régulation et ses propres seuils de tolérance conduit à éviter les jugements ethnocentriques et à inventer de nouveaux cadres de dialogue. La médiation interculturelle, qu'elle s'exerce dans les villes cosmopolites ou dans les entreprises mondialisées, devient alors l'application contemporaine de cette prise de conscience sociologique : pour qu'un échange soit possible, il faut reconnaître la pluralité des normes sociales et les intégrer dans un espace commun de négociation.
Enfin, la réflexion d'Elias nourrit les pratiques d'éducation à la paix. En montrant que la pacification des mœurs repose sur l'intériorisation progressive des contraintes sociales, il suggère que la paix durable ne peut pas se réduire à la signature de traités ou à des dispositifs institutionnels. Elle suppose une éducation de longue haleine, fondée sur l'apprentissage de l'autocontrôle, de la tolérance et de la négociation dès le plus jeune âge. Cette perspective

renforce l'idée que la médiation est moins un mécanisme ponctuel qu'une véritable culture, capable de transformer durablement les rapports humains.

Ainsi, l'œuvre d'Elias dépasse la seule médiation institutionnelle pour proposer une vision élargie : celle d'une culture de la médiation inscrite dans la longue durée des civilisations. Elle met en évidence la nécessité de penser la régulation des conflits non seulement comme une réponse immédiate, mais comme un processus collectif de transformation des comportements et de réorganisation des interdépendances.

Norbert Elias apporte à la réflexion sur la médiation une profondeur sociologique et historique sans équivalent. En décrivant le *processus de civilisation* comme une pacification progressive des mœurs, il montre comment la médiation s'intériorise dans les comportements individuels et se diffuse dans les institutions sociales. Sa théorie des figurations éclaire la dimension relationnelle et interdépendante de tout conflit, tandis que sa lucidité sur les régressions possibles rappelle la fragilité des acquis de la civilisation.

L'homme, chez Elias, est médiateur de lui-même et de ses relations sociales. Sa dignité ne réside plus seulement, comme chez Pico, dans une liberté métaphysique, mais dans la capacité à transformer la violence en dialogue, à intégrer les contraintes sociales en règles partagées.

À l'heure où les sociétés contemporaines affrontent des crises de coexistence, relire Elias permet de comprendre que la médiation n'est pas un luxe ni une procédure exceptionnelle : elle est le cœur même du processus civilisateur, une tâche toujours inachevée qui engage l'humanité tout entière.

Partie 4 : La médiation institutionnalisée : du contrat social au droit moderne

Chapitre 8 – Médiation et pensée moderne

- Spinoza : l'éthique comme recherche de liberté et autonomie.

La pensée de Baruch Spinoza (1632–1677) constitue un moment décisif dans l'histoire intellectuelle de l'Occident. Philosophe excommunié par sa communauté juive d'Amsterdam, suspect aux yeux des autorités religieuses chrétiennes, il incarne l'esprit d'indépendance et de rigueur qui caractérise la modernité philosophique. Pourtant, derrière la radicalité de ses thèses, se dessine une conception profondément médiatrice de l'existence humaine : médiation entre passion et raison, entre nécessité et liberté, entre individu et communauté.

L'*Éthique*, son œuvre maîtresse, se présente comme une architecture systématique où l'homme, loin d'être un empire dans un empire, est replacé dans l'ordre de la nature. Mais cette réduction de l'homme à un élément d'un tout n'aboutit pas à un fatalisme : au contraire, Spinoza y propose une voie de libération et d'autonomie, en montrant que comprendre la nécessité équivaut à se libérer de l'illusion et de la servitude des passions. C'est dans cette tension entre la reconnaissance de la nécessité universelle et la conquête de la liberté intérieure que s'inscrit la médiation spinoziste.

L'*Éthique* commence par une ontologie : *« J'entends par Dieu un être absolument infini, c'est-à-dire une substance constituée par une infinité d'attributs dont chacun exprime une essence éternelle et infinie. »* (Spinoza, *Éthique*, Garnier Frères Flammarion, 1965, page 21, traduction par Charles Appuhn), autrement dit tout est dans Dieu. De cette affirmation découle un déterminisme absolu : rien n'arrive par hasard, tout suit l'ordre nécessaire de la substance infinie. L'homme n'échappe pas à cette loi ; ses pensées, ses désirs, ses affects sont les produits de cette même nécessité.

Cependant, l'homme éprouve ces déterminations sous la forme de passions. Spinoza distingue soigneusement les affects passifs, qui traduisent notre dépendance aux causes extérieures, et les affects actifs, qui expriment notre puissance propre d'agir. La médiation entre ces deux ordres est au cœur de l'éthique spinoziste : il s'agit de passer d'une existence dominée par les passions tristes (tristesse, haine, crainte, jalousie) à une existence régie par les affects actifs, fruits de la raison et de la connaissance adéquate.

Spinoza écrit dans l'*Éthique* : *« Par passion j'entends les affections du corps par lesquelles la puissance d'agir du corps est diminuée ou augmentée, aidée ou réprimée, et en même temps les idées de ces affections. »* (Spinoza, *Éthique*, partie III, définition des affects III, Éditions du Seuil, collection Point, 1988, page 203, traduction par Bernard Pautrat). La passion est donc une diminution de puissance, une dépendance. La liberté véritable naît de la connaissance rationnelle qui permet de transformer les passions en affects actifs, autrement dit de comprendre ce qui nous affecte et de nous en rendre cause partielle.

Cette transformation est en soi un processus de médiation : la raison médiatise la relation brute entre l'homme et le monde, et permet d'échapper à la servitude des affects pour entrer dans la joie active. Ainsi, pour Spinoza, la médiation n'est pas un tiers extérieur, mais une opération interne de l'esprit sur lui-même : la connaissance comme instrument de libération.

Le projet spinoziste se fonde sur une hiérarchie des modes de connaissance. Dans l'*Éthique* (partie II, proposition XL), Spinoza distingue trois genres de connaissance : l'imagination, (ou opinion), la raison, et l'intuition. L'imagination est la perception confuse, liée aux rencontres contingentes avec les choses. Elle nous enferme dans la servitude, car elle nous fait croire à des causes fortuites et alimente les passions. La raison est la connaissance adéquate des choses par leurs causes communes ; elle permet d'universaliser notre expérience et de reconnaître l'ordre nécessaire de la nature. L'intuition est le sommet de la connaissance : une saisie immédiate de l'essence des choses en Dieu.

Ce parcours cognitif est une médiation graduelle : il ne s'agit pas d'abolir les passions d'un coup, mais de les transformer en les éclairant. Plus je comprends pourquoi j'agis, plus je cesse d'être dominé. Spinoza écrit : *« Un affect qui est une passion cesse d'être une passion sitôt que nous en formons une idée claire et distincte. »* (Spinoza, *Éthique,* partie V, proposition III, Éditions du Seuil, collection Point, 1988, page 489, traduction par Bernard Pautrat). La médiation est ici l'opération intellectuelle qui traduit la passivité en activité. La connaissance, loin d'être une pure spéculation, est donc une pratique éthique. Méditer sur ses passions, comprendre les causes qui nous traversent, c'est se réconcilier avec soi-même. En ce sens, la médiation spinoziste n'est pas seulement entre l'homme et le monde, mais entre l'homme et sa propre intériorité.

Le paradoxe de Spinoza tient en ceci : il affirme un déterminisme absolu, et pourtant il parle de liberté. Comment concilier les deux ? La clé réside dans la médiation entre nécessité et autonomie. Pour Spinoza, être libre ne signifie pas agir sans cause, mais agir selon la nécessité de sa propre nature. Un esclave des passions est déterminé de l'extérieur, par des causes qu'il ignore. Un sage, au contraire, est déterminé par la connaissance adéquate de lui-même et du monde. Il est tout autant nécessaire, mais sa nécessité est comprise et appropriée. Il écrit : *« Je veux dire, que les hommes naissent tous ignorants des causes des choses, et qu'ils ont tous l'appétit de chercher ce qui leur est utile, chose dont ils ont conscience. Car de là suit,* premièrement, *que les hommes se croient libres, pour la raison qu'ils ont conscience de leurs volitions et de leur appétit, et que, les causes qui les disposent à appéter et à vouloir, ils les ignorent, et n'y pensent pas même en rêve. »* (Spinoza, *Éthique,* partie I, proposition XXXVI, Éditions du Seuil, collection Point, 1988, page 81, traduction par Bernard Pautrat). La véritable liberté consiste donc à médiatiser cette ignorance par la connaissance, afin de se réconcilier avec la nécessité. Ainsi, la médiation spinoziste entre liberté et nécessité ne supprime pas l'une au profit de l'autre, mais les articule : reconnaître la nécessité, c'est se libérer de l'illusion du hasard et entrer dans une liberté lucide.

La médiation chez Spinoza n'est pas seulement intérieure : elle a une dimension sociale. L'homme, dit-il, est un être naturellement social. Dans l'*Éthique*, il affirme : *« C'est quand chaque homme recherche au plus haut point ce qui lui est utile que les hommes sont le plus utiles les uns aux autres. Car plus chacun recherche ce qui lui est utile, et s'efforce de se conserver, plus il est doté de vertu, autrement dit, c'est la même chose, plus grande est la puissance dont il est doté pour agir d'après les lois de sa nature, c'est-à-dire pour vivre sous la conduite de la raison. »* (Spinoza, *Éthique,* partie IV, proposition XXXV, Éditions du Seuil, collection Point, 1988, page 391, traduction par Bernard Pautrat).

Cela signifie que la raison ne conduit pas seulement à l'autonomie individuelle, mais aussi à une médiation collective : vivre raisonnablement, c'est vivre en communauté harmonieuse. L'homme ne peut rien seul, il dépend des autres pour sa survie et son bonheur. La médiation spinoziste se prolonge ainsi dans une éthique de la coopération. Dans le *Traité politique*, Spinoza montre que l'État est une médiation nécessaire entre les individus, pour canaliser les passions et instaurer un ordre commun qui rende possible la liberté. Loin d'être un mal, l'État est la condition de l'autonomie : il empêche la violence des passions de détruire la communauté. Ici encore, la médiation n'est pas extérieure mais immanente : l'État n'est pas un pouvoir transcendant, mais l'expression des forces collectives organisées.

Au sommet de l'*Éthique*, Spinoza décrit la béatitude, qui réside dans l'amour intellectuel de Dieu. Ce n'est pas un amour mystique, mais une joie rationnelle : comprendre que nous faisons partie de la nature infinie, c'est se réjouir de notre place dans l'ordre total. Il écrit : *« L'amour intellectuel de Dieu qui naît du troisième genre de connaissance est éternel. »* (Spinoza, *Éthique,* partie V, proposition XXXIII, Éditions du Seuil, collection Point,

1988, page 525, traduction par Bernard Pautrat). Cette béatitude n'est pas une fuite du monde, mais une médiation suprême entre l'homme et le tout. En comprenant sa participation à la substance infinie, l'homme cesse de se vivre comme un individu isolé et s'unifie avec l'ordre universel. Cette médiation cosmique est la clé de l'autonomie : l'homme n'est pas libre contre le monde, mais dans le monde, par la compréhension de sa nécessité.

Spinoza offre une conception originale de la médiation, qui n'est ni institutionnelle ni religieuse, mais éthique et ontologique. La médiation, chez lui, n'est pas assurée par un tiers, mais par la raison elle-même, qui traduit la passivité en activité, l'ignorance en connaissance, l'aliénation en liberté.

Dans un monde dominé par les passions tristes, Spinoza invite à une réconciliation intérieure et sociale : comprendre pour se libérer, raisonner pour coopérer, aimer pour s'unifier avec le tout. Son éthique, loin d'être une spéculation abstraite, propose une médiation concrète entre l'homme et ses affects, entre l'individu et la communauté, entre la liberté et la nécessité. En ce sens, Spinoza inaugure une modernité de la médiation : non plus fondée sur des autorités transcendantes, mais sur l'autonomie de la raison.

- Rousseau : *Contrat social* (médiation entre individu et collectivité).

Jean-Jacques Rousseau (1712–1778) occupe une place singulière dans la philosophie moderne. Son œuvre, à la fois politique, éducative et littéraire, a marqué de façon durable la pensée occidentale, en particulier à travers *Du Contrat social* (1762). Là où Spinoza avait posé les bases d'une médiation immanente entre l'homme et la nécessité, Rousseau s'interroge sur la possibilité d'une médiation politique et sociale capable de réconcilier deux pôles apparemment irréductibles : la liberté individuelle et l'ordre collectif.

Son intuition centrale est célèbre : *« L'homme est né libre, et partout il est dans les fers. »* (Jean-Jacques Rousseau, *Du Contrat social*, Livre I, chapitre 1, Éditions Garnier Frères, 1962, page 237). Comment sortir de cette contradiction ? Comment penser un ordre politique qui ne soit pas pure soumission, mais au contraire garantie de la liberté ? Rousseau propose une réponse radicale : le contrat social, acte par lequel les individus renoncent à leur liberté naturelle pour acquérir une liberté civile supérieure, fondée sur l'appartenance à la volonté générale.

Le projet rousseauiste est donc une théorie de la médiation : entre nature et société, entre intérêt particulier et bien commun, entre individu et collectivité. Analysons cette œuvre en montrant comment elle construit une philosophie de la médiation politique et morale.

Rousseau commence par constater que l'homme, dans l'état de nature, est libre. Dans le *Discours sur l'origine et les fondements de l'inégalité parmi les hommes* (1755), il décrit cet état primitif : l'homme y est solitaire, autonome, guidé par ses besoins et sa pitié naturelle. Cet homme n'est pas corrompu par les comparaisons sociales ; il vit dans une forme de médiation immédiate avec la nature.

Mais la société introduit une rupture. Par la naissance de la propriété privée – *« Le premier qui ayant enclos un terrain, s'avisa de dire,* ceci est à moi, *et trouva des gens assez simples pour le croire, fut le vrai fondateur de la société civile »* (Jean-Jacques Rousseau, *Discours sur l'origine et les fondements de l'inégalité parmi les hommes*, Gallimard, 1965, collection Folio/essais seconde partie, page 91) – naît la dépendance, l'inégalité, la rivalité. L'homme libre se trouve aliéné par les rapports de domination.

Le problème politique est alors formulé : comment recréer un ordre social qui ne soit pas oppression, mais au contraire condition de liberté ? Rousseau ne croit pas possible un retour à la nature ; la médiation doit donc se construire à l'intérieur même de la société, par un pacte volontaire.

Dans le *Contrat social*, Rousseau énonce la solution : un pacte dans lequel chacun, en s'unissant à tous, n'obéit plus qu'à lui-même, mais sous une forme collective.
La formule essentielle se lit au livre I, chapitre 6 : *« Chacun de nous met en commun sa personne et toute sa puissance sous la suprême direction de la volonté générale ; et nous recevons encore chaque membre comme partie indivisible du tout. »* (Jean-Jacques Rousseau, *Du Contrat social*, chapitre 1, Éditions Garnier Frères, 1962, page 244).

Par ce geste, l'individu renonce à sa liberté naturelle – celle d'agir selon son seul intérêt – mais il gagne en échange une liberté civile et morale, qui consiste à n'obéir qu'à la loi qu'il s'est prescrite à lui-même, comme membre du corps politique. La médiation est ici évidente : entre l'individu isolé et la collectivité oppressante, Rousseau invente une troisième voie, celle de la volonté générale, qui est la médiation active de la liberté individuelle et de l'ordre commun.

Ainsi, le contrat social n'est pas une aliénation pure, mais une transfiguration : l'homme ne perd rien, il gagne une liberté supérieure. Rousseau le dit clairement (*Contrat social*, I, 8) : *« Ce que l'homme perd par le contrat social, c'est sa liberté naturelle et un droit illimité à tout ce qui le tente et qu'il peut atteindre ; ce qu'il gagne, c'est la liberté civile et la propriété de tout ce qu'il possède. »* (Jean-Jacques Rousseau, *Du Contrat social*, chapitre 1, Éditions Garnier Frères, 1962, page 247).

Le cœur de la médiation rousseauiste se trouve dans la notion de *volonté générale*. À la différence de la volonté de tous – somme des intérêts particuliers – la volonté générale exprime ce qui est commun à tous. Elle n'est pas la simple addition des désirs, mais l'expression d'un intérêt collectif transcendant les individus.

Dans le livre II, chapitre 3 du *Contrat social*, Rousseau précise : « *Il y a souvent bien de la différence entre la volonté de tous et la volonté générale ; celle-ci ne regarde qu'à l'intérêt commun ; l'autre regarde à l'intérêt privé, et n'est qu'une somme de-volontés particulières : mais ôtez de ces mêmes volontés les plus et les moins qui s'entre-détruisent, reste pour somme des différences la volonté générale.* » (Jean-Jacques Rousseau, *Du Contrat social*, chapitre 1, Éditions Garnier Frères, 1962, page 252).

La volonté générale est donc une médiation conceptuelle et politique : elle traduit la pluralité des individus en un corps politique unique, sans les réduire à l'uniformité. Elle ne nie pas les différences, mais elle les dépasse dans une perspective commune. Cette notion est capitale pour la modernité politique. Elle permet de fonder la légitimité du droit et des institutions : la loi n'est pas un commandement extérieur, mais l'expression de la volonté générale à laquelle chacun participe. La médiation politique est donc aussi une médiation juridique : obéir à la loi, c'est obéir à soi-même en tant que citoyen.

Pour Rousseau, la loi est l'instrument concret de cette médiation. La loi, si elle est bien conçue, ne privilégie aucun individu, mais vise l'intérêt général. Elle est universelle dans son objet, et c'est cette universalité qui garantit l'égalité.

« On doit concevoir par là que ce qui généralise la volonté est moins le nombre des voix que l'intérêt commun qui les unit. » (Jean-Jacques Rousseau, *Du Contrat social*, chapitre 1, Éditions Garnier Frères, 1962, page 255). Ainsi, la loi n'est pas une contrainte arbitraire, mais l'expression rationnelle d'un compromis collectif. En ce sens, la loi rousseauiste est l'archétype de la médiation : elle traduit la diversité des intérêts en une norme commune, qui ne détruit pas la liberté mais au contraire la rend possible. Car, comme Rousseau le souligne, sans loi, la liberté n'est qu'anarchie et domination du plus fort.

Rousseau est conscient que cette médiation est fragile. La volonté générale peut être pervertie par les factions, les partis, les inégalités économiques. Le *Contrat social* est traversé par cette inquiétude : comment préserver la pureté de la volonté générale ? Comment éviter que l'intérêt particulier ne l'emporte ?

Il admet que cette médiation politique suppose une vertu civique exigeante : les citoyens doivent être capables de mettre de côté leur intérêt immédiat pour se soucier du bien commun. Dans un passage célèbre (*Contrat social*, II, 7), il écrit : *« Si, quand le peuple suffisamment informé délibère, les citoyens n'avaient aucune communication entre eux, du grand nombre de petites différences résulterait toujours la volonté générale, et la délibération serait toujours bonne. »* (Jean-Jacques Rousseau, *Du Contrat social*, chapitre 1, Éditions Garnier Frères, 1962, page 252).

La médiation politique exige donc aussi une médiation morale : éduquer le citoyen à la vertu, à la participation, à la responsabilité. Sans cela, la volonté générale dégénère en volonté de tous, et la médiation échoue.

Pour renforcer cette cohésion, Rousseau introduit la notion de religion civile. Il distingue entre la religion de l'homme (foi intérieure), la religion du citoyen (culte civique antique), et la religion civile moderne, qui fonde l'appartenance commune sur quelques dogmes simples : l'existence de Dieu, la vie future, la récompense des justes, le châtiment des méchants, la sainteté du contrat social.

Cette religion civile est une médiation symbolique : elle donne aux citoyens des repères communs, sans empiéter sur la conscience individuelle. Elle manifeste que la médiation politique ne peut pas être seulement rationnelle et juridique : elle doit aussi être affective et symbolique, en mobilisant l'imaginaire collectif.

La médiation rousseauiste a été très influente, mais aussi très critiquée. Certains, comme Benjamin Constant, ont dénoncé le danger d'un collectivisme écrasant l'individu : la volonté générale pourrait devenir un prétexte pour la tyrannie de la majorité. D'autres, comme Hegel, ont reconnu dans Rousseau l'intuition d'une liberté collective, mais ont jugé sa conception trop abstraite. Cependant, l'idée d'une médiation entre individu et collectivité par le contrat social reste au cœur des démocraties modernes. Les institutions représentatives, le droit constitutionnel, les conceptions de la citoyenneté participative doivent beaucoup à Rousseau.

Rousseau, dans le *Contrat social*, invente une théorie de la médiation politique qui répond à une tension fondamentale : comment être libre tout en vivant avec les autres ? Sa solution – le contrat social et la volonté générale – est une médiation active entre la liberté individuelle et l'ordre collectif, entre la singularité des intérêts et la nécessité du bien commun. Cette médiation est à la fois juridique (la loi), politique (le pacte social), morale (la vertu civique), et symbolique (la religion civile). Elle illustre la conviction moderne que la liberté n'est pas l'isolement, mais la participation à une communauté régie par des règles communes que chacun a contribué à établir.

Rousseau, comme Spinoza avant lui, montre ainsi que la médiation est au cœur de la liberté : être libre, ce n'est pas être seul, mais être relié, par des médiations rationnelles, sociales et symboliques, à une communauté de semblables.

- Descartes : *Méditations métaphysiques* (le doute comme médiation vers le cogito, responsabilité du sujet pensant).

René Descartes (1596–1650), souvent qualifié de « père de la philosophie moderne », a inauguré une démarche qui place le sujet pensant au centre de la quête de vérité. Ses *Méditations métaphysiques* (1641) constituent un tournant radical : elles proposent un cheminement intérieur, à travers le doute méthodique, pour parvenir à la certitude du cogito (« je pense, donc je suis »). Cette œuvre peut être lue comme une grande entreprise de médiation : médiation entre l'incertitude et la vérité, entre l'homme et Dieu, entre la subjectivité individuelle et l'objectivité du monde.

Contrairement à Rousseau, qui concevait la médiation comme contrat politique, Descartes la situe dans l'ordre de la connaissance et de l'existence. Mais il existe une parenté profonde : tous deux cherchent à dépasser la dispersion et l'incertitude pour parvenir à une forme de stabilité. Chez Descartes, le doute n'est pas une fin en soi, mais un passage obligé, une épreuve de médiation qui permet au sujet de se constituer comme responsable de sa pensée.

Descartes commence ses *Méditations* par une décision radicale : mettre en doute toutes les connaissances reçues, pour reconstruire un édifice certain. *« Aujourd'hui donc que, fort à propos pour ce dessein, j'ai délivré mon esprit de toutes sortes de soins, que par bonheur je ne me sens agité d'aucunes passions, et que je me suis procuré un repos assuré dans une paisible solitude, je m'appliquerai sérieusement et avec liberté à détruire généralement toutes mes anciennes opinions. »* (René Descartes, *Méditations métaphysiques*, Librairie Larousse, collection Classiques Larousse, 1950, page 27).

Ce doute n'est pas scepticisme stérile : il est une médiation, un moyen pour purifier l'esprit des préjugés et accéder à une vérité ferme. Le doute cartésien fonctionne comme un feu purificateur : en détruisant les certitudes mal fondées, il permet de dégager un noyau indestructible. Descartes va jusqu'à envisager l'hypothèse du « malin génie » qui le tromperait en tout. Mais cette radicalisation du doute a pour effet de renforcer la recherche d'un point absolument certain. Le doute, loin de paralyser, est ici la médiation vers une vérité plus solide. De ce doute extrême surgit l'intuition du cogito : *« Je pense, donc je suis »*. Même si tout est tromperie, même si un malin génie me dupe, il reste indubitable que, tant que je pense, j'existe.

Le cogito est la première vérité ferme et indestructible. Mais il n'est pas une évidence isolée : il joue un rôle de médiation. Il relie le sujet à lui-même, en établissant une certitude fondamentale sur l'existence de la pensée. Il relie aussi le doute à la vérité : en poussant le doute à l'extrême, Descartes découvre la seule chose qui résiste, et fonde ainsi une méthode universelle. Par cette médiation, le sujet acquiert une responsabilité nouvelle : il est désormais garant de la vérité, non parce qu'il la reçoit de l'extérieur, mais parce qu'il la produit à partir de l'acte de pensée. La médiation cartésienne est donc aussi une médiation de l'autonomie.

Mais le cogito, à lui seul, ne suffit pas à fonder l'édifice des sciences. Pour sortir de la subjectivité, Descartes introduit une autre médiation : Dieu. Dans la troisième *Méditation*, il affirme que l'idée de Dieu – être parfait et infini – ne peut provenir de lui-même, être fini et imparfait. Elle doit avoir été mise en lui par Dieu lui-même.

« Et par conséquent il faut nécessairement conclure, de tout ce que j'ai dit auparavant, que Dieu existe. » (René Descartes, *Méditations métaphysiques*, Librairie Larousse, collection Classiques Larousse, 1950, page 54). Et dans la cinquième *Méditation*, il ajoute : *« ... il n'y a pas moins de répugnance de concevoir un Dieu, c'est-à-dire un être souverainement parfait, auquel manque l'existence, c'est-à-dire auquel manque quelque perfection, que de concevoir une montagne qui n'ait point de vallée. »* (René Descartes, *Méditations métaphysiques*, Librairie Larousse, collection Classiques Larousse, 1950, page 73).

Dieu devient le médiateur ultime : il garantit que nos facultés ne sont pas radicalement trompeuses, qu'il existe une correspondance entre nos idées claires et distinctes et la réalité. Le passage de la certitude subjective (cogito) à la vérité objective (les sciences) s'opère par la médiation divine.

Les *Méditations* ouvrent aussi la voie à la célèbre dualité cartésienne entre âme et corps. L'âme est la substance pensante (*res cogitans*), le corps la substance étendue (*res extensa*). Comment peuvent-ils interagir ? La réponse cartésienne – par la glande pinéale – est connue, mais au-delà de ce détail physiologique, c'est la question de la médiation entre deux ordres de réalité radicalement différents qui est posée. Cette médiation, bien que problématique, a nourri toute la philosophie moderne. Elle exprime la conviction cartésienne que la pensée ne peut être réduite à la matière, et que l'homme est un être médiateur entre le monde spirituel et le monde corporel.

L'une des grandes nouveautés de Descartes est de placer la responsabilité de la vérité sur le sujet lui-même. Là où la tradition médiévale confiait à l'autorité (Église, Aristote) le soin de garantir la connaissance, Descartes exige que chacun passe par le doute et reconstruise la vérité en première personne. Cette responsabilité se traduit dans l'usage de la liberté : l'homme, en tant qu'être pensant, est responsable de l'usage de son jugement. Ainsi, la médiation cartésienne ne se limite pas à la théorie de la connaissance : elle introduit une éthique de la responsabilité intellectuelle. Penser, c'est assumer la charge de la vérité, et ne plus se contenter de répéter des opinions.

Les *Méditations* ont eu une influence immense. Elles ont ouvert la voie au rationalisme moderne, mais aussi au criticisme kantien et à l'idéalisme allemand. La médiation du doute et du cogito a été reprise, transformée, critiquée. Pascal y a vu une grandeur et une misère : *« Le moi est haïssable »* (Blaise Pascal, *Pensées*, Éditions du Seuil, Collection Points, 1962, page 266). Heidegger a dénoncé l'enfermement cartésien dans la subjectivité. Mais d'autres, comme Husserl, ont salué en Descartes l'inventeur de la « réduction » phénoménologique, ce mouvement qui ramène toute certitude à l'expérience du sujet. Aujourd'hui encore, la démarche cartésienne inspire les pratiques de médiation intellectuelle : le doute critique, la recherche de clarté, la responsabilité personnelle sont des attitudes toujours actuelles.

Les *Méditations métaphysiques* apparaissent ainsi comme une œuvre de médiation à plusieurs niveaux : médiation entre doute et vérité (par le cogito), entre subjectivité et objectivité (par Dieu), entre âme et corps (par la dualité cartésienne), entre liberté et responsabilité (par l'usage du jugement). Descartes inaugure une modernité où le sujet pensant devient le médiateur central de toute vérité. Le doute, loin d'être une menace, est une étape nécessaire vers la certitude. Le cogito, loin d'être un solipsisme, est le point de départ d'un dialogue entre l'homme et le monde, entre la pensée et l'être. En ce sens, la philosophie cartésienne est une éthique de la médiation : elle enseigne que la vérité ne se reçoit pas passivement, mais qu'elle se construit par un cheminement exigeant, où le sujet devient responsable de lui-même et de sa pensée.

- Kant : *Critique de la raison pratique, Fondements* (raison pratique comme médiatrice entre liberté et loi morale, agir par devoir)

Immanuel Kant (1724–1804) constitue l'un des sommets de la philosophie moderne. Son œuvre propose un véritable système dans lequel la raison devient l'instance centrale de la connaissance, de la morale et du jugement esthétique. Si la *Critique de la raison pure* (1781) marque une révolution dans la théorie de la connaissance, c'est surtout dans la *Critique de la raison pratique* (1788) et les *Fondements de la métaphysique des mœurs* (1785) que se déploie sa réflexion morale. Là, Kant élabore une conception de la liberté et du devoir qui s'articule autour de la notion de loi morale universelle.

Ce qui nous intéresse, dans la perspective de la médiation, c'est la fonction médiatrice de la raison pratique. Elle établit un pont entre deux sphères qui semblaient irréconciliables : d'un côté, la liberté de l'individu comme autonomie absolue ; de l'autre, la loi morale comme contrainte universelle. En d'autres termes, Kant montre que la liberté ne consiste pas à faire ce que l'on veut, mais à agir conformément à une loi que l'on se donne soi-même, et qui vaut pour tous. La raison pratique est ainsi le médiateur qui rend possible la coexistence entre autonomie individuelle et normativité universelle.

La première médiation kantienne concerne la définition même de la liberté. Kant rompt avec deux conceptions classiques : la liberté comme absence de contrainte (liberté négative), et la liberté comme licence (faire tout ce que l'on veut). Pour lui, la véritable liberté est autonomie, c'est-à-dire la capacité de l'homme à se donner à lui-même la loi qu'il doit suivre. Il écrit : *« Car il se trouve par là que le principe de la moralité doit être un impératif catégorique, et que celui-ci ne commande ni plus ni moins que cette autonomie même. »* (Emmanuel Kant, *Fondements de la métaphysique des mœurs,* Librairie Générale de France, Le Livre de Poche, Collection Les Classiques de la Philosophie, 1993, page 121). Cette autonomie n'est pas arbitraire : elle se fonde sur la raison, qui dégage des principes valables pour tous. Ainsi, la liberté ne s'oppose pas à la loi : elle coïncide avec elle, à condition que la loi soit issue de la raison et non imposée de l'extérieur. C'est une médiation essentielle : Kant dépasse l'alternative entre contrainte hétéronome et liberté anarchique. Il montre que la véritable autonomie consiste à obéir à une loi rationnelle universelle que l'on reconnaît comme sienne.

La seconde médiation concerne la loi morale elle-même. Kant formule l'impératif catégorique sous plusieurs versions, dont la plus célèbre est : *« Je dois toujours me conduire de telle sorte que je puisse aussi vouloir que ma maxime devienne une loi universelle. »* (Emmanuel Kant, *Fondements de la métaphysique des mœurs,* Librairie Générale de France, Le Livre de Poche, Collection Les Classiques de la Philosophie, 1993, page 69). Cet impératif n'est pas un simple conseil de prudence (comme un impératif hypothétique), mais une exigence inconditionnelle : il ne dépend d'aucun objectif particulier, il s'impose à tout être rationnel.

La médiation se joue ici entre le particulier et l'universel. Chaque individu, dans ses choix concrets, doit confronter sa maxime à l'universalisation possible. Cette opération rationnelle est une médiation entre le sujet singulier et la communauté de tous les êtres rationnels. Autrement dit, la raison pratique transforme l'agir individuel en un agir universellement communicable. Elle est le médiateur qui fait passer du moi au nous, de l'arbitraire à l'universel.

Le devoir, chez Kant, n'est pas un carcan qui s'impose de l'extérieur, mais la forme sous laquelle la loi morale se fait sentir à l'individu. Agir par devoir, ce n'est pas agir par inclination ou par intérêt. C'est agir parce que la raison reconnaît la valeur universelle de la maxime. Ici encore, on voit le rôle médiateur de la raison : elle permet à l'individu de s'arracher à ses penchants sensibles pour agir selon une exigence universelle. Cette conception du devoir n'est pas une soumission passive, mais une médiation active qui transforme la liberté en responsabilité. Le devoir rend possible la coexistence de la subjectivité et de l'universalité.

Une autre formulation de l'impératif catégorique insiste sur la dignité de la personne : *« L'humanité pourrait subsister, si personne ne contribuait en rien au bonheur d'autrui, tout en s'abstenant d'y porter atteinte de propos délibéré ; mais ce ne serait là cependant qu'un accord négatif, non positif, avec l'humanité* comme fin en soi, *si chacun ne tâchait pas aussi de favoriser, autant qu'il est en lui, les fins des autres. »* (Emmanuel Kant, *Fondements de la métaphysique des mœurs,* Librairie Générale de France, Le Livre de Poche, Collection Les Classiques de la Philosophie, 1993, page 107). Cette exigence est profondément médiatrice. Elle établit un rapport éthique entre les hommes : chacun doit reconnaître en l'autre une valeur absolue. La médiation ne consiste pas seulement à régler des conflits d'intérêts, mais à instaurer une relation fondée sur la reconnaissance de la dignité. Kant inaugure ainsi une éthique de la médiation universelle : chaque sujet, en reconnaissant la valeur inconditionnelle de tout autre, devient médiateur d'un monde commun fondé sur le respect mutuel.

Kant ne fonde pas la morale sur Dieu, contrairement à la tradition chrétienne, mais il reconnaît que la raison pratique conduit à « postuler » l'existence de Dieu et l'immortalité de l'âme. En effet, la loi morale exige une perfection qui dépasse l'homme ; pour que cette exigence soit pensable, il faut admettre un horizon infini, une rétribution proportionnée au mérite moral. Dans la *Critique de la raison pratique*, il écrit : *« Par conséquent, la loi pratique, qui exige l'existence du souverain bien possible dans un monde, postule la possibilité de ces objets de la raison pure spéculative et la réalité objective que celle-ci ne pouvait leur assurer. »* (Emmanuel Kant, *Critique de la raison pratique*, philosophique de Ladrange, 1848, Librairie page 348, traduction par J. Barni). Et il complète : *« C'est de cette manière que la loi morale conduit par le concept du souverain bien, comme objet et but final de la raison pure pratique, à la religion, c'est-à-dire nous conduit à regarder tons les devoirs comme des commandements de Dieu. »* (Emmanuel Kant, *Critique de la raison pratique*, philosophique de Ladrange, 1848, Librairie page 340, traduction par J. Barni). Ici encore, la médiation est décisive : la raison pratique relie la finitude humaine à une dimension transcendante, sans réduire la morale à une obéissance religieuse. Elle articule liberté et horizon infini, action morale et espérance.

L'apport majeur de Kant est d'avoir montré que la liberté et la loi, que l'on croyait opposées, s'appellent mutuellement. La liberté véritable ne consiste pas à échapper à la loi, mais à agir conformément à une loi que l'on se donne soi-même. La loi morale n'est pas une contrainte extérieure, mais l'expression de la liberté rationnelle. Cette dialectique est au cœur de la médiation kantienne. Elle résout une tension qui traverse toute la philosophie moderne : comment concilier autonomie individuelle et obligation universelle ? Kant montre que la raison pratique accomplit cette médiation.

L'influence de Kant est immense, notamment dans les domaines du droit et de la politique. Les droits de l'homme, les constitutions modernes, les théories de la justice (comme celle de Rawls) s'inspirent de l'idée kantienne de dignité et d'autonomie.

Dans le champ de la médiation, Kant fournit une assise théorique fondamentale. Il montre que la médiation n'est pas seulement une technique de résolution des conflits, mais une exigence rationnelle universelle, il fonde la dignité de la personne, indispensable à toute pratique de médiation, il propose une méthode pour transformer l'arbitraire individuel en norme universelle, ce qui est l'essence même de la médiation éthique. Aujourd'hui encore, dans les débats sur la bioéthique, les relations internationales ou la démocratie, l'héritage kantien est visible : la médiation consiste à chercher des règles qui respectent la liberté de chacun tout en étant valables pour tous.

La philosophie morale de Kant apparaît ainsi comme une grande théorie de la médiation. La raison pratique est le médiateur qui articule la liberté et la loi, l'individu et l'universel, la finitude humaine et l'exigence infinie. Agir par devoir, c'est accepter de transformer sa liberté en responsabilité universelle. Reconnaître autrui comme fin en soi, c'est instaurer une médiation éthique fondamentale. Postuler Dieu et l'immortalité, c'est ouvrir la médiation vers un horizon transcendant. En ce sens, la morale kantienne n'est pas une morale de l'obéissance, mais une morale de la médiation rationnelle. Elle enseigne que la véritable liberté n'est pas la négation de la loi, mais son appropriation par la raison, et que la dignité humaine réside dans cette capacité de médiation universelle.

- La médiation comme voie pour articuler liberté individuelle et intérêt général.

L'histoire de la pensée moderne, de Spinoza à Kant en passant par Rousseau et Descartes, a progressivement posé une question centrale qui demeure au cœur de nos sociétés : comment concilier la liberté individuelle, principe fondateur de la dignité de la personne, et l'intérêt général, exigence de la vie collective ? La tension est évidente : d'un côté, l'individu revendique son autonomie, son droit à disposer de lui-même, à poursuivre ses projets propres, à refuser toute contrainte extérieure qui semble porter atteinte à sa singularité ; de l'autre, la société ne peut exister qu'à travers des règles communes, des normes partagées, des obligations collectives qui limitent nécessairement les initiatives personnelles. Le risque, si l'on privilégie l'un des pôles au détriment de l'autre, est double : soit l'anarchie et la fragmentation, si la liberté individuelle devient absolue ; soit l'oppression et la tyrannie, si l'intérêt général est défini sans égard pour les droits de chacun.

C'est précisément à cette articulation que la notion de médiation trouve toute sa pertinence. La médiation n'est pas un simple compromis fragile entre deux exigences contradictoires, mais un processus par lequel ces exigences se fécondent mutuellement, de telle sorte que la liberté ne se réalise vraiment qu'à travers l'inscription dans un ordre commun, et que l'intérêt général ne prend sens que s'il respecte l'autonomie de chaque individu. La philosophie moderne a préparé le terrain à cette conception, en proposant différents modèles de médiation entre le sujet singulier et la collectivité.

Chez Spinoza, l'éthique vise une libération intérieure qui ne supprime pas le lien social mais, au contraire, le fonde sur la compréhension rationnelle des passions communes : en apprenant à orienter ses désirs et à se libérer des illusions de l'imagination, l'homme découvre que sa puissance d'agir est inséparable de celle des autres, et qu'une communauté n'est forte que lorsque chacun y trouve son accroissement de liberté. La médiation spinoziste s'effectue ainsi entre l'individuel et le collectif par l'intelligence des lois de la nature, lois qui s'imposent à tous et qui, comprises rationnellement, deviennent sources de concorde.

Chez Rousseau, la médiation est d'une autre nature. Elle s'incarne dans le *Contrat social*, c'est-à-dire dans ce pacte originaire par lequel chacun accepte de se soumettre à la volonté générale, non pas comme à une puissance étrangère, mais comme à l'expression de sa propre liberté transformée en citoyenneté, comme nous l'avons vu précédemment. Loin d'aliéner l'individu, cette médiation politique le libère de la dépendance aux volontés particulières et l'intègre dans un ordre où il devient à la fois sujet et souverain. La liberté individuelle, comprise comme autonomie politique, se réalise ainsi dans l'adhésion à une volonté générale qui incarne l'intérêt commun.

Descartes, de son côté, propose une autre forme de médiation, plus existentielle et épistémologique que politique. Le doute cartésien n'est pas une fin en soi, mais une méthode de médiation entre les illusions sensibles et la certitude rationnelle. En doutant de tout ce qui peut être mis en question, le sujet accède au point indubitable du cogito : *« Je pense, donc je suis »*. Cette médiation a une portée éthique et politique : elle fonde la responsabilité du sujet pensant, qui ne peut plus déléguer sa vérité à une autorité extérieure, mais doit assumer par lui-même le discernement entre vrai et faux. En ce sens, Descartes prépare l'avènement d'une société où la liberté individuelle s'exerce dans la responsabilité rationnelle, et où l'intérêt général ne peut être défini que par des individus capables de penser par eux-mêmes.

Enfin, Kant synthétise et dépasse ces perspectives en faisant de la raison pratique le médiateur ultime entre liberté et loi morale. Sa thèse centrale est que la véritable liberté ne consiste pas à échapper à la loi, mais à se donner soi-même une loi universelle par l'exercice de la raison. Ainsi, l'individu n'est vraiment autonome que lorsqu'il agit conformément à des principes valables pour tous. L'intérêt général n'est plus une contrainte extérieure : il est l'expression de la raison universelle que chacun reconnaît en lui-même. C'est pourquoi Kant peut écrire : *« Or la moralité est la condition qui seule peut faire qu'un être raisonnable est une fin en soi ; car il n'est possible que par elle d'être un membre législateur dans le règne des fins. La moralité, ainsi que l'humanité, en tant qu'elle est capable de moralité, c'est donc là ce qui seul a de la dignité. »* (Emmanuel Kant, *Fondements de la métaphysique des mœurs,* Librairie Générale de France, Le Livre de Poche, Collection Les Classiques de la Philosophie, 1993, page 113). La médiation kantienne ne se situe pas seulement entre individus, mais entre chaque sujet et l'humanité tout entière.

Ces quatre auteurs montrent que l'articulation entre liberté individuelle et intérêt général n'est pas une juxtaposition mais une dialectique, où la médiation joue un rôle structurant. La liberté individuelle ne prend sens qu'à travers une reconnaissance de l'autre, qu'il s'agisse des lois de la nature (Spinoza), de la volonté générale (Rousseau), de la rationalité critique (Descartes) ou de la loi morale universelle (Kant). L'intérêt général, de son côté, n'est pas une abstraction qui écraserait les individus, mais la forme collective que prend l'exercice libre et rationnel des volontés singulières. Cette conception a des répercussions profondes sur le plan social et politique. Dans les sociétés modernes, la médiation se manifeste à travers les institutions représentatives, le droit, mais aussi les pratiques de négociation et de délibération. Le parlement, le tribunal, les instances de concertation sont autant de dispositifs qui organisent la rencontre entre l'expression des libertés individuelles et la construction de l'intérêt général. Comme le notait déjà Rousseau, sans un tel processus de médiation, la société risque de se dissoudre dans le conflit des égoïsmes ou de sombrer dans la domination d'une majorité sur les minorités. La médiation apparaît alors comme une exigence de justice : elle assure que l'ordre commun n'est pas l'écrasement du particulier, mais la reconnaissance réciproque des libertés.

Il est frappant de constater que cette dynamique de médiation est également au fondement de la pensée juridique moderne. Le droit, en effet, n'est pas seulement un ensemble de règles contraignantes ; il est un langage commun qui permet aux individus de faire valoir leurs intérêts particuliers tout en les inscrivant dans un cadre collectif. Kant, encore lui, soulignait que le droit est l'ensemble des conditions sous lesquelles l'arbitre de l'un peut s'accorder avec l'arbitre de l'autre selon une loi universelle de liberté. Autrement dit, la médiation juridique est ce qui rend possible la coexistence des libertés sans violence ni domination.

De ce point de vue, la médiation ne se limite pas à un procédé extrajudiciaire ou à une technique de règlement des conflits. Elle exprime un principe constitutif de la modernité politique : celui de la coappartenance du singulier et de l'universel, de la liberté individuelle et de l'intérêt général. Elle incarne ce que Paul Ricœur appelait une « herméneutique de la médiation » : un travail d'interprétation et de traduction qui permet de passer d'un langage subjectif à un horizon commun.

Dans nos sociétés contemporaines, cette problématique est plus vive que jamais. D'un côté, l'individualisme moderne, accentué par la mondialisation et les technologies numériques, tend à fragmenter le lien social en une multitude de revendications identitaires. De l'autre, les urgences collectives – changement climatique, pandémies, inégalités économiques, sécurité internationale – imposent de redéfinir l'intérêt général à une échelle planétaire. Comment faire en sorte que la liberté de chacun ne soit pas sacrifiée, tout en assurant la survie et le bien-être de tous ? C'est précisément ici que la médiation, héritée de la philosophie moderne, prend tout son sens. Elle n'est pas seulement un outil pratique : elle est une philosophie de la coexistence, une manière de penser la liberté comme toujours déjà inscrite dans un monde partagé.

On pourrait dire, en reprenant une formule kantienne, que la médiation est la condition de possibilité de la paix perpétuelle. Car si chaque individu persiste à revendiquer sa liberté sans souci de l'universel, le conflit est inévitable. Mais si chaque individu reconnaît dans la loi rationnelle universelle le prolongement de sa propre liberté, alors l'intérêt général cesse d'être une abstraction et devient la médiation vivante des volontés.

Ainsi, la médiation comme voie pour articuler liberté individuelle et intérêt général est l'héritage majeur de la modernité philosophique. Elle n'est pas une concession ou une limitation, mais la vérité profonde de la liberté elle-même. Être libre, ce n'est pas s'opposer à la loi, mais se reconnaître en elle. Et l'intérêt général n'est pas une entité qui plane au-dessus des individus, mais l'expression de leur raison commune. Dans ce mouvement dialectique, se dessine le cœur même de l'expérience moderne de la citoyenneté : une humanité capable de vivre ensemble parce qu'elle a su instituer la médiation comme principe fondateur de son ordre politique et moral.

Chapitre 9 – Sciences humaines et théorisation de la médiation

- Freud : médiation entre conscient et inconscient (le Moi comme arbitre).

La pensée de Sigmund Freud constitue une étape décisive dans l'histoire de la médiation moderne. Alors que la philosophie classique et moderne avait situé la médiation principalement dans le rapport de l'individu à la collectivité (chez Rousseau), dans la relation entre raison et liberté (chez Kant), ou dans le doute méthodologique qui conduit au cogito (chez Descartes), Freud déplace radicalement la question. Pour lui, la médiation n'est plus d'abord politique, épistémologique ou morale : elle devient psychique. Il s'agit de comprendre comment l'être humain peut vivre en équilibre avec lui-même, alors que son esprit est traversé par des forces contradictoires, souvent inconscientes, qui excèdent la maîtrise rationnelle. La grande découverte freudienne est que le sujet ne coïncide pas avec lui-même, que la conscience n'est pas « maîtresse en sa demeure » mais dépend d'un inconscient structuré, porteur de désirs, de pulsions et de conflits archaïques. Dans ce contexte, la médiation s'incarne dans la fonction du Moi (*das Ich*), instance qui, selon la métaphore freudienne, doit arbitrer entre trois exigences irréductibles : les pulsions du Ça (*das Es*), les injonctions morales du Surmoi (*das Über-Ich*), et la réalité extérieure.

La psychanalyse freudienne peut donc être lue comme une théorie de la médiation intérieure. Elle propose un modèle dynamique où le Moi occupe une position centrale d'arbitre, chargé d'assurer un équilibre toujours précaire entre des forces antagonistes. Cette conception éclaire non seulement la vie psychique individuelle, mais aussi les rapports sociaux, culturels et politiques : car les conflits extérieurs ne sont souvent que les prolongements ou les projections de conflits intérieurs non résolus. La médiation, dans la perspective freudienne, commence par la reconnaissance de cette pluralité en soi, et par l'élaboration de mécanismes qui permettent à l'individu de négocier avec lui-même avant de pouvoir entrer en relation pacifiée avec les autres.

Freud présente la thèse fondamentale de l'inconscient, conçu comme le lieu d'un désir qui cherche à s'exprimer malgré les censures de la conscience : *« ... nous avons le rêve qui représente, déguisé, un désir refoulé. »* (Sigmund Freud, *Le rêve et son interprétation*, Gallimard, collection Folio/Essais, 1925, page 93, traduction par Hélène Legros). Ce déguisement manifeste déjà un travail de médiation : le contenu latent (désirs inconscients) est transformé en contenu manifeste (images du rêve) grâce à des mécanismes comme le déplacement, la condensation ou la symbolisation. Autrement dit, le psychisme humain ne fonctionne pas sur le mode de l'opposition frontale, mais sur celui de la transformation, de la traduction et du compromis : autant de figures de la médiation.

Cette logique devient plus explicite encore dans la deuxième topique freudienne, développée dans *Le Moi et le Ça* (1923). Freud y décrit l'appareil psychique comme structuré en trois instances. Le Ça, réservoir des pulsions, obéit au principe de plaisir et cherche une satisfaction immédiate. Le Surmoi, héritier des interdits parentaux et sociaux, incarne l'autorité, la morale et la censure. Entre les deux, le Moi occupe une position charnière : il est en partie conscient, mais largement influencé par l'inconscient ; il doit négocier entre le désir pulsionnel, l'interdit moral et les contraintes de la réalité. Freud écrit : *« ... c'est de deux manières différentes que le sujet se détourne de la réalité, soit que le refoulé inconscient devienne trop puissant et écrase le conscient attaché à la réalité, soit que devant une réalité trop pénible, insupportable, le moi menacé se précipite par révolte dans les bras de la pulsion inconsciente. »* (Sigmund Freud, *Nouvelles conférences d'introduction à la psychanalyse*, Gallimard NRF, collection idées, page 23, traduction par Anne Berman). Pourtant, c'est bien lui qui assume la tâche de médiateur, tentant d'élaborer des compromis symptomatiques qui permettent au sujet de continuer à fonctionner malgré la conflictualité interne.

On peut lire cette fonction médiatrice du Moi à travers les mécanismes de défense qu'il met en place. La répression, la sublimation, le refoulement, la rationalisation ou encore le déplacement sont autant de procédés par lesquels le Moi transforme une pulsion brute en un comportement socialement acceptable, ou détourne une énergie inassimilable vers une production créatrice. La sublimation, en particulier, illustre la médiation réussie : l'énergie sexuelle ou agressive, plutôt que d'être réprimée ou de s'exprimer destructivement, se convertit en art, en recherche intellectuelle, en engagement social. Freud note en 1905 : *« Les historiens de la civilisation semblent d'accord pour admettre que, grâce à ce détournement des forces pulsionnelles sexuelles loin des buts sexuels et cette orientation vers de nouveaux buts – processus qui mérite le nom de* sublimation -, *de puissantes composantes sont acquises, intervenant dans toutes les productions culturelles. »* (Sigmund Freud, Trois essais sur la sexualité, Gallimard, collection Folio essais, 1987, page 100, traduction par Philippe Koeppel). Autrement dit, sans médiation interne, la vie collective serait impossible.

Mais cette médiation n'est jamais assurée une fois pour toutes : elle est fragile, réversible, souvent conflictuelle. Le symptôme névrotique est précisément le signe d'un compromis pathologique entre les exigences pulsionnelles et les interdits sociaux. Dans l'obsession, la phobie ou l'hystérie, le Moi échoue partiellement dans son rôle d'arbitre, et la souffrance psychique révèle l'impossibilité d'une médiation pleinement satisfaisante. C'est pourquoi la cure analytique elle-même se présente comme un processus de médiation, dans lequel l'analyste joue le rôle de tiers facilitateur entre le sujet et son inconscient. L'association libre, l'interprétation des rêves, le transfert et le contre-transfert sont autant de dispositifs destinés à favoriser une réconciliation progressive entre les différentes instances psychiques.

La portée de ce modèle dépasse la clinique. Freud insiste, notamment dans *Malaise dans la civilisation* (1930), sur le fait que les sociétés humaines reposent sur le même type de médiation que les individus. La culture est le fruit d'un refoulement pulsionnel qui permet la vie commune, mais qui engendre aussi frustration et agressivité. La civilisation, écrit-il, est un compromis entre les exigences de la pulsion et la nécessité de la sécurité collective. Ainsi, le problème politique fondamental – comment concilier liberté individuelle et intérêt général – se reflète au niveau intrapsychique. La médiation entre le Ça, le Moi et le Surmoi est l'analogon psychique de la médiation entre l'individu et la société.

Dans cette perspective, le Moi apparaît comme une figure du politique. Comme l'État dans la théorie de Hobbes ou de Rousseau, il doit contenir les forces pulsionnelles pour éviter la destruction, tout en préservant une marge de liberté individuelle. Mais à la différence de l'État, le Moi n'est pas une instance extérieure : il est intérieur au sujet, et sa force dépend de sa capacité à intégrer les exigences contradictoires qui le traversent. Freud insiste sur le caractère partiel et imparfait de cette médiation : le conflit ne disparaît jamais, il ne peut qu'être géré. C'est pourquoi la psychanalyse ne promet pas le bonheur, mais une meilleure tolérance à la souffrance, par l'acceptation de la conflictualité constitutive de l'existence.

Cette conception a exercé une influence décisive sur l'ensemble des sciences humaines. En introduisant la notion de médiation psychique, Freud a montré que l'homme ne peut être réduit ni à un pur individu rationnel (comme dans le modèle cartésien), ni à un simple produit des structures sociales (comme le croyaient certains sociologues). Il est un être de conflit, dont la liberté se construit à travers des compromis intérieurs. Cette anthropologie de la médiation inspire des disciplines aussi variées que la psychologie sociale, l'anthropologie, la pédagogie et même la théorie politique.

On peut en donner un exemple dans le domaine éducatif : comprendre que l'enfant est traversé par des pulsions et des interdits inconscients amène à concevoir l'éducation non pas comme une simple transmission d'autorité, mais comme un processus de médiation progressive où l'élève apprend à négocier entre ses désirs et les règles de la communauté. De même, dans le domaine du droit, la reconnaissance de l'inconscient oblige à envisager la responsabilité pénale non pas comme une liberté absolue mais comme le résultat d'une médiation toujours fragile entre pulsion et norme.

Enfin, la pensée freudienne conserve une actualité brûlante dans nos sociétés contemporaines. L'hypermodernité, marquée par l'individualisme, la surconsommation et la valorisation des désirs immédiats, tend à affaiblir le rôle du Moi comme médiateur. La difficulté croissante à différer la satisfaction, à tolérer la frustration ou à reconnaître l'autorité symbolique révèle une crise de la médiation psychique qui se traduit par une montée des troubles anxieux, dépressifs et addictifs. Dans ce contexte, relire Freud, c'est rappeler que la liberté humaine n'est pas donnée, mais qu'elle se conquiert à travers l'épreuve de la médiation intérieure.

Ainsi, la psychanalyse freudienne ne se réduit pas à une méthode thérapeutique : elle propose une véritable philosophie de la médiation. Elle montre que l'homme est un être divisé, travaillé par des forces contradictoires, et que sa survie psychique et sociale dépend de la capacité de son Moi à jouer le rôle d'arbitre. La médiation, loin d'être un ajout secondaire, est constitutive de l'existence humaine. Elle se déploie à tous les niveaux : intrapsychique, interpersonnel, collectif. Et c'est sans doute là la plus grande leçon de Freud : nous ne pouvons pas échapper au conflit, mais nous pouvons apprendre à le médiatiser, à le transformer, à l'intégrer dans une vie vivable.

- Sociologie : régulation des conflits sociaux (Durkheim, Weber).

La sociologie, dès sa naissance au XIXe siècle, s'est présentée comme une science de la régulation des rapports humains. Elle est née dans le contexte des bouleversements de la modernité industrielle, de la montée des masses, des révolutions politiques et sociales, et du déclin des grandes autorités traditionnelles. Ces transformations ont mis au jour un problème central : comment maintenir la cohésion d'une société alors que les cadres anciens (religion, coutume, monarchie) se fragilisent ? En ce sens, la sociologie peut être considérée comme une science de la médiation : elle cherche à comprendre comment les individus, dans leur multiplicité et leur diversité, parviennent à constituer un corps social relativement stable, capable de réguler les conflits et de canaliser les tensions. Deux figures majeures, Émile Durkheim et Max Weber, ont apporté des réponses complémentaires à cette question. Leur pensée éclaire non seulement la nature du lien social, mais aussi les mécanismes par lesquels la société produit des médiations capables de prévenir l'anomie, la désintégration ou la violence.

Chez Durkheim, la régulation sociale apparaît comme une exigence vitale. Dans *De la division du travail social* (1893), il distingue deux formes de solidarité : la solidarité mécanique, propre aux sociétés traditionnelles, où les individus se ressemblent et partagent les mêmes croyances, et la solidarité organique, caractéristique des sociétés modernes, où la division du travail différencie les fonctions mais relie les individus par leur interdépendance. Ce passage de la mécanique à l'organique implique une transformation profonde de la médiation sociale : alors que l'ordre ancien reposait sur la similitude et la contrainte collective, l'ordre moderne repose sur la complémentarité et la coopération. La médiation devient un processus dynamique, où les conflits liés à la différenciation doivent être régulés par de nouvelles institutions.

Durkheim insiste sur le rôle du droit comme instrument de médiation. Le droit répressif, propre aux sociétés à solidarité mécanique, sanctionne la transgression des normes communes. Mais dans les sociétés à solidarité organique, le droit restitutif prend le relais : il ne vise plus à punir, mais à rétablir l'équilibre entre des fonctions différenciées. Par exemple, le droit commercial, le droit des contrats ou le droit du travail sont des formes de médiation juridique qui assurent la coopération pacifiée entre des acteurs aux intérêts divergents. La médiation, chez Durkheim, ne relève pas seulement de la morale ou de la psychologie : elle est institutionnalisée, inscrite dans les structures juridiques qui garantissent la cohésion du tout social.

Dans *Le Suicide* (1897), Durkheim approfondit cette perspective en analysant l'anomie, c'est-à-dire la désintégration des normes communes. L'anomie survient lorsque les règles qui orientent le désir et fixent les limites de l'action s'affaiblissent. Le suicide anomique illustre l'incapacité de la société à jouer son rôle médiateur : l'individu, livré à lui-même, ne trouve plus de repères collectifs pour canaliser ses aspirations. La régulation sociale apparaît alors comme une fonction indispensable de médiation entre l'élan individuel et les contraintes collectives. Sans cette médiation, l'homme est voué à l'excès, à l'insatisfaction et à la destruction de lui-même.

La fonction intégratrice de la religion, analysée dans *Les Formes élémentaires de la vie religieuse* (1912), illustre également le rôle médiateur des institutions symboliques. Pour Durkheim, le sacré n'est pas une illusion : il est l'expression de la société elle-même, qui se célèbre et se renforce à travers les rites. La religion, même dans ses formes les plus primitives, assure une médiation entre l'individu et le groupe, en transformant les forces sociales en représentations partagées. Elle canalise les passions, oriente les conduites et renforce la solidarité. Ici encore, la médiation est moins un choix qu'une nécessité : sans elle, le groupe se désagrège et l'individu perd son orientation.

L'apport de Durkheim peut être résumé ainsi : la société est un organisme complexe, traversé par des tensions, mais qui produit en permanence des formes de régulation destinées à assurer sa propre survie. La médiation est institutionnelle, normative et collective. Elle passe par le droit, la morale, la religion, l'éducation – autant de dispositifs qui intègrent l'individu dans le tissu social et lui donnent des repères pour agir.

Weber, de son côté, adopte une perspective différente, mais complémentaire. Si Durkheim insiste sur la fonction intégrative des normes collectives, Weber met l'accent sur l'action individuelle, sur le sens que les acteurs attribuent à leurs conduites, et sur les formes de domination légitime qui structurent les sociétés. Sa sociologie est une sociologie compréhensive : il s'agit de comprendre les motifs subjectifs des acteurs, et de montrer comment ces motifs s'articulent pour produire un ordre social relativement stable. Ici encore, la question de la médiation est centrale : comment passe-t-on du sens individuel à l'ordre collectif ?

Dans *Économie et société* (1922), Weber distingue trois types idéaux de domination légitime : la domination traditionnelle (fondée sur la coutume et la croyance en la légitimité des héritages), la domination charismatique (fondée sur la croyance en la valeur exceptionnelle d'un individu) et la domination rationnelle-légale (fondée sur des règles impersonnelles et codifiées). Chacun de ces types de domination peut être vu comme une forme de médiation : la tradition relie l'individu au passé, le charisme relie l'individu à une figure d'autorité incarnée, et la légalité rationnelle relie l'individu à un système de règles abstraites. Ces médiations permettent de stabiliser les rapports sociaux et d'éviter la violence brute des rapports de force.

Weber analyse aussi l'importance de la bureaucratie comme instrument de médiation dans les sociétés modernes. La bureaucratie, avec ses procédures impersonnelles et ses règles codifiées, assure une régulation des relations sociales qui dépasse l'arbitraire des volontés individuelles. Elle transforme le conflit potentiel en litige procédural, en différend réglable par des voies formalisées. Mais Weber reste ambivalent : si la bureaucratie garantit l'égalité de traitement et la prévisibilité, elle risque aussi d'enfermer l'individu dans une « cage d'acier » (*stahlhartes Gehäuse*), où la liberté se dissout dans la rationalisation excessive. La médiation bureaucratique est donc à la fois une protection et une menace : elle pacifie les rapports sociaux, mais au prix d'une désincarnation des relations humaines.

La réflexion de Weber sur l'éthique protestante et l'esprit du capitalisme (1905) illustre encore une autre dimension de la médiation sociale : le rôle des valeurs et des représentations dans la régulation des comportements économiques. En montrant comment la rationalité économique moderne s'enracine dans une éthique religieuse de la vocation et de l'ascèse, Weber révèle la puissance médiatrice des idées et des croyances. L'économie moderne n'est pas née d'un calcul utilitaire pur, mais d'une médiation entre des motivations spirituelles et des pratiques matérielles.

L'apport spécifique de Weber à la question de la médiation réside dans sa conception de l'action sociale. Il distingue plusieurs types d'action : l'action rationnelle en finalité, l'action rationnelle en valeur, l'action affective et l'action traditionnelle. Ces différentes logiques d'action doivent coexister et être arbitrées pour que la société fonctionne. La médiation sociale n'est donc pas seulement institutionnelle (comme chez Durkheim) ; elle est aussi interprétative : elle suppose de comprendre et d'articuler les significations que les individus donnent à leurs conduites.

En combinant Durkheim et Weber, on peut dire que la sociologie propose une double théorie de la médiation : d'une part, la médiation par les institutions collectives qui intègrent et régulent ; d'autre part, la médiation par le sens subjectif qui relie les actions individuelles au tissu social. Ces deux approches ne s'opposent pas, elles se complètent : une société ne peut survivre que si elle produit à la fois des normes partagées et des significations vécues.

La pertinence de ces analyses est manifeste dans le monde contemporain. Les conflits sociaux, qu'ils soient liés au travail, aux inégalités, aux migrations ou aux identités culturelles, ne peuvent être compris sans tenir compte à la fois de la dimension normative (règles, institutions, droit) et de la dimension interprétative (valeurs, croyances, motivations). La médiation sociale, dans sa forme moderne, doit articuler ces deux niveaux : elle doit proposer des dispositifs institutionnels crédibles, mais aussi reconnaître la pluralité des sens que les individus attribuent à leur existence.

Ainsi, Durkheim et Weber, chacun à sa manière, ont contribué à théoriser la médiation comme fonction essentielle du social. Le premier en montrant la nécessité d'une régulation normative et collective pour éviter l'anomie ; le second en soulignant l'importance du sens subjectif et des formes de domination légitime dans la stabilisation des rapports sociaux. Ensemble, ils offrent une grille de lecture qui demeure incontournable pour comprendre la régulation des conflits et la construction de la cohésion sociale dans nos sociétés modernes et contemporaines.

- Polémologie : médiation dans la prévention des guerres

La réflexion sur la médiation ne saurait se limiter aux relations intimes de l'individu avec lui-même (comme chez Freud) ou aux régulations sociales internes aux communautés (comme chez Durkheim et Weber). L'un des terrains où la question de la médiation se pose avec une acuité dramatique est celui de la guerre, c'est-à-dire du conflit armé entre États, nations ou peuples. La guerre, par son intensité destructrice, semble précisément l'échec absolu de toute médiation. Mais c'est aussi pourquoi elle a donné naissance, au XXe siècle, à une discipline spécifique, la polémologie, terme forgé par Gaston Bouthoul, et qui désigne l'étude scientifique de la guerre et de ses causes. L'ambition de la polémologie n'est pas seulement descriptive : elle est aussi normative et prospective, car elle vise à comprendre la guerre pour mieux prévenir ses ravages. Dans cette perspective, la médiation n'est plus seulement un mécanisme interne à la vie psychique ou sociale : elle devient une exigence planétaire, liée à la survie de l'humanité dans un contexte de conflits potentiellement totaux, notamment avec l'avènement de l'arme nucléaire.

Bouthoul définit la guerre comme un « fait social total », au sens où elle mobilise toutes les dimensions de la vie humaine : politique, économique, démographique, psychologique, symbolique. Dans *La Guerre* (1951), il souligne que la guerre ne peut être réduite à une simple pathologie ou à une exception : elle constitue une réalité récurrente de l'histoire humaine, une régularité qu'il convient d'analyser avec rigueur. La polémologie se distingue ainsi des approches morales ou juridiques de la guerre : elle ne se limite pas à condamner ou à légitimer les conflits, elle cherche à les comprendre scientifiquement. Or cette compréhension constitue déjà une première forme de médiation : mettre à distance l'émotion, l'idéologie, le patriotisme exacerbé, pour analyser froidement les causes et les mécanismes de la guerre, c'est créer un espace de rationalité où peut émerger une volonté de prévention.

Dans cette optique, Bouthoul a mis en lumière un facteur souvent négligé : la dimension démographique. Selon lui, les guerres éclatent souvent dans des contextes de suroccupation démographique ou de déséquilibre générationnel, où une population excédentaire de jeunes hommes crée une pression susceptible de se décharger dans le conflit armé. Pour lui, la guerre est parfois le moyen par lequel une société résout brutalement ses déséquilibres démographiques. Ce type d'analyse invite à concevoir la médiation non pas seulement comme un processus diplomatique, mais comme un travail en amont sur les structures sociales et démographiques. Prévenir la guerre, c'est aussi agir sur ses causes profondes, en régulant la natalité, en développant des politiques éducatives et économiques capables d'absorber les énergies d'une jeunesse pléthorique.

Bouthoul insiste sur la nécessité de substituer à la logique de la guerre une logique de la prévention. La guerre, dit-il, est souvent le produit d'une escalade incontrôlée, où des tensions mal régulées se transforment en hostilités ouvertes. Le rôle de la médiation est précisément d'interrompre cette escalade, d'introduire des mécanismes d'arbitrage, de négociation, de compromis. Dans *Le Phénomène guerre* (1962), il avance que la paix n'est pas un état naturel, mais le résultat d'un travail permanent de régulation. La polémologie, en ce sens, est une science de la médiation : elle éclaire les conditions dans lesquelles les conflits peuvent être désamorcés avant de dégénérer en violence armée.

Bouthoul a souvent dénoncé l'insuffisance des institutions internationales à remplir ce rôle de médiation. La Société des Nations, puis l'ONU, sont restées trop dépendantes de la volonté des grandes puissances pour incarner une véritable régulation supranationale. Mais il ne renonce pas pour autant à l'idée d'une médiation internationale : il plaide pour des institutions de veille permanente, capables de détecter en amont les tensions démographiques, économiques ou politiques, et de mettre en place des mécanismes de régulation avant qu'il ne soit trop tard. Dans cet esprit, il propose la création d'un « centre international de prévention des conflits », qui constituerait une sorte de laboratoire de la paix, en charge de collecter des données, de produire des analyses et de formuler des recommandations aux États.

Un autre penseur, Gaston, que Bouthoul a parfois croisé dans ses analyses, a proposé une vision complémentaire de la guerre comme pathologie de la communication. Là où la communication est rompue, là où le dialogue est remplacé par la violence, la guerre surgit comme un langage ultime, un langage de la force brute. Dans cette perspective, la médiation est l'effort pour restaurer la communication, pour substituer aux armes les mots, aux bombes les négociations. Gaston insiste sur la dimension pédagogique de la médiation : il ne suffit pas de créer des institutions, il faut éduquer les peuples à la paix, leur apprendre à gérer leurs frustrations et leurs rivalités par des voies symboliques et non violentes.

Cette conception fait écho à des réflexions plus larges sur le rôle du symbolique dans la régulation des rapports humains. Si la guerre est la défaillance du symbolique, la médiation en est la restauration. À cet égard, la polémologie rejoint les intuitions de la psychanalyse et de la sociologie : le conflit ne peut jamais être éradiqué, mais il peut être transformé, symbolisé, ritualisé, de manière à éviter la destruction.

La polémologie a aussi nourri une réflexion sur la diplomatie comme forme institutionnalisée de médiation. Loin de se réduire à une simple technique de négociation, la diplomatie apparaît comme une pratique symbolique qui vise à transformer le conflit en rivalité réglée, à introduire des règles du jeu dans l'anarchie internationale. Bouthoul, en observateur lucide, souligne cependant que la diplomatie ne suffit pas lorsque les logiques de puissance deviennent trop asymétriques ou lorsque les passions collectives sont trop exacerbées. Mais il insiste sur l'importance de l'interdépendance comme facteur de pacification. Dans un monde de plus en plus globalisé, où les échanges économiques, culturels et technologiques créent des liens multiples entre les nations, la médiation devient non seulement possible, mais nécessaire. L'interdépendance rend la guerre trop coûteuse et incite les acteurs à chercher des compromis.

Weber avait déjà noté, à propos de l'économie moderne, le rôle pacificateur de la rationalisation des échanges. Bouthoul prolonge cette intuition : il voit dans l'intégration économique et dans la coopération scientifique et technique des leviers de médiation capables de désamorcer les logiques de confrontation. La polémologie invite donc à penser la médiation à une échelle systémique : ce n'est pas seulement entre deux belligérants qu'il faut négocier, mais dans l'ensemble des structures qui relient les peuples.

Au-delà des institutions et des stratégies, la polémologie défend l'idée que la médiation doit devenir une culture partagée. Bouthoul et Gaston convergent sur ce point : la prévention de la guerre passe par une transformation profonde des mentalités, par une éducation à la paix, par l'apprentissage de la négociation dès l'école. Comme Durkheim voyait dans l'éducation morale un instrument de régulation sociale, Bouthoul voit dans l'éducation à la paix une condition de la régulation internationale. « Il faut, écrit-il, enseigner la paix comme on enseigne les mathématiques. » Cette formule résume l'ambition polémologique : faire de la médiation non pas un art réservé aux diplomates, mais une compétence universelle, ancrée dans les pratiques quotidiennes des citoyens.

La polémologie n'a pas connu, après Bouthoul et Gaston, le développement institutionnel qu'espéraient ses fondateurs. Mais son héritage demeure. Dans le champ des relations internationales, des disciplines comme les *peace studies* ou les *conflict resolution studies* ont prolongé son ambition : comprendre scientifiquement les conflits pour mieux les prévenir. Les notions de prévention, d'alerte précoce, de gestion des tensions sont directement issues de l'intuition polémologique.

Aujourd'hui, face à de nouveaux défis – guerres civiles, terrorisme, cyberconflits, changement climatique – l'apport de la polémologie reste pertinent. La médiation ne peut se réduire à une réaction ponctuelle aux crises ; elle doit être conçue comme une culture et une science, capable d'anticiper, de diagnostiquer et de transformer les conflits. À l'ère de la mondialisation, la médiation polémologique rejoint ainsi la sociologie et la psychanalyse : toutes montrent que le conflit est inévitable, mais que son issue n'est pas prédéterminée. La violence n'est qu'une possibilité ; la médiation en est une autre, toujours ouverte, toujours à construire. En ce sens, Bouthoul et Gaston offrent une leçon décisive : la paix n'est pas l'absence de guerre, mais le fruit d'un travail de régulation permanent. La médiation n'est pas un supplément d'âme ; elle est la condition de possibilité d'une coexistence humaine dans un monde interdépendant et vulnérable.

- Hegel : *Phénoménologie de l'esprit* (la dialectique comme médiation par excellence, reconnaissance maître/esclave).

Si Freud a situé la médiation dans l'espace intérieur de la psyché, si Durkheim et Weber l'ont située dans les structures sociales, et si Bouthoul l'a étendue aux relations internationales, Hegel en fait quant à lui le cœur de sa philosophie de l'histoire et de l'esprit. Dans la *Phénoménologie de l'esprit* (1807), œuvre monumentale et parfois énigmatique, Hegel élabore une conception de la médiation qui dépasse toute compréhension instrumentale ou technique. La médiation n'est pas, pour lui, un simple outil de régulation des conflits : elle est le mouvement même de la réalité, le processus par lequel l'Esprit (Geist) se déploie, se nie, se réconcilie et se reconnaît. Chez Hegel, la médiation devient une loi universelle de la pensée et de l'histoire, un principe dynamique qui structure toute expérience humaine.

L'un des passages les plus célèbres de la *Phénoménologie*, celui de la dialectique du maître et de l'esclave, illustre de manière exemplaire cette fonction de la médiation. Dans ce récit quasi-mythique, Hegel montre que la reconnaissance de soi ne peut s'obtenir que dans et par la reconnaissance d'autrui, au terme d'un processus conflictuel où la médiation joue un rôle décisif. La relation de domination initiale se renverse : le maître, croyant détenir le pouvoir, devient dépendant du travail de l'esclave ; l'esclave, en transformant le monde par son travail, acquiert une autonomie et une conscience de soi qui médiatisent sa servitude. La médiation hégélienne est donc dialectique : elle passe par la négation, par le conflit, mais elle conduit à une réconciliation plus haute, où la liberté et la reconnaissance mutuelle deviennent possibles.

La médiation comme structure fondamentale de l'esprit

Hegel part d'une intuition radicale : rien dans la réalité humaine n'est immédiat, tout est médiatisé. La conscience ne se donne pas d'emblée à elle-même comme transparente : elle doit passer par l'expérience du monde, par la rencontre avec autrui, par l'histoire. L'immédiateté est une illusion : ce que nous appelons immédiat n'est que le résultat d'un processus de médiation déjà accompli. Ainsi, la liberté n'est pas une donnée brute : elle se conquiert au travers de contraintes, de luttes, d'institutions. De même, la vérité n'est pas donnée à l'intuition pure : elle émerge du parcours dialectique de la conscience, qui apprend à se confronter à ses propres limites, à ses erreurs, à ses contradictions.

Dans la préface de la *Phénoménologie*, Hegel affirme : « Le vrai est le tout. Mais le tout n'est que l'essence s'achevant par son développement. » (G. W. F. Hegel, *Phénoménologie de l'esprit*, Gallimard, collection Bibliothèque de philosophie, 1993, page 83, traduction de Gwendoline Jarczyk et Pierre-Jean Labarrière). Cette phrase exprime la thèse centrale : le vrai ne se trouve pas dans une immédiateté figée, mais dans le mouvement d'une médiation où chaque moment n'a de sens qu'en relation avec l'ensemble. La médiation est donc la dynamique par laquelle la conscience et l'histoire progressent vers une vérité plus riche.

Le passage le plus commenté de la *Phénoménologie* est sans doute la section consacrée à la lutte pour la reconnaissance (Anerkennung). Hegel y met en scène deux consciences de soi qui cherchent chacune à s'affirmer, à se poser comme indépendantes. Cette affirmation conduit inévitablement à un conflit, car chacune veut être reconnue sans reconnaître l'autre. La lutte devient une lutte à mort, puisque l'identité de chacun semble en jeu. Mais la mort de l'adversaire détruirait précisément la possibilité de reconnaissance, car seule une autre conscience peut reconnaître. Dès lors, la lutte se résout dans une relation asymétrique : l'une des consciences accepte de se soumettre pour survivre, devenant l'esclave ; l'autre, victorieuse, devient le maître.

À première vue, le maître semble triompher : il est reconnu par l'esclave et conserve son indépendance. Mais Hegel montre que cette reconnaissance est médiatisée par la peur de la mort et la contrainte, elle n'est donc pas authentique. Le maître ne reçoit pas une véritable reconnaissance, mais seulement une soumission. L'esclave, en revanche, découvre par le travail une médiation essentielle : en transformant la nature, en façonnant le monde par son activité, il se découvre comme conscience capable de produire, de créer, d'imprimer sa marque sur la réalité. Cette expérience du travail devient le lieu d'une libération : par la médiation de son activité, l'esclave acquiert une autonomie spirituelle que le maître, dépendant du travail d'autrui, ne possède pas. La dialectique maître/esclave illustre donc la médiation comme processus de dépassement des contradictions. Le conflit initial n'est pas éliminé, mais transformé : il ouvre sur une relation nouvelle, où la reconnaissance mutuelle devient l'horizon. Comme l'écrit Hegel : « *La* vérité *de la conscience autostante est par conséquent la* conscience servile. » (G. W. F. Hegel, *Phénoménologie de l'Esprit*, NRF Gallimard, collection Bibliothèque de philosophie, 1993, page 224, traduction par Gwendoline Jarczyk et Pierre-Jean Labarrière). Autrement dit, la médiation dialectique conduit à renverser les rapports de force et à dévoiler la vérité cachée dans la contradiction.

Ce récit hégélien éclaire d'une lumière neuve la question de la liberté. La liberté n'est pas donnée dans l'indépendance immédiate du maître : elle est conquise dans la médiation du travail, de l'histoire, de la culture. L'homme libre n'est pas celui qui nie toute contrainte, mais celui qui sait transformer la contrainte en médiation de sa propre autonomie. C'est pourquoi Hegel insiste sur le rôle des institutions dans l'histoire : la famille, la société civile, l'État sont des médiations nécessaires qui permettent à l'individu d'accéder à une liberté véritable, et non à une simple indépendance illusoire. Hegel précise que *« L'État est la réalité en acte de la liberté concrète. »* (G. W. F. Hegel, *Principes de la philosophie du droit*, Gallimard, 1949, page 277, traduction par André Kaan). Cela ne signifie pas que l'État écrase l'individu : il signifie que la liberté individuelle ne peut exister que dans et par la médiation d'institutions communes, qui garantissent les droits, organisent la vie collective, arbitrent les conflits. La médiation hégélienne refuse donc l'opposition abstraite entre liberté individuelle et autorité collective : elle les articule dans une dynamique dialectique où l'une passe par l'autre.

La médiation comme réconciliation des opposés

L'une des caractéristiques de la pensée hégélienne est son refus des dualismes figés. Hegel critique la séparation abstraite entre sujet et objet, esprit et nature, liberté et nécessité, individu et communauté. Ces oppositions ne sont pas niées, mais dépassées (*aufgehoben*) dans un processus de médiation dialectique qui les conserve et les transforme à un niveau supérieur. Le terme allemand *Aufhebung* exprime bien cette dynamique paradoxale : abolir, conserver et élever en même temps. Ainsi, la médiation chez Hegel n'est pas un compromis ou un juste milieu : elle est un dépassement créateur. Elle ne supprime pas la contradiction, mais elle l'intègre dans un mouvement qui produit une synthèse plus riche. C'est pourquoi la *Phénoménologie de l'esprit* est un récit de formation (*Bildung*) : la conscience se transforme en traversant ses contradictions, en médiatisant ses expériences par la réflexion et la négation, jusqu'à atteindre la connaissance absolue.

La dialectique du maître et de l'esclave a eu une influence considérable sur la philosophie contemporaine, notamment à travers les travaux d'Alexandre Kojève, qui en a donné une interprétation décisive dans ses cours sur Hegel à Paris dans les années 1930. Kojève a montré que la lutte pour la reconnaissance est au fondement de toute vie sociale et politique : l'homme ne peut se constituer comme sujet qu'en étant reconnu par autrui. Cette reconnaissance est toujours médiatisée par des institutions, des symboles, des pratiques collectives.

Cette lecture a inspiré des penseurs comme Sartre, Merleau-Ponty, Levinas ou encore Axel Honneth, qui a développé une théorie de la reconnaissance comme base de la justice sociale. Honneth écrit, dans *La lutte pour la reconnaissance* (1992) que la reconnaissance est la condition de possibilité de l'identité individuelle et du lien social. Cette idée prolonge directement la médiation hégélienne : la liberté ne se réalise pas dans l'isolement, mais dans une relation médiatisée de réciprocité.

Hegel ne limite pas la médiation au niveau intersubjectif : il l'étend à l'histoire universelle. L'histoire est le théâtre où l'Esprit se médiatise, se réalise progressivement dans les institutions et les cultures humaines. Les guerres, les révolutions, les conflits ne sont pas de simples accidents : ils sont les médiations nécessaires par lesquelles l'humanité progresse vers une liberté plus universelle. D'où la fameuse formule de Hegel dans les *Leçons sur la philosophie de l'histoire* : *« Quand l'esprit progresse, il doit le faire en sa totalité ; et comme il progresse dans le temps, c'est aussi dans le temps que se déroule toute son évolution. La pensée, le principe d'une période c'est l'esprit qui partout pénètre. Celui-ci doit progresser dans la conscience de soi-même et ce progrès c'est l'évolution de la masse entière, de la totalité concrète. »* (G. W. F. Hegel, *Leçons sur l'Histoire de la Philosophie*, Gallimard, collection Folio/Essais, 1954, page 141, traduction par J. Gibelin).

Cette vision a souvent été critiquée pour son caractère téléologique et eurocentrique. Mais elle souligne l'importance de la médiation comme dynamique historique : aucune liberté, aucune vérité, aucun ordre politique ne surgit d'un coup, tout passe par des médiations, des luttes, des dépassements. L'histoire est un processus dialectique où chaque moment trouve son sens dans une totalité en devenir.

La conception hégélienne de la médiation continue d'inspirer de nombreux domaines. Dans la philosophie politique, elle nourrit les débats sur la reconnaissance, la citoyenneté, la justice sociale. Dans les sciences sociales, elle éclaire la manière dont les institutions médiatisent les rapports entre individus et collectivité. Dans la psychanalyse, Lacan a repris la structure dialectique de la reconnaissance en l'intégrant à sa théorie du désir et du stade du miroir. Dans la théorie critique, Habermas a prolongé Hegel en insistant sur la médiation communicationnelle comme fondement de la démocratie.

La dialectique du maître et de l'esclave reste un modèle puissant pour penser les rapports de domination et les possibilités de leur dépassement. Dans les luttes de libération, les mouvements féministes, les revendications postcoloniales, on retrouve l'exigence d'une reconnaissance qui ne soit pas une simple soumission, mais une médiation authentique entre égaux.

Avec Hegel, la médiation atteint un statut philosophique inédit : elle n'est plus seulement un moyen pratique de résolution des conflits, elle est la structure ontologique et épistémologique de toute réalité humaine. Tout est médiation,

parce que rien n'est donné immédiatement. La liberté, la vérité, la reconnaissance, l'histoire sont autant de processus médiatisés.
La dialectique du maître et de l'esclave montre que la médiation n'est pas sans douleur : elle passe par le conflit, par la négation, par l'aliénation. Mais cette souffrance est le chemin nécessaire vers une liberté plus haute. Comme le décrit Hegel dans la *Préface* de la *Phénoménologie*, le travail du négatif est ce qui fait avancer la conscience vers le vrai. La médiation est ce travail du négatif : elle est l'art de transformer la contradiction en moteur de réconciliation. Ainsi, la pensée hégélienne éclaire la médiation dans toute sa profondeur : non pas comme un simple arbitrage, mais comme le mouvement de l'esprit qui, en se confrontant à l'altérité, apprend à se reconnaître lui-même.

Chapitre 10 – Institutionnalisation de la médiation

- Les limites de la contrainte juridique : identification des limites du droit et émergence du besoin d'un tiers médiateur

Lorsqu'on aborde l'institutionnalisation de la médiation, il est nécessaire de prendre pour point de départ la réflexion sur les limites du droit et sur la manière dont le recours exclusif à la contrainte juridique révèle ses insuffisances. Le droit moderne, hérité du modèle romano-civiliste et développé dans la tradition des États modernes, a longtemps été perçu comme l'outil par excellence de régulation des rapports sociaux. Codifié, rationalisé, doté d'un appareil coercitif, il constitue un système qui prétend à l'universalité et à la neutralité. Cependant, dès que l'on observe la vie concrète des sociétés et des individus, une tension apparaît entre les prétentions universelles du droit et la singularité irréductible des conflits humains. Le droit s'avère souvent inapte à saisir les nuances de situations relationnelles, affectives, culturelles ou sociales complexes, et son mode de régulation, centré sur la décision autoritaire et l'imposition d'une norme, laisse dans l'ombre les dimensions existentielles et symboliques des conflits.

La philosophie juridique elle-même a reconnu depuis longtemps cette tension. Montesquieu écrivait en 1748 : *« Comme les lois inutiles affaiblissent les lois nécessaires, celles qu'on peut éluder affaiblissent la législation. »* (Montesquieu, *De l'esprit des lois*, tome 2, Gallimard collection Folio/Essais, 1995, page 1036). Autrement dit, le droit ne peut pas tout régler sans se déliter ; il doit accepter ses propres limites. Rousseau, dans *Du Contrat social*, mettait déjà en évidence la difficulté qu'a le droit positif à traduire dans les institutions la volonté générale sans trahir la singularité des citoyens. Plus tard, Tocqueville observait que la justice en Amérique était saisie de plus en plus de litiges mineurs, au point de transformer les tribunaux en instances saturées, où la résolution des conflits devenait un processus mécanique plus qu'une quête de justice. Cette saturation et cette incapacité à embrasser la totalité de la complexité humaine ont conduit progressivement les sociétés modernes à envisager d'autres formes de régulation.

L'une des limites les plus évidentes du droit est sa logique adversariale. Les systèmes juridiques, qu'ils soient accusatoires ou inquisitoires, organisent la confrontation entre des parties en conflit, tranchée en dernier ressort par une autorité souveraine : le juge, représentant de l'État. Or, ce schéma oppose les individus plus qu'il ne les rapproche : chacun est incité à défendre ses intérêts de manière stratégique, souvent au détriment de la vérité ou de la relation. Le procès devient une scène où l'on « gagne » ou où l'on « perd », et non un espace où l'on restaure un lien ou une confiance. Hannah Arendt, dans *La crise de la culture* (1961), rappelle que le droit, en cherchant à sanctionner ou à rétablir un équilibre formel, ignore souvent la dimension intersubjective du conflit : la justice légale s'intéresse à l'acte et à ses conséquences mesurables, non à la relation vivante entre les hommes. Le droit est également limité par sa temporalité. Les procédures judiciaires sont longues, codifiées, marquées par une rigidité qui tranche avec l'urgence de nombreux conflits. Dans les affaires familiales, par exemple, où les blessures affectives exigent souvent une intervention rapide, la lenteur du système judiciaire aggrave les tensions. Les justiciables expérimentent alors une frustration qui entame leur confiance envers l'institution. Cette temporalité décalée alimente la recherche de modes alternatifs plus souples et plus rapides, comme la médiation.

De plus, la contrainte juridique suppose toujours une extériorité : c'est un tiers institutionnel, représentant la puissance publique, qui impose la solution. Or, cette extériorité peut être vécue comme une violence supplémentaire, car elle confisque aux parties la possibilité d'être actrices de la résolution de leur conflit. Michel Foucault souligne comment le droit, lorsqu'il devient exclusivement coercitif, reproduit une logique disciplinaire : *« Et la sentence qui condamne ou acquitte n'est pas simplement un jugement de culpabilité, une décision légale qui sanctionne ; elle porte avec elle une appréciation de normalité et une prescription technique pour une normalisation possible. »* (Michel Foucault, Surveiller et punir, Gallimard, collection Tel, 1975, page 28). Cette logique ignore la créativité des individus et leur capacité à inventer ensemble une solution.

Ces critiques trouvent un écho particulier dans les situations où le droit, en voulant régir les relations humaines, se heurte à des sphères qu'il ne peut pas entièrement pénétrer. Dans le champ familial, par exemple, le droit peut prononcer un divorce, attribuer la garde des enfants, répartir les biens. Mais il ne peut pas restaurer le dialogue entre des parents, ni apaiser la souffrance d'un enfant, ni reconstruire la confiance. De même, dans le champ du travail, le droit peut arbitrer des litiges contractuels ou appliquer le code du travail, mais il ne peut pas rétablir une coopération entre collègues qui doivent continuer à travailler ensemble au lendemain d'un procès. La limite du droit est ici patente : il tranche, mais il ne répare pas ; il statue, mais il ne réconcilie pas.

C'est à partir de ces limites que se dessine progressivement la nécessité d'un tiers qui ne soit pas seulement l'agent de la contrainte publique, mais le médiateur d'une relation. Ce tiers n'est pas extérieur au sens coercitif : il est extérieur au conflit, mais intérieur à la relation. Sa tâche n'est pas de trancher mais de relier, non de sanctionner mais de réorienter la communication. Paul Ricœur, dans *Le Juste* (1995), écrit que la médiation est cet art de la juste distance, qui permet aux adversaires de redevenir interlocuteurs. Le tiers médiateur introduit une forme de justice relationnelle que la justice institutionnelle n'est pas en mesure de produire.

Le besoin d'un tiers médiateur émerge d'autant plus fortement que le droit, dans les sociétés modernes, tend à se complexifier. L'accumulation des normes, la multiplication des procédures, la technicisation croissante des contentieux éloignent le droit de l'expérience vécue des citoyens. Pierre Legendre a montré, dans ses analyses sur l'État moderne, comment le droit devient une « machine normative » qui perd de vue son enracinement anthropologique. Cette perte de sens nourrit la défiance et accentue la recherche d'espaces de parole où les individus peuvent exprimer leur subjectivité, chose que la procédure juridique standardisée ne leur permet pas.

Dans cette perspective, la médiation apparaît comme une réponse aux excès du formalisme juridique. Là où le droit réduit le conflit à une qualification juridique (par exemple, « rupture abusive », « non-respect de contrat », « infraction »), la médiation restaure la pluralité des dimensions du conflit : affective, symbolique, identitaire, culturelle. Elle permet d'aborder non seulement ce qui est juridiquement sanctionnable, mais aussi ce qui est humainement signifiant. C'est pourquoi les médiations familiales, scolaires ou interculturelles connaissent un essor considérable depuis la fin du XXe siècle : elles répondent à une attente que le droit ne peut combler.

Il ne s'agit pas, cependant, d'opposer frontalement droit et médiation. L'émergence du besoin d'un tiers médiateur n'implique pas l'abandon du droit, mais sa redéfinition. Le droit garde une fonction essentielle de garantie, de sécurité et d'universalité. Mais il doit accepter de partager le terrain avec des dispositifs qui prennent en charge ce qu'il laisse de côté. Norbert Rouland, anthropologue du droit, souligne que le droit n'épuise pas le social, il n'est qu'un mode de régulation parmi d'autres.

La médiation est précisément l'un de ces autres modes, complémentaire plutôt qu'antagoniste.
Dans les sociétés pluralistes contemporaines, marquées par la diversité culturelle, religieuse et identitaire, cette complémentarité devient cruciale. Le droit, par sa vocation universelle, tend à uniformiser et à traiter les citoyens selon une égalité abstraite. Mais cette égalité formelle peut masquer des inégalités réelles et des différences irréductibles. La médiation, en prenant en compte la singularité des personnes et des contextes, vient humaniser la norme et donner une place à la diversité. On retrouve ici la thèse de Michel Serres, dans *Le Tiers-Instruit* (1991), selon laquelle la paix sociale dépend toujours de la présence d'un tiers qui invente des passages, des médiations, des langages communs.

Enfin, les limites de la contrainte juridique s'éclairent particulièrement lorsque l'on considère le coût psychologique et symbolique des procès. Gagner un procès n'implique pas nécessairement que la paix soit rétablie. Souvent, au contraire, la rancune demeure, la relation est définitivement brisée. La logique gagnant/perdant laisse les parties avec un sentiment de victoire amère ou de défaite humiliante. La médiation, en permettant une solution co-construite, offre la possibilité d'une sortie plus digne, où chacun conserve une part de reconnaissance et d'autonomie. Comme le dit Antoine Garapon : *« Le ressort même de la médiation, comme le montre Jean de Munck, est une conception du sujet plus autonome. Le sens de la médiation et de tous les programmes de conciliation (comme la réforme du divorce) va dans le sens contraire. Elle postule que les gens sont les mieux placés pour savoir ce qui est bon pour eux. »* (Antoine Garapon, *Bien juger*, Odile Jacob, 1997, page 176).

Ainsi, l'émergence du besoin d'un tiers médiateur est inséparable de la prise de conscience des limites intrinsèques du droit. Là où le droit se heurte à l'incommunicabilité, à la singularité irréductible, à l'urgence, à la dimension symbolique des conflits, la médiation ouvre un espace nouveau. Elle ne remplace pas la contrainte juridique, mais elle la complète en inscrivant dans l'institution une dimension relationnelle qui manquait jusque-là. Elle marque une transformation profonde de notre conception de la justice : de la seule application d'une norme, elle devient aussi processus de reconnaissance, de dialogue et de réconciliation.

- L'évolution des systèmes d'arbitrage.

L'histoire de la médiation institutionnalisée ne peut être comprise sans replacer le rôle des systèmes d'arbitrage qui, bien avant que la médiation contemporaine ne se formalise, ont constitué un mode privilégié de régulation des conflits. L'arbitrage, en tant que pratique sociale et juridique, se situe à la croisée des chemins entre la justice publique et les arrangements privés. Il illustre à merveille la tension entre la nécessité de règles collectives, garantes de stabilité, et le désir d'autonomie des individus ou des groupes cherchant à résoudre leurs différends en dehors du cadre contraignant des tribunaux étatiques. Ainsi, l'arbitrage peut être compris comme l'ancêtre institutionnalisé de la médiation, mais aussi comme un mode autonome qui conserve aujourd'hui une pertinence dans le monde des affaires, des relations internationales et du droit du travail.

Dans l'Antiquité, déjà, l'arbitrage était une pratique courante. Les cités grecques recouraient souvent à des arbitres choisis d'un commun accord pour résoudre des conflits, qu'ils soient commerciaux, familiaux ou politiques. Aristote, dans *La Rhétorique*, évoque la figure de l'arbitre comme celui qui cherche l'équité plus que la loi, mettant ainsi en avant la souplesse de ce mode de résolution par rapport à la rigidité de la norme écrite. Dans le monde romain, le droit privé connaissait également des formes d'arbitrage. Le *compromissum* était un contrat par lequel deux parties s'engageaient à soumettre leur litige à l'arbitrage d'une tierce personne. Ce tiers, bien que non revêtu de l'autorité de l'État, voyait néanmoins sa décision respectée par les parties, par souci d'honneur, de réputation ou d'efficacité. Cicéron, dans ses plaidoiries, souligne à plusieurs reprises que l'arbitre, en tant que tiers choisi, incarne une justice plus proche des parties que le juge désigné par la cité.

Au Moyen Âge, l'arbitrage se développe dans le cadre féodal et ecclésiastique. L'Église, en particulier, encourage l'arbitrage pour éviter l'escalade des conflits et promouvoir la paix sociale. Les conciles médiévaux prescrivent fréquemment le recours à des arbitres, considérés comme artisans de concorde. La célèbre *Paix de Dieu* et la *Trêve de Dieu* instaurées par l'Église au XIe siècle constituent déjà une forme d'arbitrage à grande échelle : il s'agissait de limiter les affrontements armés en instituant des périodes de trêve, arbitrées par les autorités ecclésiales. Thomas d'Aquin, dans sa *Somme théologique*, justifie le recours à l'arbitrage en le fondant sur la vertu de prudence car là où la loi ne suffit pas, la prudence d'un homme sage mène au chemin de la justice.

Avec la naissance des États modernes, l'arbitrage prend une nouvelle dimension. Si les souverains cherchent à monopoliser la justice au nom de la puissance publique, l'arbitrage demeure un espace de liberté, particulièrement dans le commerce. Les marchands italiens de la Renaissance, par exemple, préféraient souvent confier leurs différends à des arbitres spécialisés plutôt qu'aux tribunaux étatiques, jugés trop lents et trop coûteux. C'est ce qu'on a appelé la *lex mercatoria*, un droit marchand transnational reposant sur des usages et sur des mécanismes d'arbitrage qui anticipent déjà les chambres de commerce modernes. Montesquieu, dans *De l'esprit des lois*, observe avec intérêt ce phénomène et note que *« Le commerce guérit des préjugés destructeurs : et c'est presque une règle générale que, partout où il y a des mœurs douces, il y a du commerce ; et que partout où il y a du commerce, il y a des mœurs douces. »* (Montesquieu, *De l'esprit des lois*, tome 2, Gallimard collection Folio/Essais, 1995, page 609) car il oblige les hommes à trouver des solutions pratiques pour régler leurs différends.

La Révolution française et le XIXe siècle marquent une période paradoxale pour l'arbitrage. D'un côté, l'État centralisateur affirme son monopole de la justice et tend à marginaliser l'arbitrage en le considérant comme un mode secondaire. De l'autre, le Code de procédure civile de 1806 reconnaît explicitement le recours à l'arbitrage (articles 1003 à 1028), confirmant son statut d'alternative légale. Napoléon lui-même, soucieux de maintenir la cohésion sociale, y voyait un outil utile pour désengorger les tribunaux. Dans les faits, toutefois, le recours à l'arbitrage reste limité, notamment parce que la culture juridique française demeure attachée à l'autorité de l'État.

Au XXe siècle, l'arbitrage connaît un essor spectaculaire, notamment dans le domaine international. Après la Première Guerre mondiale, les sociétés comprennent que les conflits internationaux ne peuvent plus être laissés à la seule logique des armes. La Société des Nations, puis les Nations Unies, encouragent le recours à l'arbitrage et à la conciliation comme moyens pacifiques de résolution des litiges. Le Pacte Briand-Kellogg de 1928, visant à mettre la guerre hors la loi, repose en grande partie sur l'idée que les différends doivent trouver leur issue par l'arbitrage et la médiation diplomatique.

Dans le commerce international, la création de la Cour internationale d'arbitrage de la Chambre de commerce internationale (CCI) en 1923 constitue une étape majeure. Désormais, les entreprises peuvent soumettre leurs litiges à une instance reconnue, qui statue en dehors des juridictions étatiques mais dont les décisions sont exécutoires. Cette institutionnalisation de l'arbitrage commercial international illustre parfaitement le mouvement par lequel des acteurs privés inventent des solutions adaptées aux enjeux de la mondialisation. L'arbitrage devient ainsi une justice transnationale, souple, confidentielle, rapide, et capable de dépasser les frontières des États.

En parallèle, le développement des relations de travail et des conflits sociaux au XIXe et XXe siècles a conduit à une autre forme d'arbitrage : l'arbitrage social ou professionnel. Dans de nombreux pays, les conflits collectifs du travail – grèves, négociations salariales – ont donné lieu à des systèmes d'arbitrage institués par les pouvoirs publics ou les syndicats. Aux États-Unis, par exemple, le *National Labor Relations Act* de 1935 a institué des procédures d'arbitrage obligatoires dans certains secteurs sensibles. En

France, le Conseil des prud'hommes, bien qu'étant une juridiction, conserve une dimension hybride, puisqu'il repose sur une logique paritaire et cherche à concilier avant de juger.

La seconde moitié du XXe siècle voit l'arbitrage s'inscrire dans le mouvement plus large des modes alternatifs de règlement des conflits (ADR – *Alternative Dispute Resolution*). Aux États-Unis, dès les années 1970, face à l'encombrement des tribunaux, l'arbitrage est promu aux côtés de la médiation et de la conciliation comme une voie pragmatique et efficace. Cette dynamique gagne l'Europe dans les années 1980 et 1990, aboutissant à une véritable reconnaissance juridique. La directive européenne du 21 mai 2008 sur certains aspects de la médiation en matière civile et commerciale s'inscrit dans cette filiation.

L'arbitrage moderne se distingue par plusieurs caractéristiques qui expliquent son succès et ses limites. Son succès tient à sa rapidité, à sa confidentialité, à sa souplesse procédurale et à son efficacité transnationale. Les entreprises, soucieuses de protéger leur réputation et de préserver leurs relations commerciales, apprécient cette discrétion et cette capacité d'adaptation. Mais ses limites sont également connues : coût parfois élevé, risque de partialité des arbitres, manque de transparence, absence de recours dans certains cas. Ces critiques ont conduit certains à revendiquer une « médiation-arbitrage » (ou *med-arb*), qui combine la flexibilité de la médiation et l'autorité de l'arbitrage.

Ce parcours historique montre que l'arbitrage n'est pas un simple appendice du droit, mais un mode de régulation qui a toujours coexisté avec lui, tantôt en tension, tantôt en complémentarité. Il incarne l'idée que les conflits humains peuvent être résolus autrement que par l'imposition d'une norme étatique. Il révèle aussi une constante : la recherche d'un tiers qui soit à la fois extérieur aux parties et suffisamment proche de leurs réalités pour rendre une décision juste.

Ainsi, l'évolution des systèmes d'arbitrage prépare le terrain pour la médiation contemporaine. Alors que l'arbitrage conserve une dimension décisionnelle – l'arbitre tranche le litige –, la médiation radicalise l'idée de l'autonomie des parties en leur laissant la responsabilité de la solution. On peut dire que la médiation est fille de l'arbitrage, mais qu'elle s'en distingue par son refus de substituer une autorité aux parties. Elle prolonge le mouvement initié par les pratiques d'arbitrage, tout en ouvrant un horizon nouveau : celui d'une justice véritablement participative.

• Naissance de la médiation légale et conventionnelle : justice alternative.

L'histoire de la médiation moderne ne saurait être comprise sans revenir à la manière dont elle s'est progressivement inscrite dans les cadres légaux et institutionnels. Si, depuis des siècles, les pratiques sociales d'apaisement et d'arbitrage avaient permis de réguler les conflits, la médiation en tant que dispositif officiel, reconnu et encadré par la loi, n'apparaît véritablement que dans la seconde moitié du XXe siècle. Ce processus de « juridicisation » de la médiation révèle une transformation profonde : la reconnaissance par les États et les systèmes juridiques de la nécessité de créer un espace complémentaire au droit contraignant, capable de donner aux individus et aux communautés les moyens d'élaborer eux-mêmes des solutions. Ainsi, la médiation légale et conventionnelle se présente comme la figure contemporaine d'une justice alternative, en tension mais aussi en dialogue avec la justice traditionnelle.

L'idée que le droit positif puisse trouver ses limites et qu'il faille aménager des voies parallèles pour traiter les litiges n'est pas neuve, nous l'avons vu chez Montesquieu qui dans *De l'esprit des lois*, soulignait que les lois inutiles affaiblissent les lois nécessaires, insistant sur la nécessité de distinguer la norme contraignante de l'esprit de justice qu'elle est censée incarner. Dans cette perspective, la médiation légale représente moins une rupture qu'une extension de la logique juridique : elle reconnaît que la contrainte n'épuise pas le champ du juste et qu'il existe des situations où l'intervention d'un tiers neutre, non décisionnaire, peut produire plus de justice qu'un jugement imposé.

C'est aux États-Unis que la médiation légale connaît ses premiers développements significatifs, dans le contexte des années 1960-1970. Le mouvement des *Alternative Dispute Resolution* (ADR) naît d'une double insatisfaction : d'une part, les tribunaux sont surchargés, incapables de traiter dans des délais raisonnables la masse croissante de litiges ; d'autre part, une partie de la société américaine aspire à des formes de justice plus participatives, plus proches des citoyens et moins hiérarchiques. C'est dans ce contexte que se mettent en place les premiers programmes de médiation communautaire, souvent portés par des associations, mais rapidement soutenus par des dispositifs publics. L'un des jalons majeurs est le *Federal Mediation and Conciliation Service* (FMCS), créé dès 1947, qui intervient d'abord dans les conflits collectifs du travail, mais dont le modèle inspirera de nombreux autres domaines.

Dans le domaine familial, le développement est encore plus significatif. Aux États-Unis, dès les années 1970, plusieurs États intègrent la médiation familiale comme étape obligatoire avant toute procédure judiciaire de divorce ou de garde d'enfants. L'idée est simple : dans des situations où la relation entre les parties ne peut être rompue totalement (notamment à cause de la présence d'enfants), il est préférable de favoriser la négociation accompagnée plutôt que d'imposer une décision judiciaire qui risque de cristalliser le conflit. Des chercheurs comme Folberg et Taylor (*Mediation: A Comprehensive Guide to Resolving Conflicts without Litigation*, 1984) insistent alors sur la spécificité de la médiation : non seulement elle réduit la charge des tribunaux, mais elle renforce l'autonomie des familles en leur permettant de construire elles-mêmes des accords durables.

L'Europe s'empare progressivement de ces innovations. Dans les années 1980, plusieurs pays anglo-saxons (notamment le Royaume-Uni et l'Irlande) adoptent la médiation familiale et communautaire, puis la médiation commerciale. En France, la médiation commence à être expérimentée dans le champ pénal et social dès les années 1980. Le Conseil de l'Europe joue un rôle décisif en diffusant des recommandations invitant les États à développer des mécanismes alternatifs de résolution des conflits. La Recommandation R(98)1 du Comité des ministres du Conseil de l'Europe, par exemple, encourage explicitement la médiation familiale comme voie complémentaire à la justice classique.

Le tournant majeur est sans doute la directive européenne 2008/52/CE du 21 mai 2008 sur certains aspects de la médiation en matière civile et commerciale. Ce texte établit des règles minimales communes, garantissant la reconnaissance et l'exécution des accords issus de médiation dans tous les États membres. Elle inscrit ainsi la médiation dans le paysage juridique européen non pas comme une pratique marginale, mais comme une composante reconnue de l'espace judiciaire commun. À travers cette directive, l'Union européenne affirme que la médiation n'est pas un palliatif, mais une alternative sérieuse et structurée, qui participe pleinement à l'architecture de la justice.

En France, la consécration légale de la médiation est progressive. La Loi n° 95-125 du 8 février 1995 relative à l'organisation des juridictions et à la procédure civile, pénale et administrative introduit pour la première fois une définition juridique de la médiation judiciaire. Elle précise que le juge peut désigner un médiateur avec l'accord des parties, et que la mission du médiateur consiste à entendre les parties et confronter leurs points de vue pour leur permettre de trouver une solution au conflit qui les oppose. Cette loi marque un tournant en inscrivant noir sur blanc dans le Code de procédure civile un mode de résolution qui n'est pas centré sur la décision imposée mais sur le dialogue accompagné.

À partir des années 2000, plusieurs réformes élargissent encore le champ d'application de la médiation. La loi du 18 novembre 2016 de modernisation de la justice du XXIe siècle (dite loi J21) impose, dans certains contentieux civils, une tentative de médiation préalable obligatoire avant toute saisine du juge. Parallèlement, le Conseil d'État et la Cour de cassation reconnaissent de plus en plus fréquemment la validité et la force exécutoire des accords issus de médiation. On assiste ainsi à une normalisation de la médiation : loin d'être une voie parallèle, elle devient une étape intégrée au processus judiciaire.

Mais la médiation légale et conventionnelle ne concerne pas seulement les contentieux familiaux ou civils. Dans le domaine pénal, la médiation pénale instaurée en France par la Loi du 8 février 1995, permet au procureur de recourir à un médiateur pour traiter certaines infractions mineures (violences légères, injures, petits vols). L'objectif est double : désengorger les tribunaux correctionnels et surtout permettre une réparation plus rapide et plus adaptée pour la victime comme pour l'auteur. Inspirée par les théories de la justice restaurative, cette médiation pénale illustre la manière dont l'institution judiciaire reconnaît que le face-à-face entre l'auteur et la victime, sous l'égide d'un tiers, peut produire davantage de réconciliation qu'une sanction purement punitive.

Dans le champ administratif également, la médiation connaît une reconnaissance croissante. Le Défenseur des droits, créé en France par la loi organique n° 2011-333 du 29 mars 2011, dispose d'un pouvoir explicite de médiation dans les litiges entre les citoyens et les administrations. Cette institutionnalisation illustre la volonté de l'État de rapprocher la justice du citoyen et de reconnaître que l'autorité publique peut aussi se tromper, et qu'un espace de discussion est nécessaire avant de passer par le contentieux.

Si la médiation légale s'est ainsi progressivement imposée, elle suscite aussi des débats. Certains juristes craignent que l'obligation de médiation avant procès ne restreigne le droit fondamental d'accès au juge. D'autres estiment qu'elle risque de renforcer les inégalités entre les parties : une partie forte, économiquement ou socialement, pourrait imposer ses vues dans un cadre de médiation, alors que le tribunal aurait garanti une protection plus stricte de la partie faible. Ces critiques rappellent que la médiation, pour être juste, doit reposer sur un équilibre des forces et sur la neutralité effective du médiateur. Elles soulignent aussi que la médiation ne saurait remplacer le procès, mais seulement l'accompagner ou le précéder.

Au-delà de ces limites, la médiation légale et conventionnelle représente une véritable mutation culturelle. Elle manifeste le passage d'une justice pensée exclusivement comme sanction et contrainte vers une justice envisagée comme dialogue et construction partagée. Comme le décrit Antoine Garapon dans *Bien juger* (1997), la justice ne se limite pas au droit seul, elle reconnaît aussi les personnes dans leur conflit et leur permettre de redevenir acteurs de leur destin, résumant ainsi parfaitement l'esprit de la médiation légale : il ne s'agit pas seulement de décharger les tribunaux, mais de transformer le rapport des citoyens à la justice, en les responsabilisant.

Dans cette perspective, la médiation apparaît bien comme une justice alternative. Non pas alternative au sens d'une concurrence qui viserait à abolir la justice étatique, mais au sens où elle offre une autre voie, complémentaire, plus souple, plus humaine. Elle révèle que la justice ne se réduit pas à l'application mécanique de la loi, mais qu'elle suppose un travail de reconnaissance mutuelle, de communication et de créativité. Ce n'est pas un hasard si Paul Ricœur, dans *Le Juste* (1995), insiste sur le fait que la justice est aussi une équité qui dépasse la règle. La médiation légale et conventionnelle incarne précisément cette équité en institutionnalisant la possibilité de dépasser la règle, non pas contre la loi, mais à côté d'elle, avec son appui.

En définitive, la naissance de la médiation légale et conventionnelle illustre une transformation majeure du paysage juridique contemporain : la reconnaissance de la pluralité des modes de régulation des conflits. Dans une société complexe et interdépendante, la justice ne peut plus être pensée uniquement comme une pyramide descendante, où l'État impose sa décision. Elle doit aussi être pensée comme un réseau, où les individus, les communautés et les institutions dialoguent et construisent ensemble leurs propres règles. La médiation légale, en ce sens, ne marque pas seulement l'émergence d'une justice alternative : elle consacre l'idée que la justice est d'abord un processus de médiation sociale, reconnu et garanti par la loi.

Partie 5 : Le monde contemporain et son besoin de médiation

Chapitre 11 – Médiation et technologies numériques

- L'ère de l'hypercommunication et ses paradoxes : plus de canaux, plus de malentendus.

Nous vivons dans ce que l'on a coutume d'appeler « l'ère de l'hypercommunication ». Jamais dans l'histoire de l'humanité les individus n'ont disposé d'autant de moyens d'échanger : téléphone portable, messagerie instantanée, réseaux sociaux, visioconférence, forums en ligne, mails, podcasts, plateformes collaboratives. Le paradigme qui dominait encore au XXe siècle – celui de la rareté des canaux, où la communication reposait sur un nombre limité d'espaces et de médiateurs (le journal, l'école, l'église, la famille, la radio, puis la télévision) – a cédé la place à une prolifération vertigineuse de dispositifs. L'humanité semble s'être engouffrée dans une véritable polyphonie technique où chaque individu est à la fois émetteur et récepteur, créateur et consommateur d'information. Pourtant, ce que cette abondance de moyens semblait promettre – une meilleure compréhension mutuelle, un dialogue plus ouvert, une interconnexion universelle – se révèle souvent accompagné de phénomènes inverses : multiplication des malentendus, crispations identitaires, conflits exacerbés. L'hypercommunication ne se traduit pas mécaniquement par l'harmonie, mais bien plutôt par une fragilisation du sens partagé.

La première dimension de ce paradoxe est quantitative : la surabondance d'informations. Déjà en 1970, Alvin Toffler annonçait dans *Future Shock* que les sociétés modernes seraient confrontées à un « choc du futur », caractérisé notamment par l'« information overload », cette surcharge cognitive qui empêche les individus de hiérarchiser, de trier, de donner du sens à l'immense masse de données qui leur parviennent. Ce diagnostic s'est confirmé avec l'avènement d'Internet et, plus encore, des réseaux sociaux. Chaque jour, des milliards de messages circulent, et l'on estime que la production de données double tous les deux ans à l'échelle mondiale. Or, loin de favoriser la clarté, cette inflation d'informations produit de la confusion : trop de voix parlent en même temps, et l'individu, saturé, peine à discerner le fiable du douteux, le pertinent de l'anecdotique.

Marshall McLuhan, dans *Understanding Media* (1964), soulignait déjà que le médium est le message, c'est-à-dire que la forme de communication transforme en profondeur le contenu et notre manière de le percevoir. Or, avec l'hypercommunication numérique, ce principe s'exacerbe : la logique de vitesse et de flux impose des messages courts, fragmentés, souvent sortis de leur contexte. La pensée en « tweets » ou en « posts » privilégie l'instantanéité au détriment de la profondeur, l'émotion au détriment de l'argument. Cette nouvelle écologie de la communication produit paradoxalement un déficit de compréhension : plus nous échangeons, moins nous nous comprenons, car les conditions de l'écoute attentive et du dialogue raisonné se trouvent altérées.

Le second paradoxe de l'hypercommunication réside dans la fragmentation des sphères publiques. Habermas, dans *L'espace public* (1962), décrivait la constitution d'un espace de discussion rationnelle où les citoyens pouvaient confronter leurs opinions et tendre vers une compréhension commune. Or, loin d'élargir cet espace, les réseaux numériques tendent à le pulvériser en une multitude de micro-sphères, souvent hermétiques les unes aux autres. Chacun évolue dans une « bulle informationnelle », selon la formule d'Eli Pariser (*The Filter Bubble, What the Internet Is Hiding from You*, 2011), alimentée par les algorithmes qui privilégient les contenus conformes à nos préférences préexistantes. Le résultat est une accentuation des clivages et une polarisation des opinions : l'hypercommunication ne rapproche pas les points de vue, elle les durcit, en enfermant chacun dans un écho de ses propres croyances.

Ce phénomène engendre un autre paradoxe : plus d'interactions, mais moins de reconnaissance mutuelle. Là où l'on aurait pu espérer que la prolifération des contacts favorise une meilleure compréhension interculturelle et interpersonnelle, elle se traduit souvent par une multiplication des malentendus et des conflits. Dans *La condition moderne* (1992), Jean-François Lyotard avait déjà souligné la fin des grands récits et la montée en puissance d'une pluralité de jeux de langage. Internet a porté ce diagnostic à son comble : chacun parle dans son idiome, selon ses références, ses codes, et l'absence de médiateurs communs (institutions, médias de masse, cadres de légitimité) rend la traduction de plus en plus difficile. Ainsi, ce qui devait être une interconnexion planétaire se transforme parfois en une cacophonie mondiale, où chacun parle, mais où l'on s'écoute de moins en moins.

Le troisième paradoxe est existentiel : l'hypercommunication ne signifie pas nécessairement plus de liens authentiques. Comme l'a souligné Sherry Turkle dans *Alone Together* (2011), l'essor des technologies numériques nous a plongés dans une situation paradoxale : jamais nous n'avons été autant connectés, et jamais nous n'avons eu autant le sentiment d'être isolés. Les échanges numériques, bien qu'innombrables, sont souvent superficiels, réduits à des signaux rapides (un « like », un « emoji », un « vu ») qui n'engagent pas une véritable rencontre. La communication est ici quantitative mais appauvrie qualitativement : elle remplit l'espace mais ne nourrit pas la relation. Cette fragilité relationnelle engendre frustrations, incompréhensions, parfois hostilité.

C'est là que la question de la médiation prend tout son sens. Si la multiplication des canaux de communication accroît paradoxalement le risque de malentendus, c'est parce qu'il manque un cadre, une instance, un tiers capable de réguler les flux, de ralentir le rythme, de créer les conditions d'une véritable écoute. L'hypercommunication rend visible, par contraste, le besoin de médiation. Dans un univers saturé de messages, la médiation n'est plus seulement l'art de rétablir le dialogue entre des personnes en conflit ; elle devient l'art de restaurer des conditions minimales de sens et de compréhension dans un environnement où la prolifération des discours tend à les dissoudre.

Il n'est pas anodin que de nombreuses initiatives contemporaines cherchent à recréer des espaces de « slow communication », analogues au « slow food » en réaction à la consommation rapide. Des mouvements prônent des formes de dialogue plus lentes, plus profondes, parfois déconnectées du numérique, comme une forme de résistance au bruit incessant de l'hypercommunication. Le philosophe Byung-Chul Han, dans *La société de la transparence* (2012), insiste sur le fait que la surabondance de communication détruit la possibilité du secret, de l'intériorité, de la distance nécessaire à toute relation véritable. La médiation, dans ce contexte, peut être comprise comme l'institution de cette distance féconde, de ce « tiers » qui permet de sortir de la fusion immédiate et de retrouver une respiration symbolique.

En outre, l'hypercommunication met en lumière une nouvelle fracture : non plus seulement entre ceux qui ont accès aux moyens de communication et ceux qui en sont privés, mais entre ceux qui savent interpréter, hiérarchiser et contextualiser l'information, et ceux qui en sont submergés. La compétence médiatique devient alors un enjeu de pouvoir. Comme le souligne Dominique Wolton : « En effet, plus la communication technique est performante, plus on voit ce qui la distingue de la communication humaine. » (Dominique Walton, *Internet et après ? Une théorie critique des nouveaux médias,* Flammarion, collection Champs essais, 2000, page II). La médiation contemporaine doit donc inclure cette dimension critique : apprendre à déchiffrer, à ralentir, à mettre en perspective, pour transformer le flux chaotique en espace de sens partagé.
On pourrait dire, en reprenant Ricœur, que la médiation devient l'art d'« interpréter l'excès ». Dans *Temps et récit*, Ricœur montrait que la narration permettait de donner une cohérence au flux temporel dispersé. De manière analogue, la médiation dans l'ère de l'hypercommunication consiste à faire récit, à créer du lien entre les fragments, à articuler ce qui, sans cela,

resterait épars. Là où la prolifération des canaux menace de dissoudre l'expérience, la médiation en restaure la continuité et l'intelligibilité.

Enfin, il faut rappeler que l'hypercommunication est traversée par des enjeux de pouvoir. Derrière l'apparente liberté de parole se cachent des logiques économiques et politiques : les géants du numérique organisent la circulation des messages selon des algorithmes opaques, privilégiant le spectaculaire, le conflictuel, le viral. Dans ce contexte, la médiation ne peut pas être pensée seulement comme une pratique interpersonnelle : elle doit aussi être conçue comme une démarche critique vis-à-vis des structures qui conditionnent nos échanges. Médiation sociale, médiation éducative, médiation politique : toutes ces formes sont appelées à se réinventer pour répondre au défi d'un espace communicationnel fragmenté, saturé et polarisé.

En définitive, l'ère de l'hypercommunication révèle un paradoxe constitutif : plus les hommes parlent, moins ils semblent se comprendre. Loin d'abolir le besoin de médiation, elle l'accroît et le transforme. La médiation contemporaine n'est plus seulement l'art de réconcilier des individus en conflit, mais l'art de rétablir des conditions de compréhension mutuelle dans un monde où le trop-plein de communication menace de noyer le sens. Ainsi, la médiation apparaît non comme un supplément facultatif, mais comme une nécessité anthropologique et politique pour l'humanité numérique.

- Les conflits générés par les réseaux sociaux : polarisation, fake news, cyber-harcèlement.

L'apparition des réseaux sociaux au tournant des années 2000 a été saluée comme une révolution démocratique : désormais, chacun pouvait devenir acteur de l'espace public, diffuser ses idées, se connecter aux autres sans intermédiaire. Facebook, Twitter (devenu X), Instagram, TikTok, LinkedIn et bien d'autres ont transformé la sociabilité humaine, abolissant les distances et ouvrant de nouveaux espaces d'échanges. Mais très vite, les promesses initiales se sont trouvées entachées de nouvelles formes de conflits, d'hostilité et de violence symbolique. Là où l'on pensait voir s'épanouir un dialogue universel, on assiste souvent à une polarisation des opinions, à la diffusion massive de fausses informations et à l'essor du cyber-harcèlement. Ces phénomènes, loin d'être marginaux, constituent aujourd'hui des défis centraux pour la médiation sociale et politique.

La polarisation est peut-être le symptôme le plus visible. Les réseaux sociaux, loin de constituer une agora universelle, tendent à diviser les individus en camps idéologiques ou identitaires de plus en plus étanches. L'algorithme, qui favorise les contenus suscitant des réactions fortes, privilégie les messages polarisés au détriment des nuances. Comme l'a montré Cass Sunstein dans

#Republic : Divided Democracy in the Age of Social Media (2017), les « chambres d'écho » numériques renforcent les opinions existantes et conduisent à une radicalisation progressive. L'effet de groupe agit comme un amplificateur : plus on fréquente des personnes partageant les mêmes idées, plus on se renforce mutuellement dans ses convictions, et plus l'autre camp est perçu comme hostile, irrationnel ou dangereux. L'espace numérique, censé être ouvert et diversifié, se referme ainsi en tribus antagonistes.

Ce phénomène de polarisation s'accompagne de ce que Dominique Cardon appelle dans *À quoi rêvent les algorithmes ?* (2015) une « hiérarchisation invisible ». Les plateformes classent et mettent en avant les contenus non pas en fonction de leur qualité argumentative ou de leur véracité, mais selon leur capacité à générer du trafic, des clics, des réactions. L'économie de l'attention crée ainsi un biais structurel : ce qui divise, choque, scandalise a plus de chances d'être vu et partagé que ce qui apaise ou nuance. Le conflit devient une valeur économique, un moteur de visibilité. Les algorithmes, loin d'être neutres, agissent comme de nouveaux médiateurs – mais des médiateurs pervers, orientés non vers la réconciliation ou la compréhension, mais vers la captation de l'attention à tout prix.

À cette polarisation s'ajoute la prolifération des fake news. L'ère numérique a bouleversé le rapport à la vérité. Là où autrefois les médias traditionnels, pour imparfaits qu'ils fussent, constituaient des instances de validation de l'information, l'espace numérique a ouvert la possibilité pour chacun de produire et de diffuser ses propres récits. La circulation des fausses informations n'est pas nouvelle – l'histoire regorge de rumeurs et de propagandes – mais leur vitesse de diffusion est inédite. Comme l'ont montré Soroush Vosoughi et ses collègues dans une étude parue en 2018 dans *Science*, les fake news circulent six fois plus vite que les informations vérifiées sur Twitter, car elles mobilisent davantage l'émotion, la surprise, l'indignation. Hannah Arendt, dans *Vérité et politique* (1967), avertissait déjà que le mensonge organisé peut devenir une arme politique redoutable. Les réseaux sociaux en ont fait un phénomène de masse, difficilement contrôlable.

Cette crise de la vérité génère une défiance généralisée. Chacun peut accuser l'autre camp de propager des fake news, et l'autorité des faits eux-mêmes semble s'éroder. Le philosophe Bernard Stiegler parlait de « prolétarisation de l'esprit » : incapables de discerner le vrai du faux, les individus perdent leur autonomie critique. La médiation se heurte alors à une difficulté radicale : comment rétablir un terrain commun de dialogue quand les faits eux-mêmes sont disputés ? La conflictualité ne se limite plus aux valeurs ou aux interprétations ; elle porte sur la réalité même. Dans ce contexte, la médiation doit se réinventer comme une pédagogie de la vérification, une éducation à l'esprit critique, mais aussi comme une reconstruction de la confiance envers des institutions capables de certifier l'information.

Enfin, le cyber-harcèlement représente une forme de violence numérique particulièrement destructrice. L'anonymat relatif, la distance physique et la logique virale des réseaux favorisent des comportements agressifs que l'on n'oserait pas assumer en face-à-face. Insultes, menaces, campagnes de dénigrement, « doxing » (divulgation d'informations personnelles), « revenge porn » : autant de pratiques qui transforment l'espace numérique en champ de bataille psychologique. Des études montrent que les victimes de cyber-harcèlement développent des troubles anxieux, de la dépression, voire des pensées suicidaires. Le cas des adolescents est particulièrement préoccupant : exposés en permanence aux regards et aux jugements de leurs pairs, ils se trouvent vulnérables à une violence de groupe démultipliée par la technologie.

La philosophe Cynthia Fleury, dans *Les pathologies de la démocratie* (2005), rappelle que la démocratie suppose la protection de l'intégrité psychique de l'individu. Le cyber-harcèlement, en brisant cette intégrité, menace donc directement le tissu démocratique. La médiation, dans ce cas, ne peut pas se limiter à une intervention ponctuelle : elle doit s'accompagner de dispositifs institutionnels de protection, d'éducation au respect en ligne, et d'une réflexion sur la responsabilité des plateformes.

La question de la responsabilité des acteurs numériques est d'ailleurs au cœur du problème. Peut-on demander aux entreprises privées, qui gèrent ces réseaux, d'assumer un rôle de régulation comparable à celui des États ? Mark Zuckerberg a longtemps défendu une conception minimaliste : Facebook n'était qu'un « tuyau » neutre, une plateforme technique. Mais les scandales liés aux fake news, à la manipulation électorale ou au harcèlement ont révélé le rôle actif des plateformes dans la structuration du débat public. Comme le souligne Evgeny Morozov dans *The Net Delusion* (2011), il serait naïf de croire que la technologie est neutre : elle porte en elle des logiques politiques, économiques et sociales qui conditionnent nos comportements.

Dans ce contexte, la médiation doit se penser à plusieurs niveaux. D'une part, elle doit intervenir au niveau micro, en aidant les victimes de cyber-harcèlement, en accompagnant les conflits interpersonnels nés des réseaux sociaux. D'autre part, elle doit se développer au niveau macro, en participant à la réflexion sur les règles de modération, sur les cadres juridiques et éthiques à imposer aux plateformes. La médiation numérique est ainsi à la croisée du social, du juridique et du politique.

Plus largement, les réseaux sociaux révèlent un paradoxe déjà identifié par Freud dans *Malaise dans la civilisation* (1929) : l'humanité, en cherchant à accroître son pouvoir technique et sa liberté d'expression, engendre en même temps de nouvelles formes de malaise et de souffrance. Loin de constituer un espace de libération pure, l'univers numérique reflète nos pulsions les plus contradictoires : désir de reconnaissance et violence de l'exclusion, besoin d'appartenance et haine de l'autre. La médiation devient alors l'art de canaliser ces pulsions, de créer des espaces où la conflictualité puisse s'exprimer sans dégénérer en destruction.

En définitive, les réseaux sociaux ne sont pas seulement des outils techniques : ils sont des laboratoires anthropologiques où se rejouent, sous des formes inédites, les grandes questions de la coexistence humaine. Polarisation, fake news, cyber-harcèlement : ces trois phénomènes montrent que la communication n'est pas spontanément médiation, qu'elle peut au contraire exacerber les tensions. Le rôle du médiateur, aujourd'hui, est donc de rappeler que parler ne suffit pas pour se comprendre, et que l'espace numérique doit être pensé, régulé, habité de manière à favoriser non pas seulement l'échange, mais la rencontre véritable. C'est là le défi majeur du XXIe siècle : inventer une médiation adaptée aux technologies numériques, capable de transformer le bruit en dialogue, et la violence en reconnaissance mutuelle.

- Les nouvelles formes de médiation en ligne (plateformes de règlement des litiges, visioconférences, intelligence artificielle comme outil de facilitation).

L'avènement du numérique n'a pas seulement transformé les modes de communication et la dynamique des conflits, il a également ouvert de nouvelles voies pour la médiation elle-même. Depuis une vingtaine d'années, on assiste à l'émergence de dispositifs spécifiquement conçus pour la résolution en ligne des différends, qu'il s'agisse de plateformes de règlement des litiges (Online Dispute Resolution, ou ODR), d'outils de visioconférence permettant de mener des séances de médiation à distance, ou encore d'expérimentations plus récentes intégrant l'intelligence artificielle comme support de facilitation. Ces innovations soulèvent un ensemble de questions cruciales : dans quelle mesure la médiation peut-elle être transposée dans l'univers numérique ? Quelles sont les promesses et les limites de ces dispositifs ? Et surtout, peuvent-ils reproduire – ou même améliorer – la profondeur humaine de la médiation traditionnelle, fondée sur la présence et l'écoute ?

Le modèle pionnier de l'ODR s'est développé dans les années 1990 avec l'essor du commerce en ligne. Les premières plateformes, comme celles mises en place par eBay et PayPal, avaient pour but de gérer les litiges entre vendeurs et acheteurs, souvent situés dans des pays différents. La rapidité et la masse des transactions rendaient impossible le recours aux tribunaux classiques. L'ODR est donc né de cette contrainte : comment résoudre efficacement des conflits à grande échelle, sans dépenser des sommes considérables en procédures ? Ethan Katsh et Janet Rifkin, dans leur ouvrage *Online Dispute Resolution : Resolving Conflicts in Cyberspace* (2001), posent les bases théoriques de ce champ. Ils soulignent que le numérique ne fait pas que transposer la médiation existante : il l'oblige à inventer de nouvelles méthodes adaptées à l'espace en ligne.

Ces plateformes reposent généralement sur des procédures automatisées qui guident les parties pas à pas. Un formulaire permet d'exposer la réclamation, une interface propose des options de résolution, et un médiateur humain n'intervient qu'en cas de blocage. Ce système hybride, combinant automatisation et intervention humaine, reflète déjà une forme de médiation assistée par la technologie. La grande force de ces dispositifs est leur efficacité : la majorité des litiges commerciaux de faible intensité (produits non reçus, retards de livraison, malfaçons) trouvent une issue rapide, avec un coût minimal pour les acteurs concernés. La médiation en ligne se présente ici comme une réponse pragmatique à la massification des échanges.

Mais au-delà du commerce, l'ODR a progressivement gagné d'autres domaines. De nombreuses juridictions expérimentent aujourd'hui des systèmes de règlement des litiges familiaux, de voisinage ou de consommation en ligne. L'Estonie, pionnière en matière de justice numérique, propose par exemple un règlement entièrement dématérialisé pour les petits litiges civils. En France, la loi pour une République numérique de 2016 a introduit la possibilité de recourir à des médiateurs en ligne, et plusieurs plateformes agréées permettent désormais de régler des différends de consommation ou d'assurance sans passer par un tribunal. On assiste ainsi à une institutionnalisation progressive de la médiation en ligne, qui n'est plus cantonnée au domaine marchand mais touche désormais au cœur de la justice civile.

Un deuxième vecteur de transformation est la visioconférence. La pandémie de Covid-19 a accéléré son usage, contraignant médiateurs, juges et avocats à poursuivre leurs activités à distance. Beaucoup de médiateurs, initialement réticents, ont découvert que les outils de visioconférence pouvaient préserver l'essentiel du processus : l'échange, l'écoute, la reformulation, la construction d'un espace commun. Certes, la présence physique possède une densité irremplaçable ; mais la distance numérique offre aussi des avantages. Elle réduit les contraintes géographiques, facilite la participation de personnes éloignées, et permet parfois d'abaisser la tension émotionnelle, les parties se sentant protégées par l'écran. Dans certains cas, cette médiation « sous verre » rend possible un dialogue qui aurait échoué en face-à-face.

Des chercheurs comme Leah Wing ont montré que la médiation en ligne ne doit pas être perçue comme un substitut imparfait de la médiation traditionnelle, mais comme une nouvelle modalité dotée de ses propres règles. La caméra, le chat écrit, le partage d'écran deviennent des outils qui modifient la dynamique interactionnelle. Le médiateur doit développer de nouvelles compétences : savoir gérer les silences à distance, compenser l'absence de langage corporel complet, instaurer une confiance malgré l'écran. Ces ajustements montrent que la médiation est un art souple, capable de se réinventer selon les supports techniques disponibles.

Le troisième horizon, plus récent, concerne l'intelligence artificielle (IA). De nombreuses plateformes expérimentent aujourd'hui l'usage de l'IA pour assister les médiateurs ou proposer des solutions automatiques. Dans les litiges de consommation, certains systèmes utilisent des algorithmes pour comparer les réclamations avec des bases de données de cas similaires et suggérer des accords probables. Des *chatbots*, comme ceux testés dans certains services publics, guident les usagers dans leurs démarches et préparent les dossiers pour le médiateur humain. L'idée est d'utiliser la puissance de l'IA pour réduire la charge de travail, identifier les points d'accord possibles et laisser aux humains le soin de trancher les aspects plus complexes et relationnels.

Cette perspective suscite cependant de vifs débats. Peut-on imaginer une médiation entièrement conduite par une machine ? La médiation n'est-elle pas, par essence, un art de la relation, fondé sur l'écoute empathique, la compréhension des émotions, la créativité du langage ? Nombreux sont ceux qui, à l'instar de Colin Rule – pionnier de l'ODR et ancien responsable de la résolution des litiges chez eBay – insistent sur la nécessité de maintenir un « humain dans la boucle ». L'IA peut faciliter, accélérer, préparer, mais elle ne saurait remplacer la dimension éthique et existentielle de la médiation.

Ce débat rejoint une interrogation plus large sur la place de la technologie dans nos vies : est-elle un outil au service de l'autonomie, ou risque-t-elle de déposséder l'homme de sa capacité de jugement ? Hannah Arendt, dans *La condition de l'homme moderne* (1958), rappelait que la technique peut émanciper comme aliéner, selon l'usage que l'on en fait. Appliqué à la médiation, ce dilemme devient crucial : l'IA peut aider à dépasser la surcharge des systèmes judiciaires et à fluidifier les négociations, mais si elle devient le seul interlocuteur, elle risque de réduire la complexité des conflits humains à de simples calculs probabilistes.

Les partisans de l'IA en médiation mettent en avant les bénéfices concrets : réduction des coûts, accessibilité pour les populations éloignées de la justice, rapidité de traitement. Mais les critiques rappellent que les algorithmes reproduisent souvent les biais de leurs concepteurs. Cathy O'Neil, dans *Weapons of Math Destruction* (2016), a montré que les systèmes algorithmiques peuvent renforcer les discriminations plutôt que les corriger. Une médiation conduite par une IA mal conçue pourrait donc accentuer les inégalités, au lieu de les atténuer.

La médiation en ligne, qu'elle passe par des plateformes, des visioconférences ou des outils d'IA, se situe ainsi à un carrefour. Elle porte la promesse d'une démocratisation de l'accès à la justice : n'importe quel individu, équipé d'un simple smartphone, peut aujourd'hui initier un processus de résolution de conflit. Elle répond à l'exigence contemporaine de rapidité, de flexibilité et d'adaptabilité. Mais elle pose aussi des questions fondamentales sur la nature même de la médiation : peut-on vraiment se réconcilier sans la densité du face-à-face ? Peut-on recréer en ligne l'espace symbolique de reconnaissance mutuelle qui est au cœur de la médiation traditionnelle ?

Ces interrogations ne doivent pas conduire à un rejet pur et simple du numérique, mais à une réflexion sur son articulation avec l'humain. Comme le souligne le philosophe Paul Ricœur, dans *Soi-même comme un autre* (1990), l'identité se construit dans la reconnaissance réciproque. Aucun algorithme ne peut remplacer ce mouvement d'altérité ; mais la technologie peut offrir de nouveaux lieux où il puisse s'exercer. La médiation en ligne apparaît alors comme un laboratoire où se joue l'avenir de nos sociétés connectées : un espace hybride, mi-humain, mi-technologique, où il s'agit d'inventer de nouvelles formes de dialogue capables de répondre aux défis du temps présent.

En somme, les nouvelles formes de médiation en ligne ne sont ni une simple transposition de l'ancien modèle, ni une révolution totale. Elles constituent un champ d'expérimentation où se redéfinissent les contours mêmes de la médiation. Entre plateformes automatisées, visioconférences et IA, il s'agit moins de choisir une solution exclusive que de construire un écosystème pluraliste, où chaque outil trouve sa place en fonction des besoins. L'avenir de la médiation se joue sans doute dans cette complémentarité : maintenir la profondeur de la relation humaine tout en exploitant les potentialités du numérique pour élargir l'accès, fluidifier les procédures et inventer de nouvelles formes de reconnaissance mutuelle.

- Limites et promesses : pourquoi la médiation numérique ne peut pas remplacer la médiation humaine, mais peut l'amplifier.

Le développement de la médiation numérique constitue l'un des phénomènes majeurs de notre temps. L'expansion fulgurante des outils de communication, des plateformes en ligne et, plus récemment, des dispositifs d'intelligence artificielle bouleverse non seulement la manière dont les individus échangent, mais aussi celle dont ils régulent leurs conflits. Depuis quelques années, le recours à des plateformes de règlement des litiges en ligne, les visioconférences utilisées dans les médiations familiales, commerciales ou sociales, ainsi que l'usage croissant d'algorithmes pour faciliter la rencontre entre les parties, suscitent de grands espoirs. Certains y voient une démocratisation radicale de l'accès à la justice et à la médiation, là où d'autres pointent une dérive vers une déshumanisation de la relation, transformant la médiation en simple procédure technocratique, médiée non plus par une personne, mais par une interface. Ces tensions révèlent une question fondamentale : la médiation numérique peut-elle véritablement remplacer la médiation humaine, ou n'est-elle qu'un complément, un amplificateur, un prolongement qui reste toujours dépendant de la présence, même indirecte, d'un tiers humain ?

Pour analyser cette problématique, il est utile de se rappeler que la médiation, depuis son émergence, repose d'abord sur une expérience relationnelle. Elle suppose la reconnaissance de l'autre, l'attention portée à la singularité d'une situation, et l'exercice d'une capacité d'écoute et d'empathie. Paul Ricœur, dans *Soi-même comme un autre* (1990), insiste sur le fait que la médiation éthique ne consiste pas seulement à trouver un compromis rationnel, mais qu'elle engage la personne dans une reconnaissance mutuelle où l'altérité est constitutive du sens. Or, cette dimension d'altérité vécue, incarnée, ne peut être réduite à une simple transmission de messages à travers des écrans. Le numérique démultiplie certes les canaux de communication, mais il en altère aussi les modes de présence. Emmanuel Levinas avait déjà alerté sur le rôle du visage, « épiphanie de l'Autre » (*Totalité et infini*, 1961), dans la relation éthique : face à face, l'autre me convoque et me met en demeure de répondre. Qu'advient-il lorsque ce visage est remplacé par un avatar, une fenêtre vidéo pixellisée ou une interface algorithmique ?

L'une des limites les plus fréquemment évoquées du numérique appliqué à la médiation est précisément cette perte de présence charnelle. Dans la médiation humaine classique, le tiers observe non seulement les mots, mais aussi les silences, les gestes, la posture des corps, les regards échangés ou détournés. Autant d'indices qui permettent de saisir les non-dits, de déceler les tensions latentes, de repérer les moments d'ouverture. Or, une médiation conduite par écran interposé réduit considérablement ces signaux, et plus encore lorsqu'elle est automatisée par des systèmes d'intelligence artificielle qui analysent les échanges sous la forme de données textuelles. Le risque est de transformer le conflit en problème abstrait, soluble par des règles formelles, alors que la médiation humaine vise précisément à recréer du lien, à restaurer une confiance brisée.

Cependant, il serait réducteur de ne voir dans la médiation numérique qu'une perte. Elle constitue aussi une promesse d'extension. Elle permet, par exemple, à des personnes éloignées géographiquement de pouvoir dialoguer sans frais et sans déplacement. Elle offre un cadre à des situations où la rencontre physique est impossible, qu'il s'agisse de conflits transnationaux, de désaccords entre entreprises multinationales, ou encore de médiations familiales impliquant des expatriés. De plus, elle ouvre des voies inédites pour l'accès à la médiation de publics qui, sans ces outils, n'auraient jamais envisagé d'y recourir. L'expérience des plateformes de règlement de litiges en ligne, comme celle du *eBay Resolution Center* ou de *MODRIA* (utilisé pour des millions de litiges de consommation), montre que des conflits de masse peuvent être désamorcés grâce à des dispositifs numériques qui offrent rapidité, coût réduit et accessibilité.

Cette tension entre limites et promesses peut se lire à travers la distinction proposée par Bernard Stiegler entre la « prolétarisation » de la relation et sa « capacitation » (*La société automatique*, 2015). Selon lui, les technologies peuvent soit appauvrir la subjectivité en remplaçant des gestes humains par des automatismes, soit au contraire enrichir l'expérience en augmentant les possibilités d'action et de communication. Transposé au champ de la médiation, cela signifie que le numérique peut devenir un facteur de prolétarisation lorsqu'il réduit la médiation à un protocole standardisé, où les parties sont guidées par des choix binaires ou par des algorithmes opaques. Mais il peut aussi jouer un rôle de capacitation, en donnant aux individus les moyens d'accéder plus facilement à des espaces de dialogue, de partager des informations de manière transparente, de bénéficier d'un accompagnement plus souple et continu.

Là où la médiation humaine conserve son irremplaçabilité, c'est dans l'épaisseur même de la relation, dans la dimension intersubjective qui échappe aux calculs et aux scripts préprogrammés. Hannah Arendt, dans *Condition de l'homme moderne* (1958), souligne que l'action humaine, marquée par la pluralité et l'imprévisibilité, ne peut être totalement anticipée ni réduite à des mécanismes. C'est pourquoi la médiation, comme art de composer avec l'inattendu, reste profondément humaine. Aucune machine ne peut anticiper le surgissement d'un pardon, d'un geste de réconciliation, d'une décision généreuse qui dépasse la stricte logique des intérêts calculés. Mais la machine peut accompagner, faciliter, soutenir ce processus, sans jamais le remplacer.

Un autre enjeu réside dans la question de la confiance. Dans une médiation humaine, la confiance s'incarne dans la figure du médiateur, garant de la neutralité, de la confidentialité et du respect des personnes. Dans une médiation numérique, la confiance doit se reporter sur la plateforme elle-même, sur ses protocoles de sécurité, sur la transparence de ses algorithmes.

Or, l'expérience montre que cette confiance est fragile : la crainte du piratage, la méfiance à l'égard de l'usage des données personnelles, ou encore le soupçon de partialité algorithmique fragilisent l'adhésion des parties. Comme l'écrit Dominique Cardon dans *À quoi rêvent les algorithmes* (2015), la « boîte noire » des systèmes automatiques rend difficile l'évaluation de leur impartialité. Dans ce contexte, le rôle du médiateur humain est d'autant plus précieux : il peut réintroduire de la clarté et du sens là où la technique tend à opacifier.

Pour autant, nier les promesses du numérique serait se condamner à rester prisonnier d'un modèle dépassé. La médiation numérique peut, si elle est bien conçue, amplifier la portée de la médiation humaine. Elle peut aider à préparer les rencontres en permettant aux parties d'échanger des documents, de clarifier leurs positions, de tester des options avant la séance en présentiel. Elle peut faciliter le suivi après l'accord, grâce à des outils de rappel, de vérification des engagements, de communication asynchrone. Elle peut aussi servir d'espace transitoire, réduisant l'intensité émotionnelle d'une confrontation directe en offrant un canal plus contrôlé, où chacun peut formuler ses propos avec davantage de recul.

On comprend alors que le véritable enjeu n'est pas de choisir entre médiation humaine et médiation numérique, mais de penser leur articulation. Comme le souligne Jürgen Habermas dans *Théorie de l'agir communicationnel* (1981), la rationalité communicationnelle repose sur la recherche d'un accord mutuel dans des conditions de symétrie et de sincérité. Les technologies numériques peuvent élargir l'espace de cette communication, mais elles ne peuvent en garantir seules l'authenticité. Seul un tiers humain peut incarner cette exigence de sincérité et veiller au respect de l'équilibre.

En définitive, les limites et les promesses de la médiation numérique révèlent un paradoxe : plus la technique prétend se substituer à l'humain, plus elle met en évidence ce qui fait la spécificité insubstituable de la médiation humaine. Mais plus elle s'assume comme outil d'amplification, plus elle devient précieuse, car elle permet d'élargir les possibilités d'action, d'inclure davantage de personnes, de fluidifier les échanges, tout en laissant au médiateur le rôle central de garant de la relation. La médiation numérique ne remplace pas l'humain : elle l'appelle, elle le met en lumière, elle le rend plus nécessaire encore, parce qu'elle oblige à interroger ce qu'il y a de proprement humain dans la capacité de dialoguer, d'écouter, de reconnaître l'autre. C'est en ce sens que la médiation de demain sera probablement hybride : humaine dans son essence, numérique dans ses supports, cherchant à conjuguer la profondeur de l'expérience intersubjective avec l'efficacité et l'accessibilité offertes par les technologies.

- Jürgen Habermas (*Théorie de l'agir communicationnel*) : dialogue comme médiation démocratique et sociale.

L'œuvre de Jürgen Habermas, figure centrale de la philosophie contemporaine, offre un cadre théorique majeur pour penser la médiation dans nos sociétés modernes et hyperconnectées. Avec sa monumentale *Théorie de l'agir communicationnel* (1981), Habermas a tenté de repenser la rationalité non plus seulement comme instrument de domination ou de calcul, mais comme processus de compréhension mutuelle orienté vers l'entente. Dans une époque marquée par la montée des individualismes, les conflits d'intérêts, l'érosion de la confiance institutionnelle et l'impact des technologies numériques, l'héritage habermassien apparaît d'une actualité brûlante. Il nous invite à concevoir la médiation non seulement comme une technique de résolution de litiges, mais comme une exigence démocratique, un fondement même du vivre-ensemble.

Pour Habermas, la médiation se déploie d'abord dans l'espace du langage. Contrairement aux conceptions purement stratégiques de la communication, qui réduisent les échanges à des instruments au service d'objectifs, il affirme que le langage porte en lui une visée intrinsèque : celle de parvenir à l'accord. Quand deux sujets s'engagent sincèrement dans un dialogue, ils n'échangent pas seulement des informations, ils reconnaissent mutuellement leur capacité à justifier leurs arguments, à être entendus et à répondre. Cette dimension dialogique fonde ce que Habermas appelle la « rationalité communicationnelle », distincte de la rationalité instrumentale qui domine souvent nos sociétés technocratiques. Ainsi, l'acte de dialoguer devient en lui-même un acte de médiation, car il institue un espace où l'autre n'est pas un obstacle, mais un partenaire de compréhension.

Ce principe prend tout son sens lorsqu'on le met en regard avec les crises contemporaines de communication. Dans l'ère des réseaux sociaux, où prédominent souvent les logiques de polarisation et de désinformation, l'espace du dialogue est menacé. Habermas nous rappelle que la médiation véritable suppose des conditions de sincérité, de symétrie et de transparence. Sans cela, le langage peut être perverti en outil de manipulation. Dans *Droit et démocratie* (1992), il souligne que la démocratie moderne repose sur des « procédures délibératives » qui ne peuvent fonctionner que si les citoyens croient en la possibilité d'un échange rationnel. Autrement dit, la médiation n'est pas un supplément, mais un cœur battant du projet démocratique.

La théorie habermassienne de l'agir communicationnel repose sur trois prétentions universelles que chaque locuteur formule implicitement lorsqu'il parle : la prétention à la vérité (ce que je dis est conforme à la réalité), la prétention à la justesse normative (ce que je propose est légitime dans le cadre de normes partagées), et la prétention à la sincérité (je suis authentique dans mes intentions). C'est précisément sur ces prétentions que s'ancre la possibilité de médiation : elles obligent chacun à rendre ses arguments défendables et à accepter la critique. Dans une médiation sociale ou interpersonnelle, ces trois dimensions apparaissent clairement : la vérité des faits, la justice des positions, et la sincérité des émotions. Un médiateur, en pratique, incarne ce rôle d'arbitre des prétentions, aidant chacun à clarifier ce qu'il affirme, à l'ancrer dans un cadre normatif reconnu, et à exprimer ses ressentis sans manipulation.

On pourrait dire que la médiation, pour Habermas, n'est rien d'autre qu'un « agir communicationnel institutionnalisé ». Là où l'espace public idéal suppose que les citoyens discutent à égalité pour définir l'intérêt général, la médiation reproduit à petite échelle cette même exigence de symétrie et de dialogue. Dans les deux cas, il s'agit de contrer les dérives d'une rationalité purement stratégique, où l'autre n'est perçu que comme un moyen à manipuler ou un obstacle à neutraliser. Habermas, en héritier critique de la tradition de l'École de Francfort, veut éviter le piège dénoncé par Adorno et Horkheimer dans *La dialectique de la raison* (1944) : la réduction de la rationalité au calcul utilitaire, qui mène à l'instrumentalisation des êtres humains. La médiation communicationnelle, au contraire, réhabilite la possibilité d'une raison partagée, orientée vers la coopération et la reconnaissance.

Cette perspective permet aussi de comprendre pourquoi la médiation est si essentielle dans des contextes de pluralisme culturel. Dans une société où coexistent des valeurs diverses, aucune autorité transcendante ne peut imposer une vérité unique. Le seul fondement légitime reste la discussion entre sujets libres et égaux, capables de justifier leurs positions et d'écouter celles des autres. Habermas rejoint ici la tradition kantienne de l'autonomie, mais en l'inscrivant dans un horizon intersubjectif : la liberté n'est pas seulement la capacité individuelle de se donner sa propre loi, elle est la possibilité collective de construire ensemble des normes acceptables pour tous. La médiation est donc le lieu par excellence de cet apprentissage de la liberté partagée.

Pour illustrer concrètement l'actualité de cette théorie, il suffit d'observer le rôle croissant des dispositifs de médiation sociale dans les quartiers, les écoles, les entreprises. Ces espaces visent à recréer des conditions de dialogue là où la méfiance et le conflit dominent. Or, leur réussite dépend de leur capacité à instaurer des échanges fondés sur la sincérité, la vérité et la justesse – les trois piliers habermassiens. Lorsqu'un médiateur parvient à faire en sorte que deux adversaires ne se contentent plus de défendre stratégiquement leurs intérêts, mais s'écoutent réellement pour comprendre et être compris, il actualise l'agir communicationnel dans sa dimension la plus concrète.

Un autre champ où la pensée de Habermas éclaire puissamment la médiation est celui de l'espace public numérique. Habermas a théorisé dans *L'espace public* (1962) la manière dont la presse et les lieux de discussion civiques ont permis l'émergence d'une opinion publique moderne. Aujourd'hui, cet espace est bouleversé par Internet, qui offre une ouverture immense, mais aussi une fragmentation extrême. Le défi de la médiation démocratique consiste alors à recréer un minimum de règles de discussion, à lutter contre la manipulation informationnelle et la polarisation. Sans conditions de dialogue loyales, l'espace numérique devient une cacophonie ingouvernable. Habermas fournit ici une grille de lecture précieuse : la médiation sociale et numérique doit viser à restaurer les conditions de la discussion rationnelle, et non simplement à réguler les flux de messages. En ce sens, Habermas se distingue des visions pessimistes qui voient dans la modernité uniquement une perte de sens et une crise du lien social. Certes, il reconnaît la colonisation croissante du monde vécu par les systèmes économiques et administratifs, comme il l'explique dans *Théorie de l'agir communicationnel*. Mais il croit aussi à la possibilité de contrepoids : tant que les individus continuent de dialoguer dans des espaces publics ouverts, ils peuvent résister à cette colonisation. La médiation, comprise comme pratique sociale, apparaît comme l'un de ces contrepoids, car elle redonne place à la parole libre, à l'argumentation partagée, à l'élaboration collective de solutions.

Il faut aussi souligner que la pensée habermassienne n'idéalise pas naïvement le dialogue. Habermas sait que les conditions idéales de la discussion (égalité, absence de contrainte, sincérité totale) sont rarement réalisées. Mais il les conçoit comme des normes régulatrices, des horizons vers lesquels tendre. La médiation, en ce sens, n'est jamais parfaite, mais elle constitue un effort constant pour rapprocher les pratiques concrètes de cet idéal de discussion. C'est précisément cette tension entre réalité et idéal qui en fait une démarche éthique. Comme il l'écrit dans *Morale et communication* (1983), la validité morale ne peut naître que de la participation de tous à une délibération libre. La médiation reprend à son compte cette exigence : aucune solution n'est légitime si elle n'est pas acceptée par ceux qu'elle concerne.

Dans le contexte contemporain, marqué par la montée des populismes, la défiance envers les institutions et la violence symbolique qui se propage en ligne, la voix d'Habermas rappelle une évidence trop souvent oubliée : sans dialogue, il n'y a pas de démocratie. La médiation, loin d'être une technique marginale, est au cœur du projet démocratique. Elle incarne, à son échelle, cette rationalité communicationnelle sans laquelle les sociétés se fragmentent. Elle rappelle que la liberté individuelle et l'intérêt général ne s'opposent pas nécessairement : ils peuvent s'articuler dans un espace de discussion où chacun accepte de confronter sa vérité à celle des autres.

En définitive, l'apport de Jürgen Habermas à la médiation tient en une conviction fondamentale : la parole humaine, lorsqu'elle est authentique et orientée vers l'entente, possède une force normative qui dépasse les stratégies de pouvoir. Dans un monde saturé de messages, de désinformation et de calculs, cette conviction est plus actuelle que jamais. Elle nous invite à voir dans la médiation non seulement une pratique de résolution des conflits, mais une forme de résistance démocratique, une manière de préserver ce qui fait l'humanité de nos sociétés : la capacité de parler ensemble, de se comprendre, et d'agir collectivement sur la base de cette compréhension.

- Régis Debray : la médiologie, un apport intéressant en reliant directement médiation et transmission culturelle : comment une idée, une croyance, un savoir se diffuse grâce aux dispositifs matériels et symboliques

Régis Debray, figure singulière de la pensée française contemporaine, occupe une place à part dans le champ intellectuel, précisément parce qu'il a consacré l'essentiel de son œuvre à penser la médiation sous un angle rarement abordé : celui de la transmission culturelle. Fondateur de la médiologie, discipline qu'il propose dans les années 1990, Debray ne cherche pas seulement à interroger le contenu des idées, mais surtout les conditions matérielles et symboliques de leur circulation. Sa réflexion, à la croisée de la philosophie, de l'histoire et de la sociologie des médias, éclaire de manière décisive le rôle des dispositifs techniques, institutionnels et organisationnels dans le processus de médiation. Si l'on a souvent tendance à réduire la médiation à un face-à-face entre deux acteurs cherchant à résoudre un conflit, Debray rappelle que la médiation est avant tout ce qui permet à une idée, une croyance, un savoir, une mémoire de se transmettre d'un individu à l'autre, d'une génération à l'autre, d'une société à l'autre.

C'est ce projet qu'il nomme « médiologie », et qu'il définit dès son ouvrage *Cours de médiologie générale* (1991) comme l'étude des médiations concrètes de l'esprit. Là où la philosophie classique s'intéresse au logos, à la pureté des idées, Debray attire notre attention sur ce qui les porte : les supports matériels (l'écriture, l'imprimé, l'image, le numérique), mais aussi les structures sociales et politiques (l'école, l'Église, l'État, les partis, les médias). Autrement dit, aucune idée ne voyage seule, aucun savoir ne se diffuse dans le vide : il lui faut toujours des vecteurs. Ce renversement de perspective, qui réhabilite le rôle des intermédiaires souvent invisibles, permet d'inscrire la médiation au cœur de toute transmission culturelle.

Dans *Le pouvoir intellectuel en France* (1979), Debray avait déjà posé les jalons de cette réflexion en montrant comment le rôle des intellectuels avait toujours été lié à des institutions médiatrices – universités, revues, journaux, académies. L'intellectuel ne parle pas dans le désert : il s'adresse à une société à travers des dispositifs qui lui donnent visibilité, autorité et légitimité. Un philosophe comme Sartre, par exemple, n'aurait pas eu le même impact sans la revue *Les Temps modernes*, sans la presse écrite de l'époque, sans les réseaux militants qui relayaient sa parole. De même, les grands penseurs des Lumières n'auraient pas façonné l'opinion publique sans l'imprimerie, les salons et les encyclopédies. Debray invite ainsi à ne jamais dissocier le contenu des idées de leurs conditions médiatiques d'existence.

La médiologie se présente donc comme une science des « entre-deux », attentive à ce qui relie le symbolique et le matériel. Debray insiste sur la distinction entre communication et transmission : la communication est de l'ordre de l'échange immédiat, éphémère, alors que la transmission relève de la durée, de la continuité. Une information peut circuler très vite, mais une culture, une croyance, une mémoire ne se maintiennent que si elles trouvent des relais institutionnels durables. Ainsi, la médiation ne se réduit pas à l'instant du dialogue, elle s'inscrit dans des structures longues qui permettent à l'esprit humain de survivre au temps.

Ce déplacement du regard est capital, car il permet de comprendre pourquoi certaines civilisations, religions ou idéologies prospèrent tandis que d'autres s'effondrent. Pour Debray, le christianisme ne se serait pas imposé sans l'appareil institutionnel de l'Église, avec ses rituels, ses bâtiments, son clergé : autant de supports matériels et organisationnels qui ont assuré la pérennité du message évangélique. De même, la Révolution française n'aurait pas eu l'impact durable qu'on lui connaît sans les dispositifs scolaires, juridiques et symboliques qui en ont prolongé l'élan. Le marxisme, quant à lui, a pu se répandre parce qu'il s'est incarné dans des partis, des syndicats, des journaux, des universités. Dans tous ces cas, l'idée initiale n'aurait été qu'une étincelle sans la médiation des dispositifs de transmission.

La médiologie est donc une philosophie de la médiation en acte. Elle refuse de dissocier l'esprit et la matière, l'idéal et l'institution, le contenu et le support. Debray se méfie des illusions idéalistes qui croient que les idées se propagent par leur seule force rationnelle ou morale. Une idée, dit-il en substance, ne voyage jamais nue : elle a toujours besoin d'un cheval pour la porter. Ce cheval, c'est l'écriture, l'école, le livre, la télévision, Internet. Cette observation est cruciale pour notre époque numérique : penser que la démocratisation des idées viendrait spontanément de l'accès aux réseaux est une illusion. Ce qui compte, ce sont les architectures de diffusion, les algorithmes, les institutions de régulation, bref, l'ensemble des médiations qui organisent la circulation.

On comprend ici combien la médiologie est un apport décisif à la réflexion sur la médiation contemporaine. Là où d'autres approches insistent sur la relation intersubjective, Debray attire notre attention sur les infrastructures invisibles qui rendent possible toute rencontre. Le médiateur humain, qu'il soit juge, arbitre ou conciliateur, s'inscrit lui-même dans un système plus large de médiations institutionnelles : il agit parce que le droit, l'État, la culture ont prévu une place et une légitimité pour lui. Sans cet appareillage symbolique, sa parole n'aurait pas d'efficacité. De même, la médiation sociale ou numérique ne peut se penser indépendamment des plateformes, des écoles de formation, des codes et des normes qui la structurent.

Un autre aspect central de la pensée de Debray est la temporalité. Contrairement à la communication instantanée, la transmission exige du temps long. Elle repose sur la répétition, l'apprentissage, la mémoire collective. Ainsi, une culture n'est pas la somme de ses messages circulant au présent, mais un héritage qui s'accumule et se réactive. La médiation, dans ce sens, est l'articulation entre l'éphémère et le durable. Debray met en garde contre la tentation contemporaine de réduire la culture à l'actualité médiatique : sans dispositifs de mémoire, la société perd sa continuité. L'école, les archives, les bibliothèques, les musées sont autant de médiations essentielles pour que l'humanité ne se dissolve pas dans le flux.

Ce constat rejoint une inquiétude très actuelle : que devient la transmission culturelle dans un monde dominé par l'instantanéité numérique ? Pour Debray, le risque est celui d'une perte de profondeur historique, d'un oubli des médiations institutionnelles. Si les plateformes numériques accélèrent la communication, elles fragilisent la transmission. Le rôle du médiologue, et par extension du médiateur, est alors de rappeler l'importance de ces structures de durée. Ce n'est pas parce qu'une idée circule qu'elle s'inscrit durablement : elle doit trouver des relais matériels et symboliques qui lui donnent consistance.

La médiologie de Debray propose donc une vision élargie de la médiation, qui dépasse le face-à-face intersubjectif pour embrasser le destin collectif des idées. Elle invite à prendre au sérieux le rôle des médiateurs impersonnels : institutions, techniques, dispositifs. Elle montre que la médiation est toujours incarnée, qu'il n'y a pas de transmission pure, et que la culture est inséparable de ses supports. Comme il l'écrit : *« L'histoire des idéologies est peut-être une annexe de l'histoire des techniques, et la technique a été justement définie par Spengler comme « une tactique de la vie ».* (Régis Debray, *Cours de médiologie générale*, Gallimard, collection Bibliothèque des Idées, 1991, page 156).

On mesure alors combien cette approche complète utilement les grandes traditions philosophiques de la médiation. Si Habermas insistait sur le dialogue rationnel comme fondement démocratique, Debray rappelle que ce dialogue ne vit que s'il s'ancre dans des médiations matérielles solides. Si Hegel pensait la médiation dans la dialectique de l'esprit, Debray l'inscrit dans les dispositifs concrets de la société. Si Freud situait la médiation dans le psychisme individuel, Debray la projette dans le champ historique et institutionnel. Ainsi, la médiologie constitue un chaînon manquant : elle montre que la médiation n'est pas seulement un acte interpersonnel ou philosophique, mais un phénomène global de transmission qui engage la survie même des cultures.

En définitive, Régis Debray nous offre une leçon précieuse : il n'y a pas de médiation sans médiateurs, et ces médiateurs ne sont pas toujours des personnes. Ils sont aussi des livres, des écoles, des écrans, des langues, des rites, des architectures. Penser la médiation, c'est alors penser les conditions concrètes de la transmission, les vecteurs qui assurent le passage entre générations, entre groupes, entre individus et institutions. Dans un monde où les flux d'information sont saturés mais où la mémoire s'effrite, la médiologie rappelle que la médiation n'est pas seulement circulation, mais aussi stabilisation et continuité. Elle nous invite à réhabiliter la valeur des institutions, non comme carcans, mais comme relais indispensables de l'esprit.

Chapitre 12 – Médiation interculturelle et migrations

- Les migrations comme enjeu central du XXIe siècle.

Les migrations constituent sans doute l'un des phénomènes les plus déterminants du XXIe siècle, à la fois par leur ampleur, par leurs conséquences sociales, politiques et culturelles, et par les défis qu'elles posent à la médiation entre peuples et cultures. Dans un monde où la circulation des biens et des capitaux est devenue quasi instantanée, celle des personnes reste paradoxalement source de tensions, de résistances et de crises. Pourtant, comme l'écrivait Hannah Arendt dans *Les origines du totalitarisme*, la condition de l'homme moderne est celle d'un être en mouvement, arraché aux ancrages stables, toujours à la recherche d'un espace où vivre et se faire reconnaître. La migration est donc bien plus qu'un fait démographique : elle est un fait anthropologique et politique majeur, révélateur de la manière dont nos sociétés conçoivent l'altérité et organisent la cohabitation.

Aujourd'hui, selon les données de l'ONU, près de 281 millions de personnes vivent hors de leur pays de naissance, soit plus de 3,5 % de la population mondiale (*International Migrant Stock dataset, United Nations, 2024 edition, Key Global Migration Figures, 2019 – 2023, « 281 million people were estimated to be international migrants – people that were born abroad and/or held foreign citizenship – at mid-year 2020 »)*. Derrière ce chiffre se cachent des réalités diverses : migrations économiques, exils politiques, déplacements liés aux guerres, aux catastrophes climatiques ou aux persécutions. L'Organisation internationale pour les migrations (OIM) parle de « migrations forcées » pour qualifier les situations où l'individu n'a guère de choix que de quitter son pays afin de survivre. Le XXIe siècle, marqué par la mondialisation économique et la déstabilisation géopolitique, connaît une intensification de ces mouvements qui mettent à l'épreuve les États, les cultures et les institutions internationales.

Le phénomène migratoire est ambivalent. D'un côté, il témoigne d'une aspiration universelle à une vie meilleure, à une dignité retrouvée, à une sécurité fondamentale. Les migrants incarnent cette quête de ce que Paul Ricœur appelait *« ... la visée de la vie « bonne » avec et pour autrui, dans des institutions justes ».* (Paul Ricœur, *Soi-même comme un autre*, Éditions du Seuil, 1990, page 202). Mais d'un autre côté, la migration suscite peurs, crispations identitaires, montées des nationalismes. Les débats politiques en Europe ou en Amérique du Nord, la fermeture progressive des frontières, les polémiques sur le droit d'asile ou sur les quotas migratoires montrent combien la gestion de ce phénomène est aujourd'hui au cœur des tensions démocratiques.

Ce qui rend la question des migrations particulièrement centrale pour le XXIe siècle, c'est son caractère transversal : elle engage simultanément l'économie, la géopolitique, la culture, le droit, la morale. Sur le plan économique, les pays d'accueil redoutent souvent une concurrence sur le marché du travail, mais les études montrent que les migrants contribuent à la croissance, à la dynamique entrepreneuriale et au renouvellement démographique. Sur le plan géopolitique, les flux migratoires sont instrumentalisés dans des rapports de force : on a vu des États utiliser les migrants comme « armes diplomatiques » en orientant ou en bloquant des passages frontaliers. Sur le plan culturel, l'arrivée de populations diverses interroge l'identité des sociétés d'accueil et met à l'épreuve leur capacité d'intégration. Enfin, sur le plan moral et humanitaire, la migration confronte l'humanité à l'épreuve du visage d'autrui, au sens lévinassien, c'est-à-dire à l'appel éthique de l'étranger qui réclame accueil et hospitalité.

Les migrations soulèvent donc une question fondamentale de médiation : comment concilier le droit des individus à circuler et à chercher une vie meilleure avec le droit des États à contrôler leurs frontières et à préserver leur cohésion sociale ? Comment transformer la rencontre avec l'étranger, souvent perçue comme une menace, en une opportunité de dialogue et d'enrichissement mutuel ? Ces interrogations ne sont pas nouvelles. Déjà dans l'Antiquité, Aristote distinguait entre les citoyens, les métèques et les esclaves, et posait les bases d'une réflexion sur l'appartenance à la cité. Dans la tradition biblique, l'étranger est celui qu'il faut protéger : *« Tu n'opprimeras pas l'étranger. Vous savez ce qu'éprouve l'étranger, car vous-mêmes avez été étrangers au pays d'Egypte. »* (*La Bible de Jérusalem*, Éditions du Cerf, 1998, collection Pocket, l'Exode, chapitre 23, verset 9, page 122, traduction sous la direction de l'École biblique de Jérusalem). L'histoire humaine est traversée par cette tension entre l'accueil et le rejet, entre l'hospitalité et l'exclusion.

Au XXIe siècle, la nouveauté tient à l'intensité et à la visibilité des migrations. La mondialisation numérique a rendu chaque déplacement plus visible : les images de réfugiés franchissant la Méditerranée ou traversant les frontières alimentent les débats publics en temps réel. Les médias et les réseaux sociaux dramatisent les flux, accentuant parfois la perception d'une « invasion », alors même que les chiffres relatifs montrent que la majorité des migrations se fait à l'intérieur des pays du Sud. La médiation interculturelle est ainsi devenue une nécessité pour rétablir des représentations justes et contrer les discours simplificateurs.

La migration est aussi au cœur des enjeux climatiques. Le Groupe d'experts intergouvernemental sur l'évolution du climat (GIEC) estime que plusieurs centaines de millions de personnes pourraient être déplacées d'ici la fin du siècle en raison de la montée des eaux, de la désertification et des catastrophes naturelles. Cette perspective inaugure une nouvelle catégorie : les « réfugiés climatiques », qui n'entrent pas encore pleinement dans les cadres juridiques actuels. Elle illustre à quel point la migration est désormais indissociable des grandes transformations globales.

L'apport de la philosophie politique est ici essentiel. Hannah Arendt, encore une fois, insistait sur le fait que le drame du réfugié n'est pas seulement de perdre sa maison, mais de perdre le « droit d'avoir des droits ». Être privé d'appartenance politique, c'est être relégué à une vulnérabilité absolue. C'est pourquoi la question migratoire renvoie directement à la notion de citoyenneté, à sa possible extension ou redéfinition. Faut-il inventer une citoyenneté mondiale, comme le suggérait Kant dans son projet de « paix perpétuelle », ou trouver de nouveaux dispositifs de médiation entre appartenances nationales et universalisme des droits humains ?

La médiation dans le contexte migratoire est donc un chantier immense. Elle suppose des politiques publiques d'intégration, mais aussi un travail patient de reconnaissance culturelle. Comme l'écrit Charles Taylor dans *Multiculturalisme : différence et démocratie* (1992), « le non-reconnaissance ou le mépris peuvent blesser, peuvent infliger une oppression ». La migration, si elle n'est pas accompagnée d'une médiation culturelle, peut générer des humiliations, des ghettos, des violences. À l'inverse, une médiation réussie ouvre la voie à un enrichissement mutuel, à une pluralité féconde.

Enfin, il faut souligner que les migrations ne sont pas seulement des défis : elles sont aussi une chance historique. L'histoire des civilisations est faite de brassages : l'Europe elle-même s'est construite par les apports successifs de peuples divers, des Grecs aux Romains, des Wisigoths aux Francs, des influences arabes aux apports juifs et protestants. Fernand Braudel, dans *La Méditerranée et le monde méditerranéen*, a montré combien les échanges et les circulations ont façonné l'histoire des peuples. Le XXIe siècle ne fait que rejouer, à une échelle plus globale et plus rapide, cette dynamique ancienne.

Ainsi, dire que les migrations sont un enjeu central du XXIe siècle, c'est reconnaître qu'elles condensent les tensions et les promesses de notre monde : tensions identitaires, promesses d'universalité ; crispations politiques, mais aussi élargissement de l'horizon humain. La médiation, sous ses multiples formes – sociale, juridique, culturelle, spirituelle – devient alors l'outil indispensable pour transformer ces flux en rencontres, ces peurs en dialogues, ces crises en opportunités. Comme le rappelait Paul Ricœur, la tâche de l'homme moderne est d'articuler la mémoire, l'histoire et l'oubli. Les migrations exigent précisément cet effort : accueillir sans perdre ses repères, intégrer sans effacer les différences, construire une mémoire commune sans nier les histoires singulières.

Le XXIe siècle sera donc celui où la capacité de nos sociétés à penser et à pratiquer la médiation dans le contexte migratoire déterminera largement leur avenir : sociétés fermées, crispées, obsédées par la défense de frontières étanches, ou sociétés ouvertes, inventives, capables de faire de la diversité une richesse. C'est là que se joue, peut-être plus qu'ailleurs, la promesse ou le péril du monde contemporain.

- Les incompréhensions entre cultures : codes, valeurs, représentations.

L'un des défis majeurs de la médiation interculturelle réside dans le fait que les individus, les groupes et les nations ne perçoivent pas le monde à travers les mêmes filtres symboliques. Chaque culture est un système complexe de codes, de valeurs et de représentations qui structure la manière dont les personnes communiquent, interagissent, expriment leurs émotions, construisent leur rapport au temps, à l'espace, à l'autorité, à la nature et à la communauté. Lorsque ces systèmes entrent en contact, surtout dans des situations de migration ou de globalisation accélérée, les risques de malentendus, de méfiance et de conflits sont accrus. Il ne s'agit pas seulement de différences superficielles de langue ou de coutumes, mais d'univers de sens profondément enracinés qui donnent aux individus leur identité et leur horizon de compréhension.

Claude Lévi-Strauss, dans *Race et histoire* (1952), rappelait que « *C'est le fait de la diversité qui doit être sauvé, non le contenu historique que chaque époque lui a donné et qu'aucune ne saurait perpétuer au-delà d'elle-même. Il faut donc écouter le blé qui lève, encourager les potentialités secrètes, éveiller toutes les vocations à vivre ensemble que l'histoire tient en réserve ; il faut aussi être prêt à envisager sans surprise, sans répugnance et sans révolte ce que toutes ces nouvelles formes sociales d'expression ne pourront manquer d'offrir d'inusité.* » (Claude Levi-Strauss, *Race et histoire*, Éditions Gonthier, Bibliothèque Médiations, Unesco, 1961, page 85). Pourtant, dans le quotidien des interactions, cette diversité peut apparaître comme un obstacle lorsqu'elle n'est pas reconnue, comprise ou mise en dialogue. Edward T. Hall, pionnier des études interculturelles, soulignait dans *Beyond Culture* (1976) que la plupart des incompréhensions interculturelles ne viennent pas d'un désaccord rationnel, mais d'un décalage implicite dans la manière d'interpréter les signes, les gestes, les silences. Ce qu'une culture considère comme un signe de respect peut être lu comme une marque de distance dans une autre. Ce qu'un groupe perçoit comme une affirmation de soi peut être interprété ailleurs comme de l'arrogance.

Ces décalages concernent d'abord les codes de communication. Dans certaines cultures dites « à contexte fort » (Hall), comme celles du Japon ou de nombreux pays arabes, l'essentiel du message est véhiculé par le contexte, les non-dits, les relations hiérarchiques implicites. Le silence peut être un signe de sagesse ou de consentement. À l'inverse, dans les cultures « à contexte faible », comme celles de l'Europe du Nord ou de l'Amérique du Nord, la clarté explicite, la verbalisation précise sont valorisées, et le silence est souvent perçu comme un malaise ou un refus. On imagine aisément les malentendus qu'un tel contraste peut produire dans une réunion internationale ou dans une entreprise multiculturelle : là où un Japonais ou un Marocain entend une approbation tacite dans un silence, un Allemand ou un Américain peut y voir une absence d'accord. La médiation interculturelle doit précisément déchiffrer ces codes implicites pour rétablir la communication.

Les valeurs constituent une autre source d'incompréhension. Geert Hofstede, dans ses travaux sur la culture d'entreprise, a mis en évidence de grandes dimensions qui structurent les différences culturelles : la distance hiérarchique, l'individualisme vs. le collectivisme, le rapport à l'incertitude, la masculinité/féminité, l'orientation à long terme, l'indulgence. Ainsi, dans certaines sociétés à forte distance hiérarchique comme la Chine ou la Russie, la figure de l'autorité est respectée et peu contestée ; alors que dans les pays nordiques ou anglo-saxons, l'égalité et la discussion ouverte sont des valeurs cardinales. De même, l'individualisme des cultures occidentales valorise l'autonomie et la réalisation personnelle, tandis que les cultures collectivistes d'Asie ou d'Afrique privilégient l'harmonie du groupe et la loyauté familiale.

Ces valeurs ne sont pas de simples préférences, mais des cadres de sens qui déterminent ce qui est considéré comme juste, honorable, acceptable. Lorsque deux systèmes de valeurs entrent en collision, les malentendus peuvent vite se transformer en jugements moraux. L'Occidental qui valorise l'initiative individuelle peut juger « passif » ou « soumis » le collaborateur africain ou asiatique qui respecte scrupuleusement la hiérarchie ; ce dernier peut juger « irrespectueux » ou « arrogant » celui qui ose contredire son supérieur. Ainsi, les incompréhensions ne naissent pas seulement de la langue, mais d'un cadre éthique implicite qui oriente les comportements.

Les représentations symboliques enfin, forment un troisième niveau de divergence. Chaque culture produit des récits, des mythes, des imaginaires qui façonnent la manière de se situer dans le monde. Cornelius Castoriadis parlait d'« imaginaires sociaux instituants », c'est-à-dire de ces ensembles de significations partagées qui donnent cohérence à une société. Ces représentations influencent la perception du temps (linéaire en Occident, cyclique dans d'autres cultures), de l'espace (individualisé ou communautaire), de la nature (ressource à exploiter ou matrice à respecter), de l'étranger (figure de menace ou d'hospitalité). Lorsque des personnes issues de cultures différentes interagissent, elles mobilisent ces imaginaires souvent incompatibles. Un exemple classique est celui de la ponctualité : dans les sociétés occidentales, la rigueur horaire est associée à la fiabilité, tandis que dans d'autres contextes, le temps est vécu de manière plus flexible, la relation primant sur la contrainte horaire. Ce qui, dans un cadre, est une vertu de discipline, devient dans l'autre une rigidité froide, et inversement.

La littérature et la philosophie offrent des illustrations précieuses de ces incompréhensions. Dans *Les lettres persanes* de Montesquieu (1721), deux voyageurs persans découvrent la société française et s'étonnent de ses mœurs étranges, révélant par contraste le caractère relatif de chaque culture. De même, Albert Camus, dans *L'Étranger* (1942), montre comment un individu peut être perçu comme radicalement étranger, non parce qu'il vient d'ailleurs, mais parce qu'il ne partage pas les codes affectifs et sociaux de la communauté où il vit. L'incompréhension culturelle est donc autant une question de perception que d'origine.

Face à ces incompréhensions, la médiation interculturelle doit jouer un rôle essentiel. Elle ne consiste pas à gommer les différences, mais à créer des passerelles de compréhension. Comme le note Hans-Georg Gadamer dans *Vérité et méthode* (1960), la rencontre de l'autre est toujours une « fusion d'horizons », où chacun élargit son cadre de référence en accueillant celui de l'autre. Cela suppose un effort d'herméneutique, c'est-à-dire d'interprétation, qui refuse les jugements hâtifs et cherche à comprendre le sens que l'autre attribue à ses actes. La médiation devient alors un travail patient

d'explicitation des codes implicites, de reconnaissance des valeurs, de dialogue entre représentations.
La question des incompréhensions entre cultures prend une acuité particulière dans le contexte des migrations. Le migrant arrive dans une société dont il ne maîtrise pas les codes implicites, et son comportement peut être mal interprété. Un geste de politesse peut être pris pour une familiarité déplacée ; une réserve respectueuse pour une absence d'intérêt. Inversement, la société d'accueil peut apparaître froide, distante, voire hostile, simplement parce qu'elle exprime ses émotions différemment. Ces malentendus, s'ils ne sont pas corrigés, alimentent la méfiance, renforcent les préjugés et nourrissent le rejet. C'est pourquoi de nombreux programmes d'intégration incluent désormais des formations interculturelles, visant à expliciter les différences de codes et de valeurs.

Mais la médiation interculturelle n'est pas seulement une affaire de technique communicationnelle. Elle engage une éthique de la reconnaissance. Emmanuel Levinas, dans *Totalité et Infini* (1961), insistait sur le fait que le visage d'autrui nous oblige avant toute interprétation culturelle. La rencontre de l'étranger n'est pas d'abord une question de codes ou de valeurs, mais une épreuve de l'altérité radicale, qui appelle hospitalité. Toutefois, cette hospitalité doit ensuite être traduite dans des pratiques concrètes de dialogue et de compréhension.

Le XXIe siècle accentue ces enjeux. La mondialisation intensifie les contacts entre cultures, mais elle ne garantit pas la compréhension. Au contraire, la circulation rapide des images et des messages peut amplifier les incompréhensions. Une caricature publiée dans un pays peut susciter une indignation mondiale parce qu'elle touche aux représentations sacrées d'une autre culture. Un geste politique ou un choix vestimentaire peuvent être interprétés à travers des grilles de valeurs étrangères à leur intention initiale. Dans un monde interconnecté, le moindre décalage symbolique peut devenir une crise internationale. La médiation interculturelle n'a donc jamais été aussi urgente.

Il convient aussi de souligner que les incompréhensions entre cultures ne concernent pas seulement les relations internationales, mais aussi le quotidien des sociétés multiculturelles. Dans les écoles, les entreprises, les hôpitaux, les tribunaux, des individus issus de cultures différentes interagissent en permanence. Chaque rencontre est un potentiel malentendu, mais aussi une opportunité d'apprentissage. Comme l'écrit Michel Serres dans *Le Tiers-Instruit* (1991), la médiation est l'art de faire dialoguer des langages hétérogènes, de créer un « tiers » espace où la différence devient source de connaissance et non de conflit.

En définitive, les incompréhensions entre cultures révèlent à la fois la fragilité et la richesse de l'expérience humaine. Elles montrent que nous ne partageons pas spontanément un univers commun, mais que nous devons le construire par un effort de médiation. Elles rappellent que la culture n'est pas seulement un décor, mais un cadre de sens qui oriente nos perceptions les plus élémentaires. Elles appellent enfin à une humilité : ce qui nous semble naturel et évident ne l'est que dans notre horizon particulier. La médiation interculturelle est donc l'apprentissage de cette relativité, mais aussi la recherche d'un universel qui ne soit pas l'imposition d'un modèle unique, mais la construction d'un dialogue pluriel.

- La médiation interculturelle comme outil de dialogue et de reconnaissance mutuelle.

Si l'on considère l'histoire humaine dans sa longue durée, force est de constater que les contacts entre cultures ont toujours été ambivalents : tantôt sources de fécondation réciproque, d'échanges et d'inventions inédites, tantôt motifs de méfiance, de domination et de conflits. La médiation interculturelle, dans le contexte contemporain marqué par la mondialisation, les migrations massives et l'hypercommunication numérique, apparaît comme une exigence incontournable pour transformer ces rencontres en occasions de dialogue et de reconnaissance mutuelle. Mais il ne s'agit pas simplement d'une technique de communication destinée à lever des malentendus. Elle est avant tout une démarche éthique et politique, qui engage la manière dont les êtres humains reconnaissent en autrui un égal digne de considération, au-delà des différences de langue, de codes ou de croyances.

Paul Ricœur, dans *Soi-même comme un autre* (1990), a proposé une distinction féconde entre l'identité « idem » (ce qui reste le même, l'identité de permanence) et l'identité « ipse » (l'identité comme promesse, comme fidélité à une parole donnée). La médiation interculturelle joue précisément sur cet entrelacement : elle ne nie pas les différences d'« idem », ces ancrages culturels, religieux ou symboliques qui font la spécificité de chaque communauté, mais elle invite à les mettre en dialogue par l'« ipse », c'est-à-dire la capacité de se rendre responsable devant l'autre, de s'ouvrir à une reconnaissance mutuelle. Dans ce sens, la médiation interculturelle ne cherche pas à uniformiser les cultures, ni à les relativiser jusqu'au nihilisme, mais à les faire dialoguer sur un horizon partagé de dignité et de responsabilité.

Le terme de reconnaissance est ici central. Axel Honneth, héritier de l'École de Francfort, a montré dans *La lutte pour la reconnaissance* (1992) que les conflits sociaux et identitaires trouvent souvent leur origine dans un déficit de reconnaissance : lorsqu'un individu ou un groupe se sent nié, méprisé ou invisibilisé, il revendique une reconnaissance symbolique et politique. La médiation interculturelle peut alors se comprendre comme un espace institué pour prévenir ou apaiser ces luttes, en offrant un cadre où les identités peuvent être exprimées, entendues et reconnues, non pas comme des menaces pour la cohésion sociale, mais comme des contributions légitimes à la pluralité du monde commun.

Cela suppose une posture spécifique du médiateur interculturel. Il n'est pas un arbitre imposant une norme universelle, ni un simple traducteur technique des différences. Il est un « tiers » au sens développé par Michel Serres dans *Le Tiers-Instruit* (1991) : une figure qui ne s'identifie ni totalement à l'une ni totalement à l'autre partie, mais qui crée un espace tiers où les langages, les valeurs et les représentations peuvent se rencontrer. Dans ce sens, la médiation interculturelle est moins une neutralité absolue qu'une capacité à instaurer un terrain commun de dialogue, en reconnaissant à chaque interlocuteur la légitimité de sa parole et la possibilité d'élargir son horizon.

Un exemple concret peut être trouvé dans les villes multiculturelles contemporaines. Prenons le cas de Montréal, qui s'est construite comme un espace de cohabitation entre francophones, anglophones et de nombreuses communautés issues de l'immigration. Les tensions entre groupes linguistiques et culturels ont parfois été vives, mais des dispositifs de médiation interculturelle, comme les comités de quartier ou les services d'accueil des nouveaux arrivants, ont permis d'inventer des pratiques de dialogue. Ces espaces ne visent pas seulement à régler des malentendus pratiques (sur les horaires de prière, les codes vestimentaires, la place de la langue), mais à instaurer une reconnaissance mutuelle, où chacun accepte que l'autre puisse exister dans sa différence sans être réduit à une menace.

La médiation interculturelle se déploie aussi dans le monde de l'entreprise internationale. Dans une équipe composée de membres issus de cultures diverses, les malentendus ne sont pas seulement linguistiques, mais liés aux valeurs implicites. Comme l'a montré Geert Hofstede, un manager occidental qui valorise l'initiative individuelle peut se heurter à l'attitude d'un collaborateur asiatique ou africain, qui privilégie l'harmonie du groupe et l'obéissance hiérarchique. Si ces différences ne sont pas reconnues et comprises, elles génèrent frustrations et stéréotypes. Le rôle d'une médiation interculturelle est alors de mettre en lumière ces divergences, d'expliciter les attentes et de favoriser un dialogue où chacun peut expliquer le sens de ses pratiques, plutôt que de les voir dévalorisées par un jugement ethnocentrique.

Cette démarche de reconnaissance suppose un travail sur soi, une capacité à suspendre le jugement immédiat pour entrer dans un processus d'interprétation. Hans-Georg Gadamer, dans *Vérité et méthode* (1960), a insisté sur l'importance de l'herméneutique dans la compréhension interculturelle. La rencontre entre cultures n'est pas la juxtaposition de deux blocs, mais une « fusion d'horizons » : chacun accepte que son horizon soit transformé par celui de l'autre, et que la vérité ne soit pas possession exclusive d'une tradition, mais émergence d'un dialogue. La médiation interculturelle est donc une pratique herméneutique par excellence : elle interprète, traduit, met en relation, ouvre à une compréhension élargie.

Or, cette reconnaissance n'est pas seulement intellectuelle, elle est aussi éthique. Emmanuel Levinas, dans *Totalité et Infini* (1961), rappelle que le visage d'autrui nous oblige avant même toute compréhension culturelle. L'étranger, par son altérité radicale, nous arrache à notre suffisance et nous appelle à une responsabilité. La médiation interculturelle ne peut donc se limiter à une approche pragmatique de gestion des conflits ; elle engage une éthique de l'hospitalité, où l'on accepte de se laisser déranger par la présence de l'autre et de lui reconnaître un droit à l'existence digne.

On comprend alors que la médiation interculturelle n'est pas une démarche neutre, mais profondément politique. Dans des contextes marqués par les replis identitaires, les populismes nationalistes et les tensions religieuses, elle apparaît comme une résistance au discours de la fermeture. Elle propose une autre logique : celle de la rencontre, de l'ouverture et de la construction d'un monde commun pluraliste. Jacques Derrida, dans *De l'hospitalité* (1997), a montré la tension irréductible entre l'hospitalité inconditionnelle (accueillir sans condition) et l'hospitalité conditionnelle (régulée par des lois et des institutions). La médiation interculturelle se situe précisément dans cet entre-deux : elle ne peut exiger une ouverture absolue sans conditions, mais elle refuse aussi la logique d'exclusion. Elle cherche des dispositifs concrets pour rendre possible une hospitalité régulée qui n'écrase pas la singularité des personnes.

L'un des paradoxes de la médiation interculturelle est qu'elle exige une double fidélité : à la fois à la particularité des cultures, et à l'universalité de principes partagés. Comment concilier la reconnaissance des différences avec la recherche d'un horizon commun ? Ricœur, encore, offre une piste lorsqu'il écrit : *« Lorsque la rencontre est une confrontation d'impulsions créatrices, une confrontation d'élans, elle est elle-même créatrice. Je crois que, de création à création, il existe une sorte de consonance, en l'absence de tout accord. »* (Paul Ricœur, *Histoire et vérité*, Éditions du Seuil, 1955, page 287). La médiation interculturelle devient alors un processus créatif où l'universel se tisse patiemment à travers la pluralité, non pas comme une norme imposée d'en haut, mais comme une construction commune d'en bas.

Les expériences d'organisations humanitaires illustrent cette tension. Lorsqu'une ONG occidentale intervient dans un pays d'Afrique ou d'Asie, elle apporte avec elle ses propres valeurs (égalité hommes-femmes, transparence, démocratie). Mais ces valeurs peuvent entrer en conflit avec les traditions locales. La médiation interculturelle consiste alors à éviter le double écueil : ni imposer un modèle au nom d'un universalisme abstrait, ni relativiser au point de tolérer des pratiques contraires à la dignité humaine. Elle cherche au contraire à instaurer un dialogue où les principes universels (dignité, liberté, justice) puissent être reconnus à travers des médiations locales, enracinées dans les cultures concernées.

Enfin, il est essentiel de souligner que la médiation interculturelle n'est pas une utopie naïve. Elle n'ignore pas les rapports de pouvoir, les asymétries économiques ou politiques qui traversent les rencontres entre cultures. Comme l'a rappelé Edward Saïd dans *Orientalism* (1978), les représentations de l'Orient par l'Occident ont souvent été marquées par des rapports de domination. La médiation interculturelle doit donc être vigilante à ne pas reproduire ces asymétries, en se contentant d'une « tolérance » paternaliste. Elle doit au contraire travailler à instaurer une véritable réciprocité, où chaque culture est reconnue comme sujet de sens et non comme objet d'étude.

Ainsi, la médiation interculturelle apparaît comme un outil indispensable pour affronter les défis du monde contemporain. Elle n'est pas seulement un mécanisme de résolution de conflits, mais une pédagogie du vivre-ensemble, une éthique de la reconnaissance et une politique de la pluralité. Dans un temps où les crispations identitaires et les peurs de l'étranger s'exacerbent, elle offre une alternative fondée sur le dialogue, l'écoute et la création d'un espace commun. La médiation interculturelle a précisément pour tâche de rendre vivable et féconde cette pluralité.

- Exemples concrets : villes multiculturelles, entreprises internationales, organisations humanitaires.

Au tournant du XXIe siècle, le phénomène de la mondialisation a fait des migrations, de la diversité culturelle et des interdépendances économiques des réalités désormais irréversibles. Ce qui relevait autrefois d'expériences isolées – quelques villes portuaires ouvertes aux flux de populations, quelques empires confrontés à la cohabitation de religions et de langues – constitue aujourd'hui le cœur battant de l'organisation sociale et politique de la planète. La médiation interculturelle, que l'on peut concevoir comme un ensemble de pratiques et de dispositifs permettant à des identités différentes de cohabiter et de dialoguer, trouve ainsi son terrain d'expérimentation dans trois sphères majeures : les villes, devenues de véritables laboratoires multiculturels ; les entreprises internationales, confrontées à la nécessité de gérer des équipes, des marchés et des imaginaires pluriels ; et enfin les grandes organisations humanitaires et politiques, qui doivent inventer des modes d'action transnationaux à la mesure des défis contemporains. Dans chacune de ces sphères, l'enjeu est double : contenir les tensions et les malentendus générés par la diversité, mais aussi faire de cette diversité une ressource, une chance, un vecteur de créativité et de renouvellement.

Les villes d'abord, qui concentrent désormais plus de la moitié de la population mondiale – 56 % en 2021 selon les Nations unies, un chiffre qui devrait atteindre 68 % d'ici 2050 *(source : UN Habitat, Envisaging the future of cities, World Cities Report 2022, « We are witnessing a world that will continue to urbanize over the next three decades—from 56 per cent in 2021 to 68 per cent in 2050 ». page XV).* Or, dans ces espaces densément peuplés, les migrations se donnent à voir de façon spectaculaire. New York, avec ses 37 % d'habitants nés à l'étranger, est souvent érigée en modèle de cosmopole : l'image des quartiers comme Chinatown, Little Italy ou Jackson Heights illustre la coexistence de communautés qui importent leurs traditions tout en participant au récit collectif de la ville. Mais cette diversité n'est pas seulement folklorique : elle se traduit dans la vie politique et institutionnelle. La mairie de New York publie ses informations officielles en plus de 10 langues, et les services sociaux disposent de médiateurs culturels chargés de faciliter la communication entre les institutions et des populations issues d'horizons très différents. Cette pratique rejoint l'analyse de Will Kymlicka sur les « droits multiculturels » : une démocratie véritable ne peut ignorer la pluralité des identités, elle doit aménager ses procédures pour les inclure et leur donner voix au chapitre.

Le Canada, de façon générale offre un autre exemple, où la politique du « vivre-ensemble » a pris une forme institutionnelle. Avec 23 % de sa population née à l'étranger *(source : Statistique Canada, Recensement de la population de 2021 : « Selon le Recensement de 2021, 8 361 505 personnes, c'est-à-dire 23,0 % de la population, étaient nées à l'étranger (immigrants), 27 042 125 (74,4 %) étaient nées au Canada (non-immigrants) et 924 850 (2,5 %) étaient des résidents non permanents »)*, la ville de Montréal s'est dotée d'un Bureau d'intégration des nouveaux arrivants et développe un réseau de médiateurs interculturels dans les écoles, les hôpitaux et les services municipaux. La médiation y devient une fonction sociale à part entière : il ne s'agit pas seulement d'éviter des conflits ponctuels, mais de créer une culture de l'intercompréhension. Les études menées par l'Université de Montréal montrent que la présence de médiateurs réduit les tensions dans les écoles et favorise la réussite scolaire des enfants issus de l'immigration, en évitant les malentendus liés aux différences de normes éducatives. L'espace urbain se transforme ainsi en terrain de pédagogie civique, où la médiation interculturelle est non seulement une pratique pragmatique mais aussi un projet politique de reconnaissance mutuelle.

À Londres, autre mégapole multiculturelle, où 41 % des habitants sont nés à l'étranger *(source : Office for National Statistics, Recensement 2021 : « Overall 5,224,000 Londoners were born in the UK representing 59% of the population. »)*, la question prend encore une autre dimension. La ville est marquée à la fois par une tradition ancienne d'accueil – les réfugiés huguenots dès le XVIIe siècle, puis les vagues venues du Commonwealth – et par des tensions plus récentes, comme en témoignent les émeutes de 2011. Le Greater London Authority a créé un programme de « community mediation » visant à désamorcer les conflits dans les quartiers marqués par une forte diversité ethnique. Ces dispositifs s'appuient souvent sur des associations locales, qui jouent le rôle de tiers de confiance. Elias, dans sa théorie du processus de civilisation, avait montré que la pacification des comportements sociaux repose sur l'intériorisation progressive de normes de civilité. Mais dans une ville plurielle, cette intériorisation suppose d'abord une médiation entre des codes différents : la médiation interculturelle est le chemin par lequel des habitants aux références culturelles hétérogènes peuvent inventer une civilité partagée.

Paris, enfin, incarne une autre facette du phénomène. Avec environ 21 % d'étrangers résidents dans l'agglomération *(source : Insee, RP2022 exploitation principale, géographie au 01/01/2025 : « 440 676 immigrés à Paris »)*, la capitale française est marquée par une diversité souvent traversée de tensions, comme l'ont montré les débats récurrents sur le port du voile ou la place de l'islam dans l'espace public. Les politiques municipales ont progressivement intégré des dispositifs de médiation, notamment dans les quartiers dits « prioritaires ». Des associations comme France Médiation forment des médiateurs de terrain chargés de désamorcer les conflits dans les transports, les établissements scolaires ou les relations de voisinage. Ici, la médiation interculturelle ne se réduit pas à un accompagnement linguistique : elle devient une médiation civique, visant à concilier le respect des valeurs républicaines et la reconnaissance des identités particulières. Ce défi est emblématique de l'Europe tout entière, confrontée à la nécessité d'inventer un modèle de cohésion sociale où la diversité culturelle est à la fois une donnée irréversible et un terrain de friction.

Mais la question ne concerne pas seulement les villes : elle touche aussi les entreprises internationales, où la diversité culturelle est devenue une réalité incontournable. LVMH, fleuron français du luxe, illustre cette dynamique : son portefeuille comprend plus de 75 maisons implantées sur tous les continents, et ses équipes regroupent plus de 70 nationalités différentes. La gestion de cette diversité ne se fait pas spontanément : le groupe a mis en place des programmes de « cross-cultural leadership » et de formation au management interculturel. Dans un secteur où l'image et le récit de marque sont essentiels, la capacité à comprendre et à traduire les attentes de publics différents relève d'une médiation permanente. Le succès de LVMH en Asie, par exemple, repose sur la capacité de ses équipes à articuler l'imaginaire français du luxe avec des codes de consommation locaux marqués par des traditions symboliques très différentes.

TikTok, autre géant mais cette fois chinois, propose un autre visage de la mondialisation culturelle. Présente dans plus de 150 pays et traduite en 75 langues, la plateforme elle-même est une forme de médiation technologique et culturelle : elle met en relation des utilisateurs de contextes très différents, tout en imposant un format commun. Mais cette universalisation apparente cache de nombreuses tensions. Le succès d'un contenu dépend souvent de la capacité de son auteur à jouer avec des codes visuels ou humoristiques qui ne sont pas universels. TikTok a mis en place des équipes de modérateurs répartis sur plusieurs continents, capables de comprendre les spécificités culturelles des contenus. La plateforme illustre donc la double face de la médiation numérique : elle crée un espace de communication globale, mais exige en coulisses un travail intense de traduction culturelle et de régulation des malentendus.

Les multinationales ne sont pas les seules à être concernées : les organisations humanitaires jouent également un rôle essentiel. Dans les zones de conflit ou de catastrophe, la médiation interculturelle devient un impératif vital. Médecins Sans Frontières, présente dans plus de 70 pays, doit en permanence ajuster ses pratiques médicales aux contextes locaux. L'introduction d'un traitement, par exemple, ne se limite pas à une question technique : elle suppose de convaincre les populations, de négocier avec des autorités traditionnelles, d'expliquer des protocoles à des patients dont les représentations de la maladie peuvent être radicalement différentes. Les médiateurs jouent alors un rôle crucial pour traduire, expliquer, créer un climat de confiance.

Mais c'est peut-être au niveau politique que l'exigence de médiation interculturelle se fait le plus pressante. L'Union européenne, avec ses 27 États membres et ses 24 langues officielles, constitue en soi une gigantesque expérience de médiation. Les institutions de Bruxelles fonctionnent grâce à des armées de traducteurs et d'interprètes, mais la médiation ne se limite pas à la traduction linguistique : il s'agit aussi d'articuler des intérêts nationaux souvent divergents, des traditions juridiques différentes, des sensibilités politiques et culturelles hétérogènes. Les débats sur la politique migratoire en sont un exemple frappant. Selon l'Organisation Internationale pour les Migrations, l'UE compte près de 11% de population immigrée *(source : IOM, World Migration Report 2020, page 24 : « When compared with the size of the population in each region, shares of international migrants in 2019 were highest in Oceania, North America and Europe, where international migrants represented, respectively, 21 per cent, 16 per cent and 11 per cent of the total population »)* mais la répartition et l'accueil de ces populations suscitent des tensions considérables entre États. La Commission européenne a proposé un « pacte sur la migration et l'asile » visant à répartir la charge entre les pays, mais la négociation illustre à quel point la médiation est nécessaire, non seulement entre cultures internes à l'UE, mais aussi vis-à-vis des migrants eux-mêmes, porteurs de valeurs et de traditions qui bousculent les équilibres.

La médiation interculturelle apparaît alors comme un outil indispensable pour éviter la fracture sociale et politique. Elle ne se réduit pas à un rôle accessoire, elle constitue une condition de possibilité du vivre-ensemble global. Comme le souligne Amartya Sen dans *Identity and Violence* (2006), l'une des grandes erreurs modernes est de réduire les individus à une seule identité (religieuse, nationale, ethnique). La médiation interculturelle permet précisément de rappeler la pluralité des appartenances et d'inventer des espaces où ces appartenances ne s'excluent pas mais se reconnaissent mutuellement. Les exemples concrets – villes cosmopolites, entreprises globalisées, institutions humanitaires ou européennes – montrent que la diversité n'est pas un obstacle à dépasser mais un matériau à travailler, un défi à relever.

En définitive, l'étude des pratiques réelles, chiffrées et observables de la médiation interculturelle révèle un double mouvement. D'une part, la diversité génère inévitablement des tensions, des incompréhensions, des conflits, et les chiffres des migrations ou des mobilités ne laissent aucun doute sur l'ampleur du phénomène. Mais d'autre part, cette même diversité nourrit des dynamiques de créativité, d'innovation, de résilience, pour peu qu'elle soit accompagnée et médiatisée par des dispositifs adaptés. La médiation interculturelle, loin d'être un luxe ou un supplément, apparaît alors comme une infrastructure invisible mais essentielle de la mondialisation contemporaine. Elle est le fil discret qui relie le quotidien des habitants d'une métropole, les décisions stratégiques d'un groupe international, et les délibérations ardues d'une institution politique transnationale. Sans ce fil, le tissu social se déchirerait. Avec lui, malgré les tensions, un horizon commun demeure possible.

- La médiation comme antidote aux replis identitaires.

Dans un monde marqué par des flux migratoires sans précédent, une mondialisation accélérée et une hypermédiatisation des différences culturelles, la question du repli identitaire occupe une place centrale dans les débats politiques, philosophiques et sociaux. Le repli identitaire se manifeste comme une réaction défensive face à la pluralité, une tendance à refermer la communauté sur elle-même, à affirmer de manière exclusive ses propres références culturelles, religieuses ou ethniques, souvent au détriment du dialogue avec l'autre. Or, si les crispations identitaires semblent s'accentuer dans de nombreuses sociétés contemporaines, la médiation apparaît comme une voie possible pour dépasser ces tensions, en offrant un espace de reconnaissance mutuelle, d'explication, de réconciliation et de construction collective. Elle s'affirme ainsi comme un antidote, non pas en supprimant les identités, mais en les mettant en relation, en les ouvrant à la dynamique d'un monde commun.

Pour comprendre l'importance de la médiation dans ce contexte, il faut d'abord rappeler que le repli identitaire se nourrit de deux forces conjuguées : la peur et la méconnaissance. Comme l'a décortiqué Charles Taylor dans *Les sources du moi* (1989), les identités individuelles et collectives se construisent dans un horizon de reconnaissance. Lorsque cette reconnaissance est absente ou déniée, le ressentiment et la revendication exclusive s'installent. Le besoin de reconnaissance, écrit Taylor, est vital, non seulement pour l'identité de l'individu, mais pour sa dignité même. La médiation, en ce sens, ne se contente pas de traiter des conflits, elle vise à rétablir ce cercle vertueux de la reconnaissance, à faire en sorte que chaque culture, chaque individu se sente entendu, compris, respecté. Sans ce cadre, la tentation est grande de se replier sur un entre-soi sécurisant, mais stérile.

Les travaux d'Amartya Sen (*Identity and Violence: The Illusion of Destiny*, 2006) complètent cette perspective en montrant comment les identités sont multiples et non réductibles à une seule appartenance. Le danger des replis identitaires tient précisément à ce que l'on absolutise une identité particulière (religieuse, nationale, ethnique) au détriment des autres dimensions de la personne. Sen décrit une violence dans le monde souvent nourrie par l'imposition d'une identité unique et exclusive sur des individus qui, en réalité, possèdent des identités plurielles. La médiation interculturelle, en permettant à chacun de déployer ses appartenances multiples, offre une manière de briser l'illusion d'une identité figée. Elle agit comme un antidote parce qu'elle réintroduit la complexité, là où le repli identitaire tend à simplifier à l'extrême.

La philosophie politique contemporaine insiste également sur la nécessité de dépasser les logiques d'affrontement identitaire. Paul Ricœur, dans *Soi-même comme un autre* (1990), développe une conception de l'identité narrative qui se construit dans le temps, au gré des interactions et des dialogues. L'identité, pour Ricœur, n'est pas donnée une fois pour toutes, elle est en devenir, façonnée par la médiation du récit et du rapport à autrui. Appliquée au champ des tensions identitaires, cette conception ouvre un horizon précieux : au lieu de percevoir les identités comme des blocs immuables, la médiation permet de les envisager comme des histoires à raconter, des récits à confronter, des trajectoires à partager. Elle introduit la souplesse là où le repli érige des murs.

Concrètement, dans les sociétés marquées par une forte diversité culturelle, la médiation se traduit par des dispositifs de dialogue interculturel dans les écoles, les associations, les entreprises ou les quartiers. Elle intervient comme un tiers qui ouvre un espace de parole sécurisé, où l'on peut exprimer ses peurs, ses griefs, mais aussi découvrir la perspective de l'autre. Dans les villes européennes, par exemple, des programmes de médiation interculturelle ont été développés pour accompagner les communautés issues de l'immigration et les populations locales dans la gestion des différences pour contribuer à transformer la diversité en ressource plutôt qu'en problème. Cette perspective illustre parfaitement le rôle d'antidote : en médiatisant les différences, on évite qu'elles ne se transforment en fractures.

Un autre terrain où la médiation se révèle essentielle est celui des conflits communautaires exacerbés par la mondialisation et les migrations. Dans certaines régions, la peur de perdre son identité nationale ou culturelle face à l'arrivée de nouveaux groupes peut générer des tensions violentes. Ici encore, la médiation permet de dépasser l'affrontement en construisant des compromis. Prenons l'exemple de la Belgique, société marquée par des tensions entre communautés linguistiques et culturelles. Les mécanismes institutionnels de médiation, intégrés dans les structures politiques elles-mêmes (répartition des compétences, systèmes de concertation), ont permis de maintenir l'unité du pays malgré des divergences profondes. La médiation, dans ce cas, agit comme une architecture de la cohabitation, un antidote structurel contre la dislocation identitaire.

Mais la médiation ne doit pas être comprise uniquement comme une technique sociale ou juridique : elle a une dimension profondément éthique. Emmanuel Levinas, dans *Totalité et Infini* (1961), insiste sur la rencontre du visage d'autrui comme moment de médiation fondamentale. Le visage de l'autre m'interpelle, me met en demeure, m'empêche de réduire autrui à une abstraction ou à une menace. Le repli identitaire procède au contraire de cette réduction : il efface le visage pour n'y voir qu'un stéréotype ou un ennemi. La médiation, inspirée de cette éthique, réintroduit la singularité d'autrui dans la relation, elle rend possible une coexistence qui ne soit pas fusionnelle ni exclusive, mais responsable.

Les replis identitaires se nourrissent aussi des fractures numériques. Les réseaux sociaux favorisent la constitution de bulles informationnelles qui renforcent les préjugés et polarisent les groupes. Face à ce phénomène, de nouvelles formes de médiation apparaissent, notamment des dispositifs de « fact-checking collaboratif », de modération participative ou de dialogues interculturels en ligne. Ces expériences montrent que même dans le monde numérique, la médiation est capable de créer des passerelles là où l'algorithme enferme.

La médiation comme antidote aux replis identitaires trouve aussi une illustration dans le champ éducatif. Les pédagogues tels que John Dewey (*Democracy and Education*, 1916) insistaient déjà sur l'importance de l'apprentissage de la coopération et de la discussion pour former des citoyens démocratiques. Aujourd'hui, les programmes d'éducation interculturelle et de médiation scolaire prolongent cette vision. L'école devient un lieu privilégié où l'on apprend non seulement les savoirs, mais aussi la reconnaissance des différences et la gestion pacifique des désaccords. Former les jeunes à la médiation, c'est vacciner la société contre les tentations futures de l'exclusion et du repli.

Sur le plan politique, la médiation s'impose comme une alternative aux discours identitaires radicaux. Dans un monde où les populismes se nourrissent de la peur de l'étranger et de l'obsession pour une identité homogène, la médiation propose un autre récit collectif : celui d'une communauté capable d'intégrer ses différences. Elle ne nie pas les difficultés, mais elle les transforme en occasions de dialogue. Dans ce sens, elle rejoint l'idée habermassienne d'un espace public fondé sur la discussion rationnelle (*Théorie de l'agir communicationnel*, 1981). La démocratie, selon Habermas, se construit par la médiation du langage, par la confrontation des arguments, et non par l'imposition d'une identité unique. En appliquant ce modèle, la médiation devient le cœur battant d'une société plurielle.

Ainsi, loin d'être une simple procédure de résolution de conflit, la médiation se révèle un véritable projet civilisationnel. Elle incarne une manière de vivre ensemble qui refuse la tentation du mur et du ghetto, qui assume la diversité comme richesse et non comme menace. Elle invite chacun à sortir de la peur pour entrer dans la responsabilité, à dépasser l'exclusive pour accueillir la pluralité. Dans un monde où les replis identitaires semblent gagner du terrain, elle apparaît comme l'antidote indispensable, non pas en abolissant les identités, mais en les ouvrant à l'espace du commun.

- Hans-Georg Gadamer *(Vérité et méthode)* : herméneutique comme médiation des horizons culturels.

Hans-Georg Gadamer offre, dans *Vérité et méthode*, une des formulations les plus puissantes et subtiles de ce que peut signifier la médiation lorsqu'on la conçoit non comme un simple art technique de résoudre des différends, mais comme la condition même de toute compréhension humaine et culturelle. Sa herméneutique ne se contente pas d'être une théorie du texte ou de l'interprétation littéraire : elle devient une ontologie de la compréhension, une manière de penser la rencontre entre horizons différents comme processus constitutif du sens. C'est cette idée — que comprendre est toujours se laisser interpeller par l'autre, et que le sens naît de la fusion des horizons — qui fait de Gadamer un théoricien majeur de la médiation culturelle. Aborder Gadamer, c'est donc d'abord renverser l'intuition commune selon laquelle la médiation serait secondaire par rapport à la décision juridique ou politique : chez lui, la médiation est première, elle est la logique même par laquelle des mondes dissemblables peuvent entrer en rapport et se transformer réciproquement.

La notion centrale, celle qui structure toute la réflexion de Gadamer, est celle de l'« horizon ». Un horizon n'est pas une frontière étanche ; il est la perspective depuis laquelle un sujet perçoit le monde, avec ses présupposés, ses normes, ses catégories, ses valeurs. Chaque culture, chaque tradition, chaque individu est porteur d'un horizon. L'obstacle à la compréhension n'est pas tant l'altérité comme telle que l'idée qu'il existerait un point neutre, extérieur, d'où l'on pourrait juger impartialement. Pour Gadamer, il n'y a pas de « point zéro » : toute lecture, toute conversation commence dans un horizon déjà constitué. L'enjeu de la médiation herméneutique est donc de permettre la rencontre de ces horizons sans les écraser l'un par l'autre, sans prétendre les neutraliser. C'est la célèbre idée de la « fusion des horizons » (*Horizontverschmelzung*), où compréhension signifie accueillir ce que l'autre apporte, le laisser infléchir son propre horizon et, en retour, actualiser son propre sens.

Cela change radicalement la façon dont on conçoit l'interprète, et a fortiori le médiateur. L'interprète n'est pas un spectateur neutre ; il est un participant engagé dans la conversation. La tâche du médiateur, sur ce modèle, n'est pas d'appliquer une méthode mécanique ni d'imposer une norme supérieure ; elle consiste à cultiver les conditions relationnelles qui permettent à des horizons divergents de se confronter dans une dynamique de dialogue. Gadamer insiste sur l'idée que la compréhension se construit dans le « jeu » du dialogue — mot qu'il reprend à l'héritage socratique et herméneutique — où la parole de l'autre peut surprendre, déplacer, ouvrir. Le dialogue, pour Gadamer, n'est ni une procédure neutre ni une simple négociation d'intérêts : il est une matérialisation du temps historique dans lequel nous existons ; il est l'espace où la tradition interpelle le présent et le présent répond.

Autre conséquence importante : la critique gadamérienne de l'objectivisme moderne. Le positivisme et la prétention à une méthode pure, capable d'arracher le sens des circonstances, sont pour lui des illusions. Comprendre un texte, une pratique, ou une situation sociale ne se réduit pas à appliquer une grille technique : il faut reconnaître l'insistance de la tradition, la force des préjugés au sens neutre que lui donne Gadamer — ce qu'il appelle d'abord des « préprédicats » ou des « préjugés » au sens d'héritage non réfléchi.

Contrairement à l'éthique moderne qui méprise le préjugé, Gadamer revendique que toute compréhension commence par ces préjugés qui nous structurent ; la tâche critique n'est pas d'éliminer tous les préjugés mais de les soumettre à un dialogue critique et transformateur. Cela a des implications directes pour la médiation interculturelle : la prétention à une « neutralité a priori » est non seulement impossible mais dangereuse, car elle masque souvent un pouvoir symbolique qui cherche à imposer son horizon comme universel.

Sur le plan politique et social, l'herméneutique gadamérienne éclaire pourquoi les replis identitaires ne peuvent être contrés par la seule répression ou par l'imposition d'un discours officiel. Les identités existantes sont vivantes parce qu'elles sont investies historiquement ; la médiation doit s'attaquer non à la forme des croyances mais à la façon dont elles sont rendues disponibles pour un dialogue. Ainsi, la médiation doit être une pratique qui transforme les conditions mêmes de la conversation publique : créer des lieux, des rituels, des institutions où les paroles peuvent se rencontrer sans se neutraliser. Gadamer nous rappelle que la tradition ne se transmet pas par décret mais par conversation ; elle se reproduit quand elle est interrogée et réactualisée. La médiation, dans cette perspective, est un acte éducatif et politique qui vise à rendre possible l'émergence d'un horizon commun non homogène, mais partagé dans la reconnaissance de la pluralité.

L'apport herméneutique de Gadamer s'éclaire aussi par contraste avec d'autres penseurs. Par exemple, face à l'épistémologie critique qui met la suspicion au cœur de la lecture (penser colonialisme, rapports de domination et « déconstruction »), Gadamer propose une alternative constructive : reconnaître la présence de présuppositions et chercher à les confronter dialogiquement. Cela ne signifie pas relativisme. L'herméneutique gadamérienne conserve une exigence de vérité, mais elle la situe dans l'interaction vivante entre compréhension historique et dialogue. Comprendre n'est donc pas dire « tout se vaut » ; c'est accepter une méthode réflexive qui permet d'affiner les interprétations en dialoguant. Pour les pratiques de médiation, cela veut dire qu'on ne peut fonder la solution sur un relativisme laxiste, mais sur un dialogue exigeant où les arguments sont évalués, mis en regard, acceptés ou contestés en contexte.

Un autre point essentiel est la notion gadamérienne de « jeu » (*Spiel*). Le jeu, loin d'être un simple divertissement, est pour lui la forme paradigmatique d'apparition de la vérité dans les arts et dans le langage. Dans un jeu authentique, les participants ne calculent pas seulement ; ils prennent part à une *eventuation* qui les transforme. Transposé à la médiation, ce concept invite à considérer la relation humaine non comme un espace de calcul d'intérêts mais comme un espace d'apparition du sens, où les participants se découvrent mutuellement et où la réalité des relations change par l'interaction. Cela oriente la pratique vers des formats moins procéduraux et plus performatifs : des espaces où l'écoute et la parole créent une nouvelle réalité relationnelle. Le médiateur habile crée ces conditions ludiques et sérieuses à la fois, où la contrainte descendante est remplacée par la stimulation de la responsabilité réciproque.

Gadamer met également en valeur la temporalité de la compréhension. Comprendre, ce n'est pas seulement enchaîner des étapes logiques : c'est se laisser « prendre » par une tradition qui met en jeu des expériences accumulées. La médiation, en ce sens, est une pratique longitudinale : elle n'est pas seulement un événement ponctuel mais un processus qui s'inscrit dans le temps. Les accords conclus dans l'urgence peuvent régler temporairement un conflit, mais pour élaborer une coexistence durable il faut des formes de médiation qui travaillent sur la durée, qui permettent aux horizons de se transformer progressivement. C'est en cela que la formation, l'éducation civique, les objets culturels partagés sont des instruments indispensables de la médiation. Gadamer nous relie ici à l'idée que la culture est un champ où se forge la compréhension et que le médiateur est en partie un pédagogue.

Quant à la question de l'autorité du médiateur, Gadamer propose une vision subtile : l'autorité ne réside pas principalement dans la capacité à imposer, mais dans la capacité à incarner la tradition interrogative, celle qui suscite la confiance et le respect parce qu'elle manifeste une écoute et une fidélité à l'éthique du dialogue. Le médiateur efficace ne domine pas la conversation ; il la rend possible. Il doit savoir articuler la distance critique et la proximité compréhensive. Cette exigence éthique est sans doute l'un des legs les plus féconds de l'herméneutique pour les praticiens de la médiation : la compétence technique est nécessaire, mais elle est insuffisante sans une disposition morale à reconnaître l'autre.

Gadamer nous met aussi face à une question pratique cruciale : comment traduire cette herméneutique dans des institutions concrètes ? Il ne fournit pas de mode d'emploi, mais des orientations. D'abord, la conception des lieux de médiation doit permettre la polyphonie : favoriser la multiplicité des voix plutôt que leur réduction à un format unique. Ensuite, il faut former des médiateurs à la patience herméneutique — c'est-à-dire à la capacité de reconnaître leurs propres présupposés et de les mettre en dialogue, non pour les annuler, mais pour les transformer. Enfin, il importe d'inscrire la médiation dans une temporalité longue : favoriser le suivi, les rencontres répétées, les rituels de parole qui créent une mémoire commune. Ces prescriptions ne sont pas techniques ; elles sont anthropologiques : elles consistent à soigner les conditions relationnelles de la compréhension.

Un dernier point mérite d'être souligné : l'herméneutique de Gadamer impose une humilité épistémologique. Dans un monde où la communication est souvent instrumentalisée par des logiques performatives — efficacité, rapidité, viralité — Gadamer rappelle la valeur du ralentissement, de l'attention soutenue. La médiation, dans ce cadre, devient un art du temps. Elle exige que l'on accepte la lenteur comme méthode et la profondeur comme but. Cette posture est sans doute difficile à adopter dans des sociétés qui valorisent l'immédiateté, mais elle est peut-être la condition d'une médiation durable et authentique.

En définitive, penser la médiation à la lumière de Gadamer, c'est reconnaître que la compréhension interculturelle est possible non pas en sacrifiant l'altérité ni en prétendant à une neutralité illusoire, mais en instituant des pratiques de parole où horizons opposés se rencontrent, se modifient et produisent un sens inédit. C'est concevoir la médiation comme une herméneutique sociale : un art politique et culturel qui transforme la coexistence en une conversation permanente. Gadamer ne nous offre pas une méthode clé en main, mais un horizon philosophique qui élève la médiation au rang d'un savoir-vivre collectif : celui par lequel des sociétés plurales deviennent capables non seulement de tolérer la différence, mais d'en faire le moteur d'une compréhension renouvelée.

- Emmanuel Levinas *(Totalité et Infini)* : visage d'autrui comme médiation éthique immédiate.

Avec Emmanuel Levinas, et plus particulièrement dans *Totalité et Infini* (1961), la médiation quitte le terrain institutionnel, politique ou herméneutique pour s'installer au cœur de l'éthique comme expérience première. Là où Gadamer insistait sur la conversation et la fusion des horizons comme condition de la compréhension, Levinas radicalise le propos en affirmant que la relation à autrui n'est pas médiée par un dialogue ni par une construction rationnelle, mais qu'elle se donne immédiatement dans la rencontre du visage. Le « visage d'autrui » n'est pas un objet que l'on contemple ni une figure culturelle que l'on interprète : il est un appel, une injonction, une exigence éthique qui précède toute médiation au sens classique du terme. Pourtant, cette immédiateté radicale constitue déjà une forme de médiation, plus originaire encore : elle ouvre le passage de l'égocentrisme à l'altérité, du Même au rapport avec l'Autre, et c'est dans ce passage que se fonde la possibilité d'une coexistence humaine. La médiation ne réside plus ici dans un dispositif technique, ni dans une institution, ni même dans un horizon partagé, mais dans l'événement de la rencontre où la nudité du visage impose une responsabilité.

Cette thèse est d'une portée considérable, car elle bouleverse les cadres classiques de la philosophie occidentale. Depuis Platon jusqu'à Hegel, en passant par Descartes ou Kant, la relation à autrui avait été pensée principalement dans les termes de la connaissance ou de la reconnaissance. Chez Hegel, comme nous l'avons vu, l'altérité est intégrée dans un mouvement dialectique qui aboutit à la réconciliation de l'esprit avec lui-même. Chez Levinas, au contraire, l'Autre ne peut jamais être absorbé dans une totalité : il échappe, il déborde, il se tient « en dehors » de tout horizon. L'Autre est « infini », non pas au sens quantitatif, mais au sens où sa signification excède toute catégorie. Cette infinité se manifeste dans le visage, qui ne se réduit pas à une forme plastique mais qui dit « Tu ne tueras point ». Cette formule, qui traverse tout *Totalité et Infini*, exprime la dimension irréductiblement éthique de la relation. Le visage est l'intrusion de la transcendance dans l'immanence du monde, il est ce qui interdit la réduction d'autrui à un objet de savoir ou à une chose manipulable.

Dans cette perspective, la médiation éthique que propose Levinas est immédiate, mais non pas médiatisée au sens d'un tiers extérieur. Elle est médiation dans la mesure où elle rompt l'isolement du sujet et l'ouvre à une altérité radicale, mais elle est immédiate en ce qu'elle ne passe pas par une construction discursive ou rationnelle. Le visage n'a pas besoin de justification : il parle de lui-même, il est déjà parole. Levinas insiste d'ailleurs sur le fait que la nudité du visage est « expression », et non signe interprétable. Là encore, nous voyons se dessiner une différence décisive avec Gadamer : l'herméneutique présuppose la médiation du langage et des traditions, tandis que chez Levinas, la relation est antérieure au langage lui-même, elle est le « dire » avant le « dit ». La médiation est ici purement éthique, enracinée dans la structure même du rapport intersubjectif.

L'un des apports les plus puissants de cette conception est de replacer la médiation non pas dans le registre du possible, mais dans celui de l'inévitable. On peut choisir de dialoguer ou non, on peut entrer dans un processus de médiation institutionnelle ou refuser la négociation, mais on ne peut pas échapper au fait que le visage d'autrui m'appelle. Cette thèse levinasienne est un rappel à la radicalité de la responsabilité : avant même toute loi, toute règle, toute norme, je suis déjà responsable de l'autre. Ce caractère inconditionnel donne à la médiation une assise ontologique et non simplement pragmatique. Elle n'est plus une technique sociale parmi d'autres, elle est le mode d'être de l'homme en société. Comprendre cela permet de réinscrire toutes les pratiques institutionnelles de médiation dans une perspective plus fondamentale : elles ne sont que des dérivations ou des modalités secondaires de cette responsabilité originaire.

Levinas illustre ce point par des formules saisissantes. Il écrit par exemple : *« Le visage parle. La manifestation du visage est déjà discours. »* (Emmanuel Levinas, *Total et infini*, Martinus Nijhoff Publishers, 1961, page 37). Ce n'est pas une demande contractuelle, ce n'est pas une requête à laquelle je pourrais répondre ou non : c'est un ordre absolu, qui met en cause mon pouvoir de nier. Le visage est vulnérable, exposé, mais cette vulnérabilité même est force éthique, car elle désarme la puissance. Ainsi, la médiation éthique immédiate que constitue le visage est le seul contre-pouvoir radical à la violence. Là où la loi peut être détournée, où les institutions peuvent être corrompues, où le langage peut être manipulé, la nudité du visage résiste. Ce n'est pas que la violence disparaisse, mais qu'elle se trouve toujours déjà contestée par l'appel du visage. Levinas note encore : « Mais la volonté où l'être s'exerce en tenant en quelque façon en mains tous les fils qui actionnent son être, s'expose par son œuvre à Autrui. » (Emmanuel Levinas, *Total et infini*, Martinus Nijhoff Publishers, 1961, page 202). Ce déplacement est essentiel : la médiation n'est pas mise en commun des intérêts mais assomption d'une responsabilité asymétrique.

Or cette asymétrie est précisément ce qui distingue Levinas de toute une tradition qui a pensé la réciprocité comme base de l'éthique. Pour lui, il ne s'agit pas d'un contrat entre égaux, ni d'une reconnaissance mutuelle : c'est toujours moi qui suis responsable de l'autre, avant même que l'autre ne le soit pour moi. C'est une asymétrie fondamentale, qui fait de la médiation une structure verticale plutôt qu'horizontale. Mais cette verticalité n'est pas celle d'une hiérarchie oppressive : c'est la transcendance de l'autre qui élève le sujet hors de soi. Cela a des conséquences directes pour la médiation interculturelle : il ne s'agit pas de négocier à égalité des points de vue culturels, mais de reconnaître que l'autre culture me met en demeure, qu'elle m'ouvre à une responsabilité qui excède mes catégories. L'accueil de l'étranger, pour Levinas, n'est pas une option politique mais la figure originaire de l'éthique : l'étranger est celui qui me dérange, mais qui m'appelle aussi.

On pourrait objecter que cette conception paraît trop exigeante, voire inapplicable dans la réalité. Mais Levinas n'entend pas proposer une méthode pratique ; il cherche à penser la condition de possibilité même de toute coexistence. Dans ce sens, son apport complète et radicalise les approches plus procédurales : la médiation humaine, institutionnelle, juridique, ne peut tenir que parce qu'il y a déjà en amont cette médiation éthique immédiate qui fait que je ne peux pas ignorer le visage de l'autre. La pratique professionnelle de la médiation tire donc sa légitimité de ce socle. Cela signifie aussi que toute médiation échoue quand elle oublie le visage et réduit l'autre à un simple acteur rationnel ou stratégique. On comprend ici la force du concept de « totalisation » que critique Levinas : le danger est toujours de réduire l'autre à une totalité, de le comprendre comme un objet de savoir. Le visage, au contraire, brise cette totalité et ouvre à l'infini.

Un autre aspect à souligner est le lien entre le visage et le langage. Levinas insiste sur le fait que le visage est déjà langage, qu'il est une parole silencieuse. Le visage n'est pas seulement visible, il est interlocuteur. Ainsi, la médiation éthique immédiate est aussi médiation linguistique, mais au niveau le plus élémentaire : avant même l'échange d'arguments, il y a déjà une interpellation. Cela rappelle que le dialogue ne se réduit pas à une rationalité discursive (au sens habermassien), mais qu'il est enraciné dans une phénoménalité plus primitive. Le médiateur, dans cette perspective, doit être attentif à ce langage pré-verbal du visage : la vulnérabilité, la douleur, la joie, la demande implicite. Ce n'est pas du côté de la technique que se joue la réussite de la médiation, mais dans la capacité à entendre cette parole silencieuse.

Levinas ouvre ainsi un horizon spirituel qui réoriente la compréhension même du politique. Si le visage d'autrui est médiation éthique immédiate, alors la justice, la loi et les institutions ne sont que des tentatives de répondre à cet appel infini. La médiation sociale doit se penser comme prolongement de la médiation éthique, et non l'inverse. Cette inversion est radicale : au lieu de fonder l'éthique sur la politique, il faut fonder la politique sur l'éthique. Cela conduit Levinas à une critique implicite de l'État moderne lorsqu'il oublie cette dimension : un État qui ne reconnaît pas la primauté du visage devient inhumain, même s'il est efficace. Ainsi, la médiation n'est pas seulement un instrument au service de l'ordre, elle est l'ordre éthique lui-même qui doit guider toute organisation collective.

Cette conception a trouvé des résonances profondes dans des contextes marqués par les violences extrêmes. Levinas, rappelons-le, écrit après l'expérience de la Shoah et du totalitarisme. Son insistance sur le visage n'est pas une abstraction : elle est une réponse au fait que l'homme peut être réduit à un numéro, à une masse, à une « totalité » qui efface sa singularité. La médiation éthique immédiate est ce qui sauve l'humanité en refusant cette réduction. Elle devient ainsi une ressource fondamentale pour penser les conflits contemporains : dans un monde de migrations, de pluralisme, de confrontations identitaires, le visage est le rappel de l'irréductible singularité. Aucun dispositif technologique, aucune procédure administrative, aucune statistique ne peut remplacer la rencontre du visage.

En définitive, Levinas propose une philosophie de la médiation qui est à la fois plus exigeante et plus radicale que toutes les autres. Elle ne promet pas de résoudre les conflits par des compromis, mais de fonder la coexistence sur une responsabilité asymétrique, infinie et immédiate. La médiation n'est plus une technique, mais la structure même de l'éthique. Cela n'exclut pas les institutions, mais les oblige à rester reliées à cette source vive. Sans le visage, la médiation se perd dans la procédure ; avec le visage, elle retrouve son sens originaire : celui d'une hospitalité inconditionnelle à l'égard d'autrui. C'est cette leçon, toujours inactuelle et pourtant urgente, que *Totalité et Infini* nous transmet : la médiation véritable commence quand je laisse l'autre me parler avant que je n'aie le temps de me protéger derrière mes catégories. Elle commence dans l'instant où le visage me désarme et me rend responsable.

Chapitre 13 – Médiation écologique et générations futures

- Le conflit homme/nature : de l'exploitation à la préservation.

Depuis les débuts de l'ère industrielle, et même bien avant si l'on remonte à l'agriculture extensive des grandes civilisations anciennes, le rapport de l'homme à la nature s'est structuré autour d'une tension fondamentale : celle de l'exploitation. La nature a été perçue comme un réservoir inépuisable de ressources, un objet disponible pour les besoins humains, sans limite et sans voix propre. La modernité a accentué cette tendance en l'inscrivant dans une logique de domination scientifique et technique. Descartes proclamait déjà qu'*« ... il est possible de parvenir à des connaissances qui soient fort utiles à la vie, et qu'au lieu de cette philosophie spéculative, qu'on enseigne dans les écoles, on en peut trouver une pratique, par laquelle, connaissant la force et les actions du feu, de l'eau, de l'air, des astres, des cieux et de tous les autres corps qui nous environnent, aussi distinctement que nous connaissons les divers métiers de nos artisans, nous les pourrions employer en même façon a tous les usages auxquels ils sont propres, et ainsi nous rendre comme maitres et possesseurs de la Nature. »* (Descartes, *Discours de la méthode,* GF Flammarion, 1966, page 84). Cette formule résume une vision où l'homme est souverain, où la nature devient simple matériau à transformer, puissance muette dont l'utilité ne se définit que par rapport au projet humain. Mais cette exploitation, longtemps conçue comme un progrès, est aujourd'hui source de conflit : la crise écologique globale fait apparaître les limites d'un tel paradigme. Déforestation, changement climatique, épuisement des ressources, effondrement de la biodiversité : autant de symptômes qui révèlent que la logique d'exploitation entraîne la destruction des conditions mêmes de la vie humaine. Le conflit homme/nature n'est plus une abstraction philosophique, il est devenu une expérience quotidienne pour des millions d'êtres humains confrontés à la montée des eaux, aux sécheresses, aux catastrophes climatiques.

La médiation écologique prend sens dans ce contexte : elle désigne l'effort d'articuler des intérêts contradictoires, de transformer une logique de domination en une logique de dialogue et de reconnaissance. Mais comment dialoguer avec la nature, qui ne parle pas le langage humain ? La question est au cœur de la philosophie environnementale contemporaine. Hans Jonas, dans *Le Principe responsabilité* (1979), posait déjà que les générations présentes ont une responsabilité à l'égard des générations futures et, plus largement, à l'égard de la biosphère elle-même. Le conflit homme/nature devient alors un conflit non seulement entre exploitation et préservation, mais aussi entre le court terme et le long terme. La médiation consiste à introduire la voix du futur dans le présent, à donner une place à ce qui n'a pas encore de représentant. C'est l'un des points les plus difficiles mais aussi les plus féconds de la réflexion écologique : reconnaître que l'on ne peut plus réduire la nature à un simple objet de consommation, mais qu'il faut la considérer comme une altérité, voire comme un partenaire à part entière.

Dans cette perspective, la médiation écologique n'est pas seulement un outil de gestion des conflits locaux (autour d'un projet d'aménagement par exemple), mais une transformation radicale de notre manière de penser l'être humain et sa place dans le monde. Bruno Latour, dans *Face à Gaïa* (2015), insiste sur le fait que nous devons apprendre à nous penser comme des « terrestres » parmi d'autres, et non comme des maîtres surplombants. La notion de Gaïa, héritée de James Lovelock et Lynn Margulis, désigne la Terre comme un système vivant, autorégulé, qui réagit aux perturbations humaines. Ce déplacement oblige à concevoir le rapport homme/nature comme une relation d'interdépendance et non de domination. La médiation devient alors une pédagogie de cette interdépendance : il s'agit de faire comprendre que préserver la nature, c'est en réalité préserver les conditions mêmes de notre survie. Autrement dit, la préservation n'est pas l'opposé de l'intérêt humain, mais son prolongement le plus rationnel.

Pourtant, cette prise de conscience se heurte à de puissants intérêts économiques et politiques. L'exploitation de la nature n'est pas seulement un héritage culturel, c'est une réalité inscrite dans les structures du capitalisme globalisé. Les énergies fossiles, les grandes industries extractives, l'agriculture intensive sont autant de systèmes organisés autour de la logique du profit immédiat. Ici, la médiation prend une dimension concrète : comment négocier entre des acteurs dont les intérêts semblent irréconciliables ? D'un côté, la nécessité de préserver la planète à long terme ; de l'autre, la pression économique et sociale à court terme (emplois, croissance, compétitivité). Les COP (« Conférences des Parties » sur le climat) sont précisément l'espace où se joue cette médiation à l'échelle planétaire. Mais on voit aussi leurs limites : les compromis arrachés sont souvent fragiles, soumis à la pression des lobbys, freinés par le manque de volonté politique. La difficulté réside dans le fait que la nature n'a pas de représentant direct, et que les générations futures ne peuvent pas siéger aux tables de négociation. Le médiateur écologique doit donc inventer des dispositifs symboliques et institutionnels pour donner voix à ces absents.

Dans cette optique, l'écologie politique a parfois parlé de « porte-parole de la nature ». Les ONG environnementales, les scientifiques, mais aussi les artistes ou les écrivains assument ce rôle de médiation : ils traduisent les données scientifiques, les signaux du vivant, les inquiétudes du climat, en un langage audible par les décideurs et les citoyens. Rachel Carson, avec *Silent Spring* (1962), a été l'une des pionnières de cette médiation, en révélant au grand public les effets dévastateurs des pesticides. Plus récemment, les rapports du GIEC jouent ce rôle d'alerte et de traduction : transformer des modèles climatiques complexes en messages compréhensibles pour orienter les politiques publiques. On retrouve ici une idée essentielle : la médiation écologique est d'abord une médiation symbolique, un passage du non-humain à l'humain, de la donnée brute à la conscience morale et politique.

Mais la préservation ne se réduit pas à l'abandon de toute exploitation. Elle suppose une redéfinition des modes de production et de consommation, une « transition » vers un modèle plus soutenable. Ce terme de transition est lui-même un terme de médiation : il ne s'agit pas d'opposer brutalement exploitation et préservation, mais de chercher des voies d'articulation. Ainsi, l'économie circulaire, les énergies renouvelables, l'agroécologie apparaissent comme des formes de médiation entre les besoins humains et les limites planétaires. Elles permettent de maintenir une activité économique tout en réduisant l'impact écologique. La médiation écologique se joue alors à plusieurs échelles : internationale (dans les négociations climatiques), nationale (dans les politiques publiques), locale (dans les projets d'aménagement), mais aussi individuelle (dans les choix de consommation). Chaque niveau appelle des médiateurs capables de traduire les enjeux et de trouver des compromis.

Un exemple particulièrement éclairant est celui des forêts tropicales. Elles sont à la fois un réservoir de biodiversité, un régulateur du climat et une source de ressources pour les populations locales. Le conflit est ici manifeste : exploitation forestière, agriculture sur brûlis, extraction minière d'un côté ; préservation des écosystèmes et lutte contre le réchauffement climatique de l'autre. Les dispositifs de médiation, comme les programmes REDD+ (Réduction des émissions liées à la déforestation et à la dégradation des forêts), tentent d'articuler ces intérêts contradictoires : rémunérer les pays du

Sud pour préserver leurs forêts, créer des incitations économiques à la conservation. Mais ces dispositifs révèlent aussi leurs limites : risque de corruption, complexité administrative, difficultés de mise en œuvre. Ils montrent que la médiation écologique est un processus fragile, toujours menacé par le déséquilibre des rapports de force.

La médiation entre exploitation et préservation prend également une dimension culturelle et spirituelle. Dans de nombreuses traditions, la nature n'est pas perçue comme un simple objet, mais comme une réalité sacrée. Les peuples autochtones, en particulier, jouent un rôle majeur dans la préservation des écosystèmes, non seulement par leurs pratiques, mais aussi par leur vision du monde. Le droit international commence à reconnaître cette dimension, en intégrant les savoirs traditionnels dans les négociations environnementales. Ici encore, la médiation est nécessaire : il s'agit de traduire des représentations du monde très différentes, de permettre à des conceptions spirituelles de dialoguer avec des cadres juridiques et scientifiques modernes. La reconnaissance des droits de la nature dans certaines constitutions (Équateur, Bolivie) est un signe de cette médiation culturelle : donner un statut juridique à des entités naturelles (fleuves, forêts) est une manière de faire entrer la voix de la nature dans les institutions humaines.

Ce parcours du conflit homme/nature montre bien que la médiation écologique est au cœur des défis contemporains. Elle ne se limite pas à résoudre des litiges ponctuels, mais engage une transformation profonde de nos représentations et de nos pratiques. Passer de l'exploitation à la préservation, c'est passer d'une logique de domination à une logique de responsabilité, d'une vision anthropocentrée à une vision écologique. La médiation est l'instrument de ce passage : elle permet d'articuler les intérêts immédiats et les nécessités à long terme, de traduire la voix muette de la nature dans des institutions humaines, d'intégrer les savoirs scientifiques et traditionnels, de construire des compromis qui ne sacrifient pas l'avenir au présent. C'est pourquoi elle concerne directement les générations futures : préserver la nature, c'est leur permettre d'exister. Et c'est dans ce sens que la médiation écologique dépasse le cadre de l'environnement pour rejoindre le cœur même de l'éthique et du politique.

- Les acteurs multiples : citoyens, États, entreprises, ONG, générations présentes vs. futures.

Dans le vaste théâtre des tensions écologiques contemporaines, il n'existe pas un seul acteur capable de porter seul la charge de la transition de l'exploitation vers la préservation. La complexité des défis environnementaux appelle une pluralité de voix, de positions et d'intérêts, qui parfois s'opposent, parfois se complètent. C'est pourquoi la question de la médiation écologique ne peut être dissociée d'une analyse fine des multiples acteurs impliqués : les citoyens, les États, les entreprises, les ONG, et plus encore, les générations futures, dont l'absence silencieuse pèse paradoxalement comme l'une des plus fortes présences dans le débat. Le monde contemporain, en quête d'équilibres nouveaux, est ainsi le lieu où s'expérimente une polyphonie fragile, nécessitant des dispositifs de médiation pour que ces voix discordantes puissent s'accorder, ou du moins cohabiter dans une perspective de bien commun planétaire.

Le citoyen constitue sans doute le premier niveau de cette polyphonie. Non pas l'individu abstrait du contrat social des Lumières, mais l'homme concret, pris dans ses habitudes de consommation, ses choix quotidiens, ses convictions politiques. On sait que le poids des comportements individuels est considérable : la manière dont nous nous alimentons, nous déplaçons, chauffons nos logements, voyageons, représente une part essentielle de l'empreinte écologique globale. L'Agence internationale de l'énergie (AIE) a ainsi montré que près de 40 % des émissions mondiales de CO_2 sont directement liées aux modes de vie des ménages. Le citoyen est donc en première ligne, mais son pouvoir est ambivalent : il peut être vecteur de changement (par le vote, la consommation responsable, l'engagement associatif), mais il est aussi le lieu de résistances culturelles profondes, attaché à son confort et à ses habitudes. C'est pourquoi la médiation écologique ne peut se limiter à des injonctions : elle doit travailler la compréhension, la pédagogie, l'incitation, pour transformer les pratiques en tenant compte des réalités sociales. Autrement dit, la transition ne peut advenir sans une médiation entre les savoirs scientifiques et les modes de vie ordinaires.

À côté du citoyen se trouvent les États, acteurs historiques des négociations internationales et détenteurs de la puissance régulatrice. Les États portent une double responsabilité : envers leurs populations présentes et envers l'humanité future. Mais cette double responsabilité se traduit souvent par une tension : la recherche du développement national à court terme contre la nécessité de préserver le climat et les écosystèmes à long terme. Les conférences internationales sur le climat, de Rio (1992) à Paris (2015), en passant par Kyoto (1997) et Glasgow (2021), montrent bien cette dialectique permanente entre souveraineté et coopération, entre intérêts nationaux et bien commun global. Chaque État est tenté de minimiser ses efforts si les autres n'en font pas autant, d'où le risque du « passager clandestin » dans les négociations. La médiation écologique, à ce niveau, consiste à inventer des mécanismes qui permettent d'articuler ces logiques contradictoires : des compensations financières, des transferts technologiques, des objectifs différenciés selon le niveau de développement. John Rawls, dans *Le Droit des peuples* (1999), posait déjà que la justice internationale suppose de prendre en compte la diversité des situations historiques et sociales. Les accords climatiques tentent d'appliquer ce principe, mais toujours avec la difficulté de trouver un équilibre entre équité et efficacité.

Les entreprises constituent un autre acteur incontournable, et sans doute l'un des plus controversés. Longtemps perçues comme les principales responsables de la destruction écologique (industries fossiles, agroalimentaire intensif, déforestation), elles sont aujourd'hui également présentées comme les vecteurs possibles d'une transition vers une économie durable. De grandes multinationales, comme LVMH en France ou Unilever à l'échelle mondiale, affichent désormais des stratégies de responsabilité sociétale et environnementale (RSE). Mais cette conversion soulève la question du « greenwashing » : jusqu'à quel point ces engagements relèvent-ils d'un véritable tournant écologique, et non d'une stratégie de communication ? Ici encore, la médiation est essentielle : il faut mettre en place des dispositifs qui permettent de vérifier, d'évaluer, de certifier les pratiques, pour distinguer les engagements authentiques des simples effets d'annonce. Comme le montre Michel Callon dans *Agir dans un monde incertain* (2001), l'innovation écologique ne peut se déployer qu'au prix d'une coproduction entre acteurs économiques, politiques et citoyens. L'entreprise ne peut plus être un acteur isolé : elle doit accepter d'entrer dans un réseau de négociations où ses intérêts immédiats se confrontent à des exigences collectives.

Les ONG, de leur côté, représentent la voix de la société civile organisée. Elles jouent souvent un rôle de contre-pouvoir, de lanceurs d'alerte, mais aussi de médiateurs entre la science et l'opinion publique. Greenpeace, WWF, Oxfam, mais aussi de petites associations locales, incarnent une forme d'expertise indépendante qui met en lumière ce que les États et les entreprises préfèrent parfois taire. Leurs campagnes de sensibilisation, leurs actions de plaidoyer, leurs interventions sur le terrain contribuent à faire entendre la voix des « sans-voix » : la nature, les espèces menacées, les communautés locales marginalisées. Leur rôle est d'autant plus crucial que, dans l'arène internationale, la voix des ONG a parfois permis de rééquilibrer les négociations en apportant des données, en mobilisant l'opinion, en créant de la transparence. Ulrich Beck, dans *La société du risque* (1986), a bien montré que les sociétés contemporaines sont traversées par des risques globaux, invisibles, qui échappent aux logiques nationales : les ONG sont alors ces acteurs capables de rendre visibles ces risques, de les traduire dans un langage accessible et mobilisateur. Mais elles ne sont pas non plus exemptes de contradictions : financements, dépendances institutionnelles, rivalités internes. La médiation doit donc également les concerner, en les inscrivant dans un dialogue constructif avec les autres acteurs.

Enfin, il y a les générations futures. Leur situation est unique : elles sont à la fois les principales concernées et les grandes absentes de la scène politique actuelle. Comment donner voix à ceux qui ne sont pas encore là ? Cette question philosophique et éthique traverse la réflexion contemporaine. Hans Jonas, encore une fois, en a posé les termes : *« Agis de façon que les effets de ton action soient compatibles avec la Permanence d'une vie authentiquement humaine sur terre » ; ou pour l'exprimer négativement : « Agis de façon que les effets de ton action ne soient pas destructeurs pour la possibilité future d'une telle vie » ; ou simplement : « Ne compromets pas les conditions pour la survie indéfinie de l'humanité sur terre » ; ou encore, formulé de nouveau positivement : « Inclus dans ton choix actuel l'intégrité future de homme comme objet secondaire de ton vouloir. »* (Hans Jonas, *Le Principe responsabilité*, Les Éditions du cerf, collection Champs Essais, 1990, page 40, traduit de l'allemand par Jean Greisch). La médiation écologique, dans ce cadre, prend un sens élargi : il s'agit de créer des institutions et des dispositifs qui intègrent le point de vue du futur. Certains pays ont innové en ce sens : le Pays de Galles a créé en 2015 le poste de « Commissaire aux générations futures » chargé de veiller à ce que les décisions politiques intègrent les besoins de long terme. De telles initiatives ouvrent une piste essentielle : faire entrer le futur dans le présent par des représentants symboliques, qui servent d'intermédiaires pour une population qui ne peut encore parler. La philosophie politique, ici, rejoint la médiation au sens le plus concret.

On pourrait dire que la médiation écologique est l'articulation fragile de toutes ces voix. Elle ne consiste pas seulement à trouver un compromis entre acteurs existants, mais à inventer des institutions capables d'accueillir la pluralité des temporalités, des intérêts et des représentations. Le conflit écologique n'est pas un simple litige entre deux parties, mais une constellation de tensions : entre le local et le global, le présent et le futur, l'économique et le symbolique, l'humain et le non-humain. La médiation, dans ce sens, est moins une technique qu'une éthique et une politique : elle suppose la reconnaissance de l'autre comme légitime, même lorsqu'il ne parle pas (la nature), même lorsqu'il n'est pas encore né (les générations futures). Paul Ricœur, dans *Soi-même comme un autre* (1990), insiste sur le fait que l'identité se construit dans la relation, dans l'altérité. On pourrait dire de même de l'humanité face à la nature : elle ne peut se comprendre que dans la relation à ce qui n'est pas elle, et dans la responsabilité qui en découle.

Ainsi, la pluralité des acteurs n'est pas seulement un obstacle à la résolution des crises écologiques, elle est aussi la condition même d'une solution juste et durable. La médiation écologique ne peut être que polyphonique, parce qu'elle engage l'ensemble des dimensions du monde contemporain : les citoyens dans leurs gestes quotidiens, les États dans leurs choix stratégiques, les entreprises dans leurs logiques économiques, les ONG dans leur vigilance critique, et surtout les générations futures dans leur absence silencieuse mais impérative. Le monde contemporain, dans son besoin de médiation, révèle ici sa vérité la plus profonde : aucun acteur ne peut prétendre au monopole de la parole, et c'est dans la confrontation, l'ajustement et la reconnaissance mutuelle que peut émerger une nouvelle alliance entre l'homme et la nature.

- Concertations locales (parcs éoliens, aménagements du territoire).

Dans le cadre de la médiation écologique et des générations futures, les concertations locales occupent une place centrale, car elles représentent la mise en pratique la plus immédiate et la plus palpable de la recherche d'équilibre entre développement, préservation et acceptabilité sociale. Si les grandes conférences internationales comme les COP ou les conventions sur la biodiversité définissent des orientations globales, c'est au niveau local que ces orientations prennent forme, qu'elles se traduisent en projets concrets, en infrastructures, en aménagements du territoire. La construction d'un parc éolien, l'implantation d'une ligne ferroviaire, la préservation d'une zone humide, l'extension urbaine sur des terres agricoles : chacun de ces projets cristallise une tension entre besoins collectifs, intérêts particuliers et exigences environnementales. C'est là que la médiation devient indispensable, car elle permet d'éviter que les décisions soient imposées verticalement, au risque de provoquer des conflits, des blocages, voire des fractures durables au sein de la société. La concertation locale est donc à la fois un exercice démocratique, une pratique écologique et une anticipation des droits des générations futures.

L'exemple des parcs éoliens illustre de manière paradigmatique la complexité de ces concertations. L'énergie éolienne est perçue comme l'un des leviers essentiels de la transition énergétique : elle permet de réduire la dépendance aux énergies fossiles, elle est renouvelable et relativement compétitive sur le plan économique. Pourtant, chaque projet d'implantation se heurte à des résistances locales souvent virulentes. Les critiques portent sur l'impact paysager, le bruit, les risques pour la biodiversité (notamment pour les oiseaux et les chauves-souris), mais aussi sur la crainte d'une dévalorisation immobilière. Ainsi, on assiste à une contradiction frappante : la majorité des citoyens se disent favorables, en principe, au développement des énergies renouvelables, mais une forte opposition surgit dès qu'il s'agit d'implanter concrètement une infrastructure à proximité. Ce phénomène, connu sous l'acronyme « NIMBY » (*Not In My Backyard* – « pas dans mon jardin »), montre que la transition écologique ne peut pas se décréter de manière abstraite : elle suppose un travail de médiation pour articuler le bien commun global avec les réalités locales.

Dans le cas français, la loi relative à la transition énergétique pour la croissance verte (2015) a renforcé les dispositifs de participation citoyenne, notamment par le biais de débats publics organisés sous l'égide de la Commission nationale du débat public (CNDP). Ces débats permettent aux habitants, aux associations et aux élus locaux d'exprimer leurs points de vue, de poser des questions, de contester certaines données. Ils ne garantissent pas nécessairement un consensus, mais ils rendent le processus de décision plus transparent et plus légitime. La médiation prend alors la forme d'un espace de confrontation argumentée, où les experts, les politiques et les citoyens se rencontrent. Elle évite que la contestation se transforme en rejet pur et simple ou en actions de sabotage, comme cela a pu être observé sur certains projets d'aménagement jugés imposés « d'en haut ».

Il est intéressant de noter que les concertations locales ne se réduisent pas à des affrontements binaires entre promoteurs et opposants. Elles font souvent émerger des positions intermédiaires, des compromis, voire des solutions innovantes. Par exemple, certains projets de parcs éoliens ont pu être réorientés en intégrant les habitants dans leur financement et leur gouvernance. Le développement de la finance participative pour les énergies renouvelables est une illustration de ce phénomène : en permettant aux riverains de devenir copropriétaires des installations, on transforme une source de conflit en vecteur de coopération. La médiation, dans ce cas, ne consiste pas seulement à calmer les tensions, mais à créer de nouveaux liens sociaux, à susciter une reconnaissance mutuelle entre intérêts particuliers et intérêt général. Hannah Arendt, dans *La condition de l'homme moderne* (1958), insistait sur l'importance de l'action concertée comme espace d'apparition politique : on pourrait dire que les concertations locales en matière d'écologie ouvrent de nouveaux espaces d'action collective où le citoyen retrouve une capacité de décision et de responsabilité.

Les aménagements du territoire offrent un autre champ particulièrement riche pour analyser la médiation écologique. L'urbanisation croissante, la pression foncière, les besoins en infrastructures de transport et en logements confrontent en permanence la société à des arbitrages difficiles. Faut-il construire une nouvelle route pour désengorger une ville, au risque de détruire une zone naturelle protégée ? Faut-il privilégier la densification urbaine pour limiter l'étalement, ou au contraire préserver la qualité de vie en réduisant la concentration ? Ces dilemmes révèlent l'interdépendance entre le court terme (répondre aux besoins actuels) et le long terme (préserver les écosystèmes pour demain). La médiation se présente alors comme une méthode pour faire dialoguer ces temporalités différentes.

Un exemple marquant est celui des projets de lignes à grande vitesse (LGV) en Europe. Si la LGV est généralement considérée comme un mode de transport durable, car elle réduit l'usage de l'avion sur des distances moyennes, son implantation entraîne des conflits locaux : expropriations, nuisances sonores, fragmentation des habitats naturels. En France, le projet de LGV Lyon-Turin a donné lieu à de nombreux débats et oppositions, certains accusant le projet de détruire des vallées alpines fragiles, d'autres soulignant son importance stratégique pour la réduction du trafic routier transalpin. La médiation, ici, suppose d'articuler des arguments environnementaux divergents : faut-il privilégier la protection des vallées locales ou la réduction globale des émissions liées au transport routier ? Ce type de dilemme met en lumière ce que Bruno Latour appelle des « négociations cosmopolitiques » (*Politiques de la nature*, 2004) : des espaces où se confrontent non seulement des intérêts humains, mais aussi des préoccupations liées au non-humain, à la biodiversité, aux équilibres écologiques.

Les concertations locales révèlent aussi l'importance des savoirs situés. Les experts apportent des modèles, des chiffres, des projections, mais les habitants possèdent une connaissance fine du terrain, de ses spécificités, de son histoire. Ignorer ces savoirs, c'est risquer de susciter des résistances profondes. Les travaux de l'anthropologue Philippe Descola sur les relations entre nature et culture (*Par-delà nature et culture*, 2005) rappellent que la perception de l'environnement est toujours médiatisée par des représentations culturelles. Ainsi, un même projet peut être perçu très différemment selon les communautés : certains verront une opportunité de modernisation, d'autres une menace pour leur identité et leur lien au territoire. La médiation doit donc prendre en compte cette pluralité de regards, non pour les homogénéiser, mais pour construire des solutions qui respectent la diversité des attachements.

Un point crucial est celui de la justice sociale. Les projets d'aménagement du territoire ou de transition énergétique risquent souvent de créer des inégalités : certaines populations supportent les nuisances (pollution, bruit, perte de valeur immobilière) tandis que d'autres bénéficient des avantages (accès à l'énergie, emplois). La médiation doit veiller à ce que ces inégalités soient reconnues et, si possible, compensées. C'est tout l'enjeu de la justice environnementale, développée notamment aux États-Unis dans les années 1980, qui met en lumière le fait que les communautés les plus vulnérables (souvent pauvres ou issues de minorités) sont celles qui subissent le plus fortement les impacts environnementaux. Les concertations locales sont alors un espace où cette injustice peut être dénoncée, discutée et, idéalement, corrigée. La philosophe Nancy Fraser, dans *Qu'est-ce que la justice sociale ?* (2005), souligne que la justice suppose trois dimensions : redistribution, reconnaissance, participation. Les concertations locales permettent d'incarner cette triple exigence : redistribuer équitablement les coûts et bénéfices, reconnaître les identités et les savoirs, et donner à chacun une place dans la décision.

En fin de compte, les concertations locales autour des parcs éoliens, des infrastructures ou des aménagements urbains incarnent l'essence même de la médiation écologique au service des générations futures. Elles ne visent pas seulement à « gérer » des conflits ponctuels, mais à inventer des méthodes démocratiques adaptées à la complexité écologique. Elles rappellent que les choix environnementaux ne peuvent pas être laissés aux seuls experts ou aux seuls décideurs politiques : ils concernent la communauté dans son ensemble, car ils engagent l'avenir commun. La médiation, dans ce contexte, n'est pas une concession, mais une exigence démocratique et éthique. Elle permet de transformer les désaccords en occasions d'apprentissage collectif, de faire émerger de nouvelles solidarités, et de préparer un monde où l'intérêt des générations futures sera pris en compte dès aujourd'hui. Comme le développe Paul Ricœur (*Soi-même comme un autre*, 1990) la justice, c'est le souci de l'autre, en tant qu'autre. Or, dans les concertations locales, cet « autre » peut être le voisin, l'oiseau, le paysage, ou l'enfant qui naîtra demain. Méditer cette pluralité d'altérités, c'est précisément le rôle de la médiation écologique.

- Médiation internationale (COP, accords de Paris, conventions environnementales).

La médiation écologique, lorsqu'elle s'élève du niveau local à l'échelle internationale, change de nature sans perdre son essence : elle demeure ce travail de mise en relation entre des acteurs aux intérêts divergents, mais dans un espace où la complexité, la diversité culturelle et les enjeux de pouvoir se trouvent démultipliés. Si, dans un village ou une région, il s'agit de concilier les riverains, les associations et les élus, au niveau global, la scène se peuple d'États souverains, de blocs géopolitiques, d'organisations internationales, d'ONG, de scientifiques, d'entreprises multinationales et de représentants de la société civile. La question écologique prend la forme d'une immense négociation planétaire, dont, nous l'avons vu, les COP, les accords de Paris et les conventions internationales constituent les laboratoires et les vitrines. Ici, la médiation ne se réduit pas à un mécanisme procédural : elle devient une condition de survie, car la planète est un système unique, et les générations futures ne pourront pas négocier avec un climat dérégulé ou une biodiversité détruite.

Ces COP, issues de la Convention-cadre des Nations Unies sur les changements climatiques (CCNUCC), offrent un exemple particulièrement emblématique de cette médiation internationale. Depuis la première COP en 1995 à Berlin jusqu'aux plus récentes rencontres, ces conférences cherchent à rapprocher les positions des pays industrialisés, grands responsables historiques des émissions de gaz à effet de serre, et celles des pays en développement, qui revendiquent leur droit à croître tout en demandant des compensations pour des dommages dont ils ne sont pas responsables. La médiation, dans ce contexte, est rendue complexe par des asymétries profondes : asymétrie des responsabilités historiques, asymétrie des capacités technologiques et financières, asymétrie aussi des vulnérabilités face aux impacts du changement climatique. Là où les pays du Nord discutent de trajectoires de décarbonation, les pays insulaires du Pacifique luttent pour leur survie physique face à la montée des eaux. Ce n'est pas un hasard si, lors de la COP21 à Paris en 2015, l'un des moments les plus forts fut l'intervention des représentants de ces petits États insulaires, rappelant à la communauté internationale que 1,5 °C n'est pas une ambition, c'est une ligne de vie.

L'Accord de Paris, adopté en décembre 2015, reste l'un des jalons majeurs de cette médiation internationale. Contrairement au Protocole de Kyoto (1997), qui imposait des obligations contraignantes aux pays développés uniquement, l'Accord de Paris a introduit une logique plus souple et universelle : chaque pays fixe ses propres contributions déterminées au niveau national (NDC), que la communauté internationale est censée réviser et renforcer régulièrement. Ce mécanisme traduit une approche de médiation pragmatique : plutôt que d'imposer d'en haut des quotas uniformes, il s'agit de reconnaître la diversité des contextes nationaux et de faire reposer la dynamique sur la transparence, la révision et la pression des pairs. Comme l'a souligné Laurence Tubiana, l'une des architectes de l'Accord, l'idée était de « créer une spirale de confiance » où les engagements, même imparfaits, ouvrent la voie à des engagements plus ambitieux. En d'autres termes, l'Accord de Paris repose sur une médiation évolutive : au lieu de figer un compromis une fois pour toutes, il construit un processus qui doit s'approfondir avec le temps, en réponse aux urgences climatiques et aux progrès techniques.

Cette approche de médiation internationale, qui consiste à substituer à la contrainte juridique une dynamique de coopération progressive, peut être rapprochée des réflexions de Jürgen Habermas sur l'agir communicationnel. Selon lui, une décision est légitime lorsqu'elle résulte d'un processus de délibération où les acteurs peuvent échanger librement leurs arguments. Bien sûr, dans les COP, les rapports de force existent, les intérêts économiques et géopolitiques pèsent, et l'égalité des voix est largement théorique. Mais le cadre même de la négociation, où chaque État peut s'exprimer, où les ONG peuvent interpeller, où les scientifiques présentent des données validées par le GIEC, constitue une forme de médiation collective qui, malgré ses lenteurs et ses frustrations, évite la rupture et le chaos. Comme le rappelle Edgar Morin : *« Saurons-nous tirer les leçons de cette pandémie* [Covid-19] *qui a révélé une communauté de destin à tous les humains, en lien avec le destin bioécologique de la planète ? »* (Edgar Morin, *Changeons de voie*, Éditions Denoël, 2020, Introduction, page 6). La médiation internationale écologique n'est donc pas un luxe, mais une nécessité vitale.

Il faut cependant souligner les limites de cette médiation internationale. Les COP sont souvent accusées de produire des déclarations plus symboliques que contraignantes, de multiplier les promesses non tenues. Les émissions mondiales continuent de croître, malgré les décennies de négociations. Les intérêts fossiles restent puissants, et les États hésitent à sacrifier leur compétitivité économique à court terme pour un bénéfice collectif à long terme. La médiation se heurte ici à une difficulté majeure : comment concilier des temporalités politiques courtes (mandats électoraux, cycles économiques) avec la temporalité longue du climat et des générations futures ? Comment convaincre un dirigeant de prendre une décision coûteuse aujourd'hui pour éviter une catastrophe dans trente ans, au bénéfice de citoyens qui ne votent pas encore ? Ces questions révèlent que la médiation internationale écologique est autant une affaire éthique que politique.

À côté des COP, d'autres conventions internationales jouent un rôle essentiel dans cette médiation planétaire. La Convention sur la diversité biologique (CDB), adoptée en 1992 lors du Sommet de la Terre à Rio, cherche à préserver les écosystèmes, à partager équitablement les bénéfices liés à l'utilisation des ressources génétiques, et à intégrer la biodiversité dans les politiques sectorielles. Les négociations autour de cette convention ont abouti, en 2022 à Montréal, à l'adoption d'un « Cadre mondial pour la biodiversité » qui fixe l'objectif de protéger 30 % des terres et des océans d'ici 2030. Là encore, la médiation est au cœur du processus : il s'agit de trouver un équilibre entre les besoins des pays riches en biodiversité mais pauvres en ressources financières, et ceux des pays industrialisés qui utilisent massivement cette biodiversité dans leurs industries pharmaceutiques, agricoles et cosmétiques.

De même, la Convention de Bâle (1989), sur le contrôle des mouvements transfrontaliers de déchets dangereux, illustre une autre facette de cette médiation : comment empêcher les pays riches d'exporter leurs pollutions vers les pays pauvres ? Comment instaurer une responsabilité partagée mais différenciée dans un monde globalisé où les chaînes de production et de consommation sont interdépendantes ? Ces conventions, en apparence techniques, sont en réalité des médiations entre justice environnementale et justice économique. Elles posent la question de savoir qui doit supporter les coûts de la protection écologique, et comment répartir ces charges sans accroître les inégalités mondiales.

Les ONG, les chercheurs et les mouvements citoyens jouent également un rôle central dans cette médiation internationale. Ils rappellent aux États leurs engagements, dénoncent leurs incohérences, donnent une voix aux populations qui ne sont pas représentées dans les négociations. Ces interpellations morales transcendent les calculs diplomatiques. La médiation ne se joue pas seulement entre gouvernements : elle implique aussi une médiation intergénérationnelle, où les jeunes rappellent aux adultes leur responsabilité envers l'avenir.

L'originalité de la médiation écologique internationale est d'être à la fois horizontale (entre États égaux en droit) et verticale (entre générations présentes et futures, entre humanité et nature). Elle oblige à inventer de nouvelles catégories politiques et juridiques. Certains juristes proposent de reconnaître des « droits de la nature », comme cela a été fait en Équateur (2008) et en Bolivie (2010), ou d'accorder une personnalité juridique à des entités naturelles comme le fleuve Whanganui en Nouvelle-Zélande. Ces innovations traduisent une extension de la médiation : il ne s'agit plus seulement de négocier entre des intérêts humains, mais d'intégrer dans la discussion des entités non humaines, représentées par des gardiens ou des porte-parole. Bruno Latour, dans *Où atterrir ?* (2017), défend cette idée d'un « Parlement des choses » où humains et non-humains participeraient ensemble à la délibération.

Ainsi, la médiation internationale, qu'il s'agisse des COP, des accords de Paris ou des conventions environnementales, révèle à la fois la difficulté et la possibilité d'une gouvernance mondiale. Elle est lente, imparfaite, souvent frustrante, mais elle constitue l'un des rares espaces où l'humanité tente de penser et d'agir comme une seule communauté, au-delà des frontières. Elle ne remplace pas l'action locale, mais elle la complète et lui donne un cadre. Elle n'assure pas la survie des générations futures, mais elle ouvre au moins la voie à une conscience partagée de cette responsabilité. Les institutions internationales de l'écologie, malgré leurs failles, incarnent cette tentative de justice élargie : une justice qui inclut non seulement les autres peuples, mais aussi les générations à venir et les vivants non humains. La médiation, dans ce contexte, n'est pas une option diplomatique parmi d'autres : elle est l'architecture fragile mais indispensable d'un avenir commun.

- La médiation comme tentative d'articuler intérêt particulier et bien commun planétaire.

La question écologique, dans son épaisseur contemporaine, met au jour une tension fondamentale qui traverse la condition humaine : comment articuler les intérêts particuliers — ceux des individus, des nations, des entreprises — avec le bien commun planétaire qui, par définition, excède tout cadre strictement local ou national ? Si la médiation est aujourd'hui si centrale dans le champ écologique, c'est parce qu'elle apparaît comme l'outil — fragile mais nécessaire — pour négocier, traduire, réconcilier ces logiques apparemment incompatibles. D'un côté, il y a l'attachement légitime de chaque acteur à sa survie, à sa prospérité, à sa sécurité immédiate. De l'autre, il y a la reconnaissance que la Terre est un système global, indivisible, dont les équilibres conditionnent la vie de tous et dont les déséquilibres n'épargnent personne. La médiation devient alors l'art de mettre en dialogue ces deux dimensions — l'intérêt particulier et le bien commun — sans nier l'une ni sacrifier l'autre.

Historiquement, le droit international public s'est construit autour du principe de souveraineté des États : chaque nation est maîtresse de ses ressources, de son territoire, de ses choix de développement. Ce principe, consacré notamment par la Charte des Nations unies, demeure une référence incontournable. Pourtant, les défis écologiques — réchauffement climatique, acidification des océans, pollution atmosphérique, disparition de la biodiversité — sont par nature transfrontaliers. Aucune frontière ne peut arrêter le CO_2 dans l'atmosphère, ni contenir une marée noire, ni empêcher la migration d'espèces animales. Ainsi, la souveraineté nationale se heurte à une réalité planétaire qui exige coopération et partage. La médiation écologique internationale s'enracine dans ce dilemme : comment respecter la souveraineté tout en garantissant la sauvegarde d'un patrimoine commun universel ?

L'Accord de Paris de 2015 est souvent présenté comme un compromis intelligent entre ces deux logiques. Chaque État reste libre de définir ses contributions (NDC), mais il doit le faire dans un cadre collectif, en rendant compte à la communauté internationale et en participant à des cycles de révision réguliers. Ici, la médiation se traduit institutionnellement par un mécanisme souple, qui reconnaît les intérêts particuliers tout en orientant l'ensemble vers un horizon commun : limiter le réchauffement à bien en dessous de 2 °C. Il s'agit, pour reprendre les termes de Bruno Latour dans *Politiques de la nature* (1999), de « composer un monde commun », non pas en effaçant les différences, mais en les intégrant dans une négociation continue.

Cette articulation entre l'intérêt particulier et le bien commun planétaire se retrouve aussi dans les débats autour de la justice climatique. Les pays du Sud rappellent que les pays industrialisés sont responsables de la majorité des émissions historiques de gaz à effet de serre, et qu'il serait injuste de leur imposer les mêmes contraintes. Ainsi est née la notion de « responsabilités communes mais différenciées », inscrite dès 1992 dans la Convention-cadre sur les changements climatiques. Elle constitue une forme de médiation conceptuelle : reconnaître que tous partagent une responsabilité commune, mais qu'elle doit s'exercer de manière différenciée selon les capacités et les responsabilités historiques. On voit ici comment la médiation ne se réduit pas à une procédure, mais qu'elle peut aussi prendre la forme d'un principe normatif qui rend possible la cohabitation d'exigences contradictoires.

Le rôle des entreprises, dans ce contexte, illustre également cette tension. Chaque firme agit d'abord selon un intérêt particulier : maximiser ses profits, satisfaire ses actionnaires, conquérir des parts de marché. Pourtant, de plus en plus d'entre elles reconnaissent qu'elles ne peuvent ignorer la dimension écologique sans compromettre leur légitimité sociale et même leur viabilité économique à long terme. Les rapports du Forum économique mondial soulignent ainsi que les risques environnementaux figurent parmi les menaces globales les plus graves pour l'économie du XXIe siècle. La médiation consiste alors à inventer des modèles où l'intérêt particulier de l'entreprise (croissance, innovation, rentabilité) peut converger avec le bien commun (réduction des émissions, économie circulaire, préservation des écosystèmes). L'essor de la notion de responsabilité sociale et environnementale (RSE), ou encore des critères ESG (environnementaux, sociaux et de gouvernance), témoigne de cette tentative.

Mais la médiation ne peut pas être comprise uniquement comme un simple ajustement d'intérêts. Elle est aussi un processus symbolique, culturel et éthique. Dans le champ écologique, l'altérité n'est pas seulement celle d'un autre peuple ou d'une autre génération : c'est aussi celle de la nature elle-même, envisagée non plus comme un stock de ressources à exploiter, mais comme un partenaire de dialogue, une condition de possibilité de la vie humaine. L'articulation entre l'intérêt particulier et le bien commun planétaire suppose de redéfinir ce que nous entendons par intérêt, en élargissant l'horizon de nos calculs au-delà de l'immédiateté.

On pourrait ici rapprocher cette réflexion de la pensée d'Elinor Ostrom, prix Nobel d'économie en 2009, qui a montré que les « communs » (forêts, pêcheries, ressources en eau) pouvaient être gérés durablement par des communautés locales grâce à des règles de coopération, plutôt qu'en les livrant à la privatisation ou à la seule régulation étatique. Ostrom souligne que les acteurs, loin d'être enfermés dans le dilemme de la « tragédie des communs » (Hardin, 1968), sont capables d'inventer des formes de gouvernance partagée qui articulent leur intérêt particulier avec la préservation du bien commun. À l'échelle internationale, la médiation écologique tente d'appliquer cette logique : inventer des institutions où les acteurs ne se contentent pas de défendre leur part du gâteau, mais acceptent de co-construire les règles qui garantissent la survie du gâteau lui-même.

La question des générations futures est particulièrement éclairante à cet égard. Les générations présentes ont un intérêt particulier : profiter des ressources disponibles, assurer leur croissance, améliorer leur confort. Mais elles doivent le faire en tenant compte du bien commun planétaire qui inclut les générations à venir, lesquelles ne peuvent pas participer directement aux négociations. La médiation devient ici une médiation intergénérationnelle, où nous sommes les porte-parole de ceux qui ne sont pas encore nés. Hans Jonas insiste sur cette obligation éthique nouvelle : *« Agis de façon que les effets de ton action soient compatibles avec la Permanence d'une vie authentiquement humaine sur terre. »* (Hans Jonas, *Le Principe responsabilité*, collection Champs essais, Les Éditions du Cerf, 1990, page 40, traduction par Jean Greisch). Ce principe peut être compris comme une médiation entre l'intérêt particulier (agir selon nos besoins actuels) et le bien commun planétaire (préserver la possibilité d'une vie future).

Toutefois, il ne faut pas idéaliser ce processus. La médiation est souvent laborieuse, pleine de tensions, parfois réduite à des compromis minimaux. Les COP, les accords internationaux, les conventions, peinent à produire des résultats à la hauteur des urgences. Pourtant, leur existence même constitue une avancée considérable : elle montre que l'humanité est capable de se penser comme une entité collective, cherchant à articuler ses différences dans un cadre commun. Cette lenteur, souvent critiquée, peut être interprétée non pas comme une faiblesse mais comme le signe d'une complexité irréductible : la médiation, par nature, n'est pas la victoire d'un intérêt sur un autre, mais l'invention fragile d'un espace de coexistence.

On pourrait dire, avec Edgar Morin, que l'unité humaine ne peut être que complexe : *« L'homme est à la fois* sapiens *et* demens, faber *et* mythologicus, economicus *et* ludens, *c'est-à-dire* Homo complexus. *»* (Edgar Morin, *Changeons de voie*, Éditions Denoël, 2020, page 26). La médiation écologique internationale illustre cette complexité : elle ne supprime pas les conflits, elle les accueille et les transforme. Elle ne dissout pas les intérêts particuliers, mais elle les relie au bien commun planétaire en les obligeant à se justifier, à se moduler, à se combiner. C'est pourquoi elle est à la fois décevante et indispensable : décevante car elle ne produit pas de miracles immédiats, indispensable car elle constitue la seule voie réaliste pour éviter l'effondrement.

Ainsi, la médiation apparaît comme un exercice de lucidité et d'espérance. Elle reconnaît que nul n'abandonnera complètement son intérêt particulier, mais elle parie sur la possibilité de le relier à une responsabilité élargie. Elle n'abolit pas les souverainetés, mais elle les situe dans un horizon commun. Elle ne nie pas les temporalités courtes, mais elle tente de les orienter vers des temporalités longues. Elle est l'art fragile d'articuler le proche et le lointain, l'immédiat et le futur, le particulier et l'universel. Dans ce sens, elle constitue peut-être l'expérience la plus radicale et la plus urgente de notre temps : apprendre à vivre ensemble non seulement avec les autres peuples, mais avec la Terre elle-même, dans le souci des générations futures.

- Paul Ricœur *(La symbolique du mal)* : responsabilité élargie du soi devant l'autre et devant le monde.

Dans l'univers de la pensée contemporaine, Paul Ricœur occupe une place singulière par sa manière de relier l'herméneutique, l'éthique et la politique, en mettant au centre de ses réflexions la notion de responsabilité. Sa philosophie, profondément marquée par le tragique de l'existence et par l'expérience du mal, offre des ressources précieuses pour penser les médiations nécessaires entre l'individu et la collectivité, entre le présent et l'avenir, entre l'homme et la nature. À l'intérieur du cadre de ce chapitre consacré à la médiation écologique et aux générations futures, Ricœur apparaît comme une figure incontournable : en posant la question de la responsabilité du soi devant l'autre et devant le monde, il nous invite à concevoir la médiation non seulement comme une technique de régulation, mais comme une exigence éthique fondamentale, enracinée dans notre condition humaine.

Dans *La symbolique du mal* (1960), Ricœur entreprend une vaste herméneutique des symboles par lesquels l'humanité exprime et interprète l'expérience du mal : souillure, péché, culpabilité. Ce travail montre que l'homme ne se pense jamais isolément, mais toujours déjà pris dans des récits, des traditions, des héritages symboliques qui orientent sa compréhension de lui-même et de ses responsabilités. La question écologique s'inscrit elle aussi dans cette symbolique élargie : les catastrophes environnementales, les pollutions, le réchauffement climatique apparaissent comme autant de manifestations d'un « mal » collectif, où se mêlent faute, aveuglement, impuissance et culpabilité. La médiation écologique doit alors être comprise à l'aune de cette symbolique : comment transformer le sentiment de faute ou de culpabilité en une responsabilité agissante, capable de relier le soi, l'autre et le monde ?

Ricœur insiste sur le fait que la symbolique du mal nous confronte à une responsabilité qui déborde le strict cadre de l'action individuelle. Être humain, c'est toujours déjà être lié aux autres, hériter d'un passé, participer d'un horizon commun. Or, dans le champ écologique, l'« autrui » ne se limite pas à mes proches ou à mes contemporains : il inclut l'étranger lointain, les générations futures, et même la Terre en tant que condition de possibilité de toute vie. La responsabilité écologique, telle qu'on peut la penser avec Ricœur, n'est donc pas une simple extension quantitative de la responsabilité traditionnelle : c'est un élargissement qualitatif, une reconfiguration du rapport entre le soi et le monde. La médiation devient ici l'opération qui permet au sujet de passer de la culpabilité passive à une responsabilité active, orientée vers la protection de ce qui le dépasse.

La notion de responsabilité élargie se nourrit aussi du dialogue que Ricœur entretient avec Hans Jonas et son *Principe responsabilité* (1979). Jonas affirmait qu'avec la puissance technique moderne, l'homme a acquis un pouvoir sans précédent de transformation — et donc de destruction — de la nature et de la vie. Ce pouvoir exige un nouveau principe éthique : agir de manière compatible avec la permanence d'une vie authentiquement humaine sur Terre. Ricœur, en dialogue critique avec Jonas, ne rejette pas cette exigence, mais il la reformule dans un cadre herméneutique et symbolique : la responsabilité n'est pas seulement un impératif rationnel, elle est aussi médiée par les récits, par les traditions, par la mémoire du mal. C'est parce que nous savons ce que signifie détruire, corrompre, souiller, que nous pouvons être convoqués à protéger, à préserver, à soigner. La médiation écologique, vue sous cet angle, est un travail de mémoire et de narration : donner sens aux catastrophes passées et présentes pour qu'elles deviennent des avertissements, des appels à transformer nos pratiques.

Ricœur parle souvent d'« identité narrative » : nous nous comprenons nous-mêmes à travers les histoires que nous racontons, que nous héritons, que nous transformons. Dans le contexte écologique, cette identité narrative prend une dimension planétaire. Les récits du progrès infini, de la domination technique de la nature, qui ont structuré la modernité, se révèlent aujourd'hui destructeurs. Il nous faut inventer de nouveaux récits, où le bien commun planétaire et la solidarité intergénérationnelle deviennent des motifs centraux. La médiation intervient alors comme processus narratif : relier les histoires particulières des peuples, des communautés, des individus, à une grande histoire commune de la Terre. Ricœur cite Saint Augustin : *« Ce qui se produit pour le chant tout entier se produit pour chacune de ses parties et pour chacune de ses syllabes ; cela se produit pour une action plus ample* (« in actione longiore »)*, dont ce chant n'est peut-être qu'une petite partie ; cela se produit pour la vie entière de l'homme, dont les parties sont toutes les actions* (« actiones ») *de l'homme ; cela se produit pour la série entière des siècles vécus par les enfants des hommes, dont les parties sont toutes les vies des hommes »* (Paul Ricœur, *Temps et récit, tome 1. L'intrigue et le récit historique,* Éditions du Seuil, 1983, *page 49*). L'histoire écologique est cette vaste trame dans laquelle nos vies prennent sens, mais qui ne peut être construite que par un effort collectif de médiation symbolique.

Cette perspective herméneutique permet aussi de repenser la place du mal dans la crise écologique. On pourrait être tenté de réduire les catastrophes environnementales à des « erreurs techniques » ou à des « défaillances politiques ». Mais Ricœur nous rappelle que le mal a une profondeur symbolique, qu'il engage la manière dont l'homme se situe par rapport au monde. La destruction de la nature est aussi une expression d'hubris, de démesure, de perte de limites. En ce sens, la médiation écologique n'est pas seulement une affaire de négociation institutionnelle ; elle est aussi une éducation éthique, un apprentissage de la limite, une reconnaissance de notre vulnérabilité. C'est là que se joue la véritable responsabilité : apprendre à se limiter pour permettre à l'autre — qu'il soit un autre humain, une autre espèce, ou une génération future — d'exister.

Un point essentiel de la pensée de Ricœur est le lien entre responsabilité et reconnaissance. Dans *Parcours de la reconnaissance* (2004), il montre que la reconnaissance n'est pas seulement cognitive (reconnaître quelque chose), mais aussi éthique (reconnaître quelqu'un) et politique (être reconnu par les institutions). Or, la médiation écologique suppose précisément cette triple reconnaissance. Reconnaissance cognitive : savoir reconnaître les signes du dérèglement climatique, de la perte de biodiversité, au lieu de les nier. Reconnaissance éthique : reconnaître l'autre, même lointain, comme bénéficiaire ou victime de mes actions. Reconnaissance politique : instituer des règles, des accords, qui donnent une effectivité à cette responsabilité partagée. Ainsi, la médiation est le passage de la reconnaissance symbolique à l'action politique, de la prise de conscience à la mise en œuvre d'un bien commun planétaire.

Il est frappant de constater que Ricœur, dans *La symbolique du mal*, insiste sur l'importance de la confession et du pardon comme manières de transformer la culpabilité. Si l'on transpose cela dans le champ écologique, on pourrait dire que les sociétés modernes sont appelées à reconnaître leur faute — la surconsommation, l'exploitation inconsidérée, l'aveuglement techniciste — pour entrer dans un processus de réparation et de réconciliation avec la Terre. La médiation écologique devient alors une sorte de confession collective, non pas pour s'y complaire, mais pour ouvrir un avenir. Comme le souligne Ricœur : *« L'ennemi n'a pas demandé pardon : il faut l'aimer tel qu'il est. Or ce commandement ne se retourne pas seulement contre le principe de rétribution, ni seulement contre la loi du talion que ce principe prétend corriger, mais, à la limite, contre la Règle d'Or censée rompre le talion. « Ne faites pas à autrui ce que vous ne voulez pas qu'il vous fasse », dit la Règle d'Or. Rien ne sert de réécrire : « Ne faites pas à autrui ce qu'il ne voudrait pas que vous lui fassiez. » C'est la réciprocité qui est en question. »* (Paul Ricœur, *La mémoire, l'histoire, l'oubli*, Éditions du Seuil, collection L'Ordre philosophique, 2000, page 624). De même, assumer la dette écologique, ce n'est pas s'y enfermer, mais se donner les moyens de réinventer un avenir viable.

Enfin, la pensée ricœurienne éclaire la dimension spirituelle de la médiation écologique. Ricœur n'était pas un philosophe dogmatique, mais il reconnaissait que l'homme est un être de symboles, de transcendance, qui ne se réduit pas à ses intérêts immédiats. Penser la médiation entre intérêt particulier et bien commun planétaire, entre présent et avenir, entre homme et nature, c'est aussi accepter d'entrer dans une démarche de dépassement, d'ouverture, de transcendance. La responsabilité devant l'autre et devant le monde engage une dimension éthique ultime : répondre de ce qui me dépasse. C'est pourquoi la médiation écologique, au-delà de ses dispositifs institutionnels, doit être comprise comme une tâche spirituelle, un travail de l'humanité sur elle-même, pour élargir son horizon de responsabilité.

Ainsi, en reliant la symbolique du mal, l'identité narrative, la reconnaissance et la responsabilité, Ricœur nous aide à penser la médiation écologique non comme un simple outil de gestion des conflits, mais comme une tâche éthique et symbolique majeure de notre temps. Il s'agit d'apprendre à répondre, non seulement devant nos contemporains, mais aussi devant les générations futures et devant la Terre elle-même. Cet élargissement de la responsabilité est la condition pour que la médiation puisse vraiment articuler l'intérêt particulier et le bien commun planétaire, dans le cadre plus large de notre besoin contemporain de médiation.

Chapitre 14 – Médiation politique et sociale

- Crise des démocraties représentatives et montée des tensions sociales : recherche de confiance

La crise contemporaine des démocraties représentatives s'impose comme l'un des enjeux majeurs de notre temps. Elle ne se manifeste pas seulement dans l'abstention électorale, la volatilité des votes ou la montée des partis dits « anti-système », mais aussi dans une défiance généralisée à l'égard des institutions, des élites politiques, et même du principe de représentation en tant que tel. À travers l'Europe, l'Amérique et bien au-delà, les citoyens expriment une insatisfaction croissante face à ce qu'ils perçoivent comme une confiscation de la décision par des acteurs éloignés de leurs préoccupations quotidiennes. Cette défiance ne se traduit pas uniquement par le rejet, mais par la recherche d'autres voies : manifestations, occupations, recours aux réseaux sociaux comme nouveaux espaces publics, émergence de mouvements citoyens spontanés. Dans ce contexte, la question de la médiation politique et sociale apparaît centrale : comment retisser les fils d'une confiance effilochée, comment réconcilier gouvernants et gouvernés dans une dynamique où le conflit, loin d'être nié, devient une ressource pour l'invention collective ?

Le philosophe Pierre Rosanvallon, dans *La contre-démocratie* (2006), a montré que la démocratie moderne ne se limite pas au vote périodique et à la délégation de pouvoir. Elle se déploie aussi à travers des pratiques de surveillance, d'empêchement et de jugement des gouvernants par les citoyens.

Cette « contre-démocratie » est le symptôme d'un désir de contrôle accru, mais aussi l'indice d'une perte de confiance dans les médiations traditionnelles. Le citoyen contemporain ne croit plus, ou de moins en moins, à la promesse que ses élus parleront véritablement en son nom. Dès lors, la légitimité ne se fonde plus uniquement sur l'élection, mais sur une exigence de transparence, de réactivité, de participation directe. La médiation politique doit alors trouver sa place dans ce nouvel équilibre : comment canaliser les aspirations à la participation sans effondrer l'édifice représentatif, comment transformer la défiance en vigilance constructive plutôt qu'en rejet destructeur ?

La crise des démocraties représentatives est d'autant plus aiguë qu'elle coïncide avec la montée de tensions sociales profondes. Les inégalités économiques, analysées avec force par Thomas Piketty dans *Le capital au XXIe siècle* (2013), se creusent dans la plupart des sociétés développées, créant un sentiment d'injustice et d'abandon parmi des pans entiers de la population. Le déclassement des classes moyennes, la précarisation des jeunes, la marginalisation des travailleurs pauvres, alimentent une colère qui se retourne contre les institutions perçues comme incapables ou indifférentes. Cette colère s'exprime par des mouvements sociaux souvent imprévisibles, qu'il s'agisse des « gilets jaunes » en France, des manifestations pour la justice raciale aux États-Unis, ou des mobilisations climatiques menées par la jeunesse à travers le monde. Ces mobilisations partagent un trait commun : elles traduisent une rupture de confiance, une distance abyssale entre l'expérience vécue des citoyens et les discours ou pratiques des gouvernants.

Le besoin de médiation se révèle alors dans toute son urgence. Non pas une médiation au sens faible de compromis superficiels ou de concessions ponctuelles, mais une médiation au sens fort : créer des espaces où la parole des citoyens peut être entendue, reconnue, mise en dialogue avec celle des responsables politiques. Comme l'a montré Jürgen Habermas dans *Théorie de l'agir communicationnel* (1981), la légitimité démocratique ne repose pas seulement sur des procédures formelles, mais sur la capacité des institutions à organiser un véritable débat public, où les arguments peuvent circuler librement et être évalués rationnellement. La crise actuelle des démocraties représentatives témoigne précisément d'un déficit de communication : trop souvent, les décisions semblent imposées d'en haut, sans délibération authentique, et les citoyens se sentent réduits au rôle de spectateurs impuissants.

Il est significatif que les tensions sociales trouvent souvent leur point d'ancrage dans des lieux symboliques : ronds-points, places publiques, réseaux numériques. Ces espaces deviennent des arènes de contestation, mais aussi de réinvention démocratique. L'occupation de la Puerta del Sol par les

Indignados en 2011, celle de Zuccotti Park par Occupy Wall Street, ou les ZAD en France, expriment cette volonté d'habiter physiquement l'espace politique, de réinventer un lieu commun où la parole citoyenne peut se déployer. Ce phénomène traduit une soif de médiation horizontale, de rencontre directe entre citoyens, en contrepoint d'une médiation verticale qui apparaît usée ou illégitime.

Pourtant, il serait simpliste d'opposer frontalement représentation et participation. Comme l'écrit Nadia Urbinati dans *Democracy Disfigured* (2014), la démocratie représentative n'est pas une trahison de la démocratie, mais une forme spécifique qui organise la pluralité et évite la tyrannie de la majorité. La question n'est donc pas de supprimer la représentation, mais de la repenser à l'aune de cette crise de confiance. La médiation politique peut alors jouer un rôle décisif : elle ne vise pas à abolir la distance entre gouvernants et gouvernés, mais à la rendre habitable, à transformer la distance en dialogue.

Le besoin de confiance est au cœur de cette problématique. Comme le rappelle Francis Fukuyama dans *Trust* (1995), les sociétés modernes ne peuvent fonctionner sans un minimum de confiance généralisée : confiance dans les institutions, dans la parole publique, dans la capacité des autres à respecter les règles. La défiance actuelle n'est pas seulement une réaction à des scandales ou à des politiques impopulaires : elle est structurelle, alimentée par la complexité du monde globalisé, par la circulation d'informations contradictoires, par la fragmentation des identités sociales. La médiation politique et sociale doit répondre à ce déficit de confiance en créant des procédures de transparence, de participation et de reconnaissance.

Reconnaissance : tel est peut-être le mot-clé. Paul Ricœur, dans *Parcours de la reconnaissance* (2004), distingue trois formes de reconnaissance : se reconnaître soi-même, reconnaître l'autre, être reconnu par les institutions. Or, la crise démocratique actuelle réside largement dans l'échec de cette troisième forme : beaucoup de citoyens ne se sentent pas reconnus par les institutions, leurs voix semblent inaudibles, leurs expériences invisibles. La médiation peut alors être comprise comme le processus par lequel cette reconnaissance est restaurée, où les institutions apprennent à écouter et à intégrer la pluralité des vécus. Sans cette reconnaissance, la confiance ne peut être rétablie, et la démocratie s'expose à l'érosion, voire à la dérive autoritaire.

L'un des paradoxes de notre époque est que jamais les citoyens n'ont eu autant d'accès à l'information, et jamais ils ne se sont sentis aussi éloignés des lieux de pouvoir. Les réseaux sociaux permettent une circulation instantanée des opinions, mais aussi une polarisation extrême, qui rend la médiation plus difficile. L'« ère de la post-vérité », analysée par Ralph Keyes (*The Post-Truth*

Era, 2004) et plus récemment par de nombreux chercheurs, mine les fondements mêmes du débat démocratique : si chacun vit dans une bulle d'informations sélectives, comment construire un espace commun de discussion ? La médiation doit alors affronter ce défi inédit : rétablir un minimum de commun dans un monde fragmenté. Cela implique des dispositifs nouveaux, mais aussi une réhabilitation des vertus de l'écoute, de l'argumentation, de la patience démocratique.

En définitive, la crise des démocraties représentatives et la montée des tensions sociales ne signifient pas la fin de la démocratie, mais l'exigence de son renouvellement. Comme l'écrivait Claude Lefort dans *L'invention démocratique* (1981), la démocratie est toujours en chantier, toujours fragile, toujours à réinventer. La médiation apparaît alors non comme une technique secondaire, mais comme une dimension constitutive de la démocratie elle-même : sans médiation, la distance entre gouvernants et gouvernés devient un gouffre ; avec la médiation, elle peut devenir un espace de dialogue, de conflit régulé, de reconnaissance mutuelle. C'est dans cette recherche de confiance, fragile mais essentielle, que se joue l'avenir des démocraties contemporaines.

- Les outils de démocratie participative (conférences citoyennes, débats publics, budgets participatifs).

L'érosion de la confiance dans les institutions représentatives et la montée des tensions sociales, constatées à travers le monde, ont rendu manifeste l'urgence d'inventer de nouveaux dispositifs de dialogue entre citoyens et gouvernants. La démocratie participative, loin d'être une simple mode ou un supplément d'âme aux institutions représentatives, apparaît de plus en plus comme un espace de médiation indispensable. Elle ne prétend pas remplacer le suffrage universel, mais elle le complète en réintroduisant dans la vie politique des pratiques d'échange, de délibération et de co-construction qui permettent aux citoyens de retrouver une forme d'agency dans un système qu'ils estiment souvent confisqué. Conférences citoyennes, jurys tirés au sort, débats publics organisés par des autorités indépendantes, budgets participatifs : ces outils, expérimentés d'abord à petite échelle puis de plus en plus intégrés aux institutions, sont les médiations concrètes par lesquelles se construit un nouveau rapport entre société civile et pouvoir politique.

L'idée de démocratie participative n'est pas neuve. Jean-Jacques Rousseau, dans *Du contrat social* (1762), affirmait que la souveraineté ne peut être représentée et que le peuple doit être lui-même l'acteur de la volonté générale. Si Rousseau est souvent jugé irréaliste sur ce point, son intuition a nourri la critique moderne de la représentation : le peuple n'est pas seulement une entité abstraite qui délègue son pouvoir tous les cinq ans, il est un ensemble de citoyens capables de délibérer sur le bien commun. La démocratie participative puise dans cette tradition, mais elle s'adapte à la complexité des sociétés modernes en introduisant des dispositifs intermédiaires, des médiations pratiques qui permettent à des voix diverses d'être entendues et prises en compte.

Les conférences citoyennes, ou conventions délibératives, en sont un exemple paradigmatique. Tirés au sort, les participants se voient confier une mission : débattre d'une question d'intérêt général, écouter des experts, confronter leurs points de vue, et formuler des recommandations aux décideurs. La « Convention citoyenne pour le climat », organisée en France entre 2019 et 2020, a marqué un tournant dans la reconnaissance de ce type de médiation. 150 citoyens, représentatifs de la diversité sociologique du pays, ont élaboré 149 propositions pour réduire les émissions de gaz à effet de serre. Si toutes n'ont pas été reprises, l'expérience a montré que des citoyens ordinaires, lorsqu'ils disposent de temps, d'informations et d'un cadre de dialogue, sont capables de produire des délibérations de haute qualité. C'est précisément cette médiation qui donne sa valeur au processus : le tirage au sort brise la logique de sélection par appartenance politique ou militante, le dialogue encadré favorise la confrontation d'arguments plutôt que de slogans, et la formulation collective de recommandations permet de dépasser les clivages individuels.

Cette logique s'inscrit dans ce que James Fishkin, professeur de sciences politiques à Stanford, appelle la « deliberative polling » (sondage délibératif). Son idée est simple : l'opinion publique mesurée par les sondages est souvent superficielle et mal informée ; il faut donc créer des espaces où les citoyens peuvent se former, s'informer, débattre, avant de donner leur avis. Fishkin a montré que les opinions ainsi produites diffèrent considérablement des réactions spontanées et reflètent davantage une réflexion commune. La démocratie participative, dans cette perspective, est une médiation entre deux logiques : celle de la démocratie représentative (qui fonctionne par délégation) et celle de la démocratie directe (qui suppose l'implication permanente du peuple). Elle permet d'introduire une part de réflexion collective dans le processus décisionnel, sans exiger que chaque citoyen soit mobilisé en permanence.

Les débats publics constituent une autre forme de médiation. Institués en France avec la Commission nationale du débat public (CNDP) à partir de 1995, ils permettent aux citoyens d'intervenir en amont de grands projets d'infrastructure ou d'aménagement du territoire (lignes ferroviaires, parcs éoliens, projets industriels). La CNDP garantit que l'information est diffusée, que toutes les parties prenantes peuvent s'exprimer, et que les arguments sont consignés. Même si le maître d'ouvrage conserve le pouvoir de décision, il doit motiver ses choix au regard des contributions recueillies. La médiation ici réside dans la transparence et dans la création d'un espace où le conflit peut s'exprimer de manière régulée. Ces débats publics permettent souvent d'éviter des blocages ultérieurs, car les citoyens se sentent considérés dans le processus.

Mais c'est sans doute le budget participatif qui symbolise le mieux l'esprit de la démocratie participative. Né à Porto Alegre (Brésil) en 1989, il a rapidement essaimé à travers le monde, jusqu'à devenir une pratique régulière dans des milliers de villes, y compris en Europe et en Amérique du Nord. Le principe est simple : une partie du budget municipal est réservée à des projets proposés et choisis par les habitants. Parcs, équipements sportifs, initiatives culturelles, projets écologiques : les citoyens délibèrent, votent et décident de l'allocation d'une enveloppe budgétaire. Cette pratique constitue une médiation directe entre la fiscalité et l'usage concret des fonds publics. Elle rend tangible le lien entre impôt et service, entre citoyenneté et action collective. Elle permet aussi de rééquilibrer les priorités en donnant la parole à des populations qui sont souvent éloignées des canaux politiques traditionnels.

Le politiste Yves Sintomer, dans *Le pouvoir au peuple* (2005), a étudié ces expériences et montré qu'elles ne se réduisent pas à de simples gadgets démocratiques. Elles modifient en profondeur la relation entre gouvernants et gouvernés : les élus doivent apprendre à écouter et à négocier, les citoyens acquièrent une compétence politique en délibérant et en arbitrant des choix collectifs. La médiation qui s'opère ici est double : les citoyens apprennent à se reconnaître entre eux comme légitimes à décider, et les institutions reconnaissent à leur tour cette légitimité.

Loin de résoudre toutes les tensions, ces outils de démocratie participative révèlent aussi des limites. Les recommandations issues des conférences citoyennes ne sont pas toujours suivies d'effet, ce qui peut créer de la frustration. Les débats publics peuvent être accaparés par des minorités très mobilisées, tandis que les budgets participatifs risquent parfois de financer des projets anecdotiques sans impact structurel. Mais malgré ces limites, leur valeur réside dans la médiation qu'ils instaurent : même imparfaite, elle ouvre un espace où la parole citoyenne circule, où les institutions se confrontent à des voix qu'elles n'entendent pas d'ordinaire.

Dans un contexte de crise démocratique, où la méfiance sape le fonctionnement des régimes représentatifs, ces dispositifs apparaissent comme des laboratoires du futur. Ils ne remplacent pas les élections, mais ils en corrigent certains biais. Ils ne suppriment pas le conflit, mais ils l'inscrivent dans des formes dialogiques qui le rendent fécond. Ils ne promettent pas une démocratie parfaite, mais une démocratie plus vivante, où la médiation politique n’est plus seulement verticale (entre élus et électeurs), mais aussi horizontale (entre citoyens eux-mêmes).

En définitive, la démocratie participative n’est pas un supplément mais un besoin, une réponse pragmatique à la crise de confiance qui fragilise les régimes contemporains. Elle traduit une conviction fondamentale : la démocratie ne vit pas seulement du vote, mais de la parole échangée, de la reconnaissance mutuelle, de la capacité à transformer le conflit en délibération. Comme le rappelait Cornelius Castoriadis dans *La démocratie comme procédure et comme régime* (1996), la démocratie n’est pas un état stable mais une création permanente. Les outils de participation citoyenne incarnent cette création continue : ils sont des médiations inventées pour réconcilier les citoyens avec leurs institutions, et les institutions avec leur peuple.

- Le rôle des médiateurs institutionnels (Défenseur des droits, Médiateur de la République, etc.).

Dans les sociétés contemporaines, la figure du médiateur institutionnel s’est imposée comme une réponse à la crise de confiance qui mine la relation entre citoyens et institutions publiques. La médiation politique et sociale ne se réduit pas à une pratique interpersonnelle : elle s’incarne aussi dans des organes constitutionnels ou para-constitutionnels chargés d’écouter, de trancher, d’orienter et, surtout, de rétablir un lien de confiance entre gouvernés et gouvernants. La France, comme beaucoup d’États européens, s’est dotée de structures de médiation puissantes et visibles, à commencer par le Défenseur des droits, héritier du Médiateur de la République. L’importance de cette institution tient autant à l’ampleur de son activité statistiquement mesurée qu’à sa capacité symbolique à redonner la parole aux citoyens.

Ainsi, selon le *Rapport annuel d’activité 2022* du Défenseur des droits, sur près de 226 000 sollicitations, 31 164 ont été identifiées comme réclamations (+16 % par rapport à l’année précédente). La répartition est révélatrice de la nature des tensions sociales : 82 202 concernent les relations avec les services publics (+14 %), 6 545 relèvent de discriminations (+2 %), 3 586 de la défense des droits de l’enfant (+20 %) et 2 455 du champ déontologique de la sécurité (+2 %) (*Défenseur des droits, Rapport annuel 2022*, pages 6 et 10). Il est à noter qu’une réclamation pouvant être multiqualifiée, la somme des réclamations par domaine de compétence est supérieure au nombre total des réclamations reçues. Ces chiffres montrent la place centrale des dysfonctionnements dans les services publics comme source majeure de saisine, confirmant que la médiation institutionnelle ne s’exerce pas seulement dans des situations individuelles mais se déploie comme outil de régulation de l’action publique elle-même.

Au-delà des statistiques, l'efficacité du Défenseur des droits repose sur un maillage territorial et humain considérable : 570 délégués présents dans plus de 990 points d'accueil répartis sur tout le territoire, appuyés par près de 231 agents au siège parisien et 18 en régions (*Défenseur des droits, Rapport annuel 2022*, page 6). La médiation devient ici une fonction d'accessibilité : rendre l'État présent là où il est perçu comme lointain, et transformer une confrontation juridique potentielle en dialogue institutionnel.

Cette logique n'est pas propre à la France. L'Union européenne a institué une figure analogue : l'Ombudsman européen, chargé de traiter les plaintes des citoyens concernant les institutions communautaires. Selon le Rapport annuel 2022 (PDF, ISBN 9789294833488, Union européenne, 2023), l'Ombudsman a ouvert 348 enquêtes en 2022 (chapitre 4.1.1.), la majorité des plaintes portaient sur le manque de transparence des institutions, soit 32 % des cas traités (chapitre 4.3). L'importance du thème de la transparence illustre combien la médiation institutionnelle ne porte pas seulement sur des dysfonctionnements bureaucratiques, mais sur le droit des citoyens à comprendre et à contrôler l'action publique européenne. Ici, la médiation prend une dimension démocratique : elle articule les exigences d'un espace politique supranational avec la légitimité des attentes citoyennes.

La multiplication des médiateurs spécialisés reflète également l'élargissement des champs de conflictualité dans les sociétés modernes. En France, le Médiateur national de l'énergie (MNE) a rapporté dans son Rapport d'activité 2022 (PDF, ISSN 24173231) avoir traité 30 558 litiges en 2022 (page 16), tout en répondant à 4,6 millions de demandes d'information via son site et ses dispositifs (page 16). Ces chiffres spectaculaires, portés par la hausse des prix de l'énergie et les tensions liées aux marchés, montrent que la médiation spécialisée peut devenir un outil de pacification sociale dans des secteurs où le conflit aurait pu se traduire en contestation politique frontale.
L'exemple irlandais va dans le même sens. Selon l'*Office of the Ombudsman Ireland* a publié un rapport (*Ombudsman Ireland, Annual Report 2022*, PDF) où il indique avoir reçu 4 791 plaintes, soit une hausse de 19,6 % par rapport à 2021, dont 77 % ont été traitées en moins de trois mois et 91 % en moins de six mois (page 10). La rapidité de traitement est ici fondamentale : elle illustre que la médiation institutionnelle repose non seulement sur la capacité à arbitrer, mais aussi sur la crédibilité temporelle du processus. Une médiation qui dure trop longtemps se confond avec la lenteur judiciaire qu'elle était censée compenser.

Ces chiffres, au-delà de leur diversité, convergent vers une même idée : la médiation institutionnelle ne peut être comprise uniquement comme une fonction administrative, elle est un espace d'articulation entre l'expérience individuelle du conflit et l'ordre collectif. En mettant à disposition des médiateurs sectoriels (énergie, transports, assurances, services bancaires) ou globaux (Défenseur des droits, Ombudsman européen), les sociétés démocratiques reconnaissent que le droit, dans sa forme coercitive, est parfois inadapté ou trop lourd pour répondre aux attentes. Les médiateurs institutionnels constituent alors une troisième voie : ni tribunal, ni simple service de relations publiques, mais une interface de reconnaissance qui permet d'éviter que le conflit ne s'exacerbe et ne se transforme en rupture politique.

Le rôle de ces médiateurs est d'autant plus crucial que la défiance envers les institutions représentatives ne cesse de croître. Là où les citoyens doutent de l'efficacité du suffrage ou des promesses électorales, ils peuvent encore éprouver un sentiment de justice ou de réparation par l'accès à un médiateur institutionnel. Loin de marginaliser l'État de droit, ces dispositifs en prolongent la légitimité : ils montrent que le droit, pour être respecté, doit être accompagné de procédures de dialogue, d'écoute et d'adaptation. La médiation institutionnelle apparaît ainsi comme l'un des antidotes contemporains à la crise démocratique : elle ne supprime pas les tensions, mais elle leur offre une scène de reconnaissance et de traitement pacifié.

- La médiation comme restauration de la confiance entre gouvernants et gouvernés.

Dans l'histoire des sociétés modernes, peu de notions ont connu un effritement aussi visible que celle de la confiance envers les institutions politiques. Là où le contrat social supposait une adhésion implicite des citoyens aux règles de la vie commune, nos démocraties contemporaines se caractérisent par une défiance généralisée à l'égard des gouvernants. Ce déficit de confiance n'est pas une impression diffuse : il est mesuré de manière rigoureuse par de nombreux organismes internationaux. Ainsi, selon le rapport *Survey on Drivers of Trust in Public Institutions, 2024* de l'OCDE, ce ne sont pas moins de 44% des citoyens des 30 pays étudiés qui ont une faible ou aucune confiance dans leur gouvernement national (OECD 2024, OECD Survey on Drivers of Trust in Public Institutions – 2024 Results: Building Trust in a Complex Policy Environment, OECD Publishing, Paris, https://doi.org/10.1787/9a20554b-en, page 11). Ce chiffre illustre à quel point la légitimité démocratique ne peut plus être considérée comme un acquis, mais comme une relation fragile, soumise aux aléas des crises économiques, sanitaires, sociales et environnementales.

Or, c'est précisément dans cet espace de fragilisation que s'impose la fonction de la médiation institutionnelle. Celle-ci ne vise pas seulement à résoudre des conflits ponctuels, mais à rétablir une capacité de dialogue entre deux pôles :

d'un côté, l'État, avec ses organes et sa puissance normative ; de l'autre, les citoyens, avec leurs attentes, leurs frustrations, et parfois leur colère. La médiation devient alors une technologie sociale de restauration : elle réintroduit de l'écoute, de la reconnaissance et de la responsabilité dans un rapport que la distance hiérarchique a souvent rigidifié.

La crise sanitaire liée au COVID-19 a fourni un exemple emblématique de cette nécessité. Selon l'*Edelman Trust Barometer 2021*, réalisé dans 28 pays auprès de plus de 33 000 personnes, la confiance dans les experts académiques a chuté de 65 % en 2020 à 57 % en 2021, reflétant l'effet des contradictions et revirements dans la gestion de la pandémie (page 49). Dans ce contexte, les médiateurs institutionnels ont vu augmenter les sollicitations liées à des décisions administratives jugées opaques ou arbitraires (fermeture de commerces, accès aux soins, aides économiques). Le Défenseur des droits en France rapporte ainsi que les saisines liées aux relations avec les services publics ont augmenté de 18.7 %, et celles liées à la lutte contre les discriminations de 22.2 % (*Défenseur des droits, Rapport annuel 2021*, page 10). Ces données montrent que la médiation devient un outil correctif face aux défaillances perçues de l'action publique.

Mais la restauration de la confiance ne peut pas être réduite à un simple amortissement des crises. Elle s'inscrit dans une dynamique de long terme, où les dispositifs de médiation se présentent comme des « lieux de respiration démocratique ». Le politologue Pierre Rosanvallon souligne dans *La légitimité démocratique* (2008) que la démocratie contemporaine ne repose plus uniquement sur l'élection, mais sur un ensemble de « contre-démocraties » : vigilances citoyennes, recours à la transparence, dispositifs de contrôle. La médiation institutionnelle s'inscrit dans cette logique : elle n'est pas une remise en cause du suffrage, mais une manière de compenser ses limites par l'instauration de relations directes entre citoyens et institutions.

Les médiateurs institutionnels, en se situant au croisement du local et du national, apparaissent comme des acteurs essentiels pour combler ce fossé. De fait, leur activité n'est pas marginale mais massive. L'Ombudsman européen, dont la mission principale est de lutter contre le manque de transparence, a montré que ses interventions peuvent restaurer une part de confiance perdue. En 2022, il a obtenu que la Commission européenne publie des documents relatifs à la gestion des contrats d'achat de vaccins COVID-19, après des plaintes citoyennes. Le rapport officiel note : *« En 2021, les institutions de l'UE ont coopéré de manière satisfaisante avec le Médiateur dans 79 % des cas. Sur les 33 propositions formulées par le Médiateur, pour corriger ou améliorer leurs pratiques administratives, les institutions de l'UE ont réagi positivement à 26 d'entre elles. » (European Ombudsman, Annual Report 2022*, chapitre 4.5.1, PDF, ISBN 9789294833488, Union européenne, 2023).

Cette capacité à contraindre les institutions à plus de transparence et d'écoute illustre concrètement comment la médiation peut inverser le sentiment d'opacité et redonner de la crédibilité aux gouvernants.

En France, l'impact de la médiation sur la confiance citoyenne se mesure aussi à travers les médiateurs sectoriels. Le Médiateur national de l'énergie, confronté en 2022 à une explosion des litiges liée à la crise énergétique, rapporte : *« Dans près de 2/3 des cas (64 %), les dossiers instruits par les services du médiateur national de l'énergie se sont conclus par des accords amiables entre le consommateur et son fournisseur ; 96 % des recommandations émises par le médiateur national de l'énergie aux opérateurs ont été exécutées en totalité par eux. »* (Rapport d'activité 2022 (PDF, ISSN 24173231, page 103). Ce taux d'efficacité est essentiel : il prouve que la médiation ne se limite pas à écouter, mais qu'elle induit des changements concrets et visibles, ce qui est précisément le socle de la confiance restaurée.

Cette dimension performative de la médiation éclaire un aspect souvent négligé : pour que la confiance renaisse, il ne suffit pas que les institutions reconnaissent leurs fautes, elles doivent aussi les corriger. Le philosophe Paul Ricoeur, dans *Soi-même comme un autre* (1990), insistait sur l'idée de « reconnaissance active » : la reconnaissance n'est pas une simple perception, mais une action qui transforme la relation. La médiation institutionnelle incarne cette logique : elle engage l'institution à reconnaître ses défaillances et à les réparer, recréant ainsi un cercle vertueux de crédibilité. Autrement dit, la médiation n'est pas seulement une réponse ponctuelle, mais un levier structurel de restauration de la confiance démocratique.

Cette fonction est d'autant plus cruciale que la défiance institutionnelle s'accompagne souvent de la montée des replis identitaires et des radicalisations politiques. Les dispositifs de médiation offrent une alternative pacifiée : plutôt que de transformer la frustration en violence ou en abstention, ils proposent un espace d'expression et de réparation. Ce lien entre perception de l'écoute et confiance politique montre que la médiation agit au cœur du déficit démocratique contemporain. En définitive, la médiation comme restauration de la confiance entre gouvernants et gouvernés s'inscrit dans une logique double. D'un côté, elle est une pratique institutionnelle mesurable, illustrée par des saisines, des taux de suivi de recommandations, des délais de traitement. De l'autre, elle est un processus symbolique : elle incarne la possibilité d'un dialogue non violent, d'une reconnaissance mutuelle et d'un réajustement constant entre pouvoir et citoyen. Dans un contexte où la démocratie représentative peine à convaincre par ses seuls mécanismes électoraux, la médiation devient un pilier complémentaire, voire indispensable, de la légitimité politique.

- Médiation et justice sociale : dialogue syndical, mouvements citoyens, négociations collectives.

La médiation en matière sociale occupe une place singulière dans l'histoire des sociétés contemporaines, car elle se déploie à l'articulation de la conflictualité et de la solidarité, du rapport de force et de la recherche de compromis. Contrairement aux médiations interpersonnelles, qui engagent des individus dans leurs différends privés, ou aux médiations diplomatiques, qui tentent d'éviter des affrontements armés, la médiation sociale s'inscrit dans la dynamique de la justice collective. Elle concerne le monde du travail, la répartition des richesses, les droits sociaux et, plus largement, la manière dont une société parvient à transformer la tension entre intérêts divergents en pactes négociés. Dans ce champ, le rôle des syndicats, des mouvements citoyens et des dispositifs de négociation collective apparaît central. Mais plus encore, ces pratiques révèlent que la médiation n'est pas un supplément d'âme : elle est constitutive de l'équilibre fragile entre la paix sociale et l'explosion du conflit.

Il convient d'abord de rappeler que le conflit social est une donnée structurelle de la vie démocratique. Karl Marx soulignait que l'histoire des sociétés est celle de la lutte des classes, tandis qu'Émile Durkheim, sans nier la conflictualité, insistait sur le fait que le lien social repose sur une « solidarité organique » qui exige des institutions capables de réguler les tensions. La médiation sociale est précisément une réponse institutionnelle à cette double réalité : reconnaître l'existence de rapports de force, tout en leur donnant un cadre de régulation qui évite la violence.
Dans ce cadre, le syndicalisme a longtemps été l'outil premier de la médiation sociale. Le syndicat est né au XIXe siècle comme instance de résistance face aux excès du capitalisme industriel, mais aussi comme lieu de socialisation et de reconnaissance collective. Sa fonction n'est pas seulement revendicative : elle est également médiatrice. Le syndicat organise la parole des travailleurs, transforme la colère brute en revendications articulées et rend possible la négociation avec les employeurs ou avec l'État. Le syndicalisme est ainsi un espace de transformation de la conflictualité en compromis, autrement dit de médiation institutionnalisée.

Mais pour mesurer la vitalité de cette fonction, il faut se confronter aux données. En France, le taux de syndicalisation est aujourd'hui particulièrement faible : *« Selon les données les plus récentes, datées de 2019, seul un salarié sur dix adhère à un syndicat, soit trois fois moins qu'en 1950. Ce taux de syndicalisation stagne depuis les années 1990 et fait de la France l'un des pays les moins syndiqués d'Europe. »* (lemonde.fr, publié le 17 septembre 2025 à 15h00, par Noa Moussa et Léa Pratti) 10,3 % en 2019 selon l'Insee (*Tableaux de l'économie française*, 2021, p. 123). Pourtant, cette faiblesse apparente ne doit pas masquer une réalité paradoxale : la France connaît régulièrement une forte intensité de conflits sociaux, marqués par des grèves et manifestations d'ampleur. Autrement dit, la médiation ne s'y joue pas seulement dans l'adhésion syndicale, mais dans la capacité des organisations syndicales et citoyennes à canaliser des mobilisations massives, souvent spontanées.

Cependant, la médiation sociale ne se limite pas aux relations professionnelles classiques. Les mouvements citoyens récents – des « Indignés » en Espagne aux « Gilets jaunes » en France – ont montré que la conflictualité peut surgir en dehors du cadre syndical. Ces mobilisations posent un défi inédit : comment médiatiser des colères diffuses, hétérogènes, qui refusent parfois les canaux institutionnels traditionnels ? Ici encore, la médiation joue un rôle décisif, mais elle doit s'inventer dans des formes nouvelles : assemblées citoyennes, consultations locales, médiateurs indépendants.
L'Europe offre un exemple révélateur de cette mutation. Selon un rapport de la Fondation européenne pour l'amélioration des conditions de vie et de travail (Eurofound, *Industrial Relations and Social Dialogue in Europe*, 2022), les conflits sociaux ont diminué en intensité globale depuis les années 1990, mais leur nature a changé : moins centrés sur les salaires, ils concernent davantage les conditions de travail, la reconnaissance symbolique, ou encore les questions environnementales. Cette évolution montre que la médiation sociale doit désormais articuler non seulement des intérêts économiques, mais aussi des valeurs, des identités, des aspirations existentielles.

Dans ce contexte, les dispositifs de négociation collective apparaissent comme un levier essentiel de réduction des inégalités. L'OCDE a montré que dans les pays où la couverture de la négociation collective est élevée, les inégalités de revenus sont plus faibles. Son rapport *Negotiating Our Way Up* (2019) établit que la négociation sectorielle réduit les écarts salariaux et favorise une meilleure inclusion des travailleurs précaires. Ainsi, la médiation sociale ne se contente pas d'éteindre les conflits : elle produit une justice distributive, elle corrige les déséquilibres structurels en donnant une voix institutionnelle aux plus vulnérables.

C'est dans cette perspective qu'il faut comprendre la fonction profondément politique de la médiation sociale. Elle dépasse le simple champ professionnel pour interroger le rapport des citoyens à l'État et aux institutions. Quand les syndicats participent à la concertation nationale, quand les accords collectifs sont intégrés dans le droit du travail, quand les mouvements citoyens obtiennent des dispositifs de consultation, c'est l'ensemble du contrat social qui se trouve réactualisé. La médiation n'est plus seulement une technique de gestion des conflits : elle devient le cœur de la démocratie sociale.

Mais cet idéal se heurte à plusieurs obstacles contemporains. La fragmentation du salariat, avec l'essor du travail indépendant, des plateformes numériques et de la précarité, affaiblit les structures de représentation traditionnelles. Les syndicats peinent à intégrer ces nouveaux travailleurs dans leurs schémas de négociation. De même, la défiance croissante envers les institutions crée un terrain favorable aux mobilisations horizontales, parfois hostiles à toute médiation institutionnelle. Le défi des prochaines décennies sera donc de réinventer les formes de médiation sociale pour qu'elles intègrent ces nouvelles réalités.

En somme, la médiation sociale se présente comme une architecture fragile, toujours menacée par le risque d'explosion des conflits, mais toujours indispensable à la cohésion démocratique. Loin d'être anecdotique, la médiation sociale est à la fois un défi et une ressource. Elle est le lieu où s'articulent les intérêts particuliers et le bien commun, où la justice sociale cesse d'être un idéal abstrait pour devenir une pratique quotidienne, inscrite dans les institutions et portée par les acteurs sociaux.
Ainsi, la médiation sociale, dans ses différentes formes – syndicale, citoyenne, institutionnelle – demeure l'un des piliers de la démocratie vivante. Elle incarne cette conviction, héritée de Rousseau et actualisée par Habermas, que la légitimité politique ne réside pas seulement dans le vote, mais dans la capacité permanente des sociétés à transformer la conflictualité en dialogue. Dans un monde où les inégalités, les mutations économiques et les crises écologiques exacerbent les tensions, cette capacité de médiation est plus que jamais au cœur de la justice sociale et de l'avenir des démocraties.

- Habermas : agir communicationnel dans le débat public.

L'une des contributions philosophiques les plus fécondes pour penser la médiation politique et sociale contemporaine réside sans doute dans l'œuvre de Jürgen Habermas. Sa théorie de l'agir communicationnel, élaborée dans les années 1980, constitue à la fois une critique des pathologies de la modernité et une proposition normative pour refonder le lien démocratique. Elle part d'un constat simple mais décisif : les sociétés modernes, traversées par des intérêts divergents et par la complexité des systèmes économiques et administratifs, ne peuvent plus se contenter de l'imposition autoritaire ou de la simple agrégation des préférences. Elles doivent se doter d'une rationalité communicationnelle, c'est-à-dire d'une capacité collective à produire du consensus par la discussion.

Or, c'est précisément cette exigence qui résonne aujourd'hui dans le besoin criant de médiation politique et sociale. Dans un contexte de crise de confiance dans les institutions, de montée des radicalités et d'inégalités persistantes, la pensée habermassienne éclaire la fonction de médiation comme processus structurant de la démocratie. Elle permet de comprendre pourquoi les dispositifs participatifs, les dialogues sociaux et les débats publics ne sont pas de simples ornements, mais des conditions de légitimité.

Habermas distingue deux logiques sociales fondamentales : l'agir stratégique, orienté vers la réussite individuelle, et l'agir communicationnel, orienté vers l'entente mutuelle. L'agir stratégique domine dans les sphères économiques et bureaucratiques, où l'efficacité prime sur la délibération. Mais dans l'espace public, condition même de la démocratie, c'est l'agir communicationnel qui doit prévaloir : les acteurs y entrent dans une discussion rationnelle, ouverte, où seuls « le meilleur argument » et la force du discours valent autorité. Dans *Théorie de l'agir communicationnel*, Habermas écrit : *« Le foyer de l'investigation se déplace ainsi de la rationalité cognitive-instrumentale vers la rationalité communicationnelle. Ce qui est paradigmatique pour cette dernière, ce n'est plus la relation du sujet isolé à quelque chose dans le monde objectif, représentable et manipulable ; ce qui est paradigmatique, c'est au contraire la relation intersubjective qu'instaurent des sujets capables de parler et d'agir, lorsqu'ils s'entendent entre eux sur quelque chose. »* (Jürgen Habermas, *Théorie de l'agir communicationnel*, Tome 1, Librairie Arthème Fayard, collection L'espace public, 1987, page 395, traduction par Jean-Marc Ferry). En d'autres termes, c'est le langage, et non la contrainte, qui fonde la cohésion démocratique.

Ce modèle n'a rien d'utopique : il est une exigence normative pour juger des pratiques sociales existantes. Or, si l'on observe les données récentes, on constate à quel point les sociétés européennes peinent à instaurer une culture de la délibération partagée. En 2023, seulement 28 % des Français déclaraient faire confiance à l'Assemblée nationale (CEVIPOF, *Baromètre de la confiance politique*, 2023, page 26). Le chiffre, 16 %, est encore plus faible pour les partis politiques (page 40). Ces taux sont emblématiques d'une crise de légitimité qui ne peut être résolue par une simple efficacité gestionnaire : elle appelle un travail de médiation communicationnelle.

L'Eurobaromètre de la Commission européenne confirme cette tendance à l'échelle du continent : en 2022, seuls 34 % des citoyens de l'Union européenne déclaraient faire confiance à leur gouvernement national (Commission européenne, *Standard Eurobarometer 97*, 2022, page 9). Dans plusieurs pays, ce taux descend sous les 25 %. Une telle défiance traduit une fracture communicationnelle : le sentiment que les gouvernants ne s'adressent plus aux citoyens dans une logique de dialogue, mais dans une logique descendante, technocratique, voire stratégique.

C'est précisément là que la médiation, pensée dans l'horizon habermassien, joue son rôle. Elle consiste à recréer les conditions d'un espace discursif commun, où les gouvernés ne sont pas de simples destinataires de décisions, mais des participants à l'élaboration des normes. Dans cette perspective, les conférences citoyennes ou les budgets participatifs apparaissent comme des concrétisations partielles de l'idéal communicationnel. En France, l'Observatoire des budgets participatifs recense plus de 400 communes engagées dans un processus participatif en 2022, dont 72,73 % des villes comptant de 200 000 à 1 million d'habitants (Observatoire national des budgets participatifs, *Rapport annuel 2022*, Fondation Jean Jaurès, pages 3 et 5). Ces dispositifs, bien qu'imparfaits, traduisent une volonté de donner chair à l'agir communicationnel dans la vie publique.

Mais il ne faut pas minimiser les obstacles. L'agir communicationnel suppose un certain niveau d'égalité entre les participants, sans quoi la discussion se transforme en pseudo-dialogue dominé par les plus puissants. Or, les données sociales révèlent des asymétries profondes. Selon le World Inequality Lab *« La part des 50 % les plus pauvres de la population mondiale dans la richesse mondiale totale est estimée à 2 %, tandis que celle des 10 % les plus riches atteint 76 %. »* (Chancel, L., Piketty, T., Saez, E., Zucman, G. et al. World Inequality Report 2022, World Inequality Lab.page 3). Ces inégalités économiques se traduisent en inégalités communicationnelles : tous n'ont pas les mêmes ressources pour prendre la parole, argumenter, se faire entendre. Habermas lui-même reconnaissait que l'idéal de la discussion libre et rationnelle pouvait être perverti si les conditions sociales d'égalité n'étaient pas garanties.

L'agir communicationnel n'est donc pas un simple « bavardage démocratique », il suppose des institutions robustes qui protègent les conditions de la parole. C'est en ce sens que la médiation politique et sociale devient essentielle : elle garantit des lieux, des temps, des procédures où la discussion n'est pas écrasée par la logique stratégique des plus puissants. Ainsi, le dialogue social institutionnalisé joue un rôle crucial. En France, 82.6 % des entreprises ayant engagé des négociations ont signé au moins un accord collectif en 2021 (Dares, *La négociation collective d'entreprise en 2021,* Juin 2023, n°33, page 2). Ces accords ne sont pas de simples compromis techniques : ils représentent autant de moments où la logique de l'argument, du contre-argument, de la reconnaissance réciproque s'est imposée sur la logique de l'imposition.

À un autre niveau, la médiation citoyenne incarne également cette logique habermassienne. Le Conseil économique, social et environnemental (CESE) en France, qui a accueilli la Convention citoyenne pour le climat, illustre cette tentative de donner un espace de parole à des citoyens tirés au sort, même si ces derniers n'étaient que 150, ce qui est peu représentatif. Même si le décalage entre propositions et décisions effectives a nourri des frustrations, l'expérience reste un exemple de médiation communicationnelle à l'échelle nationale.

Habermas, dans ses travaux ultérieurs sur l'Europe (*La constellation postnationale*, 1998), insiste sur l'importance de l'espace public transnational. L'Union européenne, confrontée à la diversité linguistique et culturelle, se heurte au défi de créer un espace communicationnel commun. Pourtant, nombreuses sont les enquêtes qui montrent que les citoyens européens réclament davantage de débats transnationaux. Là encore, la médiation ne peut se limiter aux canaux institutionnels traditionnels : elle doit inventer de nouveaux forums, de nouvelles modalités discursives.

Ainsi, l'apport d'Habermas à notre réflexion sur la médiation politique et sociale est double. D'une part, il fournit un critère normatif : la légitimité politique ne peut naître que de la communication libre et égalitaire. D'autre part, il offre un horizon pratique : multiplier les dispositifs qui incarnent cette communication, depuis les accords collectifs jusqu'aux conventions citoyennes. Les chiffres que nous avons évoqués – la défiance massive envers les institutions (28 % de confiance dans l'Assemblée nationale en France), la faiblesse de la confiance européenne (49 %) (Commission européenne, *Standard Eurobarometer 97*, 2022, page 9) mais aussi la multiplication des expériences participatives (plus d'un million de citoyens engagés dans des budgets participatifs) – montrent que le besoin de médiation communicationnelle est urgent et reconnu.

Dans un monde contemporain traversé par des crises écologiques, sociales et politiques, l'idéal habermassien n'apparaît pas comme une utopie abstraite, mais comme une nécessité. Il rappelle que la démocratie ne se réduit pas à voter périodiquement : elle est ce tissu quotidien de médiations discursives qui transforment le conflit en délibération. En ce sens, l'agir communicationnel demeure une boussole précieuse pour le présent et pour les générations futures, appelées à vivre dans un monde où la médiation, loin d'être accessoire, sera le cœur même de la vie politique.

- Levinas : responsabilité pour autrui comme base du politique, éthique de l'altérité.

Dans l'immense architecture philosophique d'Emmanuel Levinas, l'éthique prime sur l'ontologie : avant d'être un sujet libre ou rationnel, l'homme est un être responsable, exposé au visage d'autrui. Cette inversion des priorités métaphysiques a bouleversé la philosophie du XXe siècle, en plaçant au cœur de la réflexion non pas la liberté individuelle mais la responsabilité infinie envers l'autre. Or, dans un monde contemporain traversé par les fractures sociales, la défiance politique et la résurgence des replis identitaires, cette pensée apparaît comme un fondement possible de la médiation politique et sociale. Elle nous rappelle que la démocratie ne repose pas seulement sur des procédures, mais sur une disposition éthique préalable : reconnaître l'altérité comme appel et obligation.

Levinas écrit : *« Le fait premier de la signification se produit dans le visage. Non pas que le visage reçoive une signification par rapport à quelque chose. Le visage signifie par lui-même, sa signification précède la* Sinngebung, *un comportement sensé surgit déjà dans sa lumière, il répand la lumière où se voit la lumière. On n'a pas à l'expliquer, car, à partir de lui toute explication commence. »* (Emmanuel Levinas, *Totalité et Infini*, Martinus Nijhoff Publishers, 1984, pages 238-239). Ce qu'il nomme « visage », n'est pas une apparence sensible, mais l'irruption de l'incommensurable dans la relation : le fait que l'autre m'oblige avant toute décision de ma part. C'est parce que l'autre me regarde, me « commande » silencieusement par sa nudité, que je deviens sujet éthique. Ainsi, avant toute loi, avant tout contrat social, il y a cette médiation éthique immédiate : la rencontre de l'autre comme événement fondateur.

Appliquée au politique, cette perspective renverse les schèmes classiques. Au lieu de penser la société comme agrégation d'individus rationnels (comme chez Hobbes ou Rawls), Levinas invite à penser le politique comme élargissement de cette responsabilité infinie. La médiation ne consiste pas seulement à arbitrer entre des intérêts concurrents, mais à instituer des espaces où le visage d'autrui – c'est-à-dire la dignité de chaque personne – puisse être entendu. Cette éthique radicale inspire une vision exigeante de la démocratie, qui ne saurait se réduire à un jeu stratégique ou institutionnel, mais qui repose sur la reconnaissance du vulnérable, du marginal, de l'étranger.

L'actualité récente souligne la pertinence d'une telle approche. La montée des inégalités économiques et sociales constitue une menace pour la cohésion politique. Cela traduit non seulement une fracture matérielle, mais une fracture de reconnaissance : quand la majorité se sent invisible ou méprisée, le tissu démocratique se délite. La médiation, pensée à la lumière de Levinas, ne peut être qu'une réponse : redonner visage et voix à ceux que les logiques économiques ou bureaucratiques réduisent au silence.

On pourrait objecter que l'éthique lévinassienne est trop « verticale », trop absolue, pour s'inscrire dans la complexité du politique. Mais précisément, son exigence infinie fonde la légitimité de la médiation : elle rappelle que même face à des structures impersonnelles, c'est toujours un visage singulier qui souffre, qui réclame justice. Ainsi, les dispositifs institutionnels comme les médiateurs de la République ou les Défenseurs des droits ne prennent sens que dans la mesure où ils traduisent cette reconnaissance éthique. Les chiffres sont éloquents : en 2022, le Défenseur des droits a été sollicité près de 226 000 fois (+9% par rapport à 2021), dont 6545 concernaient des discriminations et 82 202 les relations avec les services publics. (Défenseur des droits, Rapport annuel d'activité 2022, page 6 et page 10). Derrière ces statistiques, Levinas nous invite à voir non pas des « cas », mais autant de visages, d'appels singuliers à la responsabilité.

La perspective éthique éclaire également la crise migratoire. Alors que les discours politiques tendent souvent à réduire les migrants à des chiffres ou à des flux, Levinas rappelle l'irréductibilité du visage. *« En 2024, 3,5 millions de premiers titres de séjour ont été délivrés dans l'UE à des citoyens de pays tiers.* » (Eurostat, online data, 12 septembre 2025). Derrière ces millions de dossiers administratifs, il y a autant de visages qui interpellent la conscience collective. La médiation interculturelle, abordée dans un chapitre précédent, prend ici une dimension éthique radicale : elle ne vise pas seulement la gestion de flux ou l'intégration fonctionnelle, mais la reconnaissance de l'autre comme porteur d'une altérité irréductible.

Cette exigence se retrouve également dans le champ social. Les mouvements de contestation – des « gilets jaunes » en France aux mobilisations climatiques portées par la jeunesse – ne demandent pas seulement des réformes techniques, mais une reconnaissance. Un rapport de l'OCDE souligne que *« Selon les données de l'enquête sociale européenne (ESS), en 2018, 35 % seulement de la population, en moyenne, ont déclaré se sentir confiants dans leur capacité à participer à la vie politique dans 22 pays de l'OCDE. »* (OCDE (2021), Panorama des administrations publiques 2021, Éditions OCDE, page 216). Ce déficit de participation est moins une crise de procédure qu'une crise de visage : les individus ne se sentent pas vus, reconnus, inclus. La médiation, inspirée de Levinas, consiste à recréer ces espaces où le citoyen se sait regardé, entendu, pris en compte.

On mesure ici la fécondité du lien entre Levinas et Habermas, que nous avons exploré au sous-chapitre précédent. Si Habermas insiste sur les procédures communicationnelles de la délibération, Levinas rappelle que celles-ci ne sont légitimes qu'à condition de prendre racine dans une éthique de l'altérité. La discussion n'est pas un simple échange d'arguments, mais une réponse à l'appel du visage. De ce point de vue, la médiation politique et sociale, lorsqu'elle fonctionne, n'est pas seulement un mécanisme institutionnel : elle est une traduction concrète de la responsabilité éthique infinie dans les structures du vivre-ensemble.

Certes, le risque est grand de réduire Levinas à une sorte de spiritualité inoffensive. Mais son exigence éthique a des conséquences concrètes, parfois dérangeantes, pour les sociétés contemporaines. Elle implique, par exemple, que les politiques publiques soient évaluées non seulement en termes d'efficacité, mais en termes de respect de la dignité. Le rapport de 2022 de la Banque mondiale sur la pauvreté et la prospérité partagée *« prévoit que 7 % de la population mondiale, soit environ 574 millions de personnes, vivront toujours dans l'extrême pauvreté en 2030. Ce chiffre est très éloigné de l'objectif mondial de 3 % fixé pour cette année* [2022]. *En outre, le rapport montre qu'en 2019, près de la moitié de la population mondiale (47 %) vivait dans la pauvreté, c'est-à-dire avec moins de 6,85 dollars par jour. »* (page XII). Ces millions d'êtres humains ne sont pas seulement des « pauvres » au sens économique, ils sont des visages qui obligent. La médiation, ici, n'est pas négociable : elle devient impératif moral pour penser la redistribution, l'aide internationale, la solidarité transnationale.

Dans cette perspective, la médiation n'est pas un instrument secondaire du politique, mais sa condition de possibilité. Elle est ce par quoi le politique échappe à la tentation de la totalité – ce que Levinas dénonçait comme la réduction de l'autre à un même. La totalité, c'est l'État qui engloutit les individus dans une logique bureaucratique, l'économie qui transforme les vies en chiffres, la nation qui réduit l'étranger à une menace. L'infini, c'est le visage qui résiste à toute réduction. La médiation, alors, est ce fragile espace où l'infini s'inscrit dans la totalité, où la responsabilité éthique prend forme institutionnelle.

Aujourd'hui, alors que les démocraties européennes cherchent à restaurer la confiance entre gouvernants et gouvernés, le rappel lévinassien apparaît comme un garde-fou précieux. Les données du *Baromètre de la confiance politique* 2023 (CEVIPOF, page 48) révèlent que 82 % des Français estiment que *« les responsables politiques, en général, ne se préoccupent pas de ce que pensent les gens comme eux »*. Une telle perception n'est pas seulement un déficit de communication, mais un déficit de reconnaissance. Répondre à ce déficit par des médiations institutionnelles, sociales, citoyennes, c'est répondre à l'exigence lévinassienne : rendre visible le visage de chacun.

Ainsi, le politique n'est pas seulement affaire de lois, de programmes, de régulations. Il est d'abord une réponse à l'appel du visage d'autrui. La médiation, dans ce sens, n'est pas une technique mais une attitude, une disposition éthique qui doit irriguer les institutions et les pratiques sociales.

Levinas nous rappelle que le premier geste politique est toujours un geste éthique : accueillir l'autre, reconnaître sa vulnérabilité, assumer une responsabilité qui excède nos calculs rationnels. C'est cette radicalité qui fait de son œuvre une ressource inestimable pour penser les défis de notre temps.

Chapitre 15 – Médiation existentielle et psychologique

- L'individu contemporain face à la fragmentation des identités et à la quête de sens.

Le monde contemporain a placé l'individu au centre de tout : au centre des discours économiques, des idéaux politiques, des technologies numériques et même des récits culturels. Pourtant, jamais ce même individu ne s'est senti aussi dispersé, fragmenté, incertain de lui-même. La "souveraineté du moi", promise par les Lumières et consolidée par l'humanisme moderne, se fissure dans un contexte de crises multiples — économiques, climatiques, technologiques, existentielles. Le sujet contemporain n'est plus unitaire mais éclaté, pris dans une multiplicité de rôles et de discours qui le traversent sans le structurer. Dans ce vertige, la **médiation existentielle et psychologique** apparaît comme l'un des moyens les plus précieux pour retrouver une cohérence intérieure : non pas une restauration nostalgique du moi stable, mais un travail de recomposition du sens.
Cette crise du sujet n'est pas qu'une impression. Les données empiriques confirment le malaise des sociétés modernes. Selon le Seattle Institute for Health Metrics and Evaluation, *« on estime que 4,0 % de la population souffre de dépression, dont 5,7 % des adultes (4,6 % des hommes et 6,9 % des femmes) et 5,9 % des personnes âgées de 70 ans ou plus. À l'échelle mondiale, environ 332 millions de personnes souffrent de dépression. »* (2021 Global Burden of Disease, online database, 2024), soit une augmentation de près de 25 % depuis la pandémie de 2020. En Europe, l'Eurofound estime que 36 % des jeunes adultes (18-29 ans) déclarent souffrir "souvent" ou "très souvent" de solitude (Eurofound, EF22042EN Figure 7 - Part 2 : Lonely - Figure 7 : Negative feelings and risk of depression by age category). Ces chiffres, au-delà de leur froideur statistique, traduisent une réalité existentielle : la désagrégation du sens partagé, l'atomisation du lien social et la difficulté pour chacun de se situer dans un monde saturé d'informations, d'images et de contradictions.

La philosophe Hannah Arendt écrivait déjà dans *La condition de l'homme moderne* (1958) que *« Le monde commun public ne naît pas de la nature commune des humains, mais de l'objet identique, que considèrent, selon des perspectives différentes, de multiples humains situés à divers points de vue. »* (Hannah Arendt, *Condition de l'homme moderne*, premier chapitre : la condition humaine, collection Les intégrales de philo, Nathan/VUEF, 2002, page 71). L'ère numérique n'a fait qu'amplifier cette atomisation. Les identités contemporaines se construisent désormais à travers des espaces virtuels qui fragmentent les expériences : un individu peut être militant sur Twitter, consommateur sur Amazon, professionnel sur LinkedIn, intime sur WhatsApp — autant de "moi partiels" qui ne se parlent pas entre eux. Le sociologue Zygmunt Bauman, dans *Liquid Modernity* (2000) décrit cette condition comme une "modernité liquide", où les repères stables se dissolvent au profit d'une flexibilité permanente, mais aussi d'une insécurité existentielle.

Dans ce contexte, la médiation ne désigne plus seulement une technique de régulation de conflit, mais une pratique de réconciliation de soi avec soi-même. Elle devient une éthique du lien intérieur, une tentative de tisser du sens entre des fragments d'existence épars. Le psychanalyste Donald Winnicott parlait du "vrai self" comme d'un noyau de spontanéité menacé par le conformisme social (*Playing and Reality*, 1971). Aujourd'hui, cette menace est démultipliée par la standardisation algorithmique : nos désirs sont profilés, nos goûts prédits, nos comportements anticipés. Le sujet se retrouve spectateur de lui-même, comme si l'intimité devenait un marché.

Face à cette prolifération de rôles et de regards, la médiation psychologique intervient comme un espace de parole où le sujet peut recomposer une continuité narrative. Paul Ricœur avait déjà théorisé cette possibilité dans *Soi-même comme un autre* (1990) : l'identité n'est pas une substance, mais une histoire racontée, une médiation entre permanence et changement. Loin d'être figée, elle se tisse dans l'interprétation que nous faisons de nos expériences. Le médiateur, dans cette perspective, joue un rôle d'interprète, non pour imposer un sens, mais pour accompagner la construction d'un récit cohérent.

Mais pourquoi cette quête de sens devient-elle si cruciale aujourd'hui ? Parce que le monde contemporain a remplacé les grands récits collectifs (religion, nation, progrès) par une infinité de micro-récits individuels. Le philosophe Jean-François Lyotard, dans *La condition postmoderne* (1979), décrit ce passage comme l'incrédulité à l'égard des métarécits. Or, sans récit commun, l'individu est livré à lui-même : il doit construire seul la cohérence que la société ne lui donne plus. La médiation, qu'elle soit thérapeutique, existentielle ou spirituelle, devient un substitut symbolique de ces anciennes structures de sens. Elle offre un cadre où la parole personnelle peut devenir lien, où la subjectivité peut retrouver une inscription dans le monde.

Le philosophe Charles Taylor a magistralement décrit cette tension dans *Les sources du moi* (1989) : l'identité moderne se définit par une aspiration à l'authenticité, mais cette authenticité elle-même dépend d'un horizon de

reconnaissance. Autrement dit, on ne se découvre soi-même qu'à travers la médiation d'autrui. C'est là que se joue la fonction anthropologique de la médiation : elle fait circuler la reconnaissance, elle rétablit la parole là où le silence ou la norme imposée enfermaient le sujet.
La pandémie de COVID-19 a encore renforcé cette fragmentation. Les confinements successifs ont fait exploser les pathologies de l'isolement. Selon le rapport de Global Burden of Disease de 2020, les troubles anxieux ont augmenté de 25,6 % au niveau mondial en 2020 *(« the COVID-19 pandemic has led to a 27.6% increase (95% uncertainty interval (UI) : 25.1–30.3) in cases of major depressive disorder (MDD) and a 25.6% increase (95% UI : 23.2–28.0) in cases of anxiety disorders (AD) worldwide in 2020 »).* Ces chiffres traduisent une explosion de la demande de médiation intérieure : un besoin de recomposer le sens face à la vulnérabilité du monde.

La littérature et la philosophie contemporaines témoignent de ce tournant. Dans *La fatigue d'être soi* (1998), le sociologue Alain Ehrenberg montrait que la dépression n'est pas seulement une maladie, mais le symptôme d'une société où chacun se sent sommé d'être autonome, performant, maître de lui-même. L'homme déprimé, réfléchissait-il, est celui qui ne parvient plus à être le sujet de sa propre vie. La médiation, dans ce contexte, prend la forme d'une résistance douce : une pratique qui réintroduit la lenteur, l'écoute, la relation, là où la logique du rendement impose la fragmentation.
La psychanalyse, depuis Freud, avait déjà repéré cette fonction médiatrice du psychisme : le moi comme arbitre entre pulsion et interdit, désir et loi. Mais dans les sociétés hypermodernes décrites par Gilles Lipovetsky (*L'Ère du vide*, 1983 ; *L'Homme désinvolte*, 2004), le moi n'est plus seulement arbitre ; il devient produit de consommation, objet de marketing. Les industries du bien-être, atteignent 6.3 billions de dollars en 2023 (Global Wellness Institute, *The Global Wellness Economy, rapport 2023*), témoignent à la fois de cette marchandisation du sens et du besoin massif de médiation subjective.

Mais réduire la médiation à un marché serait une erreur. Elle exprime, plus profondément, un mouvement spirituel de notre temps : la recherche d'un rapport pacifié à soi-même, à autrui et au monde. Cette quête traverse les pratiques de pleine conscience, les thérapies narratives, les groupes de parole, jusqu'aux démarches artistiques ou philosophiques. Toutes traduisent la même intuition : il faut recréer du lien là où la société engendre de la dispersion.

Dans les études contemporaines sur la psychologie positive, cette fonction de médiation apparaît aussi clairement. Un récent *World Happiness Report* montre que le bien-être subjectif dépend moins des conditions matérielles que de la qualité des relations interpersonnelles et d'un comportement altruiste : *« Globalement, les données probantes sont convaincantes : un bien-être accru favorise l'altruisme, et l'altruisme favorise un bien-être accru chez les altruistes. (Overall, the evidence is convincing that higher well-being promotes altruism, and that altruism promotes higher well-being in altruists. »* (*World Hapiness Report, 2023,* page 123). Or, c'est précisément ce que la médiation réintroduit : la possibilité de se sentir relié, compris, inscrit dans un tissu symbolique.

Le philosophe Byung-Chul Han, dans *La société de la fatigue* (2010, p. 45), observe que la pathologie du XXIe siècle n'est plus la répression mais la sur-exigence. Nous nous épuisons non contre un autre, mais contre nous-mêmes. La médiation psychologique, dans cette perspective, devient un acte politique au sens large : elle réhabilite la passivité, l'écoute, la vulnérabilité. Elle oppose à la logique de la performance une logique de la présence.

En définitive, le sujet contemporain, fragmenté entre ses multiples appartenances, cherche dans la médiation un art de la réconciliation. Ce n'est pas une quête nostalgique d'unité perdue, mais une pratique de tissage : relier les morceaux de soi, mettre en dialogue les voix intérieures, réintroduire la continuité là où la vitesse et la dispersion imposent la rupture. La médiation existentielle est ainsi à la fois un acte psychique, éthique et politique : elle restaure la capacité de se dire et d'entendre, condition première de toute vie commune.

- Héritage de Freud : les conflits intérieurs, la médiation de soi à soi.

La médiation, avant d'être une technique sociale, fut d'abord une expérience intime : celle qui permet à l'être humain de vivre avec lui-même. À l'origine de cette idée, il y a la découverte freudienne — non pas du "moi fort" et souverain, mais du moi divisé, traversé par des forces contradictoires, des désirs refoulés, des idéaux tyranniques. Sigmund Freud, en fondant la psychanalyse, a ouvert un espace inédit de médiation intérieure : celle qui se joue entre le conscient et l'inconscient, entre le principe de plaisir et le principe de réalité, entre le sujet parlant et le sujet désirant. Dans cette lutte invisible, la parole devient l'outil de la réconciliation possible — ou, du moins, du compromis nécessaire.
Freud ne se conçoit pas comme un moraliste, mais comme un médiateur du psychisme et décrit le moi comme un "être-frontière" : *« Le moi est avant tout un moi corporel, il n'est pas seulement un être de surface, mais il est lui-même la projection d'une surface. »* (Sigmund Freud, *Essais de psychanalyse*, Petite Bibliothèque Payot, 1984, *Le Moi et le Ça*, page 238, traduction par Jean Laplanche). Le moi freudien n'est donc pas un centre de maîtrise, mais un champ de tensions. Il doit négocier entre les exigences du Ça (pulsion, instinct, inconscient), les impératifs du Surmoi (loi, interdits, idéal) et les contraintes du réel. Cette tripartition, aujourd'hui banale, fut en réalité une révolution : elle substituait à la vieille image unitaire du sujet cartésien une structure

conflictuelle et dynamique. Le psychisme devient le lieu d'une médiation permanente, d'un arbitrage fragile entre forces antagonistes.

Dans cette perspective, la psychanalyse freudienne est bien une théorie du conflit — mais aussi de sa résolution symbolique. Dans *Inhibition, symptôme et angoisse* (1926), Freud considère que l'angoisse est le signal d'un conflit intérieur et qu'elle prévient le moi du danger d'un débordement pulsionnel. L'angoisse, loin d'être une simple pathologie, est donc le langage du conflit interne, l'indice qu'une médiation devient nécessaire. La cure analytique elle-même repose sur un processus de traduction et d'interprétation — une médiation entre les mots et les pulsions, entre l'histoire vécue et l'histoire refoulée.

Cette dimension de médiation intérieure s'enracine dans une vision anthropologique radicale : l'être humain n'est pas un être unifié, mais une pluralité en quête de sens. Freud l'exprime de manière poignante : *« L'homme n'est point cet être débonnaire, au cœur assoiffé d'amour, dont on dit qu'il se défend quand on l'attaque, mais un être, au contraire, qui doit porter au compte de ses données instinctives une bonne somme d'agressivité. »* (Sigmund Freud, *Malaise dans la civilisation*, Éditions Denoël et Steele, 1934, page 47, traduction par M. et Mme Charles Odier). Cette ambivalence fonde le besoin d'un tiers intérieur : un espace psychique capable de mettre en dialogue les forces destructrices et les aspirations éthiques. Le psychanalyste, dans la cure, n'est pas ce tiers lui-même, mais celui qui aide le sujet à l'incarner, à créer cette instance médiatrice en lui.

Dans *L'Interprétation des rêves* (1900), Freud avait déjà posé la structure de cette médiation symbolique : le rêve est un compromis, un texte hybride où le désir refoulé se déguise pour être toléré par la conscience. C'est là un modèle fondamental de la médiation psychique : le conflit n'est pas supprimé, il est symbolisé. Comme l'analyse Paul Ricoeur dans *De l'interprétation : Essai sur Freud* (1965), Freud est le premier à avoir montré que le symbole est la voie royale de la réconciliation du désir et de la loi. En d'autres termes, le travail du sens — interpréter, traduire, raconter — est déjà un acte de médiation.

L'héritage freudien se révèle ici essentiel pour comprendre la médiation existentielle du monde contemporain. Car la fragmentation du sujet moderne (évoquée dans le précédent sous-chapitre) ne fait que rendre plus urgent ce travail intérieur. Là où le monde impose la dispersion, la psychanalyse rappelle la nécessité du dialogue intérieur. Non pour unifier artificiellement, mais pour apprendre à vivre dans la complexité. C'est tout un projet de civilisation : permettre à la conscience d'élargir son champ, non par la domination, mais par la reconnaissance de ses propres profondeurs.

La psychanalyse, bien qu'elle ait perdu sa position hégémonique dans le champ psychologique, demeure le paradigme de ce travail de médiation de soi à soi. Elle a été prolongée, transformée, contestée — mais rarement remplacée. Le psychanalyste Jacques Lacan a reformulé la dynamique freudienne en termes de langage : *« L'inconscient est structuré comme un langage. »* (Graciela Brodsky, *L'argument, Commentaire du séminaire XI de Lacan,* Publication de la Cause freudienne, 2006, page 43, traduction par Anne Goalabré). Pour lui, la médiation se fait par la parole : c'est en parlant que le sujet se réconcilie — ou du moins se reconnaît — dans la vérité de son désir. Le dialogue analytique devient ainsi une médiation herméneutique, proche de celle que Gadamer appliquait aux cultures : un processus de compréhension mutuelle entre deux horizons — celui du sujet et celui de son inconscient.

Ce glissement du biologique au symbolique a ouvert la voie à de nombreuses pratiques contemporaines de médiation psychique. La psychologie humaniste, avec Carl Rogers, a mis l'accent sur l'écoute empathique et la congruence. Dans *Client-Centered Therapy* (1951, p. 37), Rogers affirme que le changement n'intervient que lorsque l'individu se sent profondément compris. Ce "sentiment d'être compris" est la forme la plus pure de médiation : il rétablit la communication entre le vécu et sa mise en mots. Les recherches empiriques récentes confirment la pertinence de cette approche : selon une méta-analyse de l'American Psychological Association (APA) (*The Effectiveness of Humanistic Therapies*, 2022), les thérapies centrées sur la personne obtiennent des résultats comparables, voire supérieurs, aux approches cognitives dans les troubles légers à modérés.

Mais au-delà des écoles, c'est l'intuition freudienne elle-même qui persiste : la souffrance humaine naît d'un conflit intérieur non médiatisé. Le symptôme, dit Freud dans *Leçons d'introduction à la psychanalyse* (1916) est le substitut d'un acte d'amour manqué. Autrement dit, il est une tentative de médiation ratée entre le désir et la loi. La cure analytique consiste alors à reprendre le dialogue interrompu, à réouvrir l'espace où le refoulé peut être entendu, nommé, intégré.

Dans une société marquée par la communication permanente mais la compréhension rare, cette dimension retrouve une acuité particulière. Le moi moderne parle beaucoup, mais s'écoute peu. Les technologies favorisent la réaction plutôt que la réflexion. Or, la médiation de soi à soi suppose précisément le contraire : une suspension, une écoute, un temps long. C'est pourquoi la psychanalyse demeure un acte de résistance à la vitesse contemporaine. Comme le décortique le psychanalyste Jean-Bertrand Pontalis *Entre le rêve et la douleur* (1977), l'analyse est ce lieu où l'on apprend à parler lentement, pour entendre ce qui, en soi, ne s'était jamais dit.

Freud lui-même, dans ses derniers écrits, avait pressenti ce déplacement du champ thérapeutique vers un horizon culturel plus large. Dans *L'avenir d'une illusion* (1927), il décrit la religion comme "une névrose obsessionnelle universelle", mais il reconnaît aussi que l'humanité a besoin de structures symboliques de médiation pour apprivoiser la détresse existentielle. Ce n'est pas l'illusion en soi qu'il condamne, mais la rigidité de l'illusion : il appelle de ses vœux des médiations plus souples, capables de relier la raison et le désir, la science et le mythe.

Le XXe siècle a souvent lu Freud à travers la grille de la libération des pulsions ; le XXIe le relit à travers celle de la réconciliation intérieure. Dans un monde où les repères s'effondrent, la psychanalyse rappelle que la liberté ne consiste pas à abolir les conflits, mais à apprendre à les habiter. Ce que le moi doit conquérir, ce n'est pas la toute-puissance, mais la capacité de médiation. Ce n'est pas l'éradication du symptôme qui est recherchée, mais la compréhension médiatrice.

Ainsi, la psychanalyse, au-delà de sa valeur clinique, constitue une véritable anthropologie de la médiation. Elle nous enseigne que le dialogue ne commence pas entre les hommes, mais en chacun d'eux. L'espace intérieur où le moi écoute le ça, où la conscience accueille ses ombres, est le prototype de tout dialogue social. Comme le formule Paul Ricœur dans *Temps et récit*, la réconciliation du soi avec soi-même est la condition de toute réconciliation avec autrui. En cela, l'héritage freudien irrigue silencieusement toutes les formes modernes de médiation : thérapeutique, existentielle, éducative, politique.

L'ultime leçon de Freud pourrait être celle-ci : le conflit est constitutif de la vie psychique, mais il n'a pas vocation à se résoudre par la violence ou le déni ; il appelle la symbolisation, c'est-à-dire la parole, la pensée, la médiation. Le psychanalyste n'impose pas la paix intérieure, il aide à la traduire. Or, dans un monde saturé de discours, c'est précisément cette traduction — lente, patiente, incarnée — qui manque le plus.

- Médiation et développement personnel : coaching, accompagnement psychologique, écoute active.

La médiation ne s'exerce pas seulement entre des parties en conflit ni entre institutions en désaccord : elle agit aussi dans l'espace plus discret de l'accompagnement individuel, là où se rejoue la relation du sujet à lui-même et à autrui. Le monde contemporain, marqué par la précarité des repères identitaires et la pression du rendement, a vu naître un ensemble de pratiques qu'on regroupe aujourd'hui sous le terme de *développement personnel*. Ce champ, parfois critiqué pour son hétérogénéité, repose néanmoins sur une intuition centrale : l'homme moderne a besoin d'un tiers pour se comprendre, se structurer, se réconcilier avec ses propres tensions. Le coaching, l'écoute thérapeutique et l'accompagnement psychologique réinventent à leur manière l'espace de médiation intérieure décrit par Freud, mais en l'inscrivant dans une culture de la performance et de la communication.

Le terme même de *coaching* a des racines suggestives : il vient de "coach", la voiture, celle qui transporte quelqu'un d'un point à un autre. Le coach est donc, littéralement, celui qui aide à passer — un passeur, un médiateur. Dans la *Professional Coaching Core Competencies* de la International Coaching Federation (ICF) de 2021, le coaching est défini comme un partenariat qui suscite la réflexion et la créativité du client pour maximiser son potentiel personnel et professionnel. Le mot "partenariat" est essentiel : le coach ne conseille pas, il facilite, il accompagne la mise en dialogue du sujet avec ses propres ressources. En ce sens, le coaching relève pleinement de la médiation — non pas arbitrale, mais existentielle.

Le succès mondial du coaching témoigne d'un déplacement du besoin de médiation dans les sociétés individualistes. Selon une enquête menée par l'ICF et PwC (*Global Coaching Study 2023,* International Coaching Federation, page 5), on dénombre 109 200 coachs professionnels certifiés dans le monde, un chiffre en hausse de 54 % depuis 2019, représentant un chiffre d'affaires mondial de 4,564 milliards de dollars, en hausse de 60 % toujours par rapport à 2019. Cette explosion révèle à quel point la médiation individuelle est devenue un besoin social structurel : là où le tissu communautaire et institutionnel se fragilise, l'accompagnement personnalisé tente de restaurer un lien de sens et de confiance.

Mais à la différence de la psychanalyse, qui plonge dans l'inconscient, le coaching travaille dans le champ du conscient, de la parole agissante, du projet. Il s'agit d'aider le sujet à clarifier ce qu'il veut, à articuler ses valeurs et ses actions. C'est une médiation du sens et du choix. Comme le résume le philosophe Charles Pépin dans *La Confiance en soi* (2018), le bon coach, comme le bon maître, ne remplit pas, il éveille. Il agit comme un miroir qui réfléchit sans imposer, permettant à l'individu de se voir dans sa cohérence possible.

Cette approche rejoint, sur un autre plan, les théories de Carl Rogers et de la psychologie humaniste, centrée sur l'écoute empathique et la congruence. Dans *On Becoming a Person* (1961), Rogers estime que lorsque quelqu'un écoute vraiment, sans juger, sans chercher à corriger, alors on peut s'écouter soi-même et changer. C'est ici que se joue la médiation la plus délicate : l'écoute active, non comme technique, mais comme disposition morale. L'écoutant devient le tiers silencieux qui rend possible la rencontre du sujet avec sa propre parole. Cette éthique de l'écoute a trouvé des prolongements importants dans les pratiques d'accompagnement modernes, qu'elles soient thérapeutiques, éducatives ou professionnelles.

Les recherches empiriques confirment l'efficacité de cette approche. Une méta-analyse de l'American Psychological Association (APA) sur plus de 300 études (*Therapeutic Relationship and Therapy Outcome*, 2021) montre que l'alliance relationnelle entre praticien et accompagné représente jusqu'à 30 % de la variance des résultats positifs, soit davantage que la technique utilisée. Le facteur clé n'est donc pas la méthode, mais la qualité de la médiation relationnelle — cette capacité à créer un espace où la parole peut circuler sans être jugée.

Cette dimension rejoint la réflexion éthique de Paul Ricœur, pour qui la médiation est d'abord une épreuve d'altérité. Dans *Soi-même comme un autre* (1990), il affirme que c'est dans la reconnaissance de l'autre que le soi s'éprouve comme capable. L'accompagnement psychologique met ainsi en œuvre une forme de reconnaissance mutuelle : le coach ou le thérapeute ne "corrige" pas le sujet, il le reconnaît comme interlocuteur libre. Ce geste simple — écouter sans posséder, comprendre sans réduire — constitue une médiation au sens fort : il rétablit la confiance du sujet dans sa propre parole.

Mais ce champ de la médiation individuelle ne se réduit pas au face-à-face entre deux individus. Il reflète aussi une transformation culturelle profonde : la société post-industrielle a déplacé ses conflits de la sphère économique vers la sphère psychique. Là où autrefois l'ouvrier se révoltait contre l'exploitation matérielle, le salarié d'aujourd'hui souffre d'un manque de sens ou d'un épuisement émotionnel. Selon le Baromètre 2023 « Sante des salariés et qualité de vie au travail » établi par Malakoff Humanis, 1 salarié sur 2 se sent épuisé professionnellement (page 3 de la synthèse) et presque 2 sur 3 (63 %) aimeraient être accompagné lorsqu'il traverse une situation de fragilité (page 5). Cette carence de médiation interne aux organisations explique la montée du coaching, mais aussi du *mentorat* et du *care management*.

Cependant, la multiplication des offres de coaching et de développement personnel pose la question de la légitimité et de la déontologie. Le philosophe Michel Lacroix, dans *Le culte de l'émotion* (2004), critique la prolifération des pseudo-thérapies où l'émotion devient marchandise et l'introspection, performance. Il rappelle que la véritable médiation intérieure ne vise pas l'efficacité immédiate, mais la compréhension durable. D'où l'importance des chartes professionnelles. L'European Mentoring and Coaching Council (EMCC), dans son *Code of Ethics* (2023) souligne que le coach a le devoir de promouvoir l'autonomie du client et de ne jamais substituer son jugement à celui de l'accompagné. Cette clause formalise une exigence éthique : la médiation n'a de sens que si elle respecte la liberté du sujet.

Au-delà des cadres professionnels, la philosophie contemporaine a également intégré cette notion de médiation psychologique dans sa réflexion sur le soin de soi. Michel Foucault, dans ses *Cours au Collège de France*, *L'herméneutique du sujet* (2001), définit le « souci de soi » comme le travail par lequel le sujet se transforme pour accéder à la vérité. Ce « travail de soi sur soi » est déjà une médiation : un dialogue intérieur exigeant, souvent soutenu par un tiers, qu'il soit maître, guide ou thérapeute. Foucault rappelle que, dans l'Antiquité, la philosophie n'était pas spéculation mais *praxis* spirituelle, accompagnée par des formes de guidance. Le coaching contemporain, malgré ses aspects commerciaux, s'inscrit inconsciemment dans cette filiation : il réactive la figure du *philosophe accompagnateur*.

Cette idée d'un tiers facilitateur traverse également la psychologie positive, issue des travaux de Martin Seligman. Dans *Flourish* (2011), il montre que les individus ayant bénéficié d'un accompagnement fondé sur les forces et les objectifs présentent une hausse moyenne de 20 % de leur bien-être durable. L'Université de Pennsylvanie, dans son *Positive Psychology Center Annual Report 2022*, rapporte que les programmes de coaching fondés sur la reconnaissance des forces individuelles ont réduit de 30 % les taux de turnover dans les institutions publiques américaines. On voit là encore comment la médiation psychologique — ici entre l'individu et son potentiel — devient un outil de cohésion collective.

Sur le plan existentiel, le développement personnel interroge la possibilité d'un "soi authentique", notion que la psychanalyse avait déjà déconstruite. Le danger, souligne Christopher Lasch dans *La culture du narcissisme* (1979), est de transformer la quête de soi en consommation d'expériences. La médiation intérieure devient alors caricature : au lieu de relier, elle isole. Le rôle du médiateur, qu'il soit coach ou thérapeute, consiste précisément à éviter cet écueil — à rappeler que la transformation de soi passe par la relation, non par la performance.

La psychologie contemporaine redécouvre d'ailleurs l'importance du lien et de l'écoute dans la santé mentale. Le rapport 2023 de l'OMS sur la santé mentale mondiale (*Mental Health Atlas 2023*) indique que les approches basées sur la parole et la relation (counseling, thérapie interpersonnelle, groupes d'entraide) sont désormais recommandées par l'organisation comme "composantes essentielles d'une politique de prévention durable". Loin de l'individualisme, la médiation psychologique devient donc un enjeu collectif : apprendre à écouter, c'est apprendre à vivre ensemble.

Ainsi, la médiation appliquée au développement personnel et au coaching apparaît comme une pédagogie du rapport à soi. Elle vise à rétablir une parole entre les différentes facettes du moi, mais aussi à reconnecter l'individu à un monde de relations vivantes. Le coaching, dans sa version la plus noble, est une école de courage.

Au fond, la médiation psychologique contemporaine — qu'elle prenne la forme d'un accompagnement en entreprise, d'une thérapie centrée sur la personne ou d'un dialogue éducatif — actualise un besoin fondamental : celui d'un espace tiers entre soi et soi, entre l'expérience brute et sa signification. Cet espace est devenu rare dans les sociétés saturées de stimuli. Mais c'est précisément dans cette rareté que réside sa valeur : comme l'écrivait Hannah Arendt : *« ... cet ego, le je-suis-moi, fait l'expérience de la différence dans l'identité, précisément lorsqu'il ne se rapporte pas aux choses qui apparaissent, mais à lui-même seulement — sans cette césure originelle, utilisée ensuite par Platon dans sa définition de la pensée comme dialogue silencieux* (eme emautô) *entre moi et moi-même. »* (Hannah Arendt, Considérations morales, Payot & Rivages, collection Petite Bibliothèque, 1996, page 66, traduction par Marc Ducassou et Didier Maes), "penser, c'est dialoguer silencieusement avec soi-même". Le développement personnel, lorsqu'il ne sombre pas dans la marchandise, retrouve ce geste originaire : la médiation comme condition de la pensée vivante.

- De la maïeutique socratique à la médiation thérapeutique contemporaine.

Depuis les dialogues de Platon, la figure de Socrate hante toute réflexion sur la médiation : celle du sage qui, sans jamais imposer son savoir, aide autrui à enfanter sa propre vérité. Ce geste, que le philosophe grec nomme *maïeutique* (du grec *maieutikê*, "l'art de l'accouchement"), constitue sans doute la première forme explicite de médiation psychologique : non pas transmettre, mais faire émerger. Dans le *Théétète*, Socrate se définit lui-même comme un homme stérile en sagesse, mais capable d'accoucher les autres de leurs pensées. Il ne possède pas la vérité — il la fait advenir dans le dialogue. Cet acte fondateur, que Michel Foucault complète d'une *« Deuxième règle, règle de l'attention bienveillante, ou plutôt de la non-manifestation de l'absence d'attente bienveillante : ne jamais « témoigner » aux pénitents, « même par signe ou parole », qu'on ne les écoute pas « volontiers. »* (Michel Foucault, *Les anormaux, cours au Collège de France, 1974-1975*, Éditions Seuil/Gallimard, mars 1999, collection Hautes Études, cours du 19 février 1975, page 169). Il inaugure une longue lignée de pratiques d'accompagnement qui culminent aujourd'hui dans la médiation thérapeutique, le coaching ou la psychothérapie humaniste.

La maïeutique n'est pas un art rhétorique, mais un processus existentiel : elle suppose que la vérité ne se donne pas de l'extérieur, mais s'engendre dans la relation. Socrate n'enseigne pas *quoi* penser, mais *comment* penser. Cette posture fonde le paradigme même de la médiation : l'idée qu'entre le savoir et l'ignorance, entre la souffrance et la guérison, il existe un espace de dialogue, un "entre" fécond. Comme l'a résumé Pierre Hadot, spécialiste de la philosophie antique, dans *Qu'est-ce que la philosophie antique ?* Socrate n'est pas un maître de doctrine, mais un maître de conversion. Sa parole transforme parce qu'elle provoque. Cette transformation est déjà thérapeutique : elle libère le sujet de l'illusion, du refoulement ou de la complaisance dans le non-savoir.

Or, la médiation contemporaine, qu'elle soit psychologique ou existentielle, se reconnaît pleinement dans ce geste originel. Le thérapeute, le coach, le psychopraticien moderne — loin d'être des "détenteurs de solution" — se font les héritiers de cette *technè tou biou*, cet "art de vivre" socratique, qui consiste à amener le sujet à devenir l'auteur de sa propre parole. La continuité entre la maïeutique et la médiation thérapeutique apparaît dans trois dimensions : le dialogue, le soin de soi, et la confiance dans la parole.

Le dialogue d'abord : Socrate pratique l'art du questionnement comme moyen de dévoilement. Chaque question vise à défaire les certitudes, à introduire une vacillation salutaire. Le thérapeute contemporain opère de même. Dans la *thérapie existentielle*, telle que la décrit Irvin D. Yalom dans *The Gift of Therapy* (2002), "le thérapeute ne prescrit pas la vérité, il accompagne le patient vers une lucidité que lui seul peut conquérir. La similitude est frappante : la parole n'est pas un outil d'influence, mais un instrument de libération. La médiation, dans sa forme psychothérapeutique, hérite de cette éthique du dialogue : elle reconnaît que la guérison passe par le langage, mais un langage qui ne manipule pas, qui ouvre.

Cette dimension dialogique est aujourd'hui confirmée par les neurosciences. Des travaux du Laboratoire de psychologie cognitive de l'Université d'Aix-Marseille (*Revue internationale de neuropsychologie*, 2022) montrent que les échanges empathiques activent les mêmes circuits cérébraux que ceux impliqués dans la régulation émotionnelle. En d'autres termes, parler et être écouté produit des effets biologiques de stabilisation émotionnelle — une validation scientifique de l'intuition socratique. La médiation thérapeutique contemporaine, qu'elle prenne la forme d'une thérapie centrée sur la personne ou d'une pratique d'écoute active, prolonge donc un savoir antique sous les auspices de la science moderne.

La deuxième dimension, celle du *soin de soi*, est au cœur du lien entre maïeutique et thérapie. Dans l'*Alcibiade*, Socrate invite le jeune aristocrate à prendre soin de lui-même avant de vouloir gouverner les autres : « *C'est donc l'âme que nous exhorte d'apprendre à connaître celui qui nous ordonne de nous connaître nous-mêmes.* » (Platon, *Alcibiade*, GF Flammarion, 1999, page 174, traduction par Chantal Marbœuf et J. – F. Pradeau). Ce *souci de soi*, que Foucault a magistralement commenté dans ses cours désigne un travail de subjectivation : apprendre à se connaître pour devenir libre. Ce "soin de soi" n'est pas narcissisme, mais médiation intérieure : une conversion de l'âme vers la lucidité. La thérapie moderne, dans sa visée la plus profonde, reprend cette exigence. Elle ne guérit pas le symptôme : elle rend possible un rapport plus juste à soi. Comme le décrit Carl Gustav Jung dans *Psychologie et alchimie* (1944), le processus thérapeutique est une individuation : il s'agit de devenir ce que l'on est. La médiation psychique consiste ici à rétablir le dialogue entre les parts conscientes et inconscientes du moi — écho direct de la maïeutique où le dialogue extérieur figure le dialogue intérieur.

Cette résonance historique se retrouve dans les approches thérapeutiques contemporaines dites *dialogiques*. Par exemple, la méthode de la thérapie ouverte (Open Dialogue), développée en Finlande par Jaakko Seikkula dans les années 1990, repose sur la création d'un espace collectif de parole entre patient, proches et thérapeutes. On retrouve ici le principe socratique transposé à la clinique : la vérité (ou la guérison) naît du dialogue partagé, non de l'injonction verticale.

Mais si la médiation thérapeutique s'inspire de la maïeutique, elle s'en distingue par son cadre institutionnel et sa visée de soin. Socrate provoquait parfois, déstabilisait ; le thérapeute, lui, garantit un espace sécurisé. La différence n'est pas de nature, mais d'intention. Platon avertit : « *Comment la sagesse pourrait-elle trouver la moindre place dans une âme qui n'est point d'accord avec elle-même ? Cela est impossible, puisque la plus parfaite sagesse n'est autre chose que le plus beau et le plus parfait des accords.* » (*Œuvres de Platon*, Tome septième, *La République*, Livre III, Pichon et Didier Libraires, 1831, page 167, traduction par Victor Cousin). Cette "sagesse" est précisément la tâche du médiateur contemporain : amener sans contraindre. La modernité a intégré cette exigence sous la forme de l'*écoute bienveillante* — concept développé par Thomas Gordon dans *Parent Effectiveness Training* (1970), où il définit l'écoute active comme "un miroir émotionnel qui aide l'autre à se reconnaître". La filiation entre Socrate et Gordon est directe : tous deux pratiquent une maïeutique du sens, une éthique de la relation.

Le troisième pilier de cette continuité est la confiance dans la parole. Pour Socrate, le langage n'est pas un simple outil de communication, mais un médium ontologique : c'est dans la parole que l'être se manifeste. Cette intuition sera reprise par la phénoménologie du XXe siècle, notamment par Martin Buber et Paul Ricœur. Dans *Je et Tu* (1923), Buber explique que dans le dialogue véritable, il n'y a pas de sujet et d'objet : il y a une réciprocité d'être. La médiation thérapeutique contemporaine, lorsqu'elle s'exerce dans la pleine présence, relève de cette réciprocité : le praticien ne "fait pas parler" le patient, il parle *avec* lui, dans un espace de co-construction du sens. Cette conception dialogique s'oppose à toute instrumentalisation de la parole : elle restaure la confiance dans le langage comme voie d'être.

Les thérapies narratives, inspirées des travaux de Michael White et David Epston (*Narrative Means to Therapeutic Ends* (1990), prolongent cette filiation socratique sous une forme contemporaine. Elles partent du principe que le patient n'a pas besoin d'une interprétation extérieure, mais d'un récit nouveau de lui-même. Le thérapeute, ici, agit comme médiateur de la narration : il aide à "réécrire" le sens. La maïeutique se transforme ainsi en art du récit. Ricœur, dans *Temps et récit* (1985) affirmait que se comprendre, c'est se raconter. Cette idée fonde toute médiation thérapeutique moderne : l'accompagnement n'est pas transmission, mais co-narration, reconstruction du lien entre expérience et identité.

Mais à mesure que ces pratiques se diffusent, la frontière entre médiation philosophique et psychologique se brouille. Depuis une vingtaine d'années, la philosophie pratique ou *philosophie de consultation* s'inspire explicitement de Socrate. Le philosophe allemand Gerd Achenbach, fondateur du *Berufsverband für Philosophische Praxis* (Association professionnelle de pratique philosophique) en 1982, revendique la continuité avec la maïeutique platonicienne : le philosophe praticien n'impose pas une vision du monde, il accompagne une recherche de sens (*Philosophische Praxis*, 1984).

Sur le plan clinique, la filiation entre Socrate et les pratiques modernes se voit jusque dans le vocabulaire. La thérapie cognitive et comportementale (TCC), inventée par Aaron Beck dans les années 1960, reprend explicitement la "méthode socratique" (*Socratic questioning*) comme technique centrale. Dans *Cognitive Therapy of Depression* (1979), les auteurs définissent cette méthode comme une série de questions guidées qui amènent le patient à examiner ses croyances et à en découvrir les contradictions. Autrement dit, le thérapeute socratise le patient : il le pousse à accoucher de sa propre pensée critique. La méthode la plus ancienne du monde devient ainsi l'un des outils les plus modernes de la psychologie clinique.

La médiation thérapeutique contemporaine, héritière de cette lignée, se déploie dans des contextes de plus en plus variés : psychothérapie individuelle, accompagnement de groupe, médiation familiale, thérapies systémiques. Toutes ces pratiques partagent un même présupposé : la guérison, la compréhension ou la paix intérieure ne viennent pas d'une autorité extérieure, mais du processus de relation. Comme l'a formulé Emmanuel

Mounier : *« La personne ne s'oppose pas au* nous, *qui la fonde et la nourrit, mais au* on *irresponsable et tyrannique.* » (Emmanuel Mounier, *Qu'est-ce que le personnalisme ?,* Seuil, collections Esprit, 1946, page 52). Cette phrase pourrait servir d'épitaphe commune à Socrate et au thérapeute moderne.

Cependant, si la maïeutique invitait à la connaissance de soi pour atteindre la sagesse, la médiation thérapeutique contemporaine cherche avant tout la cohérence et la santé psychique. Le déplacement est significatif : du *logos* au *pathos*, de la vérité à la viabilité. Comme le remarque Julia Kristeva dans *Les nouvelles maladies de l'âme* (1993), le sujet moderne ne cherche plus la vérité, mais une parole qui le tienne debout. Le rôle du médiateur — thérapeute ou accompagnant — est dès lors d'offrir une structure de sens minimale, un dialogue qui restaure la continuité du moi fragmenté. La maïeutique devient ainsi une thérapie du lien, une pédagogie de la présence.

En somme, la continuité entre la maïeutique socratique et la médiation thérapeutique contemporaine révèle la persistance d'une intuition fondamentale : la vérité de l'homme se découvre dans la parole partagée. Ce que Socrate faisait sur les places d'Athènes, le thérapeute le poursuit aujourd'hui dans le cabinet, le coach dans l'entreprise, le médiateur dans l'école : ouvrir un espace où le sujet peut accoucher de lui-même. Derrière la diversité des méthodes, c'est toujours la même scène fondatrice : deux êtres en dialogue, un silence fécond, une parole qui accouche.
Comme l'expliquait Paul Ricœur dans *La mémoire, l'histoire, l'oubli* (2000), le dialogue véritable n'est pas fusion, mais reconnaissance mutuelle dans l'épreuve du sens. Cette pensée condense à elle seule la vocation de la médiation — depuis Socrate jusqu'à la thérapie moderne : un acte d'hospitalité entre deux consciences, où la vérité, au lieu d'être donnée, se construit à deux voix.

- Paul Ricoeur *(Soi-même comme un autre)* : identité narrative comme médiation du soi, la médiation comme art de la réconciliation intérieure.

Dans l'immense chantier philosophique du XXe siècle, peu d'auteurs ont su articuler avec autant de finesse que Paul Ricœur la question du soi, du récit et de la médiation. Publié en 1990, *Soi-même comme un autre* représente l'un des sommets de cette œuvre : une méditation sur la condition humaine comprise non comme essence, mais comme tâche, comme mouvement interprétatif. L'idée centrale, devenue depuis une pierre angulaire des sciences humaines, est que l'identité ne se possède pas — elle se raconte. En ce sens, l'identité narrative constitue la forme la plus achevée de médiation existentielle : elle permet au sujet de se reconnaître dans la discontinuité de son histoire, de réconcilier le même et l'autre, la permanence et le changement. Raconter, définit Ricœur, c'est réconcilier le temps vécu et le temps raconté. Or, dans une époque où l'individu contemporain se trouve écartelé entre des identités multiples, cette conception de la médiation narrative prend une portée thérapeutique : elle devient l'art de la réconciliation intérieure.

Pour Ricœur, l'identité du sujet ne peut être réduite à la simple "ipséité" (le moi comme conscience de soi) ni à la "mêmeté" (le moi comme permanence dans le temps). Elle résulte d'une dialectique du même et de l'autre, où la narration opère comme médiation. L'homme ne se comprend qu'à travers les récits qu'il tisse sur lui-même — récits toujours partiels, toujours en réécriture. Ce qui lie entre elles les expériences hétérogènes de la vie, ce n'est pas une substance, mais un *récit*. Ainsi, la narration devient le lieu d'une médiation intérieure : elle transforme le vécu en sens, le discontinu en cohérence.

Cette thèse, à la fois phénoménologique et herméneutique, s'enracine dans la tradition d'Aristote et de la *Poétique*, où le *muthos* (la mise en intrigue) organise le divers du réel. Mais Ricœur dépasse la simple esthétique : raconter, pour lui, n'est pas seulement une opération littéraire, c'est un acte existentiel. Dans *Temps et récit*, il décrit le récit comme une médiation entre l'expérience et l'histoire. En d'autres termes, le sujet se constitue comme narrateur de sa propre vie, mais un narrateur toujours en dialogue avec autrui, avec le monde et avec le langage lui-même. Le *soi* n'est donc pas donné : il se cherche, se construit, s'interprète.

Dans cette perspective, la narration devient un processus de médiation herméneutique : elle relie le sujet à lui-même par le détour de la signification. La compréhension de soi, analyse Ricœur, passe par l'interprétation des signes, des symboles, des textes où la vie s'exprime. Cette réflexion concentre toute la philosophie ricœurienne : le soi n'est pas transparent, il est médié par le langage, l'action et le récit. La médiation narrative est donc l'alternative à deux illusions symétriques : celle du moi fermé sur lui-même (le cogito cartésien) et celle du moi dissous (le sujet postmoderne).

Le "comme un autre" du titre condense cette tension. L'identité n'est pas fusionnelle ; elle est relationnelle. Le soi ne se connaît que dans le miroir de l'autre, précise Ricoeur. Cette reconnaissance mutuelle — que l'on retrouve plus tard dans *La mémoire, l'histoire, l'oubli* (2000) — donne à la médiation une portée éthique : se comprendre, c'est toujours aussi comprendre l'autre. Ainsi, la narration du soi devient un acte de cohabitation intérieure et intersubjective.

Cette conception trouve aujourd'hui un écho direct dans les pratiques psychothérapeutiques et de médiation personnelle. Les thérapies narratives développées par Michael White et David Epston s'inspirent explicitement de

Ricœur : elles posent que l'identité d'un individu est le fruit des récits dominants qu'il porte, et que la guérison consiste à reconfigurer ces récits. Dans *Narrative Means to Therapeutic Ends* (1990), les auteurs citent Ricœur comme celui qui a donné aux praticiens du soin la clé du lien entre narration et identité.

Cette articulation entre philosophie et thérapie illustre le potentiel de la médiation narrative : elle ne corrige pas, elle relie. Le récit devient un espace de dialogue entre ce que l'on fut, ce que l'on est et ce que l'on veut devenir. Ricœur avait anticipé cette fonction thérapeutique en évoquant dans *Soi-même comme un autre*, le travail du récit comme travail de deuil et de réconciliation. Raconter sa vie, c'est lui donner une forme habitable, c'est "se réconcilier avec le temps". Ce processus de réconciliation n'a rien d'une complaisance : il suppose le courage de la lucidité, la capacité d'affronter l'altérité en soi. Il n'y a pas d'identité sans altération, résume Ricœur. La médiation narrative devient donc une pédagogie de la réconciliation : elle apprend à cohabiter avec ses contradictions.

La force de la pensée ricœurienne tient à ce qu'elle relie la médiation du soi à une éthique de la responsabilité. Se raconter n'est pas s'enfermer dans la subjectivité ; c'est se rendre responsable de son histoire. Ricœur oppose à la tentation postmoderne du "moi fragmenté" l'idée d'une fidelité à soi — mais une fidélité non figée. Dans *Soi-même comme un autre*, il distingue la "mêmeté" (*idem*) — la permanence factuelle — de l'"ipséité" (*ipse*) — la fidélité à la parole donnée. L'identité narrative, c'est précisément la médiation entre ces deux dimensions : un équilibre entre constance et transformation.

Cette tension fonde ce que Ricœur appelle la petite éthique, développée dans *Soi-même comme un autre* : la visée de la vie bonne avec et pour les autres dans des institutions justes. Il y a ici une dimension profondément médiatrice : la vie bonne ne se définit pas seule, mais *avec* et *pour* les autres. Le récit de soi s'inscrit dans un tissu narratif collectif — celui de la mémoire, de la culture, du langage. Autrement dit, l'identité narrative n'est pas seulement introspective : elle relie l'individu à la communauté : raconter, c'est relier. Mais cette médiation narrative n'est pas un refuge. Elle suppose une confrontation à la vulnérabilité. Ricœur insiste sur le fait que nous ne sommes pas les maîtres de nos récits. Le langage, la mémoire, l'oubli, les blessures du passé pèsent sur toute mise en intrigue de soi. D'où la dimension tragique de la médiation ricœurienne : elle n'efface pas la fracture, elle la rend pensable. Dans *La mémoire, l'histoire, l'oubli*, il précise que se souvenir, c'est aussi savoir oublier ; l'oubli est la condition du pardon. Cette idée résume la finalité de la médiation intérieure : non pas restaurer une totalité perdue, mais habiter la fissure. La réconciliation, ici, n'est pas fusion mais reconnaissance.

Médiation, récit et réconciliation

La médiation, chez Ricœur, n'est jamais neutre : elle est toujours orientée vers la réconciliation. Or, cette réconciliation n'est ni immédiate ni totale. Elle est un chemin, une praxis, un art. Toujours dans *Soi-même comme un autre*, il évoque la médiation comme étant la patience du sens. Cette patience, cette temporalité lente du travail du récit, s'oppose à la hâte de l'immédiateté moderne. Dans une société saturée d'instantanéité, où les identités se recomposent au rythme des flux numériques, Ricoeur nous invite à ralentir, à relire, à réécrire.

Cette dimension temporelle est essentielle. Comme le souligne Charles Taylor dans *Sources of the Self* (1989), nous ne nous comprenons qu'à travers les histoires disponibles de notre culture. Ricœur prolonge cette intuition en la rendant réflexive : nous sommes les auteurs et les lecteurs de nos vies, dans un incessant va-et-vient entre le vécu et le narré. La médiation narrative est donc un *exercice spirituel*, au sens où l'entendait Pierre Hadot : un travail sur soi par la parole, une transformation de la manière d'exister.

Mais cette médiation du soi n'a de sens que si elle reste ouverte au tragique. Ricœur refuse la clôture du récit — il y a toujours du non-dit, de l'inachevé. Le récit, dit-il dans *Temps et récit*, fait place à l'événement qui surprend. C'est pourquoi la réconciliation intérieure n'est jamais définitive : elle se rejoue à chaque relecture de soi. Dans cette ouverture, Ricoeur rejoint la tradition phénoménologique (notamment Husserl et Merleau-Ponty) et la spiritualité augustinienne : *in interiore homine habitat veritas* — "la vérité habite l'intérieur de l'homme", mais cet intérieur est traversé de médiations, de symboles et de récits.

Le dernier mot de Ricœur, celui de la *reconnaissance*, condense l'héritage de toute son œuvre. Dans *Parcours de la reconnaissance* (2004), il distingue trois sens du terme : reconnaître quelque chose, se reconnaître soi-même, être reconnu par autrui. Ces trois dimensions forment une chaîne de médiations qui conduit du cognitif à l'éthique. La reconnaissance, dit-il, est la forme accomplie de la réconciliation. Ainsi, la médiation du soi atteint son but quand le sujet peut dire : "Me voici." Non pas "je sais", mais "je suis là". La reconnaissance est l'acte par lequel le soi accepte sa finitude et s'ouvre à l'altérité.

Cette idée irrigue aujourd'hui la philosophie du soin et de la médiation. Axel Honneth, dans *La lutte pour la reconnaissance* (2000), cite Ricœur comme celui qui a donné au concept une profondeur herméneutique : la reconnaissance n'est pas seulement un rapport social, mais une expérience narrative du soi. Dans les pratiques contemporaines de médiation, qu'elles soient juridiques, psychologiques ou spirituelles, cette filiation se traduit par une exigence : rétablir des conditions de reconnaissance mutuelle.

La médiation, au sens ricœurien, n'est donc pas une technique, mais une *poétique du vivre-ensemble*. Elle suppose une confiance dans la parole, une hospitalité envers l'autre, et un engagement à poursuivre le dialogue malgré la blessure. "L'homme capable", expression que Ricœur emploie à plusieurs reprises dans *Soi-même comme un autre*, n'est pas celui qui domine, mais celui qui peut répondre — *respons-able*. La médiation du soi devient alors une école de responsabilité : elle enseigne la réconciliation sans illusion, la fidélité sans rigidité, la narration sans mensonge.

Ainsi, la médiation narrative devient un outil de résistance à la dispersion contemporaine. Elle nous apprend à "raconter plutôt qu'à réagir", à inscrire nos expériences dans une histoire plutôt que dans un flux. Dans un monde saturé d'immédiateté, Ricœur offre une philosophie de la lenteur : le temps du récit comme temps de la réconciliation.

La leçon de Ricœur, au terme de cette traversée, tient en une phrase : "Se raconter, c'est déjà se réconcilier." La médiation du soi n'est pas une fusion, mais une composition. Le sujet contemporain, éclaté par la multiplicité de ses appartenances et la précarité de ses repères, trouve dans la narration un espace d'unité souple — un fil conducteur qui relie sans enfermer. En cela, *Soi-même comme un autre* n'est pas seulement un traité de philosophie, mais un manuel de médiation existentielle. Ricoeur ne croit pas au salut sans médiation. Cette affirmation pourrait servir de devise à toute notre époque : celle d'un monde en quête de sens, qui redécouvre dans le récit, la parole et la reconnaissance les chemins de la réconciliation intérieure.

- Martin Buber *(Je et Tu)* : relation dialogique comme médiation essentielle de l'existence.

Dans un monde où la communication n'a jamais été aussi dense, la parole véritable semble paradoxalement se raréfier. L'hyperconnexion numérique, la fragmentation du lien social, les rapports médiatisés par l'écran ou l'algorithme, tout concourt à substituer à la rencontre une suite d'échanges fonctionnels et dépersonnalisés. C'est ici que la pensée de Martin Buber, philosophe et théologien autrichien (1878-1965), revêt une portée existentielle et spirituelle essentielle : elle rappelle que l'être humain ne devient lui-même que dans la relation dialogique, dans la parole qui ouvre un espace de réciprocité. Dans *Ich und Du* (*Je et Tu*, 1923), Buber établit une distinction radicale entre deux modes fondamentaux d'être-au-monde : la relation « Je-Cela » (*Ich-Es*) et la relation « Je-Tu » (*Ich-Du*). L'une instrumentalise, l'autre rencontre ; l'une objective, l'autre reconnaît. Le dialogue n'est pas ici simple communication : il devient médiation ontologique, lieu de passage entre l'individuel et l'universel, le singulier et le transcendant.

Le texte de Buber s'ouvre sur une intuition décisive : *« L'homme devient un* Je *au contact du* Tu *»* (Martin Buber, *Je et Tu*, Éditions Aubier, 1969, page 52, traduit par G. Bianquis). Cette phrase, lapidaire et fondatrice, rompt avec la tradition individualiste de la modernité. Le « Je » n'est pas une entité close, une substance psychologique ; il advient, se constitue dans l'ouverture à l'autre. Autrement dit, la relation précède l'identité. Dans un contexte philosophique dominé par l'idéalisme hégélien et les modèles objectivants de la connaissance, Buber opère un renversement : l'homme ne se comprend plus à partir de la conscience de soi, mais à partir du dialogue originaire. C'est là que se situe la médiation essentielle de l'existence : l'entre-deux du Je et du Tu, cet espace fragile et fécond où le monde se révèle non comme un ensemble d'objets, mais comme un tissu de présences.

La philosophie de Buber repose sur la distinction entre deux paroles fondamentales : *Je-Cela* et *Je-Tu*. Dans la parole *Je-Cela*, l'homme se rapporte au monde par la distance et l'utilité. Il observe, analyse, utilise ; il fait du monde un objet de savoir et de maîtrise. C'est le langage du calcul et de la technique, le discours du sujet sur les choses. Dans la parole *Je-Tu*, en revanche, le monde n'est plus perçu mais rencontré. L'autre n'est plus un « il » ou un « cela », mais un « tu » qui me répond, un être qui ne peut être réduit à une fonction ni à une image. La médiation n'est pas ici un simple intermédiaire, mais une relation fondatrice : elle met en présence deux libertés qui s'appellent et se transforment mutuellement.

Buber écrit : *« Toute vie véritable est rencontre. »* (Martin Buber, *Je et Tu*, Éditions Aubier, 1969, page 30, traduit par G. Bianquis). Le terme allemand *Begegnung* ne signifie pas seulement une rencontre physique, mais une co-présence existentielle. C'est dans cet espace du « entre » (*das Zwischen*) que se joue la médiation : ni fusion, ni séparation, mais tension créatrice. Emmanuel Levinas, qui reconnaîtra en Buber un précurseur, écrira : *« L'homme en tant qu'Autrui nous arrive du dehors, séparé — ou saint — visage. Son extériorité — c'est-à-dire son appel à moi, est sa vérité. Ma réponse ne s'ajoute pas à un « noyau » de son objectivité comme un accident, mais* produit *seulement sa vérité (que son « point de vue » sur moi, ne saurait abolir). »* (Emmanuel Levinas, *Total et infini*, Martinus Nijhoff Publishers, 1961, page 267). La parole buberienne inaugure donc une éthique de la reconnaissance : exister, c'est répondre.

Dans la modernité, la relation à autrui s'est progressivement rationalisée : le monde est devenu un ensemble d'objets manipulables, et l'homme lui-même une variable économique ou sociale. Buber diagnostique cette dérive dès les années 1920. Il écrit : *« Le monde « ordonné » n'est pas l'ordre du monde. Il y a des moments où aucune cause n'est énoncée, mais où l'ordre du monde apparait, devient présent. Alors on saisit au vol le son dont le monde « ordonné » est la notation indéchiffrable. Ces instants sont immortels, car ce sont les plus fugitifs ; on n'en peut retenir aucun contenu, mais leur vertu s'intègre à la création et à la connaissance de l'homme, des effluves de cette vertu pénètrent dans le monde « ordonné » et le dégèlent et le liquéfient à nouveau. C'est l'histoire de l'individu, c'est l'histoire de l'espèce. »* (Martin Buber, *Je et Tu*, Éditions Aubier, 1969, page 55, traduit par G. Bianquis). Cette « présence » est ce que la médiation dialogique rétablit : elle redonne au réel son caractère de proximité vécue. En ce sens, la pensée de Buber rejoint les intuitions de Heidegger sur l'oubli de l'être, mais elle s'en distingue profondément : alors que Heidegger cherche à reconquérir le sens de l'être à travers le Dasein, Buber le retrouve à travers la relation. Le sens de l'être n'est pas une question métaphysique, mais une expérience de parole : *l'être se révèle dans le dialogue*.

Dans une perspective plus contemporaine, Charles Taylor reprendra cette idée de la reconnaissance dialogique dans *Sources of the Self* (1989) comme Axel Honneth, dans *La lutte pour la reconnaissance* (2000), fait de la reconnaissance le fondement normatif de la vie sociale. Ces prolongements attestent que la pensée de Buber n'est pas une simple mystique du rapport : elle offre une herméneutique du lien susceptible d'éclairer la crise relationnelle du monde contemporain.

Pour Buber, le dialogue n'est pas seulement un mode de communication : il est un acte éthique. Parler véritablement à quelqu'un, c'est lui reconnaître une dignité inconditionnelle. L'authenticité de la parole suppose la disponibilité intérieure : *« Celui qui dit* Tu *n'a aucune chose, il n'a rien. Mais il s'offre à une relation. »* (Martin Buber, *Je et Tu*, Éditions Aubier, 1969, page 21, traduit par G. Bianquis). Dans cette ouverture, le Je ne cherche ni à convaincre, ni à posséder ; il se rend disponible à la présence de l'autre. Cette éthique du dialogue suppose donc un dépassement de l'ego, une ascèse de la parole. On retrouve ici l'écho du « désintéressement » lévinassien et la structure même de la médiation, comprise non comme compromis, mais comme exigence de réciprocité. Cette parole responsable trouve des résonances concrètes dans la pratique contemporaine de la médiation sociale ou interculturelle. Les médiateurs expérimentent chaque jour cette tension entre vérité et reconnaissance : il ne s'agit pas seulement d'échanger des arguments, mais de rendre la parole possible. Selon le *Rapport annuel d'activité 2023* du Défenseur des droits (page 6) *« 76 % de médiations ont abouti à un règlement amiable »* sur près de 257 000 sollicitations. La philosophie de Buber éclaire alors cette mission : restaurer la possibilité du *Tu* là où ne règne plus que le *Cela*.

Une dimension essentielle de la pensée de Buber est la dimension théologique du Tu. Dans le dernier chapitre de *Je et Tu*, il écrit : *« Chaque* Tu *individuel ouvre une perspective sur le* Tu *éternel. Dans chaque* Tu *individuel, le mot fondamental invoque le* Tu *éternel. »* (Martin Buber, *Je et Tu*, Éditions Aubier, 1969, page 113, traduit par G. Bianquis). Cela signifie que toute rencontre authentique porte en elle un excès : dans le Tu humain se laisse entrevoir le Tu divin. La médiation humaine devient ainsi le lieu de passage du transcendant. Il ne s'agit pas de théologie au sens confessionnel, mais d'une phénoménologie du sacré : l'autre est la médiation de Dieu, la présence de l'Absolu dans le monde. Cette idée a profondément marqué la pensée juive du XXe siècle. Emmanuel Levinas, encore, en prolonge le sens éthique : le visage d'autrui est le lieu où « Dieu passe ». Franz Rosenzweig, ami et interlocuteur de Buber, résumait dès 1921 dans *L'Étoile de la rédemption* (1979) que *ce n'est pas la vérité qui relie, mais la relation vivante.* Tous deux affirment contre les abstractions de la modernité que la vérité advient dans la relation.

Buber résume cette perspective : *« Dans l'amour, un* Je *prend la responsabilité d'un* Tu *; en cela consiste l'égalité entre ceux qui aiment, égalité qui ne saurait résider dans un sentiment quel qu'il soit, égalité qui va du plus petit au plus grand, du plus heureux et du mieux assuré, de celui dont la vie entière est enclose dans celle d'un être unique et aimé, jusqu'à celui qui est toute sa vie crucifié sur la croix de ce monde, pour avoir pu et osé cette chose inouïe : aimer les hommes. »* (Martin Buber, *Je et Tu*, Éditions Aubier, 1969, page 35, traduit par G. Bianquis). Cette phrase, que l'on retrouve souvent dans la tradition humaniste, a des implications éthiques majeures : aimer, ce n'est pas se perdre dans la fusion, c'est répondre à la présence de l'autre. La médiation dialogique devient ainsi un acte de création du monde commun.

La pensée de Buber a trouvé des prolongements notables dans la psychologie humaniste et la psychothérapie existentielle. Carl Rogers, fondateur de l'Approche centrée sur la personne, cite explicitement la « rencontre Je-Tu » de Buber dans *The Therapeutic Relationship and Its Impact* (1965). Rogers reconnaît dans le modèle buberien la source d'une éthique de l'écoute : le thérapeute ne "gère" pas le patient comme un cas, il entre en dialogue avec une personne. De même, Viktor Frankl, dans *Man's Search for Meaning* (1959), écrit que la relation d'aide suppose une présence réciproque : c'est seulement dans le regard de l'autre que le sens devient visible.

Aujourd'hui, cette inspiration irrigue encore les pratiques de médiation relationnelle, de coaching existentiel ou de dialogue interculturel. L'approche « dialogique » y prend alors toute sa part. Ivana Marková et Birgitta Orfali proposent ce lien : *« On peut caractériser le dialogisme comme la capacité de l'esprit humain de concevoir, créer et communiquer au sujet des réalités sociales en termes d'alter, c'est-à-dire par rapport à d'autres individus, groupes, communautés et cultures. »* (*Le dialogisme en psychologie sociale*, Hermès, La Revue 2005/1 n° 41, CNRS Éditions, page 27). Il n'est pas étonnant de constater que beaucoup de médiateurs s'inspirent des approches "dialogiques", témoignant ainsi d'une continuité : là où la société technique multiplie les interfaces, la médiation restaure la présence. Dans un monde saturé de discours, la pensée de Buber agit comme une résistance discrète. Elle nous rappelle que le langage n'est pas un simple outil, mais un milieu de l'être. Lorsque la parole devient pure transmission d'information, elle perd sa puissance de présence ; la médiation dialogique vise à la réenchanter. Comme le note le philosophe François Jullien dans *L'écart et l'entre* (2012), c'est dans l'« entre » que réside la fécondité du sens : non dans la fusion, mais dans la tension vivante du dialogue. Buber, dès 1923, avait pressenti que la crise moderne serait celle du rapport.

Dans cette perspective, la médiation n'est pas seulement un dispositif social ou juridique ; elle devient une attitude spirituelle. Être médiateur, c'est apprendre à habiter le *Zwischen*, à tenir ensemble le *Je* et le *Tu* sans les confondre. Cette posture suppose une éthique de l'écoute, mais aussi une humilité ontologique : reconnaître que le monde ne nous appartient pas, qu'il nous est confié à travers autrui.

Les données contemporaines sur la solitude et la crise du lien viennent souligner l'urgence de cette redécouverte du dialogue. En France, le rapport de la Fondation de France indique *« En juillet 2023, 28% des habitants de l'agglomération parisienne et des communes de plus de 100 000 habitants se sentent seuls contre 24% des habitants des communes rurales. L'anonymat des grandes métropoles contient en lui-même l'ingrédient qui à la fois nourrit la liberté et alimente le sentiment de solitude. »* (Rapport *Solitudes 2023*, Fondation de France- Observatoire de la Philanthropie, page 9). Ces chiffres ne sont pas seulement sociaux ; ils traduisent une crise du *Tu*, une raréfaction de la parole vivante. Face à cette dérive, la pensée de Buber devient une médiation pour le présent : elle appelle à refonder le lien à partir du visage, du souffle, de la parole donnée.

La philosophie dialogique de Martin Buber est sans doute l'une des plus fécondes réponses au désenchantement moderne. Elle nous enseigne que l'homme ne vit pas de communication, mais de rencontre ; que la parole ne sert pas à transmettre, mais à relier ; que la médiation n'est pas un outil, mais une condition d'existence. En ce sens, Buber rejoint la grande tradition humaniste inaugurée par Socrate et prolongée par Ricoeur : la médiation, qu'elle soit intérieure ou relationnelle, n'est autre que l'art de réconcilier le *Je* et le monde, le soi et l'autre, l'immanence et la transcendance.

Dans *Je et Tu,* l'ultime phrase résume toute l'ambition d'une vie : *« On ne trouve pas Dieu si l'on reste dans le monde. On ne trouve pas Dieu si l'on sort du monde. Celui qui se porte tout entier à la rencontre de son* Tu *et qui implique en ce* Tu *l'être entier de l'univers, celui-là trouve l'Être, qu'on en peut chercher. »* (Martin Buber, *Je et Tu,* Éditions Aubier, 1969, page 119, traduit par G. Bianquis). Le *Tu* n'est pas un Dieu séparé, mais le visage même du monde quand il devient présence. Cette parole, presque mystique, contient une éthique universelle : être en relation, c'est être médiateur. C'est dans l'espace fragile et sacré du dialogue que s'invente encore, pour l'homme contemporain, une voie de salut : non pas sortir du monde, mais le réhabiter dans la parole partagée.

Chapitre 16 – Vers une culture mondiale de la médiation ?

- Synthèse des champs explorés : numérique, interculturel, écologique, politique, psychologique.

Au terme de notre parcours, il est temps de faire résonner ensemble les grands champs que nous avons arpentés — numérique, interculturel, écologique, politique et psychologique — afin de discerner ce qui les unit, ce qui les différencie, et surtout ce que leur croisement peut légitimer comme perspective de culture mondiale de la médiation. Car ce que ces domaines dévoilent, ce n'est pas une juxtaposition d'applications, mais une constellation d'intuitions convergentes : la médiation ne se réduit pas à une technique, mais devient un horizon de pensée, un principe de transformation des relations entre les hommes, les sociétés et la planète.

Commençons par le numérique, cet immense laboratoire désormais incontournable de la médiation. Nous avons vu comment la médiation numérique — plateformes de règlement en ligne, visioconférences, dispositifs d'IA de facilitation — redessine le terrain du dialogue. Mais plus profondément, la technologie ne joue pas seulement le rôle d'outil neutre : elle médie le rapport au monde. Le philosophe Peter-Paul Verbeek, en prolongement de la phénoménologie technique, insiste sur le fait que les artefacts technologiques configurent les possibilités d'action et de perception ; ils ne sont ni simples instruments ni extérieurs au sujet, mais parties prenantes de la médiation entre l'humain et le réel. Ainsi, la médiation numérique n'est pas seulement "médiation à distance" : elle transforme les conditions mêmes de l'interaction, des temporalités, des échelles. Les algorithmes, les interfaces, la logique de recommandation participent — souvent silencieusement — à redessiner ce qu'être médiateur veut dire au XXIe siècle.

Mais ce numérique, porteur de vitesse et d'instantanéité, entre parfois en tension avec le champ interculturel. C'est là que la médiation interculturelle prend tout son sens : reconnaître que les normes de parole, de respect, de justice, d'éthique ne sont pas universelles mais pluralité de mondes symboliques. Quand deux interlocuteurs issus de cultures différentes se rencontrent, ce n'est pas simplement une barrière de langue : c'est un horizon de sens à faire dialoguer. Hans-Georg Gadamer l'a souligné : comprendre autrui suppose d'horizons différents une fusion d'horizons. La médiation interculturelle est précisément cette tâche : non pas imposer une norme dominante, mais faire émerger un sens commun entre univers discrets. Dans ce sens, la médiation interculturelle est un chantier du commun — elle nous rappelle qu'au-delà des différences, le dialogue est ce qui forge la coexistence.

Dans un troisième registre, le champ écologique interpelle la médiation comme nécessité planétaire. Le conflit entre l'homme et la nature, la crise du climat, les inégalités environnementales révèlent que les catastrophes écologiques ne sont pas seulement techniques : ce sont des conflits de valeurs, de temporalités, de responsabilités. Ici, la médiation doit dialoguer avec les générations futures, articuler intérêt local et bien commun global, donner voix aux non-humains. La médiation écologique exige une herméneutique du vivant, une écologie du commun, où la médiation n'est pas seulement entre humains mais entre les vivants. À travers les COP, les conventions internationales ou les concertations locales, le besoin d'une médiation qui fasse le trait d'union entre l'urgence et la durée se révèle.

Puis viennent, dans le domaine politique, les tensions de la démocratie, la défiance institutionnelle, les fractures sociales. Nos analyses ont montré comment la médiation politique — dans le cadre de conférences citoyennes, de dispositifs participatifs, de médiateurs institutionnels — tente de restaurer un lien entre gouvernants et gouvernés. Mais ce champ est également l'un des plus exigeants vers la médiation globale : comment légitimer une médiation démocratique à l'échelle mondiale dans un monde fracturé par les souverainetés, les blocs, les puissances hégémoniques ? Comment concevoir un langage moral et politique capable d'embrasser la pluralité des régimes, des cultures, des priorités ? La médiation politique nous rappelle que le global ne peut pas être imposé, mais doit être négocié dans la différence, que la médiation structurelle (tiers institutionnel, conversation publique) doit viser à restituer du commun sans effacer la diversité.

Enfin, le champ psychologique, celui de l'intériorité, complète la synthèse : notre pouvoir de médiation commence en nous. Nous avons étudié comment la médiation thérapeutique, la médiation existentielle, la médiation narrative accompagnent la réconciliation intérieure, la cohérence du soi, la médiation entre conscient et inconscient. Cet aspect n'est pas un supplément : il est la condition qu'un sujet porteur puisse être un médiateur du monde. Sans autonomie intérieure, sans capacité à se porter médiateur de soi à soi, la médiation sociale, politique ou technologique risque d'être creuse. Ce que l'on nomme médiation intégrale, c'est l'articulation de ce que l'on est intérieurement et ce que l'on porte dans le monde.

Quand on rouvre tous ces champs — numérique, interculturel, écologique, politique, psychologique — on entrevoit un motif commun : la médiation comme condition de la relation possible dans un monde de complexité, de pluralité, de crise. Ce motif tient en trois idées convergentes.
Premièrement, la médiation comme rupture de la pure imposition. Dans aucun des champs ne la contrainte brutale ou la hiérarchie verticale (techno, culture, politique) ne garantit le sens. La médiation est le lieu d'une renégociation de la relation, de l'autorité, du respect mutuel. Le numérique contraint par ses architectures ; l'interculturel impose parfois une norme hégémonique ; l'écologie commande souvent une loi du catastrophisme ; la politique institue des pouvoirs ; le psychologique pivote sur la culpabilité ou la pathologie. La médiation, dans sa vocation, propose de remplacer la contrainte par le dialogue, l'épreuve de la parole, l'éthique de l'hospitalité.

Deuxièmement, la médiation comme processus temporel. Aucun de ces champs ne s'achève immédiatement. Le numérique se reprogramme, les cultures se redéfinissent, les écosystèmes se transforment, les institutions évoluent, les psychismes se réorientent. La médiation n'est jamais une solution ponctuelle : c'est une praxis du temps long, un entretien continu de la relation. Elle exige patience, révision, réécoute — ce que Ricoeur appelait le "travail du récit".

Troisièmement, la médiation comme principe de cohérence éthique. Face aux dissonances entre les champs — un algorithme qui optimise le profit mais aggrave la fracture sociale ; une politique qui impose des normes au mépris des cultures locales ; une demande psychologique de sens noyée dans l'urgence climatique — la médiation affûte le rôle de cousinage entre les valeurs. Elle n'exige pas l'unité dogmatique, mais la cohérence dialogique : un principe moral qui traverse les domaines, orientant les médiations vers la dignité, la justice, la responsabilité.

Ainsi, cette synthèse ne propose pas une addition de médiations spécialisées, mais une médiation universelle réfléchie dans ses déclinaisons. Le numérique ne se substitue pas à l'interculturel, mais doit s'incarner dans le respect de la pluralité ; l'écologie ne commande pas le politique, mais engage un dialogue moral entre le local et le global ; le psychologique nourrit le politique de sujets robustes dans l'altérité. Si une culture mondiale de la médiation doit émerger, c'est dans la conjonction de ces champs — dans un horizon où la médiation est non plus l'exception, mais le mode ordinaire de la relation.

- Les défis planétaires (crises, guerres, transitions) et la nécessité d'un langage commun.

Les défis planétaires qu'affronte notre époque ne sont pas disjoints : ils se tissent les uns aux autres en une toile d'interdépendance où chaque crise résonne dans l'autre — le dérèglement climatique stimule les migrations, les conflits alimentent la fragilité écologique, la transition énergétique perturbe les équilibres géopolitiques, et la montée de la complexité technologique déplace les conflits vers les imaginaires. Ce qui fait l'urgente perturbation de notre temps, c'est cette convergence des crises. Dans ce contexte, le concept de médiation ne peut rester théorique : il doit devenir un langage mondial, capable de dire l'unité dans la multiplicité, d'ouvrir un espace de sens partagé où cohabitent les divergences.

Prenons d'abord le défi climatique et environnemental. Le rapport Emissions Gap 2024 (2024 United Nations Environment Programme, ISBN 978-92-807-4185-8, page XI) du Programme des Nations unies pour l'environnement (UNEP) met en évidence la nécessité d'une réduction de 42 % des émissions de gaz à effet de serre d'ici 2030 pour rester sous la barre des +1,5 °C, faute de quoi le réchauffement pourrait atteindre entre 2,6 et 3,1 °C d'ici la fin du siècle. Le rapport souligne que les engagements actuels ne suffisent pas, et que derrière ces indicateurs, ce sont des vies humaines, des écosystèmes et des générations futures qui sont en jeu. Parallèlement, les litiges climatiques que l'on dénombre de plus en plus nombreux tissent un droit climatique naissant, mais leur multiplication révèle aussi le déficit de médiation structurant entre États, citoyens, entreprises et nature.
Cette dimension écologique se conjugue parfois brutalement aux conflits armés. Dans des régions telles que le Sahel, la Syrie, ou le Yémen, la sécheresse, l'épuisement des sols, la pénurie d'eau accentuent les tensions sociales, provoquent des déplacements massifs, et fragilisent les institutions. Le site *Driving climate ambition in conflict-prone regions* (UNEP) signale que dans des contextes en guerre comme le Yémen ou la Somalie, les changements climatiques exacerbent l'insécurité, la famine, les conflits intercommunautaires, et rendent plus difficile l'élaboration de transitions justes. Là, la médiation joue le rôle de traducteur entre deux temporalités : celle d'une crise immédiate — violence, survie — et celle d'une transition nécessaire — régénération, adaptation, reconstruction.

Dans le domaine des conflits armés plus stricts, l'Organisation des Nations unies intensifie son appui à la médiation via sa Mediation Support Unit (unité d'appui à la médiation), avec une base de données de plus de 75 000 dispositions issues de 1 300 accords de paix. Cette infrastructure conceptuelle a pour ambition de construire un corpus de langage commun — une grammaire de la paix utilisable au-delà des cultures locales. De plus, les orientations de l'ONU pour la médiation incluent des modules dédiés à la langue, aux arrangements sécuritaires, à la participation et à la légitimité (notamment la traduction multilingue, la neutralité de la médiation, l'inclusivité des parties). Autrement dit, on peut dire que même l'institution de la médiation internationale travaille à forger un langage commun normatif — nécessaire pour faire advenir la médiation globale comme pratique crédible.

Mais cette construction n'est pas assurée : le désert linguistique plane entre les États, les cultures, les institutions. Quand un médiateur propose un « compromis », ce mot peut signifier capitulation pour l'un, justice pour l'autre. Quand on réclame « réparation », pour certains cela suppose des réparations financières, pour d'autres une reconnaissance symbolique. Face à ces divergences, la médiation planétaire doit promouvoir la polyphonie raisonnée : une écoute des différences sans céder à la confusion. Hannah Arendt, dans *Condition de l'homme moderne*, évoque la pluralité des voix humaines comme condition de la politique — mais aussi la nécessité d'un ordre commun pour que ce pluralisme ne sombre pas dans le bruit. Cette tension entre pluralité et cohérence est structurale.

Un défi supplémentaire est la transition technologique et sa radicalité prospective : intelligence artificielle, armes autonomes, surveillance algorithmique, biotechnologies, contrôles de données. Ces transformations sont en train de déplacer les lignes du conflit et du pouvoir. Le rapport *Prescriptions for a Peaceful Future* de l'Union parlementaire internationale souligne que l'IA, les systèmes spatiaux, le numérique global, la course aux brevets, exigent une gouvernance mondiale renouvelée — notamment en matière éthique et de responsabilité interétatique. Dans un monde où un code informatique peut déclencher un événement planétaire, la médiation globale ne peut être qu'un langage de régulation technique, politique et éthique à la fois. Là, il faut inventer une lex technica médiatrice.

Ces défis méritent d'être abordés non par des discours séparés, mais par un langage commun de médiation planétaire — un répertoire partagé de concepts, de principes, d'images symboliques, de métaphores unifiantes. Ce langage doit pouvoir circuler entre diplomates, communautés locales, organisations internationales, citoyens, scientifiques, artistes. Ce n'est pas la langue unique qui domine, mais l'hospitalité aux différences, un cadre discursif qui permette la traduction entre les registres.

Pour cela, la médiation doit être pensée comme linguistique et herméneutique : elle doit inclure une théorie de la traduction morale, qui rende possible le glissement de mots — justice, réparation, transition, démocratie — à travers les cultures sans trahison systématique. Gadamer, dans *Truth and*

Method, évoque que comprendre l'autre suppose un horizon de dialogue où nos préjugés sont retravaillés ; dans un contexte planétaire, ce mouvement herméneutique doit devenir institutionnalisé.

Un exemple concret de ce dilemme est l'usage du terme « droits de l'homme » : universel pour certains, mais occidental pour d'autres. Si la médiation mondiale veut tenir, elle doit être une médiation conceptuelle, instaurant des glissements contrôlés entre les univers sémantiques, à travers des négociations discursives. Le philosophe Paul Ricœur parlait de « traduction narrative » : on raconte son histoire dans son idiome, mais on accepte d'être traduit dans l'idiome de l'autre. C'est ce geste que la médiation planétaire doit incarner.

Dans les crises migratoires, ce langage commun est urgent. Le pape François a évoqué l'idée d'un « droit universel à migrer » — formule qui combine dignité humaine, réalité historique et clarté symbolique. Mais ce droit reste polarisant selon les États. Une médiation planétaire pourrait proposer une lex humanitatis : principes communicables (liberté, accueil, responsabilité, subsidiarité) susceptibles d'être négociés localement mais articulés globalement.

Enfin, la guerre moderne rend palpable l'érosion des frontières du conflictuel : les drones, les cyberattaques, les conflits hybrides, la désinformation rendent fluide la ligne entre guerre et paix. Dans ce contexte, la médiation ne peut plus être circonscrite aux pourparlers de paix classique : elle requiert un langage de résilience globale, d'anticipation, de conversion du conflit latent.

Ainsi, les défis planétaires poussent la médiation à devenir un langage de l'inachevé : un projet toujours ouvert, toujours à traduire, toujours à revivre. À l'heure où l'humanité fait face à des mutations sans précédent, la médiation doit dépasser le traitement de conflits ponctuels pour devenir la culture du monde à venir — une culture bâtie sur l'écoute, l'hospitalité, la responsabilité et la traduction entre les mondes.

- La médiation comme pilier d'une nouvelle éthique mondiale.

Dans un monde saturé de ruptures — écologiques, technologiques, géopolitiques, culturelles — la médiation ne peut plus se cantonner à la résolution de conflits ponctuels. Elle doit devenir un pilier d'une éthique mondiale, un principe organisateur capable de guider les transformations profondes qui s'imposent à l'humanité. Cette éthique n'est pas un dogme universel (au sens uniforme), mais une éthique de la relation — une moralité insérée dans la pluralité, ouverte à la différence, tissée entre les contextes. La médiation, dans cette perspective, joue trois rôles fondamentaux : elle structure la normativité relationnelle, elle articule l'immanence et la transcendance, et elle rend possible l'humanisation de la mondialisation.

À commencer par le rôle structurel : dans la crise du « droit sans sens » où le juridique abstrait peine à capter les valeurs des peuples, la médiation dote la justice d'un charisme de la relation. L'ONU elle-même a reconnu la médiation comme auxiliaire essentiel du maintien de la paix. Dans sa résolution A/RES/65/283 du 28 juillet 2011, l'Assemblée générale rappelle en introduction *« sa résolution 57/337 du 3 juillet 2003 sur la prévention des conflits armés et le Document final du Sommet mondial de 2005, qui constate l'importance des bons offices du Secrétaire général, notamment de la médiation en cas de différend, et qui appuie les efforts faits par le Secrétaire général pour renforcer sa capacité dans ce domaine. »* Cette légitimation institutionnelle montre que la médiation est désormais inscrite dans le régime normatif global. Pourtant, elle ne suffit pas à elle seule ; il faut qu'elle soit dotée d'une épaisseur éthique capable d'orienter quand le droit fléchit, quand les lois dansent, quand les dispositifs juridiques se heurtent aux urgences du vivant.

Cette médiation-éthique doit posséder quelques traits essentiels. Premièrement, la priorité du faible — l'éthique mondiale ne peut ignorer les populations les plus vulnérables (minorités, peuples autochtones, générations futures). Les droits de l'homme ne peuvent être une caution rituelle, mais le fil conducteur de toute médiation crédible. Le Haut-Commissariat aux droits de l'homme affirme que les droits de l'homme ne sont pas seulement le résultat d'un accord de paix, mais doivent façonner les processus mêmes de médiation et de négociation afin que l'accord soit durable. Deuxièmement, la justice procédurale doit être intégrée : l'éthique mondiale exige la transparence, l'inclusivité, la reddition de comptes. Le « United Nations Guidance for Effective Mediation » insiste sur la préparation, le consentement, l'impartialité, l'inclusion comme fondamentaux de toute médiation digne de ce nom. Troisièmement, l'éthique mondiale de la médiation doit faire de la responsabilité relationnelle — c'est-à-dire accepter que nos actions, nos omissions, nos paroles engagent une multitude d'êtres, humains et non-humains. Cette responsabilité ne tourne pas autour de culpabilité, mais autour de soin et de vigilance.

C'est dans cette trame que l'éthique de la médiation apparaît comme pont entre immanence et transcendance. La mondialisation a souvent présenté un horizon technocratique : pouvoir, marché, calcul. Or, derrière toute médiation véritable vient l'appel d'un sens plus grand — celui de la dignité, de la fraternité, de l'écologie, du sacré. La médiation éthique parle un langage qu'on pourrait appeler le médiant, dans lequel chaque acteur est invité à se relier non seulement aux autres, mais au monde. Cela rejoint la proposition de Hans

Küng et du *Global Ethic (World Ethic)* (déclaration initiée en 1993) : une éthique minimale partagée, fondée sur quelques principes universels (non-violence, respect de la vie, justice, solidarité, tolérance, responsabilité envers la Terre). Cette démarche ne prétend pas abolir la diversité, mais créer une substrat éthique commun sur lequel les différences peuvent dialoguer.

Cependant, il y a un danger : l'éthique mondiale ne doit pas devenir une éthique dominante imposée par les puissants. Ici encore, la médiation offre un garde-fou : elle ne commande pas, elle propose ; elle n'impose pas le sens, elle invite le sens. La médiation-éthique doit admettre sa fragilité — savoir qu'elle sera reprise, déconstruite, négociée. Ce caractère dialogique est son cœur. Dans ce sens, l'éthique de la médiation est proche des approches critiques de l'éthique appliquée (bioéthique, éthique environnementale) : toujours à réviser, toujours à adapter, jamais figée.

Prenons un exemple concret : la transition énergétique. Dans de nombreux pays, elle suscite des conflits entre producteurs d'énergie fossile, communautés locales, investisseurs et État. La médiation éthique ici ne peut se limiter à arbitrer coûts et bénéfices ; elle doit garantir justice climatique — que les inégalités écologiques ne soient pas perpétuées. Cela exige d'inclure dans la médiation les voix du vivant, des générations futures, des peuples marginalisés — un geste moral qui dépasse la logistique. C'est une éthique du déséquilibre réparateur.

Un autre exemple est celui de l'intelligence artificielle et des données personnelles. Le compromis entre innovation, sécurité et dignité humaine est périlleux. Des chercheurs proposent que les systèmes d'IA soient alignés sur des valeurs plurales : par exemple, l'article *Compromise in Multilateral Negotiations and the Global Regulation of Artificial Intelligence* (2023) étudie comment, dans la négociation mondiale autour de l'IA, les États ont construit un compromis malgré des divergences fortes grâce à ce qu'ils appellent « normative hybridity » et « normative ambiguity » — c'est une médiation normative à l'échelle mondiale. Dans ce contexte, une médiation éthique mondiale pourrait être un système de métaréférents moraux partagés qui permet de naviguer dans l'ambiguïté sans l'ériger en chaos.

Mais pour que cette éthique mondiale soit effective, il faut des institutions médiatrices globales — non pas des super-gouvernements, mais des plateformes décentralisées de médiation, dotées de légitimité, de capacités d'écoute, de formation, de recherche, de mémoire. On voit apparaître déjà des initiatives : par exemple, l'ONU développe des capacités de médiation adaptative face aux défis émergents, comme le souligne le rapport *Adapting UN Mediation for Emerging Challenges and Security Threats* (2024), qui appelle à moderniser la médiation onusienne pour qu'elle réponde aux défis fragmentés du 21e siècle. Selon ce texte, la fragmentation des conflits, la rivalité géostratégique et la multiplication des acteurs exigent un renouveau des méthodes de médiation — précisément, une éthique renouvelée.

Cette éthique de la médiation mondiale repose donc sur un trouble créatif : elle engage l'humilité — accepter que l'on ne détienne pas toutes les réponses — et l'audace — proposer des formes de relation encore inédites. Elle exige des compétences narratives : traduire les visions, faire travailler les images, tisser les métaphores communes. Car derrière chaque conflit il y a un récit, une injustice ressentie, une mémoire blessée. La médiation éthique est aussi médiation des récits. Paul Ricœur parlait du « poids de l'histoire » — il faut qu'une éthique de la médiation accorde une place à la mémoire, au récit réparateur, à l'oubli choisi, à la reconnaissance partagée.

Puis, cette éthique mondiale doit se projeter dans l'éducation, la culture, les médias, les arts. Elle ne peut rester l'apanage des diplomates ou experts ; elle doit irriguer les imaginaires — par les récits, le cinéma, les fictions, les poétiques interculturelles. La médiation devient une culture formative, autrement dit une manière de penser, de sentir, de parler, qui forme des sujets interculturels responsables. Cette dimension éducative n'est pas accessoire ; elle est centrale — car sans formation à la médiation, l'éthique demeure lettre morte.

En conclusion, la médiation comme pilier d'une nouvelle éthique mondiale est une proposition audacieuse : faire de la relation le fondement de la normativité ; faire du conflit non un vice, mais un espace de dialogue ; faire de la diversité non un obstacle, mais le matériau d'une régulation commune. Cette éthique n'a pas vocation à abolir les différences, mais à les faire chanter ensemble. Dans le chapitre suivant, nous pourrons stimuler cette éthique en tendant vers le langage commun global — tout en restant fidèle à la pluralité — puis voir comment la philosophie de civilisation peut émerger à partir de cette médiation éthique.

- Ouverture : la médiation non seulement comme outil de résolution de conflits, mais comme philosophie de civilisation.

Si la médiation a longtemps été conçue comme une technique, un instrument occasionnel pour désamorcer un différend, une fois ce différend apaisé on en finit et l'on passe à autre chose. Mais dans le basculement de notre siècle, où les crises se juxtaposent, les frontières s'effondrent, les temporalités se chevauchent, le rôle de la médiation tend à s'élargir. Elle n'est plus seulement l'art de la paix ; elle devient philosophie de civilisation — un mode de vie, une voie de relation, un horizon culturel global. L'ouverture de cette perspective pose une question : qu'est-ce que cela signifie de réorienter non seulement notre pratique de la médiation, mais la pensée du monde elle-même à partir du médiateur ?

Pour que la médiation soit philosophie de civilisation, elle doit être envisagée comme principe structurant et non comme accessoire. Cela suppose un retournement : le médiateur n'est plus simple intervenant externe, il devient architecte de la relation, artisan de mondes communs. Dans cette perspective, la médiation forme un troisième langage, situé entre le dire et le faire, entre le pouvoir et la révolte, entre le sujet et l'autre. Elle est ce lieu de responsabilité créative où l'on apprend à vivre ensemble. Ce glissement, du local au global, demande de penser la médiation au-delà des conflits : comme écologie des relations humaines.

On peut tracer cette idée en trois directions : la médiation comme symbole civilisationnel, comme épistémologie du commun, et comme pratique intégrée de transformation culturelle.
Premièrement, comme symbole civilisationnel, la médiation peut devenir l'icône d'une nouvelle ère de relations. À l'image du droit de l'homme en son temps, la médiation peut devenir un concept structurant de l'identité globale. Le sociologue Hans Joas, dans *Im Bannkreis der Freiheit* (2020) souligne que dans les sociétés modernes, les symboles (justice, liberté, dignité) fonctionnent comme points de cohésion morale. Si la médiation accède à ce statut, elle offre un mythe opératif : non pas un récit mythologique, mais un motif symbolique opératoire — un paradigme relationnel que toutes les cultures peuvent partager tout en le nuançant. Cette médiation symbolique pourrait jouer le rôle que le contrat social a joué en Occident : non pas comme récit absolu, mais comme référence partagée.

Deuxièmement, comme épistémologie du commun, la médiation change ce que signifie connaître l'autre. Traditionnellement, la pensée moderne a opéré une division entre sujet connaissant et objet connu. Mais la médiation exige une transformation de l'épistémologie : la connaissance relationnelle, où connaître c'est *entrer en rapport*, c'est *habiter l'horizon de l'autre*, c'est interpréter dans la différence. Hans-Georg Gadamer, dans *Truth and Method* (1960) affirme que toute compréhension est un mouvement de fusion d'horizons. La médiation en civilisation pourrait être l'apprentissage permanent de cette fusion — non pour absorber la différence mais pour la faire dialoguer. Une telle épistémologie du commun rejoint les philosophes contemporains du dialogue (Buber, Levinas, Ricoeur) : l'autre n'est pas un objet, mais un Tu à entretenir, un visage à respecter, une altérité à traduire.

Troisièmement, comme pratique culturelle intégrée, la médiation doit passer des marges à l'institution, de l'exception aux pratiques quotidiennes. Elle doit se bricoler dans les écoles, les médias, les arts, les technologies, les villes.

Cela signifie que la médiation ne sera crédible comme philosophie de civilisation que si elle s'intègre aux *infrastructures culturelles* — les manières de parler, d'enseigner, de produire du sens. Par exemple, chaque média pourrait adopter une charte de médiation narrative : donner place à la parole minorisée, adopter l'écoute, activer le contre-discours. Les institutions éducatives pourraient enseigner la médiation comme discipline philosophique relationnelle, non pas comme module accessoire, mais comme cœur de la formation citoyenne. Dans les espaces urbains, le design architectural de la relation (espaces de dialogue, agora, "zones de médiation") pourrait devenir une exigence de la cité — transformant le bâti en technique de la cohabitation médiée.

Prenons des exemples concrets pour illustrer ce glissement. À Barcelone, le programme *Pla de Convivència* (Plan de Convivencia) intègre des "espais de diàleg" — espaces de dialogue dans les quartiers — qui ne sont pas seulement des lieux de résolution de conflits, mais des laboratoires de citoyenneté médiée. Le rapport municipal 2023 décrit ces espaces comme favorisant la médiation non pas seulement entre agresseur et victime, mais entre voisinages, générations, cultures. Le mot n'apparaît pas comme "philosophie", mais comme pratique structurelle.

En Argentine, le Centre Mediar Por la Paz organise des ateliers de médiation narrative pour les jeunes dans les quartiers vulnérables de Buenos Aires, en les formant à raconter leur histoire, à écouter les récits des voisins, et à construire ensemble des espaces symboliques de pacification. Leurs différents rapports témoignent de ce passage de la résolution de conflits à la culture de la médiation collective.

Mais on pourrait aller plus loin : l'idée serait de rendre la médiation structurellement nécessaire dans les processus mêmes de décision. Imaginons un dispositif où, avant de voter une loi, on conduit une médiation citoyenne : les conflits, les valeurs, les craintes, les mémoires se rendent audibles. Cette pratique — souvent appelée *Méga Médiation* — existe déjà à l'échelle locale (par exemple dans certaines villes suisses ou nordiques), mais doit être repensée à l'échelle nationale et transnationale. Un rapport du Centre pour la Démocratie Participative (Council of Europe, 2021) identifie des "forums de médiation délibérative" comme instruments de régénération démocratique.

Dans ce cadre, la médiation comme philosophie de civilisation propose une réorientation anthropologique : l'homme n'est plus sujet souverain, mais médiateur de soi et de l'autre. L'horizon n'est plus la domination, mais la coopération relationnelle. Cela rejoint la pensée de Martin Buber : le Je ne naît que dans le Tu — mais si l'humanité adopte ce paradigme relationnel à l'échelle globale, alors c'est toute la civilisation qui change de fondement.

Buber a écrit : « Toute relation vraie avec un être ou avec une essence est une relation exclusive. Le Tu de cette relation est détaché, mis à part, unique, il existe seul en face de nous. Il remplit l'horizon. Non que rien d'autre n'existe, mais tout existe dans sa lumière. » (Martin Buber, *Je et Tu*, Éditions Aubier, 1969, pages 117-118, traduit par G. Bianquis) — dans l'idée que le Tu n'est pas une catégorie mystique, mais le lieu de toute reconnaissance.

Dans cette philosophie de civilisation, la médiation développe une éthique de l'interdépendance. Jamais le monde n'a été aussi clairement un tissu de dépendances : climat, ressources, communications, crises sanitaires... L'éthique de la médiation propose de transformer cette interconnexion en responsabilité partagée. Elle exige que tout acteur — individu, entreprise, État, institution — adopte la posture de gardien du commun, non plus comme lourde contrainte, mais comme valeur médiane. Le philosophe Bruno Latour, dans *Down to Earth* (2018), parle de la nécessité d'« éco-politique » : une politique articulée au vivant, capable de médiations durables entre sociétés et nature. Cette pensée est très proche de la médiation civilisationnelle que nous imaginons : le monde comme maison commune à soigner, non comme ressource à exploiter.

Un dernier mouvement mérite d'être souligné : l'esthétique de la médiation. La médiation comme philosophie de civilisation ne peut s'imposer par décret : elle doit se sensibiliser. L'art, la musique, la littérature, le cinéma, la poésie — autant de formes sensibles pouvant incarner la médiation dans le cœur des peuples. On peut penser, par exemple, à des festivals de récits médiés (histoires de réconciliation, ateliers interculturels) ou à des « médiathons » médiatiques (où les citoyens dialoguent en direct).

C'est ce déploiement culturel qui rend possible la transition d'un monde conflictuel vers un monde médiable : que le geste médiateur devienne familier, qu'il devienne métabolisme symbolique. Quand la médiation est attendue, même lorsqu'on ne la sollicite pas, alors elle est philosophie de civilisation.

Pour conclure, ouvrir la méditation au statut de philosophie de civilisation, c'est le pari d'un monde où les conflits ne se règlent pas seulement avec des lois, mais avec des poésies de parole ; où la médiation n'est pas un supplément mais le socle de la relation humaine ; où la dignité, la pluralité, la responsabilité et l'écoute deviennent les catégories premières, non pas imposées, mais coélaborées. Ce chapitre ultime du livre pourra ensuite pousser ce champ dans l'horizon philosophique global, interroger Habermas et le dialogue démocratique planétaire, et proposer une vision de la médiation en tant que civilisation vivante.

- Habermas : dialogue démocratique à l'échelle planétaire.

Jürgen Habermas offre, pour penser la possibilité d'un dialogue démocratique à l'échelle planétaire, un arsenal conceptuel d'une rare densité — la théorie de l'agir communicationnel, l'analyse de la sphère publique, puis la tentative d'esquisse d'une démocratie post-nationale. Plutôt que de reprendre des formulations scolaires, il faut lire ces apports comme une invitation à imaginer les conditions institutionnelles, discursives et éthiques qui permettraient d'instituer une conversation politique véritablement transnationale : non pas une administration mondiale technocratique, mais un réseau de procédures discursives capables de produire des normes légitimes par la force de l'argumentation et de la reconnaissance mutuelle. Habermas ne rêve pas d'un gouvernement mondial. Il pose une condition morale et méthodologique : la légitimité politique naît là où les normes peuvent être soumises à une discussion publique généralisée, articulée à des institutions de décision qui soient susceptibles d'entendre et d'incorporer les raisons des citoyens concernés. Cette double exigence — discours public et ancrage institutionnel — est déjà au cœur de *Between Facts and Norms* (1992) où Habermas tente de relier la sphère normative du droit aux pratiques discursives qui fondent la démocratie.

La première idée force, et la plus souvent citée, est celle du parler orienté vers l'entente : dans l'agir communicationnel, les participants cherchent, idéalement, à se convaincre par les meilleures raisons, non à s'imposer par la force. Cette norme régulatrice n'est pas naïve : Habermas la conçoit comme un *prescrit méthodologique* qui éclaire les institutions démocratiques et permet d'évaluer leur qualité normative. Transposée au niveau global, cette idée impose une inversion normative : les forums planétaires ne sauraient se contenter d'agréger intérêts et rapports de force ; ils doivent créer des mécanismes où l'argument l'emporte sur la coercition — ou, pour le dire autrement, où la légitimité résulte d'un processus discursif et non d'une simple efficience procédurale. La conversion de cette aspiration en réalité politique exige des dispositifs : espaces publics transnationaux, procédures délibératives multilingues, règles de transparence et de traduction des savoirs.

Habermas a aussi analysé la sphère publique comme condition de possibilité de la délibération démocratique. Dans *The Structural Transformation of the Public Sphere* (1962, traduit en anglais par Thomas Burger et Frederick Lawrence en 1989) il retrace la naissance d'un espace où des citoyens, égaux et dotés de raison, discutent des affaires communes indépendamment de l'État et du marché. La modernité a, selon lui, graduellement procédé à la corrosion de cette sphère : mass médias, publicité, colonisation du politique par l'économie ont dilué la capacité critique des citoyens. Pour penser le dialogue planétaire, il faut donc deux choses : revitaliser des publics communicatifs (médias, réseaux civiques, universités, associations) à l'échelle transnationale et les protéger des logiques commerciales ou étatiques qui les instrumentaliseront. La bonne nouvelle, pour Habermas, tient dans la possibilité de reconstruire des « espaces publics » médiatisés qui, grâce à une pluralité de canaux et d'institutions, permettent l'éclosion d'une opinion publique argumentée ; la mauvaise tient dans les fragilités structurelles (concentration des médias, bulles informationnelles, domination linguistique) qui menacent cette reconstruction.

La tension la plus stimulante de Habermas, et la plus utile pour qui réfléchit à la médiation globale, est sans doute sa conception post-nationale. Dans la série d'essais réunis sous le titre *The Postnational Constellation* (2001) il se demande comment penser les droits humains, la démocratie et la souveraineté à l'époque de la globalisation : l'émergence d'un droit international des droits de l'homme, la transnationalisation des problèmes (climat, migrations, finance) et la multiplication des acteurs (ONG transnationales, firmes, réseaux civiques) modifient la logique politique. Habermas propose alors une voie réaliste : renforcer les *institutional supports* d'un droit cosmopolite (courts internationaux, régulations multilatérales, procédures de participation globale) tout en développant des forums délibératifs transnationaux où se construit progressivement une opinion publique postnationale. Le chantier est gigantesque : il s'agit de créer des procédures qui permettent la formation d'un « public global » capable d'énoncer des raisons partagées et d'imposer, à travers des mécanismes démocratiques, des normes contraintes aux instances décisionnelles internationales.

Toute tentative de transfert du modèle habermassien à l'échelle planétaire bute sur un ensemble d'obstacles structurels — et Habermas lui-même a conscience des limites. Premièrement, il y a l'absence d'un demos global : la démocratie moderne repose sur un corps politique capable d'assumer des décisions contraignantes. À l'échelle mondiale, cette base manque. Habermas aborde la question de l'« art de gouverner sans demos » en proposant des solutions hybrides : des parlements transnationaux dotés de compétences précises, des formes de légitimation indirecte par délégations issues de parlements nationaux, des processus de référendum transfrontaliers sur des sujets pivot. Deuxièmement, la division linguistique et culturelle entrave la conversation : la traduction n'est pas seulement linguistique, elle est herméneutique — elle suppose que l'on sache reformuler des raisons et des préoccupations dans des idiomes nouveaux. Troisièmement, la puissance asymétrique des acteurs (États puissants, multinationales, plateformes numériques) menace la configuration démocratique du dialogue : un forum planétaire peut vite se transformer en tribune de puissants si l'on ne pose pas de règles effectives de parité, de transparence et de contrôle des représentations. Habermas n'ignore pas ces risques ; mais il propose que la réponse soit institutionnelle et procédurale, non seulement théorique.

À ceci s'ajoute le défi des médias numériques — opportunité et menace à la fois pour la délibération. Habermas écrivait avant l'explosion des réseaux sociaux, mais ses outils analytiques sont pertinents : le numérique peut favoriser l'émergence de publics délibérants (forums, pétitions, réseaux de savoir) tout en fragmentant l'écoute en bulles d'opinion. Pour qu'un dialogue démocratique planétaire émerge, il faudra inventer des architectures de plateforme qui favorisent l'argumentation rationnelle, limitent la désinformation, rendent visible la provenance des discours et protègent les débats de l'algorithme-marché. Plusieurs propositions récentes — chartes de design délibératif, protocoles d'audit algorithmique, espaces de médiation numérique modérée — vont exactement dans ce sens.

Le fil rouge habermassien est clair : la qualité de la délibération dépend des conditions de communication ; or celles-ci sont aujourd'hui conçues par des firmes privées. La démocratisation de ces cadres est donc cruciale.

Mais comment traduire, en pratique, la théorie habermassienne ? Trois pistes institutionnelles paraissent converger. Première piste : parlements et assemblées transnationales élargis — non pour supplanter les institutions nationales, mais pour exercer une fonction de légitimation et de coordination sur des questions transnationales (climat, finance, santé). L'idée est que les décisions qui touchent à des biens publics mondiaux reçoivent une tribune délibérative ad hoc, où les représentants peuvent débattre, amender, et retourner des normes légitimes. Deuxième piste : agoras délibératives globales — réseaux d'espaces délibératifs (présentiels ou numériques) qui croisent ONG, syndicats, experts scientifiques, représentants élus et citoyens tirés au sort, produisant des délibérations publiques accessibles et traduisibles. Troisième piste : juridicisation cosmopolite sélective — renforcer juridiquement certains droits et mécanismes de recours internationaux (courts climatiques, tribunaux des droits humains mieux dotés) tout en préservant des marges d'autonomie locale. Ensemble, ces mesures dessinent un régime mixte où la légitimité naît d'une interaction entre délibération et droit — exactement l'espérance méthodologique de Habermas.

On peut aussi mobiliser les limites de Habermas pour mieux penser la médiation planétaire. Les critiques soulignent, à juste titre, que l'idéal habermassien suppose des agents doués d'un égal accès aux moyens discursifs et d'une bonne foi argumentative rarement rencontrée dans les conflits géopolitiques réels. Les inégalités de pouvoir, la manipulation médiatique, et les arrière-plans économiques minent la « force du meilleur argument ». Pour contrer ces défauts, la médiation planétaire doit renforcer des mécanismes correctifs : formation à la délibération pour les acteurs marginalisés, garanties procédurales (observateurs indépendants, financements publics pour médias citoyens), et infrastructures de traduction culturelle. Ainsi corrigée, la théorie devient plus opératoire : elle change moins la nature humaine que les conditions d'égalité communicationnelle.

Enfin, il faut souligner la dimension normative profonde de l'entreprise habermassienne : il s'agit d'ancrer la démocratie dans des pratiques discursives qui produisent légitimité et reconnaissance. À l'échelle planétaire, la valeur ajoutée de ce programme est double. D'un côté, il fournit une boussole normative : les procédures discursives, la transparence et l'inclusion sont des critères d'évaluation des institutions globales. De l'autre, il offre un langage de médiation : la démocratie délibérative devient un idiome commun pour articuler revendications diverses — droits humains, justice climatique, redistribution, souveraineté locale. Une culture politique globale ne devra pas être l'imitation uniforme d'un modèle, mais la généralisation de procédures qui rendent possible le compromis raisonné. Habermas nous rappelle que l'éthique politique moderne a pour véritable enjeu la mise en place de mécanismes capables d'inscrire la raison dans l'institution. C'est là l'apport inestimable de sa pensée pour qui veut faire de la médiation mondiale non une utopie, mais une praxis institutionnelle et réflexive.

Conclusion générale

Une constante humaine : la médiation à travers les âges

Il y a, au cœur de l'histoire humaine, un battement régulier, discret mais inaltérable : celui du désir d'harmonie. Tout change — les empires s'effondrent, les dogmes s'effritent, les technologies s'accélèrent — mais quelque chose persiste, une pulsation secrète qui pousse l'homme à vouloir comprendre, relier, réparer. C'est peut-être cela, la médiation : non pas une invention sociale ou un simple outil juridique, mais une forme de respiration spirituelle. Elle accompagne les civilisations comme leur souffle intérieur, ce par quoi elles refusent de se réduire à la violence ou à l'arbitraire.
Des premières palabres des tribus africaines aux tribunaux de paix médiévaux, des dialogues socratiques aux négociations diplomatiques modernes, l'humanité ne cesse de chercher des espaces où la parole puisse remplacer le coup, où la raison tempère la passion. À travers les âges, la médiation se réinvente mais ne disparaît jamais. Elle change de visage, de langue, de rituel, mais conserve toujours le même enjeu : faire du lien un principe d'équilibre.

L'homme, dès qu'il parle, médiatise : entre son émotion et son interlocuteur, entre ce qu'il pense et ce qu'il ose dire. Chaque mot devient un pont, chaque silence une frontière à franchir. L'histoire de la civilisation est donc, au fond, une immense aventure de médiations successives — entre l'homme et les dieux, entre l'individu et la cité, entre la nature et la technique, entre les peuples, entre soi et soi-même. Dans chacune de ces sphères, la médiation agit comme un art de la distance juste. Elle ne supprime pas le conflit : elle lui donne forme, elle le civilise.

De l'Antiquité à nos sociétés connectées, l'idée revient sans cesse : la justice ne se décrète pas, elle se construit dans l'entre-deux, là où les forces contraires cessent de s'exclure et commencent à dialoguer. Cette intuition, déjà présente chez Aristote lorsqu'il voyait la vertu dans le juste milieu, irrigue tout le développement humain. Les tragédies grecques avaient pressenti que la sagesse n'est pas dans la certitude, mais dans la traversée du doute. Les grandes religions, quant à elles, ont proposé la figure du médiateur comme clé de la réconciliation : Moïse face à Dieu, le Christ entre le divin et l'humain, le prophète comme messager. Dans chacune de ces traditions, l'humanité ne peut se sauver seule : il lui faut un tiers, un passeur, un guide.

Puis l'époque moderne a sécularisé cette idée. La médiation s'est déplacée du ciel vers la société, du divin vers le politique, de la grâce vers le contrat. Rousseau, Kant, Hegel, chacun à sa manière, a tenté de redéfinir ce lieu fragile où la liberté individuelle rencontre la loi commune. Ce déplacement fut une révolution silencieuse : la médiation devenait l'outil par lequel la raison humaine se substituait à l'autorité transcendante. L'homme se reconnaissait enfin comme responsable de son propre équilibre.

Mais l'histoire ne progresse pas en ligne droite. À chaque époque, l'excès de pouvoir ou de technique menace ce fragile équilibre. Les guerres, les révolutions, les crises économiques ou écologiques rappellent sans cesse que la médiation n'est jamais acquise. Elle doit être sans cesse recommencée, réapprise, réinventée. Dans ce sens, elle est moins un savoir qu'une vigilance, moins une institution qu'une éthique.

Si la médiation traverse les âges, c'est parce qu'elle répond à une structure fondamentale de la condition humaine : celle d'un être séparé, mais aspirant à l'unité. L'homme n'est ni ange ni bête, disait Pascal ; il est cet intermédiaire qui ne peut vivre que par des passages. Nous sommes, par essence, des êtres médiateurs. Chaque culture a tenté d'apprivoiser cette dualité. En Orient, l'harmonie du yin et du yang exprime la même quête d'équilibre que la vertu aristotélicienne. Dans les traditions africaines, le palabre réunit la communauté autour de la parole commune. Dans la pensée amérindienne, le cercle de la parole replace l'homme dans le tissu vivant du monde.

Partout, la médiation apparaît comme une sagesse transversale, une sorte de langage premier de la civilisation. Elle est à la fois archaïque et moderne, intuitive et savante, individuelle et collective. Dans les sociétés contemporaines, saturées d'informations et de discours, elle redevient urgente. Trop de mots, et pourtant si peu de compréhension. Trop de connexions, mais si peu de liens véritables. Le monde hyperconnecté souffre paradoxalement d'un déficit de médiation : la parole circule sans être réellement partagée.

Ainsi, si l'on veut comprendre la médiation non plus comme technique, mais comme destin, il faut la lire comme un mouvement de l'esprit humain vers sa propre maturité. L'homme médiatise parce qu'il refuse le chaos. Il invente des symboles, des rites, des institutions, non pour se contraindre, mais pour se relier. En ce sens, la médiation n'est pas un outil parmi d'autres : elle est la condition même de la culture. Là où elle disparaît, c'est la barbarie qui reprend.

C'est pourquoi, à travers les siècles, les civilisations les plus fécondes furent toujours celles qui surent inventer des médiations nouvelles : entre la foi et la raison, entre l'art et la politique, entre le pouvoir et la justice. Chaque Renaissance, chaque éclaircie de l'histoire, naît d'une capacité retrouvée à négocier les contraires. Là où la pensée devient totalitaire, là où l'on veut imposer un seul sens, la médiation s'efface — et avec elle, la liberté.

Car la médiation est aussi un courage : celui d'habiter l'incertitude. Médiateur, c'est celui qui accepte de ne pas savoir tout de suite, de suspendre son jugement, d'écouter l'autre jusqu'au bout. C'est une posture de lenteur dans un monde d'accélération, un geste de confiance dans un monde de méfiance. C'est, au fond, une éthique de l'attention.

La liberté et la reconnaissance de l'individu

Si la médiation traverse les âges, c'est parce qu'elle est inséparable de la conquête de la liberté. Chaque étape de l'histoire humaine peut se lire comme un effort pour rendre la contrainte extérieure inutile, pour intérioriser la loi, pour faire du dialogue la forme la plus haute de l'autorité. À mesure que l'homme s'émancipe des tutelles religieuses ou politiques, il découvre que la vraie maîtrise ne vient pas de la force, mais de la parole échangée. La médiation, en ce sens, n'est pas seulement une méthode de pacification sociale : elle est une école de liberté intérieure. Elle apprend à parler sans dominer, à écouter sans se soumettre. Elle fonde une autre idée du pouvoir — non plus verticale, mais circulaire. Le médiateur ne règne pas, il relie ; il ne tranche pas, il compose. Par cette posture, il montre que l'autorité la plus légitime est celle qui reconnaît la dignité de chaque voix.

La reconnaissance est ici le mot-clé. Reconnaître, c'est voir en l'autre un sujet, non un obstacle. C'est admettre que ma vérité n'est pas entière sans la sienne. Ce geste, simple en apparence, bouleverse la logique de la domination. Il ouvre la voie à une société où le conflit n'est plus une menace, mais une ressource : un espace de croissance mutuelle.

L'individu moderne, façonné par des siècles de rationalisme et d'autonomie, a parfois cru pouvoir se passer de médiation. Mais il découvre aujourd'hui que la liberté sans lien se vide de sens. L'isolement contemporain, les solitudes numériques, les fractures identitaires montrent les limites d'une conception purement individualiste de la liberté. Être libre, ce n'est pas seulement se détacher des autres, c'est aussi apprendre à coexister sans s'effacer. La médiation, dans cette perspective, devient la forme adulte de la liberté : celle qui assume la complexité de l'altérité. Reconnaissance et liberté forment un couple indissociable. Sans reconnaissance, la liberté se change en indifférence ou en domination ; sans liberté, la reconnaissance se fige en dépendance ou en servitude morale. La médiation maintient l'équilibre : elle oblige chacun à rester sujet tout en s'ouvrant à la réciprocité.

Dans les sociétés démocratiques, cette tension est permanente. La promesse d'égalité ne suffit pas : il faut apprendre à dialoguer dans la différence, à transformer le désaccord en moteur de construction collective. La démocratie n'est vivante que lorsqu'elle se refonde sans cesse sur la discussion publique, sur le débat sincère entre citoyens égaux en dignité. Or, ce débat n'existe que si la médiation en assure le cadre — c'est-à-dire la possibilité même d'un échange qui ne dégénère pas en affrontement.

Mais la reconnaissance ne s'arrête pas aux frontières du politique. Elle est aussi existentielle. Elle engage le rapport à soi-même. Être médié, c'est apprendre à se voir autrement, à reconnaître en soi plusieurs voix, plusieurs possibles. La psychologie moderne l'a bien compris : la paix intérieure naît d'un dialogue rétabli entre les parts de soi qui s'opposent. Le travail thérapeutique, la réflexion philosophique, la création artistique sont autant de formes de médiation intérieure. Elles permettent à l'individu de cesser de se haïr pour commencer à s'écouter.

Ainsi, la médiation est à la fois sociale et intime, politique et spirituelle. Elle est le lieu où l'individu découvre qu'il ne peut se construire qu'en relation. Dans un monde où les appartenances se fragmentent, où les identités deviennent défensives, elle rappelle que l'altérité n'est pas une menace mais une chance. Reconnaître l'autre, c'est s'agrandir soi-même. Ce mouvement vers la reconnaissance est sans doute le fil rouge de toute évolution humaine. De la figure du sage antique à celle du médiateur contemporain, on retrouve la même posture d'humilité active : celle de celui qui cherche à comprendre avant de juger. La médiation fait de la liberté non pas une revendication, mais une responsabilité. Être libre, c'est être capable de médiation, c'est-à-dire de se tenir entre soi et le monde sans céder à la violence.

Mais cette éthique reste fragile. Elle suppose du temps, de la lenteur, de la patience — trois ressources que nos sociétés modernes ont tendance à sacrifier. La vitesse, l'immédiateté, la logique de performance ont remplacé la disponibilité à l'autre. Le médiateur, dans ce contexte, devient presque un résistant culturel : il incarne un humanisme du temps long, un art de la nuance. Cette reconquête de la liberté dialogique passe aussi par l'éducation. Car on ne naît pas médiateur, on le devient. Apprendre à écouter, à formuler, à reformuler, à faire un pas de côté : tout cela s'enseigne, s'expérimente. L'école, la famille, la cité devraient être les premiers lieux de cette pédagogie de la parole partagée. Une société qui forme ses citoyens à la médiation se prémunit contre la barbarie.

Le grand enjeu, aujourd'hui, est donc de réconcilier liberté individuelle et responsabilité collective. L'humanité ne peut survivre qu'en transformant la compétition en coopération, la défiance en dialogue. Cela suppose une révolution silencieuse des mentalités, un déplacement du centre de gravité moral : passer de la logique du vainqueur à celle du médiateur.

Vers une culture mondiale de la médiation

Si l'histoire de la médiation nous raconte comment les hommes ont appris à se parler plutôt qu'à s'affronter, notre temps exige de transformer cette habitude en culture, et cette culture en horizon planétaire. Car ce qui se joue désormais dépasse les frontières, les systèmes politiques, les langues et les croyances : c'est la capacité même de l'humanité à se comprendre elle-même. Nous sommes entrés dans un siècle où les crises ne sont plus locales mais globales, où les interdépendances sont si denses qu'aucune nation ne peut prétendre agir seule. Dans un tel monde, la médiation ne peut plus être seulement un outil juridique ou diplomatique ; elle doit devenir une grammaire universelle. Ce que nous appelons aujourd'hui la mondialisation n'est pas seulement un phénomène économique : c'est une accélération du contact entre les différences. Les cultures se frôlent, s'entrechoquent, s'imitent ou se défient. Les réseaux numériques abattent les distances, mais ils ne garantissent pas la compréhension. On se parle d'un continent à l'autre, mais souvent sans s'écouter. Le risque n'est plus tant la guerre déclarée que la fracture silencieuse : celle de sociétés hyperconnectées et pourtant étrangères les unes aux autres.

Dans ce contexte, la médiation apparaît comme un art vital, celui de réapprendre la coexistence à l'échelle de la planète. Elle invite à inventer un langage commun, non pas univoque — car l'uniformité serait la mort de la diversité — mais partageable. Elle appelle à créer un espace mondial de dialogue, une sorte d'agora planétaire où les cultures puissent confronter leurs visions sans chercher à les réduire. Cette tâche semble immense, presque utopique, mais l'histoire montre que les civilisations progressent toujours par leurs utopies les plus lucides.

Le rêve d'une culture mondiale de la médiation n'est pas une négation des différences : c'est au contraire la condition pour qu'elles deviennent fécondes. Il ne s'agit pas d'imposer une pensée unique, mais de cultiver une écoute réciproque à grande échelle. Le XXIe siècle, plus que tout autre, a besoin de passeurs — des individus, des institutions, des pratiques capables de relier ce que la mondialisation sépare autant qu'elle relie.

Cela commence par un changement de regard. Tant que l'autre sera perçu comme une menace, aucune médiation durable ne sera possible. Or la peur, aujourd'hui, s'est mondialisée elle aussi : peur des migrations, des pandémies, des crises économiques, des effondrements écologiques. Ces peurs collectives nourrissent des réflexes de fermeture. Elles favorisent les replis identitaires, les discours de pureté, les logiques d'exclusion. C'est pourquoi la médiation mondiale doit d'abord être une pédagogie du regard : apprendre à percevoir dans la différence non une menace, mais une chance.

Cette éducation du regard suppose une transformation profonde de nos institutions, mais aussi de nos imaginaires. Tant que le monde se pensera en termes de blocs, de frontières ou de compétitions, il restera prisonnier d'une logique binaire. La médiation mondiale, au contraire, pense en termes de relations, de liens, de cercles. Elle refuse la verticalité du pouvoir pour lui substituer la circularité de la parole. C'est peut-être là la plus grande révolution silencieuse de notre temps : substituer au modèle de la domination celui de la coopération.

Ce projet n'est pas sans analogie avec ce que fut, à une autre échelle, l'invention de la démocratie. Il s'agit, une fois encore, d'inventer une forme nouvelle de coexistence, mais cette fois entre les nations et les peuples. Comme la démocratie, la médiation mondiale ne s'impose pas : elle se cultive. Elle ne se décrète pas : elle se pratique, dans les conférences internationales, les dialogues interculturels, les négociations écologiques, mais aussi dans les échanges quotidiens entre citoyens de mondes différents.

Le défi est immense car il engage à la fois le politique, l'éthique et le symbolique. Politiquement, il s'agit de concevoir des institutions capables d'arbitrer les conflits mondiaux autrement que par la force ou l'intérêt économique. Éthiquement, il s'agit de reconnaître la dignité égale de tous les peuples, même de ceux que l'histoire a longtemps réduits au silence. Symboliquement enfin, il s'agit de redonner à la parole humaine une valeur universelle. Tant que la parole d'un paysan d'Afrique, d'une femme d'Amazonie ou d'un jeune exilé ne pèsera pas aussi lourd que celle d'un chef d'État, la médiation mondiale restera inachevée.

Mais une culture ne naît pas seulement d'institutions : elle naît d'une conscience. Une culture mondiale de la médiation suppose une révolution intérieure — un déplacement de la manière même dont nous concevons notre place dans le monde. Il ne s'agit plus d'être « au centre », mais « en relation ». L'individu moderne, souvent façonné par l'idée d'autonomie absolue, doit redécouvrir la vérité paradoxale de sa dépendance : nous ne sommes libres que parce que d'autres le sont aussi. Cette intersubjectivité planétaire est le cœur battant d'une éthique nouvelle.

L'écologie, la diplomatie, les migrations, le numérique, toutes ces sphères que le livre a explorées, ne sont en réalité que des variations d'un même thème : comment vivre ensemble dans un monde interdépendant sans se détruire ? La médiation, ici, devient la clé de voûte de la survie collective. Non plus seulement pour résoudre des différends, mais pour préserver les conditions mêmes du dialogue. Car si la parole se perd, tout s'effondre : la raison, la confiance, la paix.

On pourrait dire que l'humanité est arrivée à un seuil critique : celui où elle doit choisir entre la médiation ou la désagrégation. Jamais la puissance technique n'a donné à l'homme autant de moyens d'agir sur le monde ; jamais, en même temps, il n'a semblé si désorienté moralement. La médiation pourrait être ce qui réintroduit une mesure, un souffle humain dans la démesure technologique. Elle est le contrepoids nécessaire à la logique de la vitesse et de la performance.
Mais comment passer du souhait à la culture, du discours à la pratique ? Sans doute en commençant par revaloriser le temps de la parole. Dans un monde obsédé par l'efficacité, parler est souvent perçu comme une perte de temps. Or, c'est précisément dans cette « perte » que réside la dignité du lien. La parole partagée n'est pas un détour, elle est le chemin. Elle permet la reconnaissance, la compréhension, l'invention du commun.

Une culture mondiale de la médiation n'aura de sens que si elle s'enracine dans une anthropologie de la lenteur. Le dialogue exige du temps, de la vulnérabilité, de l'attention — tout ce que la modernité technicienne tend à effacer. Il faut donc réhabiliter cette lenteur comme valeur politique. Apprendre à suspendre l'acte pour écouter, à différer la décision pour comprendre, à douter pour mieux consentir : telles sont les vertus du médiateur universel.

Cette éthique de la lenteur rejoint d'ailleurs celle de la responsabilité. Car écouter, c'est répondre — non seulement à l'autre, mais du monde. La médiation mondiale suppose une conscience planétaire de la responsabilité partagée. Ce n'est plus seulement « moi » ou « toi », mais « nous », à l'échelle de l'espèce. C'est là peut-être la mutation la plus profonde : comprendre que la survie collective dépend de notre capacité à dialoguer entre continents, entre générations, entre vivants et non-vivants.
Ainsi se dessine une nouvelle figure de l'humanité : celle du médiateur planétaire. Ni héros conquérant, ni simple gestionnaire de crises, mais passeur de sens entre les mondes. Il ne possède pas la vérité, il la cherche dans l'entre-deux. Il ne prêche pas l'unanimité, mais la résonance. Il ne vise pas la fusion, mais la correspondance. À travers lui, l'humanité s'éprouve comme réseau vivant, comme polyphonie plutôt que comme hiérarchie.

Cette vision peut sembler idéaliste, mais elle est sans doute la seule réaliste à long terme. Car aucune civilisation ne peut durer sans un principe de régulation symbolique. La médiation, dans sa dimension mondiale, devient ce principe : elle garantit que la pluralité n'implose pas, que la diversité ne se transforme pas en chaos. Elle est la grammaire de la coexistence. Or cette grammaire reste à écrire. Elle ne naîtra ni d'un traité ni d'une institution, mais d'une transformation du regard collectif. Elle suppose que nous cessions de penser le monde en termes de centre et de périphérie, de civilisé et de primitif, de gagnant et de perdant. Une culture mondiale de la médiation exigera que l'on pense le monde en termes de correspondances. L'Occident, l'Orient, le Nord, le Sud : autant de voix, non de modèles. Le futur ne sera pas la victoire d'une civilisation sur les autres, mais leur capacité à se traduire mutuellement.

Cette idée de traduction est sans doute le cœur du projet. Traduire, c'est reconnaître la différence tout en la rendant intelligible. C'est un acte d'humilité et d'intelligence. Une culture mondiale de la médiation pourrait se définir comme une immense entreprise de traduction mutuelle : des langues, des récits, des croyances, des mémoires. Le médiateur planétaire serait alors avant tout un traducteur d'humanité.

Cette traduction, bien sûr, ne se fait pas sans tensions. Les conflits d'intérêts, les blessures de l'histoire, les inégalités économiques rendent le dialogue difficile. Mais la médiation n'est pas la négation du conflit : elle en est la transformation. Elle consiste à faire du désaccord non une rupture, mais une ressource. Dans un monde fracturé, la médiation mondiale ne promet pas la paix perpétuelle — elle propose un art de la paix durable.

L'humanité, depuis toujours, oscille entre deux tentations : celle du mur et celle du pont. Bâtir des murs rassure, mais enferme ; construire des ponts expose, mais relie. La culture mondiale de la médiation choisit résolument le pont. Elle parie sur la relation, sur la fragilité assumée de la rencontre. Ce pari n'est pas naïf : il est lucide, car il sait que la fermeture est la voie la plus courte vers l'extinction.

L'avenir de la médiation dépendra donc de notre capacité à en faire non pas une spécialité, mais une attitude. Tant que la médiation restera confinée aux institutions judiciaires ou diplomatiques, elle demeurera périphérique. Il faut qu'elle devienne un réflexe collectif, une manière d'être au monde. Cela passe par l'éducation, par la culture, par l'exemple. Par les médias aussi, qui devraient redevenir des médiateurs plutôt que des amplificateurs de polarisations.

On pourrait imaginer, dans les décennies à venir, une véritable écologie du dialogue : des espaces numériques repensés comme lieux de parole apaisée, des écoles formant à l'écoute active, des politiques valorisant la négociation plutôt que l'affrontement. Ce serait la marque d'une maturité collective : avoir compris que la force ne crée pas le monde, elle ne fait que le détruire. Alors, peut-être, l'humanité pourra-t-elle entrer dans une nouvelle ère — non celle de la domination ou de la conquête, mais celle de la relation. Une ère où la médiation ne serait plus un recours en cas de crise, mais un mode ordinaire de vivre. Une ère où chaque conflit serait l'occasion d'un apprentissage, où chaque désaccord nourrirait la conscience commune.

Le pari est exigeant, mais il est à la mesure de notre condition. Car la médiation, au fond, n'est pas une solution : c'est une manière d'être. Être médiateur, c'est croire encore que la parole peut sauver. C'est maintenir, contre la fatigue du monde, la confiance dans l'intelligence partagée. C'est refuser la tentation du cynisme, du désespoir ou de la haine. C'est faire le pari que l'humain n'est pas condamné à la séparation.

Le monde contemporain, saturé de crises, ressemble parfois à une Babel sans Dieu. Mais peut-être est-ce là l'occasion d'un retournement. Si la confusion des langues a jadis séparé les hommes, peut-être leur traduction mutuelle peut aujourd'hui les réconcilier. La médiation serait alors la réponse humaine à Babel : un effort patient pour redonner sens à la parole commune.

Et s'il fallait résumer cette immense traversée en une phrase, ce serait peut-être celle-ci : la médiation n'est pas seulement ce que fait l'homme quand il veut la paix, c'est ce qu'il devient quand il comprend enfin qu'il n'est pas seul au monde.

Table des matières

Structures éditoriales du groupe L'Harmattan

L'Harmattan Italie
Via degli Artisti, 15
10124 Torino
harmattan.italia@gmail.com

L'Harmattan Hongrie
Kossuth l. u. 14-16.
1053 Budapest
harmattan@harmattan.hu

L'Harmattan Sénégal
10 VDN SICAP AMITIE 3
BP 45034 Dakar-Fann
direction@senharmattan.com

L'Harmattan Cameroun
Tsinga/Derrière polyclinique FECAFOOT
BP 11486 Yaoundé
Jacques.koukam@harmattan.fr

L'Harmattan Burkina Faso
Villa 281, secteur 23 623, rue 14.32
Ouagadougou
zagbie@outlook.fr

L'Harmattan Guinée
Almamya, rue KA 028 OKB Agency
BP 3470 Conakry
harmattanguinee@yahoo.fr

L'Harmattan RDC
185, avenue Nyangwe
Commune de Lingwala – Kinshasa
matangilamusadila@yahoo.fr

L'Harmattan Congo
219, avenue Nelson Mandela
BP 2874 Brazzaville
deunovmikhael@gmail.com

L'Harmattan Mali
Immeuble Mgr Jean Marie Cissé
Aci Hamadallaye
BP 145 Bamako
syllaka@yahoo.fr

L'Harmattan Togo
Djidjole – Maison Amela
face EPP BATOME
02 BP 20680 Lomé
didieramela11@gmail.com

L'Harmattan Côte d'Ivoire
Résidence Karl – Cité des Arts
Abidjan-Cocody
03 BP 1588 Abidjan
harmattan.ivoire@gmail.com

L'Harmattan Bénin
Rue 604, (Immeuble à l'entrée
de la rue UCAO- Cite de Saint-Jean)
Cotonou
stepcorpus@gmail.com

Nos librairies en France

Librairie internationale
16, rue des Écoles
75005 Paris
librairie.internationale@harmattan.fr
01 40 46 79 11
www.librairieharmattan.com

Librairie des savoirs
21, rue des Écoles
75005 Paris
librairie.sh@harmattan.fr
01 46 34 13 71
www.librairieharmattansh.com

www.ingramcontent.com/pod-product-compliance
Lightning Source LLC
LaVergne TN
LVHW011443061026
849535LV00004BA/935